ZEBRA

Du même auteur
aux Éditions Stock

ORMUZ, 1981.
TOXIC, 1983.

Gil Bernardi

Zebra

Stock

A Florentin.

1

Le cri strident d'un oiseau multicolore figea net les deux hommes dans leur progression. Le doigt crispé sur la détente de leurs armes automatiques, ils observèrent le trait de plumage coloré qui jaillissait à leur approche, feu follet entre les fourrés, virevoltant parmi les plus hautes branches du *highveld*. Sale bestiole. L'oiseau « go-away » révélait plus sûrement la présence d'une unité de reconnaissance que les feuilles sèches et craquantes du *mahobohobo*. Le cœur battant, ils attendirent le retour du silence dans la forêt, attentifs au moindre signe qui pourrait suivre l'envol soudain du loerie vert. La région pullulait de communistes. Ils sortirent du feuillage dans lequel leurs treillis les avaient dissimulés et recommencèrent à respirer normalement. Fausse alerte.

Les deux éclaireurs de l'armée rhodésienne conservèrent quelques mètres d'intervalle entre eux. Par de brèves œillades, ils s'observaient l'un l'autre pour maintenir l'écart de « ratissage », tout en se frayant un chemin à travers les épineux. Le bourdonnement des insectes reprit, dans l'insupportable chaleur imprimée par les derniers rayons du soleil. Signe plutôt rassurant.

Comme ils abordaient une passe plus étroite, où s'amoncelait une impressionnante cascade de rochers, le soldat au chapeau de brousse se porta en tête. Sans qu'il fût nécessaire de communiquer par le moindre geste, l'autre se glissa derrière un bloc de granit bleuté et pointa son arme vers le sommet de l'escarpement, pour couvrir la progression. Ils devraient redoubler de vigilance en empruntant le sentier évité jusqu'alors. Une trace dans le sous-bois, parfois conjuguée aux passages familiers des fauves. Les deux *Selous Scouts* agissaient comme un seul homme, dans une prodigieuse simultanéité de mouvements. Silencieux.

Timothée repéra la visière de la casquette de combat et se sentit protégé par l'homme qui le conservait dans son champ de vision. Les jambes fléchies et le dos rond, il se glissa sur le passage. En dépit de son maquillage de commando, il ne pouvait passer pour un Noir. Sa mobilité comme chacun de ses gestes différaient de ceux du grand Ndebele. Néanmoins, la complémentarité des deux combattants, qui n'avaient guère dépassé vingt ans, en faisait l'une des plus efficaces équipes d'éclaireurs des Forces armées de Salisbury. *Ace team in a crack unit.* Comme son compagnon africain, Timothée était né et avait grandi dans le bush. Il possédait là un avantage considérable sur la plupart des mobilisés, arrachés aux trottoirs de la grande ville pour les opérations de la lutte antiterroriste du haut plateau africain. Le jeune homme n'en tirait aucune gloriole. Il se battait pour une cause en laquelle il croyait, celle de la Grande Tribu Blanche de Rhodésie. Avec tout ce que lui avait appris le pays, depuis qu'il s'était senti assez de forces pour épauler un Weatherby de gros calibre et tirer son premier buffle. Sa fierté n'allait pas jusqu'à arborer l'aigle d'argent de l'unité d'élite, constituée à la mémoire de Frederick Courteney Selous, le plus célèbre de tous les pisteurs du monde. Surtout pas en mission! Certaines vanités attiraient les balles. Il s'était porté volontaire pour les troupes de choc commandées par le colonel Ron Reid Daly, parce qu'il n'aurait jamais pu supporter d'appartenir à une de ces compagnies d'opérette qui sillonnaient les routes rhodésiennes avec autant de discrétion qu'un troupeau d'éléphants. Ceux-là attendaient de tomber dans une embuscade tendue par des guérilleros insaisissables ou de sauter sur une des innombrables mines que les partisans de Mugabe posaient de nuit. Aussi avait-il obtenu du colonel d'opérer en franc-tireur et de mener sa guerre contre la subversion. Avec une mobilité et une efficacité comparables à celles de l'ennemi. Pister, voir avant d'être repéré, tuer et décrocher.

Le jeune homme gravit le raidillon sans difficulté, son fusil automatique en avant, balayant du canon la moindre cachette. A mesure qu'il progressait à découvert entre les gigantesques blocs de pierre enserrés dans la végétation luxuriante, la tension augmentait. Il se méfiait des avantages d'un flair et d'un instinct développés. Les deux camps jouaient sur ces atouts. Les *Terrs* étaient d'excellentes gâchettes. Il ne fallait jamais leur laisser l'initiative de l'engagement. Les deviner une seconde avant qu'ils ne vous trouvent.

Les brodequins poussiéreux s'immobilisèrent devant un caillou fraîchement déterré, à peine plus gros qu'un dé à coudre. Timothée s'accroupit. Il cala le Kalashnikov contre sa cuisse. Les mains passées au noir de bouchon caressèrent le sol autour du gravier. Geste magique. L'encoche n'était pas loin, à peine visible. Un creux imperceptiblement plus rouge, mais nettement plus bas que la pierre. Il se rappela les leçons de son père; celles des rabatteurs noirs. Seuls les rebelles portaient des souliers capables d'accrocher d'aussi légers obstacles de leurs semelles rigides. Tout parlait : les rebords nets du cratère minuscule, le sens des atomes d'argile. Ils suivaient de près une patrouille de la ZANLA [1] et devraient rester constamment aux aguets. Les instructeurs nord-coréens aimaient dissimuler des arrière-gardes et poser des pièges après un passage. Le vice asiatique faisait merveille sur les « chiens de chasse ».

Le contact n'était plus très loin. Leur camp non plus, s'il en croyait le plan qu'il avait mémorisé dans ses moindres détails.

Tim se releva enfin. Il fit jouer ses épaules athlétiques sous la chemise kaki, pour se soustraire durant quelques

1. ZANLA : Armée africaine de Libération nationale zimbabwéenne.

secondes au tissu trempé de sueur. La crasse le gênait. Moins, toutefois, que la mort. Le savon se reniflait à des mètres. Il retira le feutre de brousse enfoncé jusqu'aux sourcils sur le bandeau destiné à maintenir relevés ses longs cheveux blonds. Les mèches raides comme des épis de blé tombèrent sur ses joues, produisant un curieux contraste avec sa courte barbe teintée au cirage.

Les combattants de la ZANLA venaient d'emprunter le sentier peu de temps avant eux. Une heure tout au plus. Compte tenu de la répugnance des Noirs à se battre de nuit, autrement que devant une position précise sous la pleine lune, il y avait peu de risques qu'ils tombent dans un piège à cet endroit, en cette fin de journée. Les instructeurs coréens pouvaient fabriquer d'excellents soldats, mais ils étaient incapables de refaire l'Afrique.

Il se décida à agiter son large chapeau ceint d'une queue de guépard, tout en observant le passage. D'une main, il indiqua la présence d'une trace; les doigts écartés et la paume creusée vers le sol. Quelques secondes après, Nshaba le rejoignit. L'appareil de transmission ne le gênait jamais pour se déplacer à une allure hallucinante, sans le moindre bruit.

Ils s'accroupirent ensemble. Le Ndebele étudia à son tour le maigre indice, puis ouvrit d'abord trois, puis quatre doigts. Les longues phalanges clignotaient dans la paume claire. Il se trompait rarement. Quatre *vakomanas* les précédaient. Tim n'avait jamais pu apprendre ça; parce que les mots ne collaient pas à l'invisible. Il s'était résigné. Trois générations le précédaient seulement en Afrique. La quatrième ne pouvait rivaliser avec les millénaires d'existence de la tribu zoulou. Nshaba sut lui montrer des yeux qu'ils pouvaient parler à voix basse.

– Je pars devant, proposa Tim dans un souffle. Pour le cas où ces fumiers nous auraient tendu un piège. Il ne devrait pas y avoir trop de mines, par ici. Ce chemin doit être fréquemment patrouillé. Laisse-moi l'avance habituelle. Profites-en pour laisser de fausses pistes et faire les provisions.

Nshaba acquiesça d'un battement de paupières. Déjà, le Noir repérait un superbe *ndjongololo* qui serpentait sur ses innombrables pattes griffues. Ses doigts enfournèrent l'insecte à la carapace d'ébène dans la poche de son battledress. Avant même que le scolopendre ait pu enrouler ses anneaux en tourbillon. Celui-là était comestible. Puis il se mit à l'écoute de Timothée.

– Nous devrions y être avant la nuit, estima le jeune Rhodésien. Rejoins-moi derrière les rochers, à l'est du camp. Comme convenu.

Il désigna la grenade dégoupillée qui pendait à la boucle de son ceinturon, calée avec un élastique.

– Si ça ne pète pas, je serai passé sans encombre. Au cas où nous nous louperions, il faudra jouer du criquet pour nous repérer.

– *Nice spoor*, commenta le Noir en replaçant le caillou dans son encoche. Un peu trop belle, même.

– Je ne pouvais pas la manquer ... si c'est ce que tu veux dire.

Sans attendre la réponse de l'autre éclaireur, Tim se remit en marche. Le soleil déclinait rapidement. Il plaça son fusil russe sous son bras et adressa une œillade à Nshaba qui savait le risque qu'ils prenaient en se séparant ainsi. En cas d'accident, l'équipier ne serait pas là pour loger une balle dans la tempe du blessé. La grenade restait la seule assurance de ne pas tomber vivant entre les mains de l'ennemi. Ils avaient appris à vivre avec cette peur-là, lorsqu'il le fallait. Le travail de pointe ne pouvait s'effectuer à deux. De même, les Selous Scouts opéraient d'ordinaire par sticks de six hommes, Blancs et Noirs confondus, ce qui permettait de fixer l'adversaire pour évacuer un blessé. A deux, cela devenait impossible, mais on progressait trois fois plus vite. Tim et Nshaba choisissaient l'efficacité. Et le risque.

Lorsqu'ils se séparaient ainsi, ils avaient la désagréable impression d'être borgnes. La décision ne devait pas être discutée. Timothée connaissait son affaire mieux que quiconque. Il déblaierait la voie pendant que Nshaba laisserait des empreintes sur de fausses pistes.

L'éclaireur franchit la passe emprisonnée entre deux murailles de pierre. Il contint sa tension nerveuse, puis quitta le chemin aussi vite qu'il le put. Il se sentit de nouveau invulnérable dans la forêt dense. Cette complicité compensait les équipiers qui lui faisaient défaut. Après trois jours de marche forcée parmi les reliefs les plus accidentés du highveld, le Rhodésien aurait dû être fatigué. L'hélicoptère les avait largués bien plus loin que les quinze kilomètres habituels, pour leur laisser l'espace et le temps de se fondre dans la nature. Il ne ressentait pourtant aucune lassitude. Pas plus qu'il n'avouait en éprouver, à douze ans, lorsque son père l'emmenait traquer le *black-runner*. Le gibier avait changé, mais le jeu restait le même : devancer les sens de l'adversaire. La fatigue n'a pas de place dans un esprit mobilisé par la chasse au gros.

Il lui fallait atteindre le camp ennemi de Chimio avant la nuit. Il le ferait. Parce qu'il rassemblait des centaines de *kaffirs*. La racaille à anéantir. Les troupes de Salisbury devaient savoir quelle cible frapper. Le travail des Selous Scouts était indispensable avant l'intervention des troupes de choc. La Special Branch répugnait à se fier aux aveux plus ou moins spontanés et approximatifs des *commies* qu'elle capturait. Elle exigeait sans cesse des vérifications, avant d'avaliser les décisions des Opérations combinées.

En progressant dans le bush, Tim se surprit à désirer aussi intensément la mort de ceux qui empoisonnaient son existence. Chimio abritait également des civils. Les soutiens de la guérilla ne portaient pas toujours l'uniforme. Le camp recelait sept cents rebelles armés jusqu'aux dents, prêts à massacrer des dizaines de fermiers blancs. Ceux-là ne feraient pas non plus le détail entre les militaires et les civils. Ils tueraient aussi bien les adultes en armes que les vieux et les bébés. L'engrenage de la terreur. La haine. La soif de vengeance. Il connaissait aussi cela.

Pour eux comme pour lui, la frontière mozambicaine, virtuellement fermée, ne représentait qu'un trait sur le papier. Une barrière imaginaire dessinée par le colonisateur. Les infiltrations ne posaient guère de problèmes, tant qu'ils ne se fourvoyaient pas dans un des innombrables champs de mines.

Il haïssait ces communistes pour ce qu'ils l'obligeaient à devenir. La lutte contre la subversion transformait un jeune homme insouciant, partagé entre la chasse et les bouteilles de Castle du samedi soir, en un tueur implacable. Pour cela aussi, il s'était porté volontaire pour les Selous Scouts. Bien avant le goût du risque et l'amour du bush, il voulait être de ceux qui infligeraient les plus grosses pertes aux Terrs. Il connaissait bien les Noirs, pour avoir grandi avec des types comme Nshaba. Les communistes réveillaient des pulsions sanguinaires qui sommeillaient en eux; rallumaient le grand feu des guerres tribales et l'instinct de mort. Comme eux, Timothée n'avait pas la moindre idée de ce que signifiait la politique. L'Afrique n'avait vécu qu'à l'heure des luttes de clans, jusqu'à ce que les Blancs viennent y imposer leur paix. Un siècle de trêve. Jusqu'au jour où des stratèges de Pékin et de Moscou s'étaient décidés à encourager de petits intellectuels comme Nkomo ou Mugabe à détruire un pays que Noirs et Blancs bâtissaient ensemble depuis cent ans. Ils remplaçaient l'alibi du rapt d'une femme par celui de l'exploitation. Ceux-là désiraient la perte de l'Afrique. Pour accroître leur emprise sur le monde, ils excitaient les esprits malins. Le grand cri de guerre : « Zhii!... Mort aux Blancs! »

Il ne leur laisserait pas la satisfaction d'anéantir un des États les plus prospères du continent. Tant qu'il lui resterait des forces, il lutterait pour ce pays merveilleux que son arrière-grand-père avait défriché en 1899. Que sa famille transformait chaque jour en grenier à blé et à maïs, pour le bien de tous. Il ne laisserait pas des fanatiques ruiner cet espoir-là. Comme des milliers d'hommes et de femmes, il menait le seul combat juste : celui de la survie.

A quelque distance, Nshaba guettait la difficile progression de son ami. Il pouvait imaginer ses pensées, alors qu'il montait au combat, parce qu'ils vivaient comme un seul corps et raisonnaient comme un seul esprit. Le grand Noir voulait le protéger, de loin. Anonymement. Malgré lui.

Éviter de le blesser en lui révélant ses faiblesses, en lui montrant que lui, le Noir, était le plus habile. Comme Tim ne lui faisait jamais sentir qu'il commandait leurs actions. Il admira en connaisseur le courage du Rhodésien, puis se remit au travail. Il brisa une branche basse, plia une touffe d'herbe et traîna les pieds sur plusieurs mètres. Il découvrit des excréments de coudou et y planta l'intérieur de sa chaussure, avant de terminer sa fausse trace sur une dalle lisse. Il effectua le même parcours à reculons. Satisfait de son travail, il tira sur les sangles de son sac à dos et se lança à la poursuite de son compagnon.

La nuit approchait. A travers un bouquet de cystes, Tim devina les premières fumées du camp. Chimio était à portée de fusil. Il se fraya un chemin sur la gauche, puis se colla contre un arbuste. Une brise lui caressa la barbe. Contre le vent, il ne risquait rien. Pas même les singes crieurs dressés dont les vakomanas se servaient pour les prévenir des infiltrations. Nshaba le rejoignait déjà. Le Noir n'aimait pas le laisser longtemps seul en tête. Ensemble, ils engagèrent une balle dans le canon de leur arme et dressèrent leur AK-47. L'un comme l'autre savaient qu'ils ne tireraient qu'en situation désespérée, celle d'un contact accidentel. Ils avaient été envoyés à Chimio pour observer le camp et préparer l'intervention des SAS [1], non pour ouvrir le feu sur un ennemi formidablement supérieur en nombre ni risquer de compromettre le raid. Il fallait être prêt à tout, même à décrocher en vitesse et à appliquer la consigne répétée mille fois par les instructeurs : « Si tu es repéré, si tu veux rester en vie... tire le premier. »

Leur seul atout était d'opérer à trente-cinq kilomètres à l'intérieur du Mozambique. Bien plus en profondeur qu'aucune opération des Rhodesian Light Infantry ne pénétrait jamais, même lors des poursuites chaudes de groupes terroristes. Une escalade dans la guerre, pensèrent les deux hommes sur le point d'atteindre leur but. S'ils étaient

1. SAS : Special Air Service.

aperçus, le raid des SAS serait annulé. En ce cas, ils ne franchiraient jamais de nouveau la frontière invisible.

Les yeux bleus du jeune homme scrutèrent l'horizon, à la recherche du soleil couchant et de la colline choisie pour y passer la nuit. Le doigt de Nshaba la situa avant lui : un léger monticule émergeant à peine des futaies. Ils durent corriger leur progression, forçant le pas à travers la végétation qui se clairsemait. Comme Timothée écartait une branche du canon de son arme, l'écho d'une conversation leur parvint. Ils s'arrêtèrent encore. Tim échangea un rapide regard avec l'éclaireur noir, mais n'y trouva pas la moindre inquiétude. La patrouille du soir, celle qu'ils suivaient de près, devait rentrer pour la soupe. Les deux hommes ralentirent leur avance vers l'objectif, étudiant maintenant chacun de leurs pas. La sueur ruisselait sur leurs corps. Tim nota la crispation de la mâchoire de son ami. Louvoyer entre les postes avancés d'un camp de la ZANLA représentait un moment plus dangereux que les autres.

Entre chien et loup, ils parvinrent devant la petite colline localisée sur la carte d'état-major. Si la reconnaissance aérienne de la Rhodesian Air Force avait été incapable de photographier entièrement le camp à cause de la couverture nuageuse, l'investigation des spécialistes avait pu leur indiquer le promontoire dégagé de toute force ennemie. Il eût été risqué d'opérer une nouvelle reconnaissance aérienne sans éveiller la suspicion des rebelles. Restait à espérer que l'analyse des clichés correspondait à la réalité.

La hauteur ressemblait à une région du Matabeleland que Timothée avait sillonnée dans ses très jeunes années. Lorsque le gibier ne portait pas encore de Kalashnikov. Au bon temps de la paix. Les antilopes abondaient alors dans les Matopos : reedbucks, impalas, tsessebes et coudous se disputaient les tableaux de chasse. Nshaba lui signifia d'un sourire qu'il avait fait le rapprochement avec les empilements de rocs gris de son pays natal. Une érosion similaire qui laissait d'énormes rochers en équilibre sur d'autres pierres. Un cadre idéal pour s'y dissimuler. La profusion des blocs immenses et les nombreuses failles correspondaient à ce dont ils avaient besoin pour y déposer le matériel de transmission.

Nshaba prit cette fois la tête, grimpant vers le sommet. Comme un acrobate, le Noir rampa et escalada le granit lisse et brillant, plaquant d'une main l'automatique soviétique contre sa poitrine. Lorsque Tim rejoignit le Ndebele, il contemplait, accroupi, le campement de Chimio. Dans ses yeux brillait une autre flamme que celle suscitée par le plaisir d'avoir atteint sans encombre le but de leur mission. Là, il en était sûr, les rebelles ne comptaient que des Shona. Les nationalistes Ndebele se concentraient plutôt sur la frontière zambienne, autour de Joshua Nkomo. Le Noir bouillait d'en découdre avec ceux de la tribu rivale de son peuple. Lui, était un vrai combattant; un guerrier-né. Un authentique descendant des Zoulou. De l'aveu même des Blancs, les plus braves guerriers d'Afrique. Quant aux Shona, cet amalgame de pleutres était loin d'avoir la fierté des hommes du Sud. Leurs jeunes ne tuaient pas les lions à la sagaie pour prouver leur courage. Mauvais sang ne pouvait mentir : les vakomanas fuyaient devant l'homme blanc. Ils n'étaient capables de s'attaquer qu'aux vieux fermiers isolés, ou de poser des mines.

Les deux Selous Scouts s'allongèrent sur l'herbe brûlante. Tim sortit une paire de jumelles qu'il abritait sous sa chemise et commença un large mouvement circulaire, destiné à localiser les sentinelles. Il ne leur restait que quelques minutes de clarté. Ils devaient en profiter au maximum.

Pendant que Nshaba dégageait l'émetteur de son sac, le Rhodésien continua à balayer le vaste camp de ses binoculaires. A l'intérieur de l'enceinte de barbelés, il reconnut tour à tour l'armurerie, le terrain d'entraînement, l'école, les baraquements des cuisines. Il tenta d'en évaluer la force. Puis il tomba en arrêt, rectifia la mise au point et concentra son attention sur le centre de la base, où deux hommes descendaient le drapeau. Il ne s'attendait pas à découvrir un tel déploiement de lampions et de fioritures. Une estrade se dressait en bordure du terrain des exercices militaires. Timothée en aurait juré : elle ne figurait pas sur les croquis dessinés par les prisonniers. Ni sur les photos imprécises des Canberras. Elle était neuve. Hélas, à cette distance, la large bannière blanche restait illisible au-dessus des sièges de bois. Et la luminosité déclinait encore.

Nshaba prit à son tour les jumelles et essaya de localiser l'endroit sur lequel Tim venait de s'arrêter. Il parcourut l'ensemble de la base et émit un léger sifflement admiratif. Comme Timothée, il n'imaginait pas trouver un regroupement terroriste aussi impressionnant, ni tomber au beau milieu de festivités.

– Joli *indaba*. Agréable surprise. Préparons le repas. C'est bientôt le moment d'émettre...

Comme le Rhodésien reprenait ses jumelles, les premières lumières commencèrent à poindre dans le camp. Les bâtiments principaux s'illuminèrent étage par étage; sans doute les postes de commandement et l'hôpital. Puis des feux de camp se mirent à crépiter, entre les dizaines de tentes, derrière une incroyable quantité de camions et de transports blindés. Pas de doute : la ZANLA réactivait Chimio, le transformait en place forte. Salisbury devait revoir ses plans, avant que les Canberras ne cassent tout ce beau matériel communiste.

Timothée entreprit de démonter son AK-47 pour le nettoyer sommairement. Pour cela, pas besoin d'y voir. Bien sûr, il aurait préféré son FAL belge, mais il eût été suicidaire de se balader en terrain ennemi avec une arme aussi identifiable. Le fusil d'assaut utilisé par l'ennemi restait une arme fiable. Et peu fragile.

Leur dîner du soir fut étalé sur le sac à dos. Dans l'obscurité presque totale, ils se partagèrent la collecte. Rien n'échappait au Ndebele. Il profitait de la moindre pause pour empocher ce qui pouvait se manger. De beaux spécimens de mille-pattes et de scorpions. Les doigts agiles du Noir décortiquèrent la carapace d'un scarabée, dépiotant l'insecte vivant. Quelle pitié de ne pouvoir profiter des fruits dans une végétation aussi généreuse! Mais une précédente cueillette avait failli leur coûter cher. Les traqueurs ennemis savaient distinguer une prune ou une figue sauvage arrachées par un singe, d'un fruit enlevé par la main de l'homme. De plus, un babouin ne terminait jamais ses aliments, y laissant des traces de dents identifiables. Tim essaya de ne plus penser aux superbes melons tsama délaissés chemin faisant. Il en raffolait. Il réprima une grimace avant d'avaler la bouillie infâme. Après tout, cela faisait partie du jeu : se nourrir sur le terrain et s'habituer à ingurgiter ce genre de festin avec humour. En principe, l'hélicoptère les ramasserait le lendemain. Qu'adviendrait-il si les conditions météorologiques retardaient le rendez-vous durant plusieurs jours, ou si les Terrs leur filaient le train? Il fallait prendre ce que la nature leur offrait, quand il était possible de le faire. Maintenir leurs forces intactes. En guise de dessert, Tim partagea une lannière de kudu séché avec Nshaba. La dernière. Ils mâchèrent longuement la viande dure et poivrée qui les aida à oublier le goût âcre et la consistance poisseuse de leur plat principal. Timothée essuya le suif sur son verre de montre.

– On y va.

Le Noir cala la longueur d'onde, alluma l'émetteur-récepteur pour Timothée, avant de s'occuper du nettoyage de son arme. Maintenant, et seulement pour leurs supérieurs, Tim redevenait le chef.

– Groupe Lance... *Hope you get me clear, 'cause I can't scream...* Nous sommes devant l'hôtel... Beaucoup plus de clients que prévu, avec des tas de bagages... Probablement 3 000 C.T... Armement considérable... Pas de défense particulière. *Over...*

– *Go ahead,* commanda la voix anonyme.

– Je répète. 3 000 Charly Tango... Plus une surprise. Les clients attendent du beau monde... Banderole illisible à cette heure... Proposons stand-by pour confirmation nombre et qualité des visiteurs... Si votre réponse est affirmative, manifestez... *Over.*

Le Rhodésien appuya une nouvelle fois sur la touche

« Écoute ». Salisbury devait décider. Il pouvait deviner les officiers en train de se concerter. La voix reprit :

– Pénétration commandée... Je répète : pénétration... Indiquez le délai pour nouvelle émission.

Nshaba arrêta de remonter la culasse. Il avait entendu. Il posa trois doigts sur l'avant-bras de Tim.

– Trois heures après six... *Three... six...*

– OK... Opération retardée... Confirmez le nombre...

Ceux de la Special Branch ne devaient pas croire à une telle aubaine. Tim pouvait les imaginer, se délectant de balayer du même coup une force aussi considérable, et bouillant de s'offrir, en prime, la peau d'un gros bonnet de la ZANU [1] ou de la ZANLA.

– *No doubt*... cuisines, latrines... tentes... pour 3 000. Civils inclus.

– OK... Bonne chance, Groupe Lance... *Over*.

Plutôt inhabituel. D'ordinaire, ceux de Mount Darwin n'étaient pas enclins aux encouragements de cette sorte. Mais ils savaient le risque qu'ils allaient faire courir aux deux hommes. Si Nshaba était pris dans la base, les traqueurs seraient sur les talons de Timothée en quelques minutes et les deux Selous Scouts seraient réduits en bouillie. Le centre savait ce que signifierait le silence de neuf heures.

Le Rhodésien coupa la communication.

– Je suppose qu'ils veulent savoir qui les *gooks* attendent. Ne serait-ce que pour ne pas déclencher l'action trop tôt. Tu crois qu'il s'agit d'une huile?

– Probable. C'est une jolie estrade. Les bancs sont nombreux.

Timothée le sentait crispé à l'extrême. Nshaba savait que lui seul pouvait pénétrer dans le camp et parler avec l'ennemi. Même couvert par la nuit, le maquillage du Rhodésien et son shona de *murungu* ne pouvaient soutenir une confrontation.

1. ZANU : Union nationale africaine zimbabwéenne.

– Tu as envie d'y aller?

– Tu ne peux pas le faire, toi. Alors...

Il avait lu ses pensées.

– Tu crois avoir une chance?

– Pourquoi pas? *Nice game*. Je te parie un carton de Shibuku que je peux berner ces minables de Shona. On me paie pour ça!

A défaut de la bière au goût rance de yaourt, qui faisait l'objet de leurs paris les plus fous, Tim lui passa sa gourde. Nshaba but longuement puis s'appliqua à revisser le bouchon.

– Donne-moi ton assurance.

Tim lui passa sa grenade dégoupillée, en vérifiant la position de l'élastique. Un seul doigt suffirait à l'amorcer. L'éclaireur noir l'accrocha avec soin à sa ceinture. Avec un explosif de chaque côté des hanches, jamais les communistes ne le prendraient vivant. Il pourrait en liquider quelques-uns s'ils avaient l'audace de vouloir le capturer vivant et l'encerclaient d'un peu trop près.

Ils se dévisagèrent dans l'obscurité. Timothée aimait son compagnon. Il aurait pu être de l'autre côté, en ce moment, avec ceux de Nkomo. Pourtant, il allait jouer à la roulette russe. Parce que lui aussi croyait en la Rhodésie libre.

– Essayons de dormir un peu, proposa Timothée sans y croire.

Ils s'allongèrent l'un contre l'autre au pied d'un arbre et fixèrent les étoiles qui scintillaient entre les écrans mouvants des nuages. La fraîcheur de la nuit les empêcherait de dormir, à moins que ce soit la peur. S'ils réussissaient ce coup-là, on leur offrirait quelques jours de détente. Et s'ils donnaient à Salisbury l'opportunité de balayer quelques grosses têtes de la ZANLA, la guérilla ne s'en remettrait pas de sitôt. Il y avait tellement de « si ».

– Tim, promets-moi, murmura le Noir.

– Deux cartons de Shibuku? Tu veux me ruiner? Ou bien que je me mette à désirer ta mort?

– Non. S'ils me prennent, ou s'ils me tuent, ne leur laisse

pas la radio. Je ne l'ai pas traînée jusqu'ici pour leur en faire cadeau.

– Ne compte pas sur moi pour terminer ta part de boulot. Tu l'as apportée à Chimio. Tu la ramèneras toi-même.

Ils eurent du mal à sourire. Quelque chose se nouait dans leur ventre qui leur faisait sentir une peur réelle.

– Tes ndjongololos... pas très frais.

Timothée croisa ses avant-bras sur son estomac douloureux.

En cette fin de semaine, les rues de Salisbury grouillaient de monde. La capitale offrait des immeubles propres, de larges avenues aux alignements de jacarandas mauves et de tulipiers jaunes. Hormis les incessantes patrouilles de police et les nombreux hommes en uniforme, la guerre n'avait pas touché First Street, abandonnée aux piétons. Les voitures particulières se faisaient un peu plus rares en raison du rationnement de l'essence fixé à soixante-cinq litres par mois. Le cœur de la ville se souciait moins de cette pénurie que de la lutte draconienne contre le gaspillage de l'eau. Un indicateur géant fixait l'objectif à atteindre sur une pyramide de bois devant l'immeuble de la Cabs. Sans la chaleur ambiante et les grappes violines des jacarandas, on se serait cru dans n'importe quelle cité britannique. Aux intersections, les mêmes boîtes aux lettres rouges frappées aux armes de la royauté élisabéthaine, malgré la Déclaration unilatérale d'indépendance. Aux murs, les innombrables publicités prometteuses de rabais toujours plus séduisants.

Yvonne Stein pressa le pas vers le Woolworth, serrant sur sa hanche le pistolet-mitrailleur Uzi qu'elle portait à la bretelle.

Chacun s'habituait à ce compagnon. Mêmes les élégantes de Greystone Park ou d'Avondale, dont l'adresse au stand de tir devenait le principal sujet des conversations mondaines. Ponctuées de légers rires d'excitation.

De rares civils noirs se pressaient sur les trottoirs ombragés. Salisbury restait la capitale des Blancs en guerre. Les quelques Africains qui risquaient de l'oublier devaient affronter les regards suspicieux des militaires. La propagande de l'Action nationale psychologique faisait merveille contre les poseurs de bombes. Les équipes du NATPAC couvraient les murs d'incitations à la prudence et proposaient les numéros de téléphone des artificiers à prévenir en cas de découverte d'un objet suspect abandonné.

Non, ce n'était pas vraiment une ville anglaise, se dit Yvonne en détaillant une série d'affiches nouvelles. Les hommes de Rodney ne manquaient pas d'humour, ni d'audace, pour inventer des slogans tels que : « Soyez une ravissante blonde... Belle et muette à souhait. » « Pour une discussion à bâtons rompus, composez directement le AK-47 » ou encore « Pour la sécurité des combattants, un seul mot d'ordre : fermez-la! » Les caricatures de la guérilla en débandade se voulaient autrement séduisantes.

Elle remarqua au passage une Land-Rover couronnée d'une tourelle de 12/7; chef-d'œuvre d'ingéniosité d'un fermier qui ne tenait pas à être coupé en morceaux au retour de ses emplettes citadines.

Non. Vraiment pas le calme des provinces anglaises.

La ville en armes ne présentait aucun signe apparent d'agitation. Le self-control britannique prenait le bon côté de la situation. On riait du dernier exploit de Jimmy Barnes. Le champion de golf local réussissait d'impeccables puttings avec la crosse d'un FAL et ratait ses coups avec celle d'un Kalashnikov. La Grande Tribu blanche renforçait ses liens, face au péril commun. On donnait plus de soirées qu'en temps de paix. Cela sonnait étrangement faux et dissimulait un profond malaise. Si la moitié des Blancs bénéficiaient d'une relative sécurité à Salisbury, il n'en allait pas de même pour les cent mille autres, dispersés dans un bush aussi vaste que l'Irlande, avec l'Agricalert [1] comme seul moyen de défense efficace.

Devant les larges portes du Woolworth, la Française

1. Agricalert : système d'alerte radio pour les fermes éloignées.

tomba sur Lise. La Rhodésienne l'embrassa chaleureusement, confiant son énorme Enfield à son serviteur noir encombré par les provisions.

– Cela fait tellement longtemps, Yvonne. Comment vous remettez-vous du choc?

– Je vais mieux. Les premières semaines ont été difficiles... J'essaie d'oublier. Je m'accommode de ma nouvelle vie.

– Chris et moi pensons souvent à ce pauvre Norman. Si jeune... quel malheur!

La vision de son mari déchiqueté par une mine antipersonnel revint à la mémoire d'Yvonne. Ses cris de souffrance, également. Des hurlements qui n'avaient rien d'humain et défiaient les barrières du temps.

– Je m'efforce d'effacer tout cela.

– Vous avez rejoint l'armée, n'est-ce pas? C'est ce que nous avons appris.

– Pas exactement l'armée. Je fais de mon mieux pour m'occuper et me rendre utile. Au revoir, Lise. Je suis terriblement pressée. Je vous téléphonerai un de ces jours. Mes amitiés à Christopher.

Elle laissa son ancienne voisine plantée sur le trottoir et courut au supermarché. Yvonne s'efforçait d'estomper ce souvenir atroce. Norman et elle avaient mis dix ans à construire leur ferme de Mtoko. Dix autres années pour y abriter leur bonheur. En un éclair, tout avait été ruiné. Norman déchiqueté par une mine. Norman qu'elle avait vu mourir dans des secondes d'enfer. Norman qu'elle continuait de voir en rêve la bouche emplie de sang. Une femme seule ne pouvait faire face à l'insécurité grandissante des fermes. Certaines le faisaient pourtant, s'entourant de mercenaires. Mais Yvonne haïssait cette belle bâtisse endeuillée par le corps mutilé de son mari. Elle avait commencé par vendre le bétail, puis s'était cloîtrée dans sa chambre, pour essayer de refuser l'évidence. Elle devait à l'amitié du commandant en chef de l'armée rhodésienne pour son mari de ne pas être devenue folle. Peter Walls connaissait Norman Mendelbaum depuis Sandhurst. Ils s'étaient retrouvés en Rhodésie et entretenaient d'excellentes relations malgré la guerre qui absorbait de plus en plus le lieutenant général. A la mort de Norman, Peter s'était efforcé de consacrer ses rares moments de liberté à la veuve de son ami. Entre deux opérations, chaque fois que ses conférences le lui permettaient, il l'avait convaincue qu'il devait s'entourer de personnes de confiance à Salisbury. Yvonne avait cédé. Peut-être grâce aux coups de gueule et à la détermination de Peter. Parce que la femme qui avait résisté en France contre les Allemands lui commandait de vivre. Aussi avait-elle commencé à renouer avec le passé en reprenant son nom de jeune fille : Yvonne Stein.

La région de Mtoko n'était plus sûre. Les infiltrations de la ZANLA partaient de la province mozambicaine de Tete, toute proche. Elles se multipliaient. Il eût été ridicule de pousser la fidélité jusqu'à abandonner une vie de plus aux terroristes. Finalement, Yvonne, la résistante de 1943, avait accepté. Il fallait reprendre la lutte. Salisbury lui changerait les idées. Quelques mois plus tard, la veuve pouvait vérifier le fondement des craintes de Walls. Les sept missionnaires de l'église Saint-Paul, distante de soixante kilomètres de la capitale, avaient été atrocement massacrés. Carnage, étalé à la télévision, de ces prêtres lardés de coups de machette, de cette femme violée puis égorgée devant son enfant, de bébés écrasés, foulés aux pieds. Un irréversible engrenage de terreur.

Le travail qu'entendait lui confier Peter avait surpris Yvonne; l'Intelligence civile devait être réformée. Recréée pour s'adapter aux nouvelles exigences de la guerre. Il fallait que le CIO[1] prévienne les opérations éclairs des guérilleros, avec plus d'efficacité que ne pouvait en fournir le renseignement militaire. Le lieutenant général attendait d'une femme qui possédait plus d'une raison personnelle de lutter contre le terrorisme, et qui en connaissait les mécanismes pour les avoir jadis mis en branle, qu'elle y consa-

1. CIO : Central Intelligence Organization.

crât tout son temps. Il ne se trompait pas. Yvonne Stein était brillante et tenace. Sa participation à la Résistance française, alors qu'elle n'était qu'une jeune fille, valait toutes les recommandations militaires... qu'elle avait d'ailleurs obtenues, tant dans son pays, qu'en Grande-Bretagne. Après quelques semaines, Yvonne avait surpris son ami en lui présentant un organigramme réduit mais efficace, dont les méthodes de travail différaient de celles qui prévalaient jusqu'alors... et que l'ennemi était en droit d'attendre. Elle avait su balayer les réticences de l'état-major à son égard, par des décisions audacieuses et souvent payantes. L'intrépide maquisarde reprenait le dessus.

Comme elle se pliait à la fouille obligatoire des sacs, le reflet que lui donna le miroir du grand magasin ne lui rappela pas celui de sa jeunesse, ni l'image de la patronne du CIO, mais plutôt le portrait d'une étrangère. Une femme décidée qui se moquait de sa cinquantaine et menait sa guerre contre des assassins. Sa nouvelle coiffure tirait au mieux parti des quelques cheveux gris dispersés parmi les mèches brunes. Les rides pouvaient attendre encore un peu. Non, pas celles du coin des yeux. Les regards appuyés de quelques officiers lui faisaient reprendre confiance en elle. Yvonne ne portait pas son âge. Tant qu'elle lutterait, il en serait ainsi.

La directrice du CIO ne prêta pas attention aux carences de l'approvisionnement du grand magasin. Les étagères vides ne le restaient jamais longtemps, rapidement achalandées par l'ingéniosité d'un peuple qui savait s'adapter au blocus économique du monde occidental en produisant des ersatz locaux. L'autarcie opérait de réels miracles sur la baisse des prix. Bien sûr, tout le monde stockait, en prévision de jours encore plus sombres. Mais rien ne manquait à la vie quotidienne, sinon le bon whisky, le vieux brandy et... les Rothmans. Yvonne avait eu vent d'un arrivage, grâce à un informateur dévoué de Beit Bridge. Chacun, au CIO, connaissait son goût pour cette marque de cigarettes. Aussi n'en manquait-elle jamais. Elle acheta trois cartouches, qu'elle régla à la caisse en interrogeant un autre miroir sur son âge, puis quitta le magasin. Son chauffeur militaire l'attendait devant les portes vitrées. Il piaffait d'impatience : le général devait avoir un nouveau problème.

Yvonne le suivit jusqu'à la Mercedes grise, puis jeta son Uzi sur la banquette arrière et s'assit près de l'ordonnance.

– La maison brûle?

– Presque.

– Le Groupe Lance fait des siennes?

– Ils nous ont donné les précisions demandées. Le général a besoin de vous. De toute urgence.

– Complications?

– Pas vraiment. Ça va plutôt être Noël en avance. Les Selous Scouts ont touché le jack-pot...

Comme le véhicule démarrait, l'officier ajouta avec un sourire d'armistice :

– C'est le camarade Mugabe que les Terrs attendent à Chimio. Il ne viendra probablement pas seul...

Yvonne n'en demanda pas plus. Ils possédaient peut-être une occasion inespérée de décapiter la guérilla de son chef charismatique et de renverser le cours de la guerre. Une telle opportunité ne se présenterait pas souvent. Yvonne Stein entama une cartouche de Rothmans, regrettant de ne pas en avoir acheté davantage.

– Timothée, tu me dois un carton de Shibuku.

Le Noir tendait ses deux mains ouvertes.

– D'accord. J'irais bien au pub du coin, mais j'ai oublié de prendre mon porte-monnaie. Je ne crois pas que l'hôtel d'en face me ferait crédit... Explique.

– Facile comme bonjour! Il n'y a pas plus bête qu'un Shona. J'ai pu traverser leur camp sans encombre. Ça grouille de rebelles. J'ai bien lu la banderole. Ils écrivent comme des cochons. Ils attendent le camarade Mugabe et une tripotée de membres du Comité central. Bien trop occupés à organiser le défilé pour prêter attention à moi. J'allais me tirer, lorsqu'un sergent m'interpelle. J'avais les mains sur les grenades... « Camarade, j'espère que tu n'iras pas à la parade dans cette tenue sale? – J'ai encore le temps. – Je me fous qu'ils n'arrivent qu'à quatre heures : revue de détail à midi. Ce sont les ordres. » Et voilà! Je suis rentré par le même chemin. Il y a un point de passage entre les cuisines et le mess des officiers. Les vakomanas ont dû nettoyer les chiottes avant l'inspection.

Timothée savait lire entre les mots et interpréter les mimiques volontairement cocasses. Inutile de demander de plus amples précisions. Nshaba éprouvait la nécessité de plaisanter.

– Le plus gênant, c'est qu'il me faut rapporter mon émetteur... Je te rends ton assurance. Je n'en ai plus besoin, à présent.

Le Noir donna la grenade quadrillée à Tim.

Sa main tremblait comme une feuille. Tim fit semblant de ne pas le remarquer.

– Timothée... Il y a aussi des centaines d'enfants, là-dedans!

Le ton n'était plus à la plaisanterie.

– Dommage... Ce n'est plus notre affaire. Walls est informé : c'est à lui de décider.

– Ce sont vraiment des enfants.

Tim évita de répondre.

– Pourquoi le Quartier général ne nous a-t-il pas ordonné de faire la malle? s'étonna le Ndebele. Ils savent que nous ne pouvons rester sur place.

– Probablement vont-ils te demander d'y retourner pour te présenter en tenue correcte au camarade Mugabe.

Timothée partageait cette inquiétude.

– *No way*...

Ses tremblements reprirent. Des frémissements des doigts, tout d'abord, puis des spasmes des mâchoires. Il accusait le coup et ne pouvait conserver plus longtemps son sourire.

– Essayons de nous faire tout petits, et prions pour que ceux d'Opérations combinées ne nous oublient pas.

Timothée le força à s'asseoir et le laissa reprendre le

contrôle de ses nerfs. Puis il l'attrapa par les épaules et y crispa fortement ses doigts. Les spasmes et les claquements de dents s'accentuèrent. Salisbury demandait parfois du sale boulot.

Yvonne pénétra dans la salle des conférences du ministère de la Défense. Une vingtaine d'hommes étudiaient une carte détaillée de Chimio. L'aide de camp du général ajoutait au tableau les détails que les deux Selous Scouts venaient de leur transmettre, matérialisant les implantations humaines au feutre rouge. Près de lui, le commandant des opérations aériennes reposa la baguette qui lui servait à expliquer son optique du raid et se figea au garde-à-vous. Les autres officiers se levèrent pour saluer l'arrivée de leur collègue féminine.

Peter Walls était de bonne humeur.

– Nous avons besoin de vos lumières.

– Asseyez-vous, messieurs. Du nouveau alors?

Yvonne Stein prit place auprès de son ami.

Elle évita de lui révéler qu'elle était déjà au courant, lui laissant le plaisir de sa surprise.

– Du nouveau et du bon. Ces deux types ont fait un travail admirable. Robert Mugabe en personne va venir galvaniser le moral de ses troupes d'un de ses mauvais discours préparés par ses mentors russes. Le Groupe Lance reste en stand-by sur place. Ils suggèrent que nous différions l'opération, jusqu'à l'arrivée de *dear old Robert...* histoire qu'il ne rate pas nos festivités, ni nous les siennes. Inutile de préciser que nous acceptons de bon cœur.

Les autres affichaient un optimisme comparable à celui du général Walls. Ils rêvaient de mettre un point d'orgue à la guerre qui piétinait.

– Connaissons-nous l'heure d'arrivée de Mugabe?

– Il devrait être à Chimio vers quatre heures de l'après-midi. Mais un doute subsiste. Nous ne pouvons pas nous permettre de frapper trop tôt. La ZANU n'a pas l'habitude d'une très grande ponctualité et les routes du Mozambique sont imprévisibles.

– En effet.

Yvonne Stein ouvrit calmement un paquet de Rothmans et alluma une nouvelle cigarette avant de poursuivre :

– ...Et vous voulez savoir combien de temps Mugabe consacre à ce genre de réjouissances, si je ne me trompe?

– Oui.

– Variable. Hélas. Cela va de quarante-huit à soixante-douze heures. Nous disposons de suffisamment de temps pour le liquider.

– Le plus tôt sera le mieux! Mais avons-nous réellement intérêt à cela?

Peter Walls était inquiet.

– Je vois ce que vous voulez dire. Dix ans de détention à Sikombela ou à Wha-Wha en ont fait le chef de la rébellion. Dix autres années de prison le transformeraient en martyr. Presque en dieu. Ce n'est pas ce que nous souhaitons, n'est-ce pas? J'entrevois deux autres problèmes à la capture de Robert Mugabe. Non seulement cela risque de compliquer l'intervention de nos soldats, mais la ZANLA ne le laissera jamais tomber vivant entre nos mains.

– C'est mon avis; nos bombes ne pourraient opérer le tri entre Mugabe et les autres. D'autant que nous ne pouvons deviner son itinéraire dans Chimio! s'exclama l'aviateur.

– Que prévoyez-vous?

– Compte tenu de l'impact d'une telle opération, je pense que le nombre supérieur de communistes ne devrait pas modifier le plan initial. La cible reste la même. Un peu plus généreuse, c'est tout. Nous conduirons une opération combinée, comportant d'abord un bombardement de préparation effectué à basse altitude, suivi de l'encerclement et du nettoyage du camp par les SAS.

Yvonne évitait de fixer l'optimiste. Elle tardait à émettre ses réticences par pure tactique. Il lui fallait quelques minutes de silence pour amorcer sa propre bombe. Malgré le soutien de Peter et la courtoisie de l'état-major, ces gentlemen risquaient de ne pas apprécier son cheval de Troie. Le général entrouvrit le système de défense de la place, détectant l'imperceptible pincement des lèvres de son amie.

– Nous sommes donc d'accord. Frapper vite et fort... Avez-vous une meilleure idée à nous proposer?

– Peut-être. Sinon meilleure, du moins différente. En tout cas, j'élèverais deux objections à cette opération Duty Free. Tout d'abord, je ne peux me résigner à ce que vous m'enleviez des informateurs potentiels de tout premier ordre... en opérant sans discernement. On dit que lorsque Mugabe se déplace, Tongogara n'est jamais loin... et Tongogara représente l'épine dorsale de la ZANLA. Détruisons le cerveau, mais gardons le squelette. J'approuve la liquidation de Mugabe. Quant à déclencher une opération trop rapidement, après avoir pris la décision de la retarder une fois, il nous faut y réfléchir. Le délai que nous accordent les Scouts est élastique. Un atout dont nous devrions tirer le plus grand parti...

– Mais encore?

Le chef du Rhodesian Military Intelligence, un homme un peu pataud aux rares cheveux tirés en arrière, ne voyait pas où Yvonne voulait en venir.

– Auparavant, puis-je savoir si nous disposons de l'équipement nécessaire pour armer et habiller nos hommes en soldats du FRELIMO [1]?

Cette fois, ils perdaient pied. Elle voulait déguiser leurs hommes en révolutionnaires mozambicains!... Le ministre de la Défense invita Ron Reid Daly, le commandant des Selous Scouts, à répondre.

– C'est vous, l'orfèvre des mardis gras? fit le politicien aux traits fatigués.

– Les tenues et les armes capturées peuvent équiper une centaine d'hommes. De pied en cap. Treillis cubains, bottines coréennes, casquettes de brousse livrées par la RDA. Les mêmes pour équiper la ZANLA et le FRELIMO. AK-47, vieux modèle chinois. Les cuirs proviennent aussi de Pékin.

– Bien. Dans ce cas, ce serait possible.

1. FRELIMO : Front de Libération du Mozambique.

Depuis quelques mois, ils avaient appris à considérer avec attention les suggestions de cette diablesse promue par Walls à la direction du CIO.

– Nous voilà revenus à la question initiale, poursuivit Yvonne. Pouvons-nous compter sur la présence de Mugabe à Chimio durant les prochaines vingt-quatre heures, au moins? A mon avis, la réponse est oui. Nous savons qu'il sacrifie généralement deux ou trois jours au cérémonial des inspections et festivités. Il adore se donner de l'importance. A force d'étudier cet homme, j'ai l'impression d'avoir passé toute ma vie avec lui. Mais ce ne sont que des estimations...

– ...sur lesquelles nous ne pouvons nous permettre de tabler, compléta le ministre de la Défense. Il ne faut pas risquer de le perdre. Pas question d'attendre vingt-quatre heures. Attaquons cet après-midi!

– C'est également mon avis, reconnut le chef des SAS. Les hommes sont prêts.

Yvonne Stein ne se laissa pas démonter par l'opposition de principe.

– Je n'ai pas besoin de vous expliquer les retombées de la capture d'une partie des têtes pensantes de la ZANLA et de la ZANU. Si nous parvenons à faire parler un de ces chefs... et il y a fort à parier qu'ils le feront, une fois Mugabe tué... c'est la guerre qui peut tourner à notre avantage. Nous pourrons ratisser en profondeur : dans les autres camps terroristes. Éradiquer le mal dans ses plus petits retranchements. Je suis d'accord pour éliminer Mugabe, mais non pour supprimer l'état-major sur place. Au regard des avantages d'une telle opération, et dans l'optique plus globale de cette guerre, il faut que nous capturions quelques officiers supérieurs, et les fichiers de l'organisation terroriste. Déguisons nos hommes en militaires du FRELIMO. Armons-les de Kalashnikov et de RPG-7 russes. Conduisons nos camions, maquillés à la mode mozambicaine, par la grande porte de Chimio. Jusqu'aux baraquements de l'état-major communiste. Une visite d'alliés. Les révolutionnaires adorent fraterniser, même si leurs chefs se trucident dans l'ombre!

– L'aviateur réagit :

– Cela rend impossible notre bombardement de préparation. Ils disposent de trois mille hommes sur place. Face à un peu moins de cent pour les nôtres!

– Pas exactement, John. Au contraire. De nombreux civils se sont réfugiés à Chimio. La surprise jouera à fond. Votre intervention est essentielle à mon plan.

Elle quitta son fauteuil pour exposer son idée sur la carte épinglée au tableau.

– L'unique route d'accès au camp y pénètre par le sud. Il faut que nous parvenions à donner le change aux gardes de la ZANLA. Le maquillage et les camions frappés aux couleurs mozambicaines pourront les abuser durant quelques minutes. Pas plus. Et cela ne suffit pas. En respectant un horaire précis, l'aviation pourrait opérer son bombardement de préparation et de diversion. Nous donner le temps de pénétrer dans la base en profondeur... en frappant fort et au nord. Ici, par exemple : sur les équipements lourds et les campements de la troupe les plus éloignés de la route. Vos Canberras devront détruire un endroit précis, à quelques secondes près. Nous laisser suffisamment de temps pour atteindre le QG du camp et neutraliser quelques gradés. Puis, nous pourrons procéder au nettoyage...

– Mais les FRELIMO parlent le portugais, remarqua le superintendent de la Special Branch.

– Nous aussi. Les Flechas de l'armée portugaise ont rejoint nos forces à la Révolution des œillets. Ce sont des troupes d'élite. Nous les gardons trop à l'écart. Un peu d'exercice linguistique ne leur fera pas de mal. Il suffira de les noyer parmi nos hommes. Qualité essentielle : ils sont noirs...

– Ingénieux, reconnut Peter Walls, et réalisable dans ces conditions.

Yvonne put découvrir une lueur d'admiration dans le regard du ministre. Elle avait réussi à ménager la susceptibilité de l'aviation, en lui donnant un os à ronger. Chaque corps voulait se prévaloir de la future victoire de Chimio.

– Je le répète. Pour que ce coup réussisse, il faut tabler sur deux paramètres : que Mugabe soit demain encore occupé à se délecter des vivats, et que le maquillage de notre matériel, comme celui des SAS, puisse souffrir, ne serait-ce que quelques minutes, l'examen des gardes du camp.

– Ron, occupez-vous de cela. Mon aide de camp vous ouvrira les portes nécessaires. Je veux des hommes à vous dans le coup. Qu'ils se chargent de neutraliser les officiers ennemis.

– Avons-nous encore besoin du Groupe Lance sur place? demanda le colonel.

– Inutile de les exposer plus longtemps, en effet. Le capitaine fera le nécessaire.

– Parfait pour moi, réfléchit l'officier d'aviation. Un hélicoptère de l'escadron 7 les récupérera au point prévu. Ils seront à la maison à la tombée du jour.

– Félicitez-les... J'espère qu'ils ont vu juste, ajouta Walls. Qu'ils restent en repos à la caserne jusqu'à la fin de l'opération. Ron, faites passer le mot chez vous.

Lorsque la porte se fut refermée, Yvonne Stein revint à son fauteuil.

– Il y a beaucoup de civils, à Chimio! Peut-être serait-il judicieux que quelques-uns d'entre eux parviennent à s'échapper.

– Vous faites du sentiment à présent? Cela ne vous ressemble pas.

– Ils pourront témoigner que les forces du FRELIMO ont attaqué Chimio conjointement à nos Canberras. Brouillons les cartes, Peter. Laissons croire que Samora Machel a voulu régler son compte à Mugabe. On dit que les deux hommes ne s'aiment pas beaucoup!

– Vous pensez à tout.

– Ne prêtons pas le flanc à d'autres attaques de l'ONU. Ces gens-là sont persuadés que nous sommes des assassins. Ils n'ont aucune idée du mal que ces soi-disant civils peuvent nous causer. Aussi, je suggère que SAS et Selous Scouts évitent de parler anglais durant l'attaque. Qu'ils laissent les commentaires aux Flechas... Il ne restera plus qu'à crier, à qui voudra l'entendre, que Samora Machel

nous a proposé le coup. La discorde chez l'ennemi.
Elle ajouta :

– Messieurs, nous devons veiller à ce que Duty Free – nouvelle version – reste secret jusqu'au dernier moment. Que la diffusion en soit limitée aux membres restreints de l'état-major.

Le chef de la British South African Police réagit :

– Qu'est-ce que cela signifie? Craignez-vous des fuites?

Walls intervint :

– Il faudra vous y faire, mon cher Dick. Yvonne lit trop les affiches que vos hommes collent sur les murs. Elle voit des oreilles ennemies partout.

– On n'est jamais trop prudent, ajouta Yvonne. Mugabe a déjà échappé à nos tueurs. A deux reprises. Ce serait trop bête de le perdre une nouvelle fois, alors qu'il se jette tête baissée dans Chimio...

– Nos officiers sont fiables, s'étonna le ministre de la Défense.

– Pouvons-nous avoir la même confiance pour les échelons inférieurs?

Walls se voulait provocateur.

– *Bullshit!* Il n'y a que des Blancs aux postes de décision.

Le lieutenant général tourna un visage impassible vers son amie. Il était temps de désamorcer la bombe. Poser un contre-feu.

– Yvonne, le major a raison. Les membres des Opérations combinées sont parfaitement fiables. Expliquez-leur ce que vous craignez.

A contrecœur, la directrice du renseignement dut se résoudre à leur en dire plus. Avec d'autant plus de difficulté qu'elle incluait son collègue des renseignements militaires dans le lot.

– Je savais que Mugabe se rendrait à Chimio avant de pénétrer dans cette salle. Simplement parce que mon chauffeur l'avait appris ici. Ou bien dans les couloirs du Milton's Building. C'est un homme de confiance, mais il n'est pas classé au niveau A, ni habilité à jongler avec les secrets « vitaux ». Une des raisons qui m'ont valu le plaisir de travailler en votre compagnie, messieurs, c'est que, de notoriété publique, je suis une amie intime du général Walls... Une autre de ces raisons tient à la chance dont a joui Mugabe jusqu'ici, pour passer entre les balles de nos tueurs et éviter d'ouvrir lui-même nos colis piégés. Par deux fois, il s'en est tiré de justesse. Il y a une similitude entre ces deux précédents : d'après nos investigations et nos renseignements directs, le camarade s'est enfui quelques heures avant les opérations Timber et Savage.

– Ce n'est qu'une coïncidence, expliqua le chef de la BSAP. La sécurité de ce type repose sur sa mobilité. Hors de Lourenço Marques, il sait qu'il ne peut prendre le moindre risque avec nous.

– Sans doute. Toutefois, je crains qu'une armée sans secret soit une armée sans victoires. J'ai accepté la direction du CIO pour que de telles coïncidences ne se reproduisent pas trop souvent. Il est probable que ces indices ne signifient rien de précis, et que nous péchions par excès de prudence. Puisque le destin nous offre Mugabe sur un plateau, faisons en sorte que notre troisième tentative soit la bonne. Aussi, je préconise qu'aucun de vos subordonnés ne soient informés des détails de Duty Free, du moins de ceux concernant les nouvelles dispositions adoptées, jusqu'à ce que nos troupes aient franchi la frontière mozambicaine... Pour que de braves hommes comme mon chauffeur ne soient pas tentés de raconter trop tôt, à leur femme ou à leurs voisins, que nous sommes sur le point de terminer cette guerre.

Walls approuva.

– C'est mon avis. Yvonne sait que je suis allergique au moindre relâchement de la sécurité. Commençons par pratiquer chez nous ce que nous demandons aux Rhodésiens et à la Rhodésie. L'opération Duty Free débutera demain matin à sept heures. Nos camions franchiront la frontière, selon le plan initial retardé, vers midi. Nous serons dans Chimio à quatre heures. Trop tard pour nous joindre à la parade, mais assez tôt, je l'espère, pour pouvoir offrir la nôtre à Mugabe avec les compliments de Samora Machel.

Comme les officiers commençaient à quitter la table des

conférences, Yvonne Stein ne put réprimer une angoisse. Peter n'aurait jamais dû lui demander d'exposer ses inquiétudes. Même la partie émergée de ses soupçons. Dans ce genre d'affaire, il était préférable d'étaler les méfiances une fois l'auteur des fuites sous les verrous. Un traître pouvait constituer la partie immergée de son problème. Si son intuition l'avait trompée, le climat des prochaines réunions des Opérations combinées en serait affecté. Si elle voyait juste, le traître pourrait prendre ses précautions : s'enterrer! Dans tous les cas de figure, Yvonne Stein était perdante.

L'affectation d'Aaron Goldsmith à Maputo ne ressemblait pas aux tableaux peints par son imagination de jadis. Le Lourenço Marques, dont il rêvait en compulsant l'*Atlas Britannica* de ses années scolaires à Haïfa, avait disparu des relevés cartographiques, victime de la Révolution. Peut-être ne resterait-il bientôt plus grand-chose de ces autres noms chargés de senteurs d'épices comme Zanzibar ou Dar es-Salam. Pas plus qu'il ne subsistait des illusions du jeune Aaron.

Les années s'envolaient, comme les cartes coloniales et leurs boutres chargés de soieries et d'essences rares. Aaron était devenu Peter, et l'étudiant qui suivait des voiliers imaginaires dans le canal du Mozambique, trafiquant avec les pirates la corne de rhinocéros aux vertus aphrodisiaques et le clou de girofle, s'était transformé en agent actif du MOSSAD. Ainsi le voulaient les révolutions qui balaient plus vite les noms que les privilèges, et les services de recrutement du renseignement israélien, qui savaient exploiter les chimères des enfants.

Il avait sacrifié les trois derniers mois de sa vie à brouiller les pistes d'éventuels suiveurs, pour se construire une nouvelle identité. Parcouru la moitié de la planète pour bâtir un *press-book* convaincant, destiné à préparer son arrivée au Mozambique.

Si les Portugais n'avaient pas eu la malencontreuse idée de lâcher leurs colonies en 1975, il n'aurait pas été obligé d'user de tant de précautions. Il ne serait jamais venu en Afrique australe, car ni l'ANC [1], ni la ZANU n'y auraient élu domicile sous l'hospitalité du camarade Machel. Le MOSSAD entretenait des relations privilégiées avec le NIS [2] sud-africain. L'Afrique du Sud se préoccupait du péril communiste qui gagnait chaque jour du terrain dans la région. Tel-Aviv n'avait rien à refuser à Pretoria. Pas même l'envoi d'un de ses agents, pour repêcher un « casier à langoustes » immergé par le NIS dans le vivier de la subversion.

La boucle était bouclée. Autour des valises d'Aaron.

A mesure que le cargo *Verragio* se rapprochait du port, doublant l'île des Portugais, Aaron ressassait son mécontentement d'avoir accepté une mission aussi dangereuse, pour la satisfaction d'un rêve qui risquait de se transformer en cauchemar. Israël échangeait certes fréquemment ce genre de civilités avec ses rares pays amis. Le *crossing* était monnaie courante dans son métier. Mais l'agent secret acceptait avec amertume de travailler avec un pays étranger dont le sort lui indifférait, alors qu'il aurait pu servir directement les intérêts de son propre pays.

Malgré tout, Aaron était bien décidé à remplir sa mission avant son quarantième anniversaire. Ne serait-ce que pour le fêter sans revolver constamment pointé sur sa tempe, ou sans craindre un gâteau au cyanure. Il ne moisirait pas longtemps dans cette capitale probablement insalubre. Le type de travail qu'on lui demandait ne lui vaudrait pas une brillante promotion dans les services de renseignement israéliens.

Accoudé au bastingage du cargo rouillé, Aaron fixait le quai de Maputo, écrasé de soleil, contre lequel quantité de navires soviétiques relâchaient en permanence. Ironie du sort que ce pays révolutionnaire, condamné pour sa survie économique à commercer avec son plus implacable ennemi, et contraint, pour le respect de sa ligne politique, à

1. ANC : Congrès national africain.
2. NIS : National Intelligence Service (service du renseignement de l'Afrique du Sud).

attaquer l'Afrique du Sud, conjointement aux pays de la ligne de front. Ses amitiés marxistes ne valaient guère mieux : Moscou faisait chèrement payer son appui d'hier à la guérilla de Samora Machel. Ses bateaux ratissaient la bauxite et le mica à des taux nettement inférieurs aux cours mondiaux. « Pauvre Révolution, pensa Aaron : grignotée par ses opposants et dévorée par ses alliés! »

Les lunettes récemment adoptées par l'homme du MOSSAD lui étaient à peu près aussi insupportables que la gomina qui lissait ses cheveux blonds vers l'arrière, de la plus désuète façon. Cela l'aiderait à lui donner l'apparence d'un agent commercial de la Stizlleg dont le siège social encourageait l'établissement de filiales de production depuis le Danemark et travaillait, comme Aaron Goldsmith, « en douceur ».

Un marin italien le rejoignit sur le pont et s'appuya contre la rambarde de fer. Guido dévorait les spaghettis comme nul autre. Au cours d'un de ses repas pantagruéliques, le Calabrais lui avait raconté ses souvenirs, glanés durant quinze ans de navigation à travers l'océan Indien.

– Votre nouveau pays, monsieur Laursen! Je parie que vous allez vous en payer de bonnes, ici!

– Ce n'est pas ce que j'ai appris.

– Ne vous fiez pas trop aux racontars, ni aux apparences. On juge un pays à son port, comme on catalogue une maison à ses toilettes. Nous avons relâché plusieurs fois à « LM ». Le marxisme n'y est que façade. Une vitrine plutôt défraîchie. Les Sud-Africains qui désiraient s'amuser un peu, à l'abri des regards de leur police, venaient souvent ici. La ville entière était un bordel. 1975 n'a rien changé. Pas plus que les camps de réhabilitation des prostituées. Maputo possède un réseau de vie secrète.

Aaron fut amusé par le bavardage de son voisin.

– Le port redevient lentement un paradis socialiste nuancé pour des gens en manque de films pornographiques, de ballets roses et de tables de jeux clandestines.

Les deux hommes échangèrent un sourire. L'image de ballets roses avec des petites Noires leur parut inconvenante.

– Que voulez-vous! La Révolution doit bien vivre. Comme les Américains venaient à Cuba se débaucher et y retournent à présent en touristes pour s'y faire peur, je vous parie que d'ici quelques années, les Afrikaners retrouveront leur Lourenço Marques. Les policiers ferment d'autant plus volontiers leurs yeux sur ce qui se passe la nuit qu'ils en profitent largement. Le Maputo qui vous attend vous réserve bien des surprises.

Aaron espérait le contraire. Il se contenta d'adresser un sourire à son guide.

– Probablement les pays marxistes ont-ils besoin de devises étrangères. Un impératif qui peut légitimer bien des entorses à la doctrine et justifier quelques bavures. Qu'ils ne comptent pas trop sur mon argent. Je ne recherche pas ce genre d'exotisme.

Le navire marchand arrivait à quai. Déjà, à travers la brume de chaleur, feu Lourenço Marques évoquait le colonialisme portugais décrépi, allié à une végétation tropicale dévorante. Samora Machel avait gommé un nom de la carte, mais ne parviendrait jamais à effacer l'empreinte laissée par Lisbonne. Comme Aaron Goldsmith ne réaliserait sûrement pas le projet d'implantation d'une usine de confiture. Leurs objectifs étaient autres que leurs discours.

L'Israélien releva ses lunettes rondes sur l'arête de son nez et admira le panorama. Quelque part derrière les bateaux en carène, ou les longs navires minéraliers, devait se trouver l'homme pour lequel il était venu de si loin. Il ne parvenait pas à croire que cette ville poussiéreuse abritât un personnage si important qu'il exigeait une telle mise en scène des services de Tel-Aviv. Le NIS voyait loin. Des années auparavant, alors que le Portugal tenait encore les rênes de ce pays, l'homme était immergé. Casier à langoustes tapi au fond d'un océan d'informations, le colonel ne savait ni le jour ni l'heure où un pêcheur inconnu viendrait. Il se contentait d'emmagasiner des informations entre ses mailles. Patiemment.

Lorsque le *Verragio* se fut immobilisé, l'Israélien retourna à sa cabine pour y prendre quelques affaires. Le reste suivrait... S'il restait assez longtemps pour recevoir le container. Il salua Guido qui commandait une manœuvre.

– Bon séjour, monsieur Laursen. Si vous vous ennuyez, passez donc un de ces soirs au *Sarah*. Tout le monde connaît. Nous restons quelques semaines pour les réparations.

– Volontiers. Si j'en ai le temps. Faites attention au charme des Mozambicaines, Guido!

– Vous y viendrez, vous aussi! A un de ces soirs, j'espère!

Aaron descendit la passerelle et se retrouva sur un quai où les dockers ne se pressaient pas. Les entrepôts de tôle étouffaient sous la poussière de bauxite. Le port était lugubre. A peine avait-il fait quelques pas, que deux civils, suivis de trois militaires du FRELIMO, le saluèrent en portugais. Les Africains lui demandèrent son passeport. L'unique passager les suivit dans le bâtiment des douanes, prêt à sacrifier au rituel administratif des paradis socialistes. La comédie débutait à cet endroit. Il devait déployer des trésors d'ingéniosité pour rendre le premier acte convaincant. Quant à ses connaissances professionnelles, jamais ils ne le coinceraient sur le sujet!

Les deux civils précédèrent le visiteur dans un bureau. Aaron s'appliqua à observer les efforts du ventilateur tordu pour brasser le peu d'air du réduit.

– Bienvenu au Mozambique, monsieur Laursen! Votre voyage s'est-il bien passé?

– Parfaitement. Merci. Un plaisir rare que de voyager par mer.

Le fonctionnaire feuilletait distraitement le passeport encombré de visas et de tampons.

– Il vous aurait été plus facile de rallier Maputo par avion.

Aaron s'efforça de sourire.

– Les Scandinaves adorent la navigation.

– Comme je vous comprends, poursuivit le Noir. C'est plus agréable, mais tellement incompatible avec les affaires...

Le jeu du chat et de la souris commençait.

– On s'y accommode. Le temps permet d'approfondir les dossiers, de réfléchir avant d'opter pour une stratégie commerciale.

– Quel est l'objet de votre visite?

– Je m'étonne que vous ne le sachiez pas...

Il sortit une carte de visite de son porte-documents et la tendit à son interlocuteur, par-dessus les rares formulaires qui tentaient de donner une apparence de travail. Du coin de l'œil, il surveillait l'attitude de l'autre Mozambicain. Celui-là devait être plus dangereux. Il appartenait aux douanes comme Aaron relevait de l'Armée du Salut. L'homme ne le quittait pas du regard, épiant ses moindres réactions. L'espion se renversa sur son fauteuil de bois pour conserver l'observateur dans son champ de vision et tira sur son complet d'alpaga gris.

Le fonctionnaire examina le bristol, puis le rangea dans un tiroir. Aaron voulait reprendre l'initiative :

– J'ai d'ailleurs une lettre du ministre de l'Industrie me fixant un rendez-vous pour après-demain. Mon visa est en règle.

– Nous avons été prévenus de votre arrivée. Possédez-vous des devises étrangères?

– Environ trois mille dollars.

– Bien. Votre statut particulier vous donne droit à une dérogation. Combien de temps espérez-vous séjourner chez nous?

– Aussi longtemps que le nécessitera notre projet. Ma compagnie est décidée à investir au Mozambique. Je conduirai cette implantation. J'attends la coopération de votre gouvernement.

– Vous pouvez compter sur notre aide la plus discrète et la plus efficace, dit enfin celui qui restait debout. Nous accueillons volontiers les investissements des étrangers.

L'Israélien se tourna vers lui. Le danger venait de ce côté-là.

– Notre Révolution est jeune, reprit l'inconnu. Et fragile. Nous devons, pour la protéger, nous assurer de deux éléments : que le propos de votre visite est bien celui que vous invoquez... et qu'il n'y aura pas de malentendu entre nous. Pour cela, sachez, monsieur Laursen, que les ennemis de notre démocratie sont légion et qu'ils nous contraignent à une vigilance de chaque instant. Nous devons rendre coup pour coup. Afin de faciliter notre travail, vous veillerez à ne pas sortir de Maputo sans y avoir été invité par écrit. Le ministère de l'Industrie se chargera de cela. Par ailleurs, sachez que nous ne badinons pas avec ceux qui ont l'intention de nous causer du tort.

Il récitait une leçon vieille comme le monde. Sans doute tenait-il de ses instructeurs soviétiques que la meilleure façon de découvrir un agent restait de lui faire croire qu'il était repéré. Le pousser à la faute par excès de tension. L'agent du MOSSAD ne mordrait pas si facilement à l'hameçon. Il se contraignit à paraître intrigué. Et froissé derrière l'austérité de ses lunettes.

– Je comprends vos réserves. Mais ma visite au Mozambique se limite à des motifs industriels et commerciaux. Comme je viens de vous l'expliquer, nous voulons créer une fabrique de confiture. Ici les fruits exotiques ne manquent pas, ni le sucre, ni la main-d'œuvre. Ma société estime que le marché sud-africain, proche, peut présenter de gros débouchés immédiats.

– Monsieur Laursen, êtes-vous déjà allé en Afrique du Sud?

– Ma foi non. Mais nous travaillons depuis des mois avec les services commerciaux de leur ambassade à Copenhague. J'envisage de me rendre prochainement sur place pour y étudier le marché.

– C'est un voisin encombrant... Ce ventilateur fonctionne au ralenti parce que Pretoria en a décidé ainsi. Un geste d'un fonctionnaire sud-africain peut à tout instant couper l'électricité de notre capitale... Ils contrôlent le barrage hydro-électrique de Cabora Bassa et bien d'autres choses... Mais votre voyage d'étude pourra tout de même s'arranger. Avez-vous des liens avec Israël?

– Aucun. Pour quelle raison me demandez-vous cela?

L'agent de la sécurité ne jugea pas nécessaire de répondre. Cette fois, l'avertissement en était un. Le fleuret moucheté accumulait les touchés victorieux. L'homme qui prenait en main l'interrogatoire récitait par cœur sa leçon russe. Malgré les précautions, Aaron Goldsmith se sentait repéré. Il avait décelé une brève lueur d'intérêt dans les yeux morts, lorsqu'il avait reconnu ses tractations avec la mission commerciale sud-africaine. Le Mozambicain ne pouvait poser ses questions au hasard, se fondant seulement sur l'amitié israélo-sud-africaine. L'agent du MOSSAD pourrait avertir ses chefs de l'efficacité des filatures du KGB.

– Tant mieux, conclut enfin l'homme. Veuillez laisser votre mallette ici. Inutile de vous encombrer avec des bagages. Une voiture vous conduira à votre hôtel. Vos affaires suivront. Nous y veillerons.

– Puis-je conserver mes chaussures, ou bien préférez-vous les saisir également?

Le Noir n'apprécia pas le trait d'humour. Le choc sourd du tampon sur le passeport danois fit l'effet d'un arrêt de mort à Aaron Goldsmith. Il devrait être sur ses gardes et éviter de le manifester, afin de ne pas risquer de tomber dans le jeu des Mozambicains.

– Bonne chance dans votre entreprise!

– J'en aurai certainement besoin.

L'officier d'immigration lui rendit son passeport.

Aaron considéra avec curiosité la main gauche tendue par le Noir. Ce n'était pas pour lui offrir un salut cordial, mais plutôt pour l'inviter à lui confier sa mallette sur-le-champ en échange du passeport. Aaron effectua la transaction, se demandant si un vrai industriel n'aurait pas pris le large immédiatement.

Aaron Goldsmith commençait mal : le pêcheur était grillé avant les langoustes.

Le signal du repli avait tardé à venir. Bénédiction des ondes.

– Décrochez pour le point Alpha. Cueillette dans trois heures.

C'était peu, mais cela suffisait. Timothée quitta son poste d'observation et replaça ses jumelles sous la chemise de combat. Un dernier regard d'ensemble sur Chimio. La fourmilière grouillait d'insectes nuisibles.

Il dévala la colline, s'accrochant aux branchages d'avocatiers pour ne pas risquer la chute. Une jambe cassée serait malvenue.

A part un carré d'herbe froissée, les Selous Scouts ne laissaient aucune trace. Travail parfait. Derrière un énorme rocher, il retrouva Nshaba, figé dans une attitude curieuse. Le visage du Noir, tourné contre terre, lui signifiait de ne plus avancer. Le poing crispé indiquait un danger imminent. Tim balaya le bush du canon de son arme. Il lui fallut quelques secondes pour comprendre l'inquiétude de son compagnon. Malgré les précautions prises par les *gooks*, les traces étaient encore fraîches. Terre mal tassée en plusieurs endroits, déblais amassés au pied des arbustes. A pas comptés, le Rhodésien rejoignit son équipier à la lisière du chemin plat.

– *Chimbambaira...* expliqua le Noir dans un murmure. Ils sont venus poser les mines la nuit dernière. Sans doute des TM-46. Ils n'ont pas lésiné sur le nombre : partout...

Le pisteur précisa les passages du bout de son doigt.

Tous deux ressentirent une indicible peur rétrospective. Dans l'obscurité, les artificiers de la ZANLA étaient passés à quelques mètres d'eux, creusant les nids en quinconce, sans que l'une ou l'autre équipe ennemie ne s'entende.

Par chance, le travail était récent. Nshaba s'apprêtait à avancer entre deux mines, lorsque Tim le retint en arrière par la manche de sa chemise. Il secoua la tête négativement, puis le força à s'accroupir. Par gestes, il lui fit comprendre son inquiétude. Les tumulus sur la gauche, au nombre de sept, n'avaient occasionné que trois légers déblais aux pieds des figuiers. Sur la droite, il en allait de même.

– Ça ne colle pas, murmura Timothée. C'est un peu trop évident. Même des Shona posent mieux leurs mines. Il y a sûrement un vice.

Il se laissa couler en avant, rampa quelques mètres, puis

dégaina son poignard. La lame, approchée avec douceur du « spot », contourna la terre remuée. Par de légers grattements, il poursuivit son travail, écartant motte après motte, afin de ne pas exciter le mécanisme de mise à feu. Puis, il découvrit ce qu'il craignait : une légère touffe d'herbe, profondément enracinée. Il se releva.

Devant les yeux exorbités de Nshaba, Timothée fit volte-face, se planta auprès du trou, puis sauta d'un bond, des deux pieds joints, sur l'emplacement. Le Ndebele n'eut pas le temps d'avoir peur. Rien ne se passa. Pas d'explosion. La mine ne fonctionnait pas. Il rejoignit son ami par le chemin qu'il venait de suivre.

– Ils ont failli nous avoir!

– Pas de mines?

– Des tas, au contraire. Pas aux emplacements les plus évidents. Ils les ont intercalées. Un seul moyen de passer : sauter de point visible en point visible. Éviter les espaces lisses. Regarde...

A ras de terre, ils découvrirent un léger renflement, à mi-distance entre deux « spots » factices. Là, il devait y en avoir une vraie!

– Incroyable! Si les Shona se mettent à penser, maintenant! Comment as-tu deviné?

– J'allais te répéter ta phrase préférée : « Tu ne pouvais pas manquer ce *spoor*! »

– Les fausses traces. Ils ont dû les trouver... Et nous perdre!

Ils sautèrent de tumulus en renflement. Les gooks n'avaient-ils pas piégé réellement un des « spots » visibles? Ils découvrirent cinq autres engins explosifs, aux passages les plus faciles. Le responsable de la sécurité de Chimio s'était-il rendu compte d'une lacune dans le système défensif du camp? Avant l'arrivée de Mugabe, il voulait y remédier. Il leur fallut près d'une demi-heure pour franchir les cent mètres minés par les Terrs. La ZANLA avait complété son système sophistiqué en reliant des chapelets de grenades à des fils d'acier accrochés dans les fourrés.

Un parcours pour super-combattants.

Lorsqu'ils se sentirent hors du champ défensif, Tim dit :

– Au pas de course, maintenant! Ne ratons pas le rendez-vous. Je t'offre un bain dans la Shibuku.

Ils rebroussèrent chemin dans la forêt, puis se mirent à courir, dès qu'ils retrouvèrent les anciennes traces de la patrouille. La foulée souple et balancée, l'arme automatique devant eux, à bout de bras, ils retournaient à la sécurité. Tous les cent mètres, en alternance, l'un d'eux faisait volte-face, s'agenouillait en position de tir pour couvrir leur fuite. Ce n'étaient plus que précautions d'usage. Les rebelles étaient trop occupés par leurs préparatifs pour avoir augmenté la fréquence de leurs rondes. Le secteur ne craignait plus rien, confié aux mines russes.

Le dépistage des emplacements leur avait fait perdre un temps précieux. L'hélicoptère serait au rendez-vous. Ils devaient y arriver avant lui, afin d'éviter au pilote le désagrément d'une trop longue position stationnaire qui l'exposerait au feu de la ZANLA. Les Alouettes III du groupe 7 ne se posaient jamais.

Nshaba se sentait pousser des ailes. Il avait cru prendre le plus grand risque de sa vie en pénétrant dans Chimio. Il savait que sa mission d'infiltration ne représentait qu'une infime partie du danger. Par deux fois, il avait traversé en aveugle le terrain miné et en était sorti indemne. Il lui tardait de boire sa bière, pour fêter cette chance.

Tim pensait à Veronica, non à l'hélicoptère, ni au point Alpha. Le Selous Scout étanchait sa soif de vivre et enfouissait sa peur dans le reflet de plaisir d'un regard noisette.

2

Le Sud-Africain n'avait jamais intercepté d'émission similaire. Plutôt étrange : d'ordinaire, l'armée rhodésienne n'utilisait pas ce type de communication. Trois secondes d'un message diffusé à très haute vitesse sur ondes courtes : 97 mégacycles. Un « crash system » dont les Américains et les Russes détenaient le monopole. Un truc destiné à ne pas se faire repérer par les radiogoniomètres, lorsqu'on travaille dans une souricière.

Cela ne ressemblait pas aux dizaines de rapports militaires qui signalaient, de-ci, de-là, une escarmouche avec des éléments non identifiés, le sabotage d'une ligne de chemin de fer, ou la requête de support aérien d'une unité combattante en difficulté. La Rhodésie de Ian Smith n'était pas encore un brasier mais une multitude d'attaques laminaient le pays.

Sans l'enregistreur à fréquence variable, le « call-sign » n'aurait pu être découvert. Compte tenu des innombrables liaisons radio qui se développaient depuis la guerre, c'était une aubaine. Le tir rapide était tombé dans un créneau blanc. La faible intensité du message aurait pu lui permettre de passer carrément inaperçu, s'il avait été lancé en même temps qu'un de ceux des forces rhodésiennes.

L'opérateur brancha son casque sur la voie 4 du gros magnétophone Grundig-professionnal inséré dans la console métallique. Il appuya ensuite sur le contrôle automatique des écoutes. Pendant qu'il s'amuserait sur l'étrange message, l'oreille électronique ne perdrait pas une seconde des autres communications. La permanence du monitoring fonctionnait. Il rembobina sa bande, essuyant son crâne chauve de ses mains minutieuses. La tête chafouine de l'homme ridé s'illumina. Les traits lourds se relevèrent. Son air de gourmet se précisait à chaque manipulation sur ses instruments de contrôle électronique.

Son métier et sa vie privée ne faisaient qu'un. Sa femme n'envisageait pas exactement les choses ainsi. Elle ne cessait de critiquer cette passion qui le poussait au-delà de la simple curiosité de professionnel. Pour Alan Mathew, la vie à Messina n'était possible qu'agrémentée par l'écoute des radio-amateurs. Jamais Elizabeth ne s'était encore risquée à lui demander de choisir entre elle et ses appareils. Peut-être aimait-elle mieux lui laisser ce dernier jardin intime. Ses dents s'étaient acharnées sur tout le reste. Mais pas sur cela. Pas encore!

L'instinct d'Alan Mathew l'avait peu aidé à prévoir les attaques de son épouse. Mais il lui laissait deviner que son correspondant involontaire n'était ni un collègue rhodésien ni un radio-amateur.

Le sifflement d'un message diffusé à très haute vitesse revint sur la voie unique de son écouteur. Le call-sign pouvait être le produit d'un instrument à « tir rapide ». Il fallait en avoir le cœur net. Jouer sur la rapidité de défilement.

Avec une application aiguisée par l'intérêt, l'officier rembobina de nouveau, puis remit en marche. Il ramena la commande de modulation de la vitesse à son niveau minimum, puis observa l'avance de la gigantesque bande magnétique, millimètre par millimètre. Le son hyper-grave parvint à ses oreilles. Procédant par dixièmes de graduations, il remonta le curseur jusqu'à l'obtention progressive d'une voix à peu près intelligible. Satisfait par sa manipulation, le spécialiste des écoutes rembobina une troisième fois la longue bande au début du message clandestin, amplifia le son, puis se concentra sur l'interprétation. La voix était compréhensible, quoique distordue par un passage instable au début. Il eut une moue de réprobation : matériel de piètre qualité.

« Attaque imminente du point C. Opération combinée pour destruction massive. Attention, priorité absolue. Protéger le professeur par tous les moyens. Il risque de tomber dans le piège, si son emploi du temps le maintient sur place, au-delà de demain... 00400. »

Mathew, voyeur des ondes, ne s'y connaissait pas beaucoup en matière d'espionnage. Cependant, le message intercepté, tant dans son fond que dans sa forme, laissait peu de place au doute. Procédé d'excellent niveau mais matériel médiocre. Première incompatibilité.

Quelqu'un en Rhodésie prévenait son correspondant secret d'une opération militaire contre un mystérieux point « C ». Le type pensait passer à travers les mailles. Il n'avait pas pris la précaution d'utiliser un codage militaire. Deuxième difficulté. De plus en plus étrange! Il pouvait y avoir des explications : le manque de temps pour le chiffrage, ou bien la certitude d'une couverture indestructible. Les plaisantins aimaient jouer ce genre de farces. Mais pas avec ce type d'émetteur!

En fonctionnaire appliqué, le petit homme bedonnant déclencha la seconde bobine. Rien d'intéressant : deux terroristes abattus près de Hot Springs, une autre attaque de ferme isolée... Pas de réponse au curieux message. Pourtant, ce type d'appareil se calait une fois pour toutes sur une fréquence définie et pouvait recevoir des retours. Troisième hic : le type renseignait des Martiens!

Solitaire dans l'immense pièce tapissée d'appareils, Alan prit tout son temps pour se masser le crâne, comme pour en extirper des idées cohérentes. Toujours le brouillard. Il attrapa une fiche cartonnée sous le pupitre et retranscrivit méticuleusement le court message, mémorisé à la perfection. Les pauses figuraient même, sous des tirets. Il indiqua l'heure d'écoute, mentionna la fréquence 97 et porta ses appréciations personnelles dans la rubrique prévue à cet effet : « Message *one way*. Aucune réponse sur la fréquence 97. Matériel probablement artisanal. Intensité faible.

00400 peut aussi bien être l'identification qu'un horaire. » Il hésita avant d'ajouter : « Possibilités d'interprétations en canular ou test d'écoute de Salisbury. » Il signa, porta un matricule au bas du bristol et glissa la fiche dans l'enveloppe réservée aux « curios ». La seule depuis des semaines.

En se remettant à l'écoute des appels de détresse, des demandes de renforts et des rapports d'opérations, il sentit que la curiosité ne le quitterait pas. Il scellerait l'enveloppe à la cire à cacheter, comme le lui recommandait le règlement, mais la fiche se classait automatiquement dans sa tête.

De Messina, son oreille électronique couvrait l'ensemble du territoire rhodésien. Dans quelques minutes, le nombre des émissions croîtrait. Ce serait également le moment du changement d'équipe. Le genre de travail confié à Alan Mathew était particulièrement pénible. Il requérait des nerfs solides. Rien de commun avec son passe-temps favori qui l'aidait à se détendre et à oublier les misères de sa vie conjugale. Il attrapa le tableau de liaison des permanents et écrivit en gros caractères : « Communiquer à Alan Mathew les messages suivis sur la fréquence 97. Merci. »

L'officier admettait mal qu'un autre de ses collègues pût s'intéresser à son « curio ». Mais il acceptait encore plus difficilement que la Rhodésie nécessitât cette forme de surveillance discrète. Cela montrait à quel point le gouvernement de Pretoria se méfiait de Salisbury. Pourtant, aux yeux de Mathew, comme à ceux de millions d'Afrikaners, les deux pays menaient une lutte commune : ils se dressaient contre le péril marxiste... Peut-être les hautes sphères politiciennes ne voyaient-elles pas les choses ainsi, puisqu'elles chargeaient la Monitoring Station d'épier les « British » !

Son travail du jour se terminait. Non les questions qui restaient en suspens dans sa tête. Qu'Elizabeth appréciât ou non ses absences et ses étourderies, il lui restait à comprendre qui était le professeur et à quoi correspondait le point « C ». Pour cela, il disposait d'un atout supérieur à ceux qu'il transmettait au NIS, dans l'enveloppe des « curiosités » : la vertigineuse volonté de comprendre qui mobilisait chaque instant et chaque neurone de son cerveau.

Oleg Silkin? Le parfait quidam. Pas particulièrement grand, pas particulièrement petit. Pas vraiment brun, sans pourtant être blond. Pas vraiment beau, ni laid pour autant. Son visage était commun avec un nez, deux yeux et une bouche qui en faisaient pourtant un être exceptionnel : celui que personne, hormis des spécialistes confirmés et rompus à cet exercice, ne pouvait identifier. Personne, sauf ceux que le camarade Silkin tenait entre ses doigts de marionnettiste.

Il aurait pu passer inaperçu au Mozambique, s'il n'avait été un des rares Blancs dans un pays noir. Détail qui avait son importance! Tant pis. Non, tant mieux, pensa Oleg qui ne pouvait plus souffrir les Noirs, tant il en avait broyé durant sa carrière africaine.

Le KGB, non plus, ne pouvait faire des miracles. Aussi riait-on beaucoup à Moscou, en reconnaissant la supériorité de la CIA sur le KGB, du moins en matière africaine. Elle tenait, suivant certains, à l'existence d'une minorité noire aux USA, alors que l'URSS ne possédait pas de nationalités de couleur. Un avantage qui n'allait pas sans contreparties. Car pour un Noir opérant pour le compte de la CIA sur le champ d'opérations africain, il s'en promenait probablement dix dans Harlem, porteurs de l'idéologie révolutionnaire des « Panthers », à la barbe et au nez du FBI.

Oleg était philosophe. Après tout, l'originalité de sa pigmentation représentait un atout : personne, du moins dans les instances dirigeantes du FRELIMO, n'ignorait qu'il était l'un des plus puissants émissaires de Moscou. Un représentant aux mains libres. Comme chacun savait qu'il avait l'oreille du camarade président en matière de renseignement, et que le rôle déterminant de son pays dans la guerre de libération du Mozambique l'autorisait à tirer cette oreille quelquefois. Lorsque Samora Machel disait des bêtises, ce qui lui arrivait souvent. Un double droit, puisque le KGB avait joué à fond la Révolution des œillets au Portugal.

Oleg Silkin n'avait rien de sensationnel. A part, peut-être, un étonnant pouvoir de réflexion et d'analyse, conjugué à une prodigieuse mémoire. Ce qui en faisait l'un des principaux agents d'influence soviétique en Afrique australe. Terrain d'action privilégié pour un homme exceptionnel. Un « faiseur de présidents », comme on se plaisait à le dire à la centrale de Dzerjinsky.

La région suivait une évolution rapide. L'Afrique se débarrassait des derniers stigmates du colonialisme capitaliste. La décolonisation portugaise de 75 avait accru la puissance occulte mais effective du colonel. A présent, grâce à l'excellente courroie de transmission de l'ANC, il contrôlait plus ou moins directement l'Angola, la Zambie, la Tanzanie et le Mozambique. En quelques années, pas moins de dix États venaient d'accéder à l'indépendance dans cette région. Un champ d'expérimentation, vraiment, pour un colonel linguiste qui collectionnait les pays fraîchement révolutionnaires, comme d'autres le font de dominos. Oleg ne s'en grisait pas. Pour la grandeur de l'Empire soviétique, la pièce maîtresse était moins la conquête de la Rhodésie, que l'encerclement et, à terme, la chute du régime raciste et capitaliste d'Afrique du Sud. Pour cet enjeu majeur, Oleg espérait bien supporter ses imprévisibles crises de paludisme. Assez longtemps encore pour œuvrer et assister à la défaite des Blancs. A la chute de leurs derniers bastions sur le continent noir.

Une question d'années : l'Histoire était déjà écrite. Oleg laisserait sa signature invisible, au bas du Grand Livre.

Pour l'heure, le Soviétique avait d'autres chats à fouetter que le régime d'apartheid. Il repoussa à regret le dossier passionnant d'un prétendu Peter Laursen qui allait égayer ses jours et concentra sa réflexion sur le bref message que venait de lui transmettre le centre des écoutes de l'ambassade. Un sonnet pour son anthologie personnelle qui irait rejoindre les autres, au fond du bunker de la chancellerie. Un des coffres-forts les mieux protégés au monde.

Sa taupe lui posait un problème de décision, plus que de conscience. Le délai dont il disposait pour réagir ne lui laissait pas l'opportunité de se couvrir par une consultation avec Moscou. Le télétype fonctionnait mais les embûches restaient les mêmes. Avec le décalage horaire et l'encombrement de l'étage Afrique, il ne fallait pas espérer une réponse avant vingt-quatre heures. Beaucoup trop long. Les Rhodésiens auraient déjà fait disparaître la dépouille mortelle de Mugabe! Comme dans d'autres occasions, il supportait seul le poids de la décision, alors qu'il partageait la plupart du temps celui des décorations.

Il relut les brèves phrases : « Attaque imminente du point " C "... » et essaya de comprendre les significations secrètes de la communication.

C'était peu. Mais dans cette situation d'équilibre entre la guérilla et les forces rhodésiennes, quelques mots pouvaient changer le déroulement d'une bataille, ou infléchir le cours d'une révolution, de l'histoire moderne de l'Afrique. Si les hommes de Ian Smith capturaient du même coup l'état-major de la ZANLA et son leader politique, ils infligeraient un revers au travail d'Oleg. Le puzzle serait à refaire. Les dissensions tribales entre Ndebele et Shona, les rivalités personnelles entre Mugabe et Nkomo entamaient déjà sérieusement la crédibilité des nationalistes zimbabwéens. Il menait la barque de Moscou entre Charybde et Scylla. La capture de Robert Mugabe ou sa mort seraient fatales aux projets soviétiques. Les implications seraient incalculables. Il fallait jouer finement et sauver ce qui pouvait l'être.

Avec ce nouveau message, Oleg détenait une fois de plus la preuve de la nécessité absolue d'une écoute continue. Les émissions tombaient à n'importe quelle heure. Même si sa taupe n'émettait parfois que quelques secondes par semaine, cela valait bien l'investissement de deux officiers de l'Armée rouge, uniquement chargés de maintenir l'écoute ouverte sur la fréquence 97. Jour et nuit. D'avertir Oleg en quelques secondes. L'officier du KGB devait prendre sa décision. Devant le coup de force, il ne pouvait se résoudre à faire évacuer le camp de Chimio dont il venait de vérifier les effectifs : mille huit cents combattants et un millier de civils. Ce serait pure folie. Jamais la ZANLA ne pourrait retirer assez vite les centaines de réfugiés, ni dégager le matériel lourd. Les enfants, les blessés, les civils : ceux-là nécessitaient un repli structuré. Retrait qu'Oleg ne pouvait organiser à temps. Mais il y avait plus grave que la perte du beau matériel militaire offert par Moscou et que la vie de ces combattants. Les hommes de Walls trouveraient sur place suffisamment d'indices pour établir que le camp avait été évacué en catastrophe. Par la suite, il y aurait une enquête. L'informateur d'Oleg Silkin se trouverait en fâcheuse posture. Aux yeux du Soviétique, la vie de sa taupe valait dix fois celle de quelques centaines d'inconnus. Grâce à lui, il espérait s'approprier le domino rhodésien... et pourquoi pas celui d'Afrique du Sud. Il avait un autre plan pour cet homme : le laisser s'infiltrer dans le haut état-major sud-africain, le transformer en pion principal dans sa lutte finale. Le garder opérationnel à n'importe quel prix. Ne jamais l'exposer par les renseignements qu'il livrait.

Pour l'heure, il fallait se contenter de sauver Mugabe et ses officiers de l'arrière. Le sortir intact du piège. Y laisser suffisamment d'appât pour satisfaire les appétits de Walls. Reprendre les atouts du jeu. Abandonner les petites cartes à l'adversaire.

Sans trahir la moindre réticence sur son visage neutre, il décrocha son combiné téléphonique et appela le centre des communications militaires.

– Silkin, s'annonça-t-il. Je veux la priorité pour Chimio.

– Je te passe Chimio, colonel, répondit automatiquement une voix inconnue.

Après quelques secondes, le Russe reprit :

– Désolé, camarade Silkin. On me dit que la ligne a été endommagée. Plus aucune liaison avec les provinces du nord depuis hier soir. On recherche la coupure.

– Tant pis pour le téléphone. Je veux une communication radio en absolue priorité. Lâche tout le reste... et même si Leonid Brejnev en personne entrait dans le centre, dis-lui d'aller se faire voir ailleurs. Tu saisis?

– Parfaitement. Cependant, cela va être difficile, camarade Silkin. Les liaisons avec Chimio ne sont pas fameuses!

– Trouve une solution... vite!

Le responsable du KGB entendit une rapide concertation en russe. Celle des « coopérants techniques ». Il patienta, regardant sa montre toutes les dix secondes.

– Alors, ça vient?

– Il y a peut-être un moyen : transiter par le PC mozambicain de Massangena, proposa l'autre en dernière extrémité. C'est la procédure des urgences, mais compte tenu de...

– Je me fous des classifications et du moyen utilisé! Il faut que mon message passe. Prends note. Je dicte : « Retour immédiat sur Maputo du camarade Mugabe, de son état-major et de tous les documents classés trois étoiles. Je répète : ordre absolu. » Reste en liaison avec Massangena et Chimio jusqu'au départ de ces hommes. Demande personnellement au centre de transmission du camp de te confirmer l'exécution de mes directives.

– Je dois signer Oleg Silkin?

– Tu n'ajoutes pas un mot.

– Mais ils risquent de trouver étrange...

– Je sais ce que je dois faire, et pourquoi je le fais. Fonce!

La voix claquait, déterminée et froide.

Silkin quitta son fauteuil. Il se mit à arpenter la pièce. Tout allait se jouer dans les prochaines minutes. Si son informateur de Salisbury avait omis un détail, ou si les Rhodésiens avançaient l'opération, l'histoire d'un pays basculerait. Si Mugabe faisait passer sa soif d'honneurs avant des ordres de retrait anonymes, ce serait la fin de la ZANU, comme le premier échec africain d'Oleg.

Il se planta devant la carte géante du Mozambique et la fixa sans la voir. Pour la protection d'un homme, d'un seul traître, bien plus que pour la sécurité de Mugabe, il décidait du sacrifice de trois mille camarades. Il n'en éprouvait pas le moindre malaise. C'est cela qui faisait sa force. Il raisonnait en terme d'Histoire. Globalement. Pas au coup par coup. L'équation en valait la peine : non seulement des milliers de personnes ne tomberaient pas sans se battre, mais leur immolation serait déterminante pour la suite de la lutte. Grâce à eux, le traître continuerait d'émettre. Il servirait à d'autres succès. A terme, le massacre pourrait même être exploité auprès de l'ONU. Il servirait à parfaire le blocus économique qui asphyxiait chaque jour davantage la Rhodésie de Ian Smith.

Les yeux rivés sur Chimio, minuscule village sur une carte recouverte de flèches et de numéros, Oleg chassa la vision de l'holocauste qui commençait à s'y matérialiser. Il pensa à son informateur. Qui était-il? Il ne le connaissait pas personnellement. Pas même une fiche d'identification ni une photographie. Cela faisait partie des conditions de sécurité imposées par le Directorat. Oleg ne disposait pas non plus de son grade dans l'armée rhodésienne. Une ombre parfaite. L'agent idéal. Durant sa carrière, Oleg avait connu bien des traîtres. Mais cet étranger méritait la palme de la saloperie. La taupe trahissait son pays et deux cent mille Blancs. Il vendait la Rhodésie pour la prospérité d'un compte bancaire suisse, sur lequel Moscou versait mensuellement des émoluments et des primes substantielles. Cela, le haut directeur du département Afrique avait consenti à le lui révéler. Parce qu'il ne pouvait faire autrement. Silkin lui transmettait parfois des demandes chiffrées qui témoignaient de la cupidité de cette charogne. C'était la pire des pourritures mais également un allié objectif du camp marxiste qui représentait la victoire de l'idéologie communiste dans un nouveau pays. Un de ces services qui n'ont pas de prix. Avait-il une femme et des enfants à qui léguer son trésor de guerre? Pourrait-il arrêter un jour de faire monter les enchères?

Qu'importe! Moscou serait bientôt remboursé au centuple par le Zimbabwe révolutionnaire. Les experts économiques sauraient se faire dédommager sur les ressources minières du pays, ou bien par des fournitures d'armement établies en termes avantageux.

Le téléphone sonna. Oleg regagna son bureau en quelques dixièmes de seconde.

– Camarade, l'état-major de la ZANLA et Robert Mugabe viennent de quitter le camp. Chimio a confirmé leur départ au PC de Massangena. Mugabe a piqué une crise de colère. Il a demandé des explications...

– Je me fous des états d'âme de Mugabe. Quel moyen ont-ils utilisé?

– La route. Des voitures civiles.

– Bien. Félicitations pour ta rapidité. C'est tout pour le moment.

Oleg pouvait respirer. Il venait de protéger l'âme de la Révolution. Il restait Nkomo, bien sûr; mais le KGB se méfiait du « cheminot ». Ses troupes représentaient un quart de celles de Mugabe; et ses sautes d'humeur ne plaisaient pas à Oleg. Il sauvait le bon cheval. Dans trente minutes, l'enfer se déchaînerait sur Chimio. Il lui restait, quant à lui, quelques heures pour échafauder une explication. Mugabe saurait l'origine du message en ralliant Maputo. Inventer une histoire crédible qui pourrait expliquer le sacrifice de trois mille personnes? Dur à trouver. Il était hors de question de lui faire admettre que la vie d'un traître comptait plus que celles de tant de fidèles. Mugabe devait ignorer jusqu'à l'existence de la taupe. Mais Mugabe plierait. Après tout, le leader devait plusieurs fois la vie au KGB. Inutile de lui révéler comment les Soviétiques tenaient cet informateur, ni le montant des sommes payées par Moscou pour motiver ses actions. Il inventerait une sombre affaire d'attentat éventé. N'importe quoi. Mugabe se rangerait à ses vues.

Brusquement, Oleg entrevit un aspect du problème que sa précipitation lui avait dissimulé. Walls ne frappait pas dans Chimio n'importe quand. Il le faisait au moment précis où le leader s'y rendait. Les coïncidences ne comptent pas, dans ce métier, pensa Oleg. Les renseignements rhodésiens disposent d'un agent à Maputo!

Le résident du KGB revint lentement vers son dossier, comme un aigle sur sa proie. Il se débarrassa mentalement du souci de Chimio et commença à se poser une question qui portait déjà sa réponse : si Peter Laursen était le genre de gibier qu'il flairait, que venait-il chercher au Mozambique en dehors d'un terrain pour la construction de son usine de confiture?

Un autre agent! Celui qui communiquait à Salisbury les dates des déplacements de Mugabe! Laursen venait contacter un autre agent!

Oleg Silkin observa longuement le portrait du Danois.

– Nous allons te laisser nous conduire à lui, mon bonhomme! dit-il à voix haute. Ensuite, nous jouerons ensemble!

Le maquillage noir collait au visage de Timothée comme une deuxième peau. La toilette qu'il s'était octroyée à son débarquement d'hélicoptère n'avait pas permis d'enlever le suif à la base des cheveux, ni les incrustations sombres dans la barbe. Il n'avait pas eu le temps d'ôter ses vêtements de brousse. Cela importait peu : la Rhodésie s'était habituée aux uniformes. Le treillis crasseux devenait courant.

Fatigué par des nuits de veille et la tension de sa mission, il roulait à tombeau ouvert sur la route de sa ferme, vers la relative tranquillité de sa famille. Au terme de ces missions de renseignement ou de traque, le Selous Scout revenait à Sherwood avec un indicible plaisir. Là, son monde restait intact. Pour combien de temps? Le jeune Rhodésien craignait secrètement une attaque contre la longue bâtisse isolée lorsqu'il abandonnait les siens pour une mission. Sans la présence d'un combattant pour défendre leur propriété, ses parents constituaient des cibles vulnérables. Le G-3 de son père ne pourrait arrêter seul un assaut de la ZANLA. Comme chaque Rhodésien, Tim priait pour que la foudre tombât sur la ferme voisine. Mais elle frapperait d'abord Chimio et allégerait la pression terroriste sur la région.

Le jeune homme sourit en pensant à la tête des officiers des Selous Scouts, lorsqu'ils trouveraient la chambrée vide. Nshaba et lui s'étaient promis d'enfreindre les consignes. Ils ne rentraient pas au camp pour y être enfermés sous d'obscures raisons administratives! Si Ron Reid Daly lui infligeait un blâme, Timothée lui rappellerait les termes de leur contrat verbal. Il n'avait pas joint le corps d'élite pour se laisser enfermer comme un troupier.

L'envie de faire l'amour ne le quittait plus. Il aurait voulu rejoindre Veronica dans l'appartement, mais était-ce raisonnable? Sherwood l'attendait.

La Range-Rover quitta la route principale et s'engagea sur un large boulevard de terre rouge. Là, commençait Sherwood. Jusqu'à perte de vue, sept mille hectares de bois, de pâturages, de cultures. La meilleure terre du monde.

Sa fatigue disparut. Les champs de maïs donnaient des signes prometteurs. Quant au tabac, il était déjà haut pour la saison. Après quelques minutes d'inspection des sillons, Tim ralentit. Une équipe de Noirs s'efforçait de redresser une barrière de fils de fer barbelés. Il les salua sans s'arrêter et reçut avec plaisir leurs signes de main. « Master Tim qui rentre de la guerre », devaient penser ces hommes. Georges, le contremaître, dirigeait l'équipe d'ouvriers agricoles. Un bon type. Il savait intéresser les journaliers. C'étaient ses gens. Grâce à eux, la propriété continuait de fonctionner. En plus des tâches habituelles, il leur fallait réparer les dégâts causés par les rebelles. Cela commençait ainsi : les Terrs sectionnaient des kilomètres de clôtures pour disperser les troupeaux et compromettre les récoltes. Ils testaient la réponse des fermiers en désorganisant l'élevage. Ils empoisonnaient les points d'eau, castraient les reproducteurs, dynamitaient les bassins de désinfection. Enfin, ils attaquaient les exploitations les plus isolées, violant, tuant et pillant comme les Mau-Mau l'avaient fait avant eux. Timothée exécrait cette Afrique-là!

L'angoisse qui l'étreignait ne faisait que croître. Il accéléra, soulevant un nuage de poussière rouge derrière la voiture.

Les champs de maïs faisaient place aux pâturages. Jusqu'à l'horizon, s'étendait un terrain riche et herbeux, celui du grand plateau rhodésien, qui nourrissait le meilleur bétail du monde. Il se battait aussi pour cela : la continuation de ce croisement qui excitait la convoitise. Des animaux à viande comme on n'en trouvait nulle part ailleurs. La fortune familiale. Il espérait améliorer le ranch. Une femme lui offrirait la cinquième génération rhodésienne des Carpenter. Il emmènerait à son tour ses enfants dans le bush.

Leur montrerait ses trucs et ceux de Nshaba. De l'oncle Nshaba qui aimait tant les enfants! Le soir, sous la véranda, les deux anciens camarades évoqueraient la guerre et riraient de leurs missions. Mais combien de temps s'écoulerait-il, jusque-là? Veronica? Il réalisa que ce rêve était plutôt le sien que celui de ses parents. Qu'ils n'envisageaient probablement pas l'avenir ainsi. Timothée rêvait les yeux ouverts, et en couleur.

Il arrêta sa Range-Rover devant la longue bâtisse de briques rouges et sauta hors du véhicule en donnant un coup de klaxon. Sherwood embaumait le chèvrefeuille. Odeur familière qui l'accompagnait à la guerre. Au passage, il entraîna son fidèle FN récupéré à la caserne de Bindura. La porte s'ouvrit. Sa mère se jeta à son cou, en parvenant à contenir des effusions qu'elle savait superflues. La plupart des hommes de dix-huit à soixante ans étaient versés dans l'active ou la réserve. Chacun contribuait à l'effort de guerre. L'affectation de Timothée aux Selous Scouts l'emplissait de fierté autant que de crainte. L'unité souffrait des plus grosses pertes. Mais ses mille huit cents hommes conservaient le moral. Ils n'aimaient guère les larmes. Aussi les ravala-t-elle.

– Papa n'est pas là?

– Il est parti inspecter un point d'eau. Quelques-unes de nos bêtes sont mortes. Nous craignons que les gooks ne l'aient empoisonné. Ils ont endommagé un réservoir de désinfection et coupé des barbelés. Rien de sérieux. Sans la surveillance d'un des ouvriers agricoles...

– Pour un qui nous aide, dix obéissent à la ZANLA, pesta Tim. Tu sais que dans une exploitation comme la nôtre, le sabotage repose toujours sur des complicités!

A quoi servait d'annoncer à sa mère que l'opération Duty Free mettrait un terme au culot des nationalistes? L'étau se desserrerait, mais il ne céderait qu'avec l'extermination des Rouges. Timothée déposa son arme dans le vestibule. Il enleva sa tenue de combat, puis se dirigea en short vers la cuisine.

– Veux-tu que je te fasse couler un bain?

– Plus tard. Je laverai d'abord l'intérieur. Du café?

– Je vais en faire. Je ne sais jamais quand tu vas rentrer.

– Rassure-toi. Moi non plus!

La fermière congédia Helen, la domestique, trouvant un prétexte pour rester seule avec son fils.

– Il doit y avoir des œufs, au poulailler.

– J'y vais, madame Carpenter. Bonjour, master Tim.

– Salut, Helen. Ne casse pas les œufs en chemin!

– Pas de risques, master Tim... Je les place dans mon tablier.

Elle comprenait qu'il la taquinait.

Margaret Carpenter observa son fils, assis à la table de l'office, appliqué à vider un pot de miel du bout de son index crasseux. Un enfant ici, un diable d'homme là-bas. Tim était harassé. De larges cernes encadraient ses yeux bleus. Entre chaque goulée de miel, il arrachait des filaments de suif à sa barbe blonde. Ivre de sommeil.

– Dur? ne put-elle s'empêcher de demander en branchant la cafetière.

– Rien de spécial. La routine. C'est vous, les civils, qui faites la plus grosse partie du boulot...

Il évitait de la tracasser. Maintes fois, il s'était imaginé à la place de ses amis, sous le drap blanc des cadavres, défiguré par un projectile. Les opérations menées avec Nshaba éviteraient la pénible cérémonie du retour des corps. S'il lui arrivait malheur, Timothée resterait dans le bush. Avec sa grenade.

– Comment va Nshaba?

– En pleine forme. Il court comme un lapin. Il vous envoie le bonjour.

– Quel gentil garçon! Nous l'inviterons à dîner, un de ces jours!

Timothée n'ajouta rien. Le Ndebele était presque devenu blanc, aux yeux de ses parents, depuis qu'ils opéraient ensemble. Ils comprenaient l'imbrication de leurs vies. Mais ils n'inviteraient probablement jamais le Selous Scout à leur table! Ou le Noir refuserait sous un prétexte fallacieux, pour ne pas les gêner.

Elle lui versa le café brûlant et admira le courage de son garçon. Comment avait-il pu passer aussi vite de l'âge insouciant à cette guerre interminable? Comment pouvait-il conserver ses angoisses pour lui seul?

– La bière est au frais, ajouta-t-elle lorsqu'il eut fini sa tasse.

– Formidable! Fais-en envoyer deux caisses à Nshaba par le garçon. J'ai perdu un pari avec lui.

Margaret Carpenter connaissait le rite. Son fils adorait son compagnon de guerre. Les échanges de Shibuku ne cessaient jamais.

– Je tâcherai de lui porter moi-même quelques bouteilles de Heineken. Il l'adore.

Il se leva.

– Je vais dormir quelques heures. Je m'offrirai un godet ensuite. Réveille-moi, si Daddy rentre! Je veux connaître l'étendue des dommages.

Le jeune homme tapota affectueusement l'épaule de sa mère, puis se dirigea comme un somnambule vers sa chambre, léchant son doigt couvert de miel. Au passage dans le hall, il croisa le garçon en veste blanche.

– Salut, Eddison. Quelles sont les nouvelles?

– Bonjour, master Tim. Rien de nouveau. Les chiens se portent à merveille.

– Grâce à toi! Comment va le pied?

– Je le traîne comme je peux, master, répondit l'estropié avec un sourire triste.

Timothée se jeta sur son lit. Avant même de réaliser le confort de sa position, il s'abîma dans un profond sommeil. Il ne sentit pas les mains d'Eddison qui délaçaient ses souliers crottés et lui arrachaient ses chaussettes sales. Comme le Noir quittait sa chambre, le Rhodésien eut la vision d'un massacre où des femmes et des enfants étaient couverts de sang. Il avait fait sa part de travail et était trop fatigué pour s'inquiéter, même en rêve, du succès de l'opération. Le cauchemar ne tarda pas à devenir presque insoutenable, lorsqu'il devina qu'une de ces femmes ressemblait trait pour trait à Veronica. Son corps magnifique était mutilé. Une balle de mitrailleuse l'avait frappée en pleine poitrine. Près d'elle, agonisait Prince, son fidèle Rhodesian ridgeback.

Sa mère l'entendit hurler dans son sommeil. Elle s'interdit de courir jusqu'à la chambre. Après chaque mission, il en allait toujours ainsi.

Les quatorze véhicules roulaient en convoi serré sur la piste défoncée. Ils avaient franchi la frontière mozambicaine quelques heures auparavant, grâce à l'intervention des bulldozers de l'armée. Walls avait insisté pour que la pénétration en territoire ennemi s'effectuât par un des innombrables affluents du Pungue, là où personne n'aurait pu imaginer qu'une colonne militaire de cette importance puisse passer. Le génie avait défoncé les deux rives et aplani les buttes en quelques minutes, avant de jeter un pont flottant sur le torrent à sec. Les barges gonflables devaient amortir les chocs sur les rochers tranchants. A cet endroit, aucun champ de mines. Quant au point de passage, il était suffisamment encaissé et impraticable pour échapper aux guetteurs du FRELIMO, comme aux soldats de la ZANLA. L'incursion commençait bien. Les éclaireurs des Selous Scouts n'avaient détecté aucune agitation particulière.

Formidable travail que celui du bureau des opérations et des spécialistes du colonel Ron Reid Daly. Les véhicules ressemblaient à s'y méprendre aux Unimog mozambicains. Les mitrailleuses lourdes avaient été échangées contre des modèles soviétiques aisément identifiables, grâce à leurs deux canons jumelés. Le soc et le Kalashnikov croisés ornaient chaque portière.

Dans les transports de troupes, les SAS comme les Scouts portaient la même tenue. Les uns avaient troqué leurs bérets bruns contre des casquettes de brousse; les autres possédaient déjà leur propre équipement. Tous conservaient le silence. Faces figées dans le cirage. Chaque véhicule comptait au moins un commando Flecha. Malgré le mutisme de leurs officiers, les hommes devinaient à leurs grimages que l'opération se déroulerait au Mozambique, sur un objectif suffisamment étoffé pour exiger un tel déploiement de forces. Puis les unités prirent connaissance de leur mission en laissant le Pungue derrière eux.

Le responsable de chaque équipe décacheta l'enveloppe contenant les détails du coup lorsque la route de terre devint plus carrossable : « Nous allons procéder au nettoyage de la base terroriste de Chimio. Notre objectif est double : capturer une partie des officiers ennemis qui s'y trouvent et exterminer les forces combattantes du camp. Pour cela, nous devons pénétrer dans la place sous couvert de déguisements ennemis. Les véhicules progresseront en formation de ratissage. Les hommes devront rester à couvert jusqu'aux baraquements en dur. Les équipes 6 et 7 sont chargées des prisonniers. Après notre passage, il ne doit rester à Chimio aucun armement utilisable. Pas un seul terroriste vivant. Bonne chance à tous. Signé : Lieutenant général Peter Walls. »

On distribua à chaque homme un feuillet sur lequel était photocopié le chant révolutionnaire des partisans mozambicains. En phonétique. Les deux heures de la progression leur servirent à apprendre l'air du refrain. Puis la troupe se laissa gagner par l'entrain de *Liberté,* ponctuant les couplets de la chanson des « Viva FRELIMO » presque convaincants des Flecha.

« Nous approchons de la base. » La radio de chaque véhicule commanda de ralentir. 15 h 50. Le rendez-vous devait être ajusté ! Les bombardiers seraient à la seconde voulue sur l'objectif. La colonne ne devait rester immobilisée que peu de temps, avant de profiter de l'attaque aérienne pour pénétrer dans Chimio.

Au pas, les chauffeurs virent l'enceinte grillagée se détacher au-dessus des frises d'herbe jaune. Dans la voiture de tête, un Flecha se redressa sur son siège et passa la tête par la tourelle. Il vit avec inquiétude grandir le périmètre de défense. Le Noir assura sa casquette de combat sur sa tête et sentit contre son mollet l'encouragement de la main du commandant de Duty Free. Tout allait se jouer en quelques secondes. Son visage du plus beau noir comme la parfaite maîtrise du portugais de Luis leur permettraient peut-être de pénétrer en douceur dans le camp.

A quelques centaines de mètres de leur objectif, le commandant se décida à dire un dernier mot à ses hommes.

– *Here we are!* Gardez le silence jusqu'aux nouveaux ordres.

Il faillit leur annoncer que Mugabe en personne se trouvait parmi les cibles, mais se l'interdit. Peter Walls était catégorique sur ce point : les hommes sauraient après. Seuls ceux des groupes 6 et 7 seraient privilégiés.

Les lourds camions ralentirent, puis s'immobilisèrent à cinq mètres du haut portail grillagé. En file sur la ligne droite d'accès à Chimio.

Les trois soldats de la ZANLA, de faction sous une guérite, avaient vu s'avancer la colonne. Ils s'interrogèrent du regard, puis leur chef se détacha du groupe, en abaissant le canon de son Kalashnikov. Il demanda en portugais :

– Salut, *camarada*. Qu'est-ce que vous foutez ici?

– Nous terminons une opération de reconnaissance, répondit le Flecha en souriant. Nous devons faire halte à Chimio. Vous avez été avertis?

C'était le moment critique. S'il se doutait de quelque ruse, il faudrait l'abattre sur-le-champ. Cribler les autres de balles, puis défoncer le haut cadre grillagé. L'alignement des camions réduisait considérablement la puissance de feu. Le véhicule de pointe ferait tout le travail.

– Nous n'avons pas reçu d'ordres vous concernant, fit l'officier. Mais ce n'est pas étonnant : la ligne téléphonique est endommagée depuis ce matin.

15 h 59.

– *Now...* ordonna le commandant au visage noirci, les lèvres posées sur son radio-téléphone.

Subitement, fusant de chaque camion, le chant patriotique éclata, qui détourna l'attention du gardien et l'empêcha de plonger son regard dans les vitres sales du camion. Au même instant, un grondement grandit sur la gauche et les trois gardes levèrent la tête. Le plafond nuageux les empêchait de distinguer les appareils qui piquaient sur la base.

– Il faut que je prévienne le chef.

L'officier ne cessait de fixer le ciel. Sans doute croyait-il encore à l'approche d'un orage.

Le sifflement des réacteurs lui enleva ses illusions.

– Ouvre cette putain de grille! Tu n'entends donc pas? Des avions ennemis approchent. Nous leur offrons une cible grossière.

– Ouvrez la grille! Vite! Nos camarades du FRELIMO sont exposés! Viva FRELIMO!...

Il se rua vers l'interphone du poste, prêt à avertir le commandant.

Il n'en eut pas le temps. Lorsque le portail fut déplacé, le Flecha tira trois brèves salves : tuant net l'officier et les deux hommes. A cette distance, couvertes par le grondement de tonnerre, les déflagrations ne s'entendraient pas.

Les véhicules maquillés foncèrent vers le centre du camp, comme se terminait le refrain de *Liberté*. Le rugissement des moteurs couvrit la cacophonie d'un texte que les Rhodésiens savaient pourtant par cœur. Devant eux, des centaines de rebelles s'entraînaient, torse nu, au maniement des armes. La plupart d'entre eux n'étaient que des gosses, que les instructeurs avaient équipés de répliques de bois des AK-47. D'autres soldats, en uniforme, apparemment désœuvrés, fixaient la colonne du FRELIMO sans comprendre. Brusquement, tous levèrent leurs yeux au ciel.

– Formation d'attaque, cria le commandant du groupe pour les chauffeurs. En demi-lune! Au pas!

Les véhicules se déplièrent en éventail, puis reprirent leur progression à vitesse réduite, calquant leur allure sur la voiture de tête. A l'intérieur des transports, les SAS quittèrent leurs dossiers, délièrent les sangles qui les y maintenaient et passèrent le canon de leurs armes sous les bâches brunes.

Comme le premier Canberra perçait la couverture nuageuse, les rebelles commencèrent à se disperser. Des ordres jaillissaient en tous sens, tentant d'endiguer la panique qui gagnait les hommes. Une nuée d'enfants échappèrent aux maîtresses d'école, puis se répandirent sur l'aire des exercices. Trop loin pour les placer à portée de tir.

Une première explosion souleva un enfer de flammes à l'autre extrémité du camp. Déjà, un second appareil plongeait sur Chimio.

– Ne tirez pas, ordonna le chef de l'opération. Laissez-les venir! Ils vont refluer vers nous. A vous, équipes 6 et 7.

Deux véhicules se détachèrent de la formation de ratissage, accélérant vers le bâtiment de commandement ennemi. Au passage, ils virent la banderole que l'on détachait de l'estrade des défilés, mais ne ralentirent pas. Les deux Ferret-cars s'arrêtèrent devant le PC. Une dizaine d'hommes sautèrent de voiture, s'engouffrant dans le bâtiment. Selous Scouts en tête.

Ils ne risquaient plus d'être pris dans un tir croisé.

– Ouvrez le feu, commanda le chef des SAS. Ils arrivent!

Au ralenti, les blindés commencèrent le nettoyage du camp terroriste. Les mitrailleuses russes, qui couronnaient chaque transport, crachèrent une nuée de balles. Un crépitement incessant coupa la retraite à ceux qui voulaient échapper aux bombes. Les corps étaient cueillis dans la course, projetés en tous sens. L'effet de surprise était total. Les SAS tiraient comme au stand, posément, ne laissant aucun combattant vivant sur leur passage. Prenant le temps de recharger les magasins courbes de leurs armes. Mètre par mètre, le ratissage se poursuivait, contraignant les gooks à s'agglutiner entre la zone bombardée et la barrière de balles. A quelques centaines de mètres seulement, le napalm dévorait les camions ennemis, faisait sauter les stocks d'essence, ajoutant à la terreur des Shona. Une colonne d'écoliers, que leur institutrice réussissait à garder en bon ordre, fut fauchée par une rafale de mitrailleuse. Les corps s'abandonnèrent comme un jeu de cartes.

Deux Selous Scouts entrèrent en trombe dans le PC du camp. Le commandant achevait de boucler son ceinturon. Il releva la tête, lorsque la porte éclata sous la poussée. Pétrifié.

– Pas un geste, cria un des soldats du colonel Daly, pointant son fusil-mitrailleur léger.

Tous s'immobilisèrent.

– *Skuz'apo* [1]! balbutia le commandant.

Ils obligèrent les officiers à s'aligner contre un mur, puis les désarmèrent.

– Où est Mugabe?

– Il est parti, répondit instinctivement le commandant en shona.

L'homme ne parvenait pas à comprendre comment les Rhodésiens avaient pu arriver jusqu'à lui. Trop tard.

– Quand?

Le chef de la ZANLA hésita une seconde de trop. Le Scout abattit froidement deux Noirs qui se tenaient sur la droite, les mains posées sur leurs têtes. Le fracas du tir emplit la salle, plus effrayant que l'enfer qui se déroulait à l'extérieur. Les survivants se serrèrent les uns contre les autres.

– Quand?

– Il y a une demi-heure.

– Pourquoi?

– Ordre de Maputo. Je n'en sais pas plus.

Les deux Rhodésiens venaient de comprendre. Sur un simple coup d'œil, ils tirèrent une salve commune dans la dizaine d'officiers de rang inférieur que Mugabe laissait derrière lui. Les corps furent projetés contre le mur chaulé de frais. En s'affaissant, ils y laissèrent de longues traînées sanglantes.

Dans les bureaux voisins, les Selous Scouts poursuivaient leur carnage. A travers les fenêtres ouvertes, ils entendirent les tirs dont l'intensité baissait et virent passer deux de leurs camions. Ils entreprirent d'éventrer les bureaux et les classeurs pour rassembler les maigres dossiers oubliés par Mugabe. Les tirs faiblissaient encore. Puis s'arrêtèrent.

Sans précipitation, la centaine de Rhodésiens sauta des camions et commença sa besogne. Les SAS débusquaient les survivants cachés, les exécutaient sommairement. Les blessés étaient achevés, les tentes arrosées d'essence.

Lorsque les premières fumées des charniers commencè-

1. Surnom africain pour Selous Scout.

rent à s'élever dans le ciel couvert, le chef des SAS dut se rendre à l'évidence. Le commandant du camp n'avait pas menti. Mugabe était introuvable parmi les cadavres. Ils avaient massacré une flopée d'enfants et exterminé plusieurs centaines de gooks. Détruit une base arrière des nationalistes et le matériel russe. Mais les précautions prises pour lancer Duty Free 2 s'avéraient inutiles. Pas de prisonniers importants : aucun d'entre eux ne possédait un rang supérieur dans l'organigramme de la ZANLA. Sombre journée pour le CIO.

– Les impératifs de la diplomatie ne nous laissent pas de choix ! Le gouvernement a choisi d'accroître la pression sur les délégations adverses pour prouver sa détermination. Le Premier ministre vient de m'annoncer qu'il renonçait à mettre le Mozambique dans ses déclarations à la presse. En outre, je crains, messieurs, que nous ne soyons obligés de reconnaître, en dépit de la version que donneront, les « Com'Ops », que l'opération Duty Free est un semi-échec.

Le visage carré du général Walls perdait sa superbe. Il passa ses doigts ouverts sur les côtés de sa courte chevelure blonde et arrondit ses épaules à la manière d'un rugbyman entrant en mêlée.

L'amertume du ton jeta la consternation sur l'état-major. Ils dévisagèrent Yvonne Stein comme ils l'auraient fait d'un oiseau de mauvais augure. Elle leur avait fait courir la proie pour l'ombre. Chacun attendait le bilan chiffré du raid et redoutait les retombées de la colère de Peter Walls sur son propre secteur d'activité. Le commandant en chef leur laissait peu d'espoir. Le visage fermé des mauvais jours parlait plus clairement qu'un rapport. Quelque chose n'avait pas tourné rond à Chimio. Walls ajouta avec découragement :

– Dites-leur, Yvonne.

– Le commandant Baines vient de nous communiquer par radio les premiers résultats du coup de main : deux mille huit cents terroristes communistes mis hors de combat. Destruction complète de l'infrastructure du camp de Chimio et du matériel ennemi. Voilà pour les bonnes nouvelles...

C'était inespéré. Mais Yvonne Stein n'avait pas cité le nom de Mugabe. S'il avait été liquidé, elle n'aurait pas manqué de commencer son rapport par là. Ils attendirent.

– De notre côté, nous comptons six blessés graves, rapatriés par Alouette III en ce moment même... et une dizaine de blessés légers. Le haut état-major de la ZANLA est introuvable dans le camp. Quant aux documents saisis, ils ne semblent présenter qu'un intérêt limité pour le renseignement. Les fichiers de l'organisation ont probablement été vidés avant notre arrivée. Baines rapporte un succès complet de Duty Free. Mais il fait état de l'absence de Robert Mugabe à Chimio. Il demande ce qu'il doit faire de quelques blessés capturés dans l'hôpital ennemi.

– Le chef d'état-major a-t-il un commentaire?

– Duty Free n'est pas totalement négatif. Deux mille huit cents Terrs sur le tapis, ce n'est pas si mal! Je propose que nous permettions à Baines de décrocher, afin d'éviter tout contact avec le FRELIMO. Nous ne désirons pas en découdre avec le Mozambique, n'est-ce pas? Quant aux blessés ennemis, qu'on les laisse sur le terrain. Morts de préférence. Ils ne feraient que ralentir le retour de nos forces. Un impératif qui ne peut être mis en balance avec une poignée de gooks qui ne présentent aucun intérêt.

– Transmettez à Baines. Pas de prisonniers. Extraction immédiate du théâtre des opérations, commanda Walls.

Il croisa ses doigts devant lui et eut un pincement de lèvres avant de reprendre :

– Je partage le pessimisme du CIO. Nos Canberras auraient pu effectuer le même travail de destruction, sans que nous ayons enregistré ces pertes. Nous avons été trop gourmands. Cela nous coûte cher! Vos hommes ont dû se tromper, lâcha Walls pour le chef des Selous Scouts.

Le colonel Ron Reid Daly parut abasourdi. Il martela du poing la table de conférences.

– Vous savez bien, Peter, que mes hommes sont les

meilleurs pour ce genre de travail. J'ai constitué cette unité spéciale sur votre demande. Jamais les méthodes, ni l'efficacité de mes équipes n'ont été mises en cause. J'ajoute que Timothée Carpenter et Nshaba sont de remarquables Selous Scouts. Ils opèrent par paire sur des coups que nous confions d'ordinaire à des sticks de six hommes. Vous savez ce que cela signifie : si l'un des deux est touché, l'autre a pour mission de l'abattre. Il se retrouve donc lui-même en posture suicidaire. Ce genre de type ne se trompe jamais. Le Groupe Lance est jeune mais ce sont les meilleurs. J'en réponds sur moi-même ! Nous avons joué de malchance. Le plan de Mme Stein envisageait clairement ce risque. Mugabe ne moisit pas sur place. C'est ce qui fait sa force. Nous ne sommes même pas certains qu'il soit venu à Chimio. Ils ont pu différer cette inspection. Quant à moi, je n'assumerai pas seul le poids de ce que vous appelez un échec. Les SAS et nous avons suffisamment payé comme cela. Si c'est ma démission que vous demandez...

– Il n'y a pas de place ici pour l'esprit de clan, Ron ! Je maintiens que vos Scouts ont pu se tromper. De date. D'horaire. Que sais-je !

Le silence retomba sur l'état-major. Un officier de liaison du CIO profita de l'accalmie pour remettre un message à Yvonne Stein. Elle reprit, pour elle-même, en parcourant le feuillet :

– *I'm afraid*... Les Selous Scouts ne se sont pas trompés ni laissé abuser. Baines confirme, avant de rentrer, que la banderole accrochée aux poteaux annonçait : « Bienvenue au camarade Robert Mugabe. » De plus, nos hommes ont acquis la certitude que Mugabe et son staff avaient quitté Chimio une demi-heure avant l'attaque.

Un vent glacial traversa son auditoire. Elle croyait dur comme fer à la possibilité d'une fuite. Les autres savaient les déductions qu'elle en tirerait.

– Dans ces conditions, je n'entrevois que deux explications : ou bien Mugabe a vraiment beaucoup de chance, ou il a été prévenu de notre attaque imminente...

C'était trop pour le chef d'état-major.

– Voyons, madame Stein ! Vous connaissez notre respect

pour votre travail et votre efficacité; mais cela ne tient pas debout! Cette affaire leur coûte très cher. Croyez-vous la position militaire de la ZANLA suffisamment confortable, pour leur permettre d'abandonner deux mille huit cents hommes sur place... derrière Mugabe? Cela me paraît inenvisageable. S'il avait été alerté par une fuite, Mugabe aurait retiré ses billes de Chimio.

Yvonne conserva son calme en tirant sur sa cigarette.

– Mes services prennent également cet élément en ligne de compte. Mais je m'en tiens aux faits. Le passif s'alourdit. Par trois fois, nous avons été en mesure de décapiter la ZANU. Par trois fois, l'homme et ses principaux acolytes s'en sont tirés de la même façon : de justesse. Je ne suis pas au CIO pour discuter sur des éléments aussi subjectifs que la chance. J'ai l'intime conviction que les rebelles ont mis au point un système capable de prévenir nos actions.

Le chef d'état-major, qui ne voulait pas en démordre, reprit :

– Hitler et de Gaulle ont échappé, chacun, à une bonne dizaine d'attentats. La plupart d'entre eux avaient été soigneusement préparés et minutés par les hommes qui connaissaient leurs habitudes. Ces spécialistes ont échoué.

– Soit! Puisque nous sommes sur le terrain de la chance, je requiers la permission de poursuivre mon idée. Il y a au moins une chance... ou un risque, pour que l'ennemi dispose, au sein même de ce bâtiment, d'un moyen de renseignement technique... ou humain.

Personne n'osa protester. Les accusations, même indirectes, d'Yvonne Stein étaient trop graves pour avoir été avancées à la légère.

– Agissez selon vos vues, Yvonne, dit Walls en constatant l'effet des insinuations de la directrice du CIO sur la cohésion de son équipe. Je reste attaché à mon idée première. Bannière d'accueil ou pas, j'estime que les renseignements recueillis par nos deux Selous Scouts étaient insuffisants pour motiver le retardement de Duty Free. Je le regrette d'autant plus que je me suis rangé à l'avis de la majorité.

Personne n'eut le mauvais goût de lui rappeler qu'il avait bâti cette majorité à lui seul.

– Je saurai comment Mugabe parvient à passer entre les mailles, murmura Yvonne Stein. Nous le tenions...

Elle en aurait juré. Il y avait au moins une personne dans l'assistance que la décision d'entreprendre des investigations poussées gênait. A moins qu'elle ne fît de la fixation! La Française n'attendrait pas qu'ils aient perdu la guerre pour en avoir le cœur net.

– *Well...* C'est tout pour aujourd'hui, estima le général en levant la séance. *Bad luck!*

Yvonne quitta la conférence en commandant à son adjoint :

– Sortez les dossiers de ces deux Scouts. Reprenez l'enquête à zéro. Le grand jeu. Il se peut que ces deux supermen ne soient pas aussi vierges que cela! Ou bien que l'un d'eux soit plus roué que ne l'estime le colonel Daly. Nous allons les mettre à poil avant d'enquêter plus haut. Je veux la liste complète de ceux qui savaient que Mugabe inspecterait Chimio. N'oubliez pas mon chauffeur... Ni moi.

– Vous?

– Voyons... ne me dites pas que vous n'y avez jamais pensé! Après tout, je suis la seule ici à avoir fréquenté des communistes, durant la Résistance! Afin d'éviter les erreurs d'aiguillage, vous vous chargerez de mon dossier. Nous ne devons laisser personne hors d'affaire, vous m'entendez : personne... Pas même le général Walls.

Les yeux de Brooks lancèrent des éclairs. Cela ressemblait bien à une juive : voilà qu'elle s'attaquait à Dieu le Père et qu'elle voulait le mettre en croix. Il le pensa tellement fort qu'Yvonne Stein lui lança dans un petit rire :

– Je ne suis pas une parricide, Brooks. J'agis sur ses ordres!

Les rares véhicules qui circulaient dans l'avenue Lénine appartenaient aux transports des travailleurs ou à l'élite politico-militaire mozambicaine. Quelle ville lugubre! pensa Oleg une fois de plus. Il gara sa Lada blanche devant le petit immeuble gris et se présenta au siège de la ZANU. Deux militaires lui interdirent l'entrée du bâtiment et le Soviétique dut se retenir pour ne pas se laisser aller à une de ses colères. L'étage réservé aux nationalistes zimbabwéens était pris en sandwich entre les deux niveaux de la mission commerciale russe. Un comble!

– Camarade, porte ma carte à Mugabe lui-même. Dis-lui simplement « Chimio ». Il comprendra.

Des colis piégés contraignaient un homme déjà enclin à la paranoïa à transformer sa permanence en camp retranché. Silkin ressentait comme un affront personnel d'être ainsi accueilli par les soldats de la ZANLA. Même s'ils ne pouvaient imaginer l'importance de sa fonction, ils auraient pu montrer plus de souplesse avec un Russe. Les uniformes comme les Kalashnikov provenaient de Moscou, ils transitaient parfois par Cuba. Les Chinois ne leur donnaient plus un yen. Quant au petit instituteur, il ne pesait que le poids politique que Moscou voulait bien lui accorder. Peut-être les Shona lui faisaient-ils payer l'erreur d'avoir un temps choisi Nkomo comme allié? Ils se méfiaient du KGB. Oleg exécrait cette tendance des Noirs à en faire trop, et jamais lorsqu'il le faut.

Il patienta sur le trottoir, examinant les réverbères rouillés, les devantures à l'abandon, les trottoirs encombrés d'ordures. Il s'efforça de prendre patience en fumant une cigarette, avant que le militaire ne revienne, la tête basse.

– Le camarade Mugabe peut te recevoir.

Le résident du KGB n'entretenait que des relations épisodiques avec le leader révolutionnaire et tenait leurs rapports discrets, autant que distants. Le petit cheval fougueux enfourché par Moscou pouvait n'être qu'une monture relais. Il gravit lentement les escaliers des deux étages et fut introduit dans le bureau du président de la ZANU par deux gardes du corps qui le fouillèrent sans complaisance.

Robert Mugabe vint à la rencontre du Soviétique avec un air de défiance qui déplut à celui-ci.

– Bienvenue, camarade Silkin. Assieds-toi. Ainsi, c'était toi! J'aurais dû m'en douter. J'espère que tu ne m'as pas fait revenir à Maputo inutilement!

Oleg accepta le siège, évitant de provoquer cette grenouille qui voulait se faire aussi grosse que le bœuf. Mugabe était un intellectuel au marxisme primaire, pour ne pas dire douteux. Son approche collectiviste se rattachait plus aux sources tribales africaines qu'aux doctrines léninistes. Physiquement, il n'était pas d'un aspect désagréable. Il ressemblait un peu à Houphouët-Boigny. En plus jeune. Ses larges narines, ses lèvres évasées, deux yeux constamment rouges derrière leurs lunettes, une pointe de moustache sous le nez. Il connaissait tout de lui, de ses premiers pas d'enfant abandonné à son acharnement à collectionner les diplômes britanniques. En fait, ce que Mugabe possédait de plus dangereux, il le devait non pas à ses lectures marxistes, mais plutôt à ses précepteurs européens. Le père Loubière lui avait inculqué des principes qui dirigeaient sa façon d'aborder les problèmes. La difficulté du personnage tenait au fait que le leader savait conjuguer des convictions politiques adaptées à une rhétorique jésuitique.

– Je crois que tu t'es tiré à temps de Chimio...

– D'où venait la menace, cette fois?

– La menace est tombée. Le camp a été investi à quatre heures. D'après la radio rhodésienne, les combattants ont été exterminés. Il n'y a eu aucun prisonnier. Tes hommes ont lutté jusqu'au dernier. Nous savons que Salisbury n'est pas modeste. La plupart n'étaient que des réfugiés. Des enfants...

Le Russe laissa au Noir le temps de digérer la nouvelle. Le front de Mugabe se plissa. Il se redressa pour se planter devant Oleg, dans une attitude défiante.

– Tu savais. Tu as laissé faire... Pourquoi?

Il hurlait.

– Je ne disposais d'aucune information précise. Mes informateurs ne m'ont fourni que des indications parcellaires. Ian Smith voulait te faire tuer.

– Camarade Silkin, reprit Mugabe, j'ai entendu les nouvelles avant ton entrée dans ce bureau. Pourquoi ne nous as-tu pas prévenus à temps? Que signifie un rappel qui n'a touché que le haut état-major?

– Je ne possédais aucun élément alarmant. Je t'ai donné l'ordre de repli, pour le cas où la menace serait sérieuse. Apparemment, j'ai eu raison.

– Ce sont là toutes tes explications? Un rapide requiem pour tant de morts, ne trouves-tu pas?

Oleg perdait patience. Il n'aimait pas ce petit homme qui pouvait lui claquer entre les doigts et se tourner vers les Coréens, comme il l'avait fait avec les Chinois. Jusqu'ici, il ne s'était pas privé d'exercer cette forme de chantage sur Moscou. Il allait le remettre en laisse pour lui apprendre à reconnaître son maître.

– Ce n'est pas l'objet de ma visite. A l'heure actuelle, notre représentant à l'ONU attend de toi une déclaration officielle pour réclamer une commission d'enquête internationale.

– Cela me laisse indifférent. A quel jeu joues-tu? M'affaiblir? Ou bien préfères-tu m'apprendre qu'un claquement des doigts pour me ramener au pied peut m'éviter d'être renversé par une voiture?

– Je ne pouvais pas signer ce message. Ni te faire part de mes soupçons. Je n'ai pas d'autre explication à te proposer. Je ne suis pas habilité à te dévoiler des secrets qui découvriraient nos méthodes.

– Je dois me contenter de ça?

– Exact. Je croyais que les Rhodésiens voulaient t'éliminer par une action de commando.

Silkin se rappelait parfaitement des termes du message de sa taupe.

Il sortit un feuillet de la poche de son veston, évitant le regard de son interlocuteur. Il le lui tendit avec un effet calculé.

– J'insiste pour que tu signes cette note et que tu écrives de ta main qu'il s'agissait bien d'un camp de réfugiés. Pas d'une base arrière de la ZANLA. Le camarade Machel partage cette vue.

Mugabe parcourut la note, puis fixa Oleg Silkin derrière ses lunettes aux verres épais :

– Tu savais, n'est-ce pas! Tu as tout prévu d'avance!

– Qu'importe l'opinion que tu possèdes sur la question, puisque Machel et moi sommes tombés d'accord.

– Samora Machel m'accorde un asile intéressé. Il sait que sans nos forces sa révolution ne tiendra pas longtemps, coincée entre la Rhodésie et l'Afrique du Sud. Il a autant besoin de moi, que moi de lui. Je ne reçois pas plus ses ordres que ceux de Moscou.

La discussion prenait un tour déplaisant d'épreuve de force. Oleg choisit de poursuivre la partie de bras de fer.

– Je voudrais insister plus particulièrement sur un point de détail.

– Lequel?

Mugabe relisait la note.

– Tu ne le trouveras pas sur ce feuillet. Nous poursuivons le même but. Nous combattons dans le même camp. Je ne te permettrai pas de commettre la moindre erreur de stratégie. Jamais personne ne doit savoir que je t'ai permis de te tirer de Chimio. Nous n'invoquerons que la chance. Aussi bien pour toi que pour moi. Je ne désire pas que des gens malintentionnés s'imaginent que je savais que les Rhodésiens préparaient une attaque... Comme tu ne sortirais pas grandi devant ton Comité central, s'ils te reprochaient d'avoir abandonné les tiens!

Mugabe allait exploser :

– Comment aurais-je pu me douter?

– Je suis dans la même position : comment pouvais-je savoir? L'important est d'accorder nos violons. Mon air à moi est le suivant : il n'y avait que des civils à Chimio. Pas de combattants.

– Mais c'est faux!

– Peut-être. En tout cas, il en sera ainsi pour la presse. C'est un ordre.

– Je n'accepte d'ordres de personne. Pas même d'un homme qui vient de me sauver la vie. Je n'ai de comptes à rendre qu'à mon peuple... et c'est mon peuple que tu as laissé massacrer. Sors d'ici!

Le Noir se montrait agressif. Prêt à le jeter lui-même dehors, s'il s'obstinait. C'était le moment de déposer l'atout maître.

Silkin gratta une poussière invisible sur son ongle.

– C'est de ton peuple et de ses représentant, que je suis venu te parler... Je me suis entretenu avec quelques-uns des membres du Comité central de la ZANU.

Robert Mugabe parut surpris.

– Ils estiment que tu as commis une grave erreur d'appréciation en t'exposant ainsi, et une autre faute d'incompétence militaire en laissant autant de réfugiés dans un camp retranché aussi mal défendu.

Le leader changea d'attitude. On essayait de lui couper l'herbe sous le pied.

– Tu bluffes. Ils ont appris l'affaire de Chimio en même temps que moi : par la radio! Tu n'as pas eu le temps...

– Si, détrompe-toi! Je leur ai même montré un message provenant de Massangena! Le FRELIMO est dans le coup depuis des heures.

– C'est toi qui leur as fourré cette idée dans la tête, n'est-ce pas?

– Qu'importe? Les idées viennent, elles vont. Je peux, en tout cas, les faire changer d'avis à ton sujet. Leur prouver que ton habileté diplomatique sert votre cause. Je te propose d'adopter mon attitude et de tirer avantage d'une situation qui pourrait t'attirer bien des ennuis.

Il tira un stylo à bille de sa poche et le tendit à Mugabe. Le marxiste le refusa. Mais le jésuite choisit son propre stylo à plume pour signer le document. A contrecœur.

L'oubli. Timothée parvenait à le trouver dans les moments de plaisir intense, trop rares, qu'il connaissait avec Veronica.

Les deux mains larges du jeune Rhodésien coururent le long des bras de sa maîtresse, tendus en avant. Elles emprisonnèrent les doigts posés sur les draps froissés, pendant que ses lèvres s'écrasaient sur la nuque de la belle Shona. La jeune Noire frissonna, le visage enfoui dans l'oreiller. Il descendit le long de son dos satiné, sentant le grain souple de la peau se durcir sous sa langue et le bassin onduler à la recherche d'un plaisir attendu.

– Tim, oh Tim... *I can't wait,* murmura-t-elle dans le coussin.

Il s'enfonça doucement en elle, guettant la bouche avide, épiant le frémissement des lèvres sèches et le papillonnement des paupières mi-closes. Rivé en elle, il lui laissa l'initiative qu'il devinait, pour en partager le secret. Il lui permit d'abandonner sa position à plat ventre, roula avec elle sur le côté, puis sur le dos, caressant d'abord l'intérieur des longues cuisses, remontant vers le sexe de la jeune femme distendu par son membre. Il sentait les fesses de Veronica appuyer contre son bassin, onduler en tous sens, la cambrure des reins se préciser, pendant qu'il glissait dans l'infini paradis de son sexe.

La guerre avait fui. Il n'était plus le traqueur téméraire des *kaffirs,* ni le tueur qui savait attendre et désirer la mort d'un ennemi, durant des jours et des nuits de poursuite impitoyable.

Veronica se releva sur ses mains, s'assit presque sur lui, agitant sa longue chevelure. Sa tête battait au rythme d'un orgasme qui montait en elle. Tenir encore pour jouir avec elle. Veronica se cambra en demi-lune, ses seins pointés vers le plafond, les reins cassés, s'empalant plus profondément sur son sexe et renversant sa tête en arrière pour embrasser son partenaire. Totalement offerte, en déséquilibre sur un bras, elle joignit une de ses mains à la caresse de Tim, pour lui ouvrir ses lèvres gonflées de plaisir. Leurs doigts s'entremêlèrent sur son pubis, excitant son clitoris à tour de rôle.

– Tim, *love, I'm coming,* murmura-t-elle dans un gémissement ponctué de halètements.

Elle émit une longue plainte de plaisir qui n'en finissait plus.

Timothée vint en elle, maintenant écartées les jambes de sa compagne. Avec la sensation folle de la transpercer. Il mordit ses longs cheveux noirs et se sentit vaciller dans une plénitude inégalée.

Ils restèrent ainsi un long moment, épuisés, vibrant au moindre spasme de Tim. Veronica recula ses mains et caressa les flancs de son amant. Elle fit onduler son dos contre le torse musclé.

Elle le maintint en elle, crispant ses muscles autour de son sexe, l'emprisonnant dans son ventre.

– Tim, *you know what?*

– *Yes... sure... I know,* répondit-il, tout à son ivresse.

Dans leur harmonie sexuelle, point n'était besoin de dévoiler leurs désirs. Chacun éprouvait une insatiable faim de l'autre et laissait germer des fantasmes qui s'épanouissaient à la perfection. Malgré l'intensité du plaisir, ils ne pouvaient comprendre pourquoi l'amour attisait l'amour, sans l'éteindre. Dans un enchaînement des corps, Veronica se mit à quatre pattes, le fixant derrière elle en agrippant ses cuisses. Elle commença à rire. Alors qu'il revenait violemment en elle, l'écartelant à grands coups de reins, il se mit à rire également, trouvant dans ces convulsions une nouvelle source de sensations. Il l'aimait folle, chienne et lascive. Ou bien était-ce tendre et passionnée? Ni l'un ni l'autre ne comprenaient pourquoi ils s'amusaient ainsi en s'aimant. « Peut-être parce que nous deux, c'est bien plus qu'une fête », avait suggéré Timothée, dans un moment d'épuisement.

Ils restèrent ainsi soudés, épiant la montée du plaisir chez l'autre, y trouvant sans cesse plus d'explications à leur joie. A chaque poussée, Veronica émettait un cri. Elle savait que cette position rendait Tim fou d'excitation. Puis, lorsqu'ils eurent joui une fois de plus, ils retombèrent en travers du lit, ruisselants de sueur, mais suffisamment excités pour refaire l'amour. Ils s'embrassèrent, les yeux au fond des yeux, mille mains sur leurs corps, le visage reposé et irradié.

Veronica le laissa se blottir dans ses bras, lui, le combattant. L'homme oubliait de penser à tuer en se rassasiant d'elle.

– Fatigué?

– Tu crois?

La jeune Noire sentit son sourire contre ses seins et le maintint ainsi, dans un instant de bonheur toujours plein. Timothée redevenait son enfant, le fou aux cent caprices, le jeune homme qui l'avait courtisée à la fabrique de tabac, lorsqu'il apportait la récolte de sa propriété.

– Je voudrais que ces moments-là ne s'arrêtent jamais. Tu sens bon. J'adore l'odeur de ton corps, lorsque nous faisons l'amour.

Elle se remit à rire.

– Tu dis ça parce que je t'ai avoué un jour que vous les Blancs, vous sentiez comme les morts?

Il prodigua une caresse sur sa toison crépue.

– Tu as d'autres critères de comparaison?

– Je t'adore jaloux. Rassure-toi. J'aime l'amour, mais celui que nous faisons ensemble. Tu es beau. Tu es l'homme que j'aime. Mon grand chasseur Blanc.

Bizarrement, il cessa de rire. Elle lui trouva un air sérieux.

– Je ne suis pas Blanc... pas plus que tu n'es Noire. Lorsque nous nous retrouvons, je suis en toi, comme tu es en moi. Veronica et Timothée.

– Alors, toi Tarzan et moi Jane?

– Non. Moi, le lion, rugit-il.

D'un bond, la belle Shona fut sur ses pieds et se plaqua au mur, simulant une intense frayeur.

A quatre pattes, roulant des épaules comme un félin, Tim avança vers elle. Il descendit du lit en imitant le rugissement d'un vieux fauve. Ce qui ne parut pas inquiéter la jeune femme. Il lui mordit une jambe, en émettant cette fois un gémissement de satisfaction tout à fait humain.

– Tu n'as pas peur?

Il relâcha la pression de ses dents sur l'intérieur de la cuisse.

– Peur? Tu sais que les lions ne mangent pas les jeunes filles noires.

– Pourquoi?

– Je ne sais pas. Ils ne nous touchent pas.

– Ils ont tort.

Timothée se dressa contre elle.

– Ils ne savent pas ce qu'ils perdent.

Il caressait son bas-ventre. Il la plaqua contre le mur et

l'embrassa fougueusement. Soudain, il jeta un rapide regard au réveil posé sur la commode.

– Zut... l'heure des informations.

Il la laissa contre le mur, surprise par cette brusquerie. Timothée alluma la radio et reconnut la voix de Sally Donaldson, la speakerine des combattants rhodésiens. Elle terminait la lecture des messages personnels aux soldats en opérations :

« ... De Jennifer à Patrick Coughan : Couvre-toi bien, mon chéri; il paraît que les nuits sont fraîches. Surtout, embrasse bien fort ton capitaine; cela l'incitera peut-être à te faire rentrer plus tôt chez nous. Je t'attends. Je t'aime. »

Il but une rasade de bière à même le pack et reconnut l'indicatif du flash des informations :

« Au terme d'une poursuite chaude, l'armée rhodésienne a pénétré en territoire mozambicain. L'opération combinée, qui a mobilisé une centaine d'hommes, a permis de saisir une importante quantité d'armes soviétiques et de mettre deux mille huit cents terroristes hors de combat. Le coup de poing sur Chimio n'a duré que quelques heures. Il n'a pas mis en contact les forces spéciales avec celles du FRELIMO. Le Premier ministre, Ian Smith, a déclaré que l'objectif, essentiellement militaire, représentait un danger potentiel considérable pour la Rhodésie. Qu'il frapperait ainsi, à l'intérieur des pays frontaliers qui donnaient asile aux terroristes, tant que le pays serait menacé. »

– Merde, cria Timothée... Ils l'ont loupé.

Il s'aperçut alors que Veronica, assise sur le lit, pleurait en silence. De lourdes larmes roulaient le long de ses joues et tombaient sur ses seins. Il prit le ravissant visage ovale entre ses mains.

A travers ses larmes, les yeux marron criaient toute la détresse du monde. Il fut bouleversé par cette Veronica triste qu'il ne connaissait pas encore. Elle s'accrocha à lui :

– *Never... Never you do it again...* protesta-t-elle en agitant négativement sa tête.

– Explique! Qu'est-ce qui se passe?

– Tu me quittes pour les affaires de la politique. Je ne veux pas. Je ne supporte pas. Lorsque j'ai accepté cet appartement, pour que nous puissions nous y retrouver en cachette, je t'avais supplié... Tu avais promis...

– Mais quoi?

– Laisse la guerre au-dehors, Tim. Ne la ramène jamais avec toi.

Il la laissa sangloter, désolé d'avoir gâché un tel moment de plaisir par une maladresse.

– Pardonne-moi, chérie. Je voulais seulement...

Elle le regardait avec une sévérité qu'il ne comprenait pas. Jamais il ne l'aurait crue capable de se composer un visage aussi froid.

– Sais-tu seulement ce que c'est, d'attendre le retour d'une opération? D'un homme que l'on aime et dont on a peur d'apprendre la mort à chaque instant? Peux-tu imaginer ce que je ressens, moi? Je me considère comme ta femme et je ne sais jamais où tu es, ton unité, l'endroit où l'on t'envoie, le jour de ton retour... Oui, je me considère comme ta femme. Que m'offres-tu en retour? Un appartement. L'amour, lorsque tu peux t'échapper de Sherwood. Quoi d'autre? A part ta tendresse? Ai-je le droit d'imaginer que tu es encore en vie, de t'envoyer un message par Sally Donaldson; d'espérer que tu m'épouseras un jour? Crois-tu que je sois dupe? Tu n'oseras jamais me présenter à tes parents ou à tes amis. Parce que je suis Noire.

Veronica se mordit les lèvres, comme si elle venait de prononcer une phrase sacrilège.

Le visage de Tim parut se décomposer avant de devenir de marbre. Il cessa de la caresser.

– Tu sais que nous étions convenus de ne jamais aborder le problème. Pourquoi maintenant?

– Vous allez perdre, Timothée. Vous avez choisi de combattre le terrorisme par la terreur. Des centaines de jeunes gens meurent. Des deux côtés. Ce n'est plus une poignée d'hommes, que vous avez à combattre. Un peuple tout entier se dresse.

– Toi aussi?

– Je désire que cela finisse, Timothée. Même si je devais te perdre, je ne veux pas que tu meures, toi! Je ne supporterais pas tu sois tué. Je n'en peux plus de vivre avec cette peur-là.

Le Rhodésien redoutait cet instant depuis le début de leur liaison. Il savait qu'il ne pourrait éternellement repousser la question de leurs races qui s'affrontaient. Veronica avait rompu le charme. Il fallait qu'il aille respirer l'air au-dehors. Il ramassa sa chemisette, passa son short léger. Sans se retourner, il enfila ses chaussures de chasse et quitta l'appartement.

Il fuyait la vérité, sans doute, mais aussi l'image de la mort qui le suivait au cours de ses missions. Il l'avait retrouvée dans la bouche de Veronica, celle qu'il aimait plus que tout, qui lui faisait connaître ses plus grandes joies d'homme. Croirait-elle un jour qu'il était prêt à tout quitter : Sherwood, sa famille, l'élevage, pour construire leur ferme? Comment pouvait-elle douter qu'il se sentait prêt à affronter ses parents pour leur imposer leur amour? Elle ne craignait que sa mort.

Un seul autre homme au monde pouvait le comprendre. Nshaba avait tant partagé de ces moments où la mort rôde, qu'il ressentirait en un regard ce qu'éprouvait son compagnon.

Tim dévala les escaliers et sauta dans sa Land-Rover, garée sous un flamboyant. Sous l'arbre, un tapis de pétales rouges, comme une mare de sang, ajouta à son trouble.

C'était une mauvaise journée. Qu'il n'ait pas réussi à coincer Mugabe remettait en question sa confiance en lui et il risquait aussi de perdre Veronica. Il fallait retrouver Nshaba.

En déboîtant en trombe dans Argyle Street, l'éclaireur des Selous Scouts se demanda ce qui pourrait lui tomber encore sur la tête.

3

– Nshaba et moi avons fait le mur à Bindura. Est-ce un crime? Nous avions simplement besoin de nous détendre.
– Êtes-vous certain de votre emploi du temps?
– Parfaitement. A quoi rime cet interrogatoire? J'ai accompli ma période de trente jours. Presque sans interruption. Cela totalise deux cent vingt jours sous les drapeaux, pour l'année en cours. Bien plus que les cent quatre-vingt-dix réglementaires. Cela ne suffit pas? J'ai vu le colonel Daly. Il connaît mes problèmes à la ferme. Mes parents ont besoin de moi. Les cultures manquent d'eau. Le bétail est empoisonné. Je n'ai pas de temps à perdre avec ces rapports. De combien de bras croyez-vous que je dispose?

Cette stupide bonne femme allait jusqu'à le soupçonner. Pauvre Rhodésie! Un CIO peuplé de planqués qui ne connaissaient rien à la guerre et portaient des automatiques d'opérette. Celle-là devait lire des romans à l'eau de rose. Mais elle ne pouvait imaginer ce que signifiait d'avoir les tripes nouées à ne plus pouvoir respirer lors des contacts avec les Terrs. Elle devait croire la propagande de Smith qui présentait les *vakomanas* comme des pleutres en débandade, au premier accrochage. Il savait qu'il n'en était rien. De remarquables combattants, motivés, entraînés. Pour les surclasser, il fallait montrer une endurance physique supérieure, une mobilité plus grande et un sens de l'orientation infaillible. Ces types se révélaient être des broussards confirmés. Ils possédaient la classe de tireurs d'élite et ne reculaient devant aucun sacrifice : celui de leur vie inclus.

Yvonne Stein vit qu'elle bloquait son interlocuteur. Il fallait manœuvrer différemment. Elle lui prit le bras et l'entraîna dans la cour déserte de la caserne. Ce bloc de béton recelait peut-être une faille cachée. A elle de la trouver. Le temps pressait.

– Je fais mon métier, monsieur Carpenter. Je connais vos états de service. J'ai épluché votre dossier militaire. Vos chefs vous accordent une confiance aveugle. Vous avez été volontaire pour les Selous Scouts et toujours envoyé pour les opérations les plus dangereuses. Je connais le nombre impressionnant de Terrs que vous avez permis d'intercepter ou mis personnellement hors de combat. J'ai lu mot à mot chacun de vos rapports de missions. Tout cela serait parfait, si...

– Si?

– Vous m'avez menti, Timothée Carpenter. Un mensonge peut en cacher un autre...

Elle sentit l'homme prêt à l'empoigner. Il interrompit sa promenade au milieu des ruelles grises du camp et lui fit face. Déterminé. Malgré ses traits d'adolescent, le Rhodésien redevenait une machine à tuer. Un remarquable amalgame de bonne éducation britannique et d'expert du close-combat, pensa Yvonne. Au lieu de la gifler, l'éclaireur ne bougea pas. Yvonne savait que son rang dans le CIO ne pouvait expliquer, à lui seul, cette maîtrise des réactions de Timothée. L'homme était écorché dans sa fierté. Il attendait le prochain mouvement de l'adversaire, mais ne pouvait deviner qu'elle détenait des armes maîtresses pour parvenir à ses fins.

Ils reprirent leur marche le long des baraquements gris; cette fois, Timothée refusa tout geste amical qu'il devait ressentir comme une compromission.

– Je répète donc ma question, avant de confier ce soin à l'Intelligence militaire. Où avez-vous passé la soirée qui a précédé votre mission sur Chimio? Et celle d'hier? Évitez de me dire que vous vous trouviez chez vous: nous avons vérifié.

Pour le pisteur, c'était clair. Il s'était rendu au même endroit lors des deux occasions.

– Je me suis saoulé la gueule avec Nshaba. J'ai avalé tellement de Shibuku que j'en ai été malade. Existe-t-il une règle militaire qui interdise à un type de boire une chopine de trop avant ou après une action de ce genre? J'ai voulu oublier. *What do yo want for your money?...*

Yvonne admira le sang-froid de cet homme si jeune. Il opérait parfaitement, essayant de détourner l'attention de l'accusatrice sur une faute mineure, quitte à feindre de la confesser, pour passer sous silence un délit majeur. Cela rappela à la directrice du CIO une situation similaire, moins courtoise, qui avait eu lieu, trente-cinq ans auparavant, devant un lieutenant de la Gestapo de Vienne. Elle n'espérait pas faire craquer Tim avec une ruse et ne pouvait exercer de pressions physiques sur lui. Restait le chantage. Comme elle, ce garçon était passé à plusieurs reprises près de la mort. Il vivait constamment avec l'idée d'être capturé. Elle ne le plierait pas sans étaler son jeu.

– Monsieur Carpenter, vous n'êtes pas devant un tribunal populaire de la ZANLA. Laissez un peu de côté votre maquillage de combat. Ici, vous n'en avez pas plus besoin que de vos assurances-vie!

Ainsi, elle savait également pour les grenades dégoupillées! S'il l'apprenait, Ron Reid Daly risquait de ne pas apprécier. Plusieurs de ses hommes avaient accidentellement péri de cette façon. Nshaba n'avait rien dit. Elle bluffait. Le Ndebele savait même perdre son anglais, lorsqu'une question l'embarrassait.

Les yeux bruns d'Yvonne Stein épièrent le résultat de son approche. Le Selous Scout devait se sentir coincé, perdre toute idée de fuite en avant, comme elle s'attaquait à son entourage. Ils firent mine d'observer un « crocodile ». Le véhicule en losange gisait sur le terre-plein, coupé en deux par une mine.

– Pas toujours efficace, le blindage! Comme vous le savez, le CIO n'est pas particulièrement chargé des affaires d'espionnage... Encore moins du contre-espionnage!

– Espionnage?

Tim fronça les sourcils.

Lui qui croyait faire l'objet d'investigations de routine commençait à se sentir au centre d'un cyclone contre lequel il n'était pas de taille pour lutter.

– Je mène une enquête délicate pour éclaircir ce qui pourrait être une affaire de fuites...

– Mugabe!

Timothée venait de comprendre.

– Exactement.

– Cela vous a paru étrange, à vous aussi?

– Plus que cela encore. J'essaie d'y voir clair.

– Et vous commencez par moi?

– J'en suis seulement à déblayer le terrain. Avant de m'attaquer plus avant – elle avait volontairement choisi le mot, de préférence à « haut » – il me faut des certitudes sur Nshaba et vous. J'ai commencé par votre équipier...

– Nshaba n'a rien à se reprocher. Ne touchez pas à lui!

– Pourquoi donc? Il est Noir, n'est-ce pas?

– Il a choisi notre camp. Savez-vous que c'est lui qui a pénétré dans Chimio?

– Oui. Sans cette histoire de champ de mines, j'étais fondée à croire que Nshaba avait pu parler, lorsqu'il est entré en contact avec les soldats de la ZANLA. Il disposait du temps matériel pour le faire, n'est-ce pas!

– *No way*, sourit Tim. Pas lui. Je vous préviens. Ne lui causez pas d'ennuis. Laissez-le en paix.

L'avertissement, cette fois, prenait le tour d'une fin de non-recevoir.

– Jolie preuve d'amitié. Croyez-vous que le fait qu'il vous ait sauvé la vie à plusieurs reprises suffise à garantir son honnêteté?

– Pour moi, c'est suffisant.

– Admettons votre histoire de beuverie. Vous n'avez ni passé ces deux soirées au pub Winston Churchill, comme vous l'avez d'abord prétendu, ni dormi à la caserne de Bindura.

– Prouvez-le.

– Difficile. Pour la raison suivante : vous avez probablement passé ces deux nuits en compagnie d'une Noire... dans un appartement que vous louez pour elle, sous un nom d'emprunt, dans Argyle Street.

Timothée baissa la tête. Elle venait de toucher son jardin secret. Il ne la laisserait pas le piétiner.

– Quand bien même! Je travaille pour le colonel Daly. Il ne m'a pas condamné à une vie d'abstinence.

Tim désigna le portrait de Ian Smith, placardé contre la porte d'un hangar :

– Il n'a pas encore interdit de coucher avec des femmes de couleur, que je sache... Quant à ma vie sexuelle, elle ne concerne personne. Suis-je clair?

Le coq se dressait sur ses ergots. Elle allait les lui couper :

– Pourquoi mentir?

– Je passe le plus clair de mon temps à casser du kaffir, en ce moment. Comme la plupart des foutus Blancs de ce pays. Nous en sommes venus à oublier que nous vivions depuis près d'un siècle avec des Noirs, et que la plupart d'entre eux ne veulent pas nous égorger. Même si une bonne partie des « Afs » auraient de bonnes raisons pour cela. Tous les Noirs ne nous veulent pas de mal, bien au contraire.

– Répondez à ma question.

– C'est facile à comprendre. Vos insinuations prouvent que vous réagissez comme les autres. Il n'y a pas d'apartheid, chez nous. C'est pire : beaux quartiers pour les Blancs... Doigts pointés sur ceux qui commettent le péché de préférer les femmes aux cheveux crépus.

– Admettons. Quelle garantie avons-nous que cette personne ne travaille pas pour la ZANLA? Qu'elle ne les renseigne pas?

– Deux. D'acord, je sais me tenir aux consignes de sécurité et aux règles de silence. Peu de gens savent que j'opère dans les Selous Scouts. De plus, croyez-moi, lorsque je rentre de mission, je n'ai pas envie d'en parler. Surtout pas avec elle. Si elle travaillait pour les communistes, elle m'aurait soutiré des informations. Mais je ne serais pas sorti vivant de son lit.

– Pas très convaincant. Une femme peut être déchirée entre ses sentiments pour un homme et son adhésion à une cause.

– Vous ne connaissez pas les *chimbwidow* !

La patronne du renseignement civil se demandait pourquoi un jeune et beau garçon comme Timothée s'était amouraché d'une Noire. Si belle et désirable fût-elle, cette fille provenait d'un monde différent. Les jolies femmes Blanches ne manquaient pas en Rhodésie. Elle devait savoir jusqu'où allaient leurs relations.

– Soit. Vous connaissez les méthodes des espionnes de la ZANLA mieux que moi. Dans ces conditions, je me vois dans l'obligation de vous faire part de mes soupçons la concernant. Le père de votre amie a été tué il y a deux ans dans la province mozambicaine de Tete, les armes à la main. Son frère est passé à l'ennemi. Selon nos renseignements, il se trouvait parmi les victimes de Chimio.

Timothée blêmit. Veronica ne lui avait jamais parlé de sa famille. Si Yvonne Stein ne mentait pas, elle possédait de bonnes raisons pour cela. Les larmes versées par la jeune Shona, alors qu'il écoutait la radio, prirent une autre signification. Elle pleurait son frère. Voilà pourquoi elle n'avait rien tenté pour le retenir. Il eut une insupportable envie de la tenir serrée contre lui, de lui demander pardon. Il s'entendit dire sur un ton glacial :

– Voilà qui l'innocente.

– Peut-être. Même si votre confiance en cette personne est fondée, elle a su vous cacher les activités de sa famille. Elle pourrait vous dissimuler plus encore. La ZANLA possède ses informateurs. Savez-vous ce qui lui arrivera, lorsqu'ils apprendront vos relations? Ils la tortureront, puis la tueront pour avoir couché avec un *murungu*. Si vous tenez à elle, il ne vous reste que deux solutions : la faire protéger par votre famille. A Sherwood. Ou bien...

Elle prit tout son temps pour l'alternative. Cette forme de chantage marchait une fois sur deux... en y mettant des formes.

– Ou bien la faire admettre dans un camp protégé. Jusqu'à ce que j'en aie terminé avec cette affaire. Elle y sera à l'abri. Nous la conserverons à portée de main... En vie.

Il sourit.

– Vous savez que mes parents n'accepteront jamais une femme de couleur à leur table. C'est aussi à cause d'eux que je la vois en secret. Quant à vos camps protégés, ce sont des centres d'internement derrière des barbelés, dont le but est bien moins de défendre les Noirs contre les représailles de la ZANLA que de les empêcher de passer aux nationalistes. Qu'avez-vous derrière la tête?

Il marchait. Le bloc de granit s'effritait. Il devait tenir à cette Shona. Plus qu'Yvonne Stein ne l'estimait. Cette Veronica n'était pas une simple liaison sexuelle pour le repos du guerrier. Elle en fut à la fois heureuse et jalouse. Pour la première fois depuis l'accident de Norman, la Française éprouvait une sorte d'attirance physique pour un autre homme. Le jeune Selous Scout lui ressemblait : désemparé, broyé par cette guerre, désespérément seul pour trouver assez de certitudes pour la gagner. Cet homme qu'elle devinait fragile sous son faux air de baroudeur, qui l'émouvait pour d'obscures raisons, devait être l'appât de son plan.

– Monsieur Carpenter, je vous propose un marché. Si vous l'acceptez, et remplissez la mission que je veux vous confier, je suis en mesure de vous garantir une protection personnelle pour votre amie. Pas de barbelés. Nous la surveillerons et la protégerons jour et nuit.

– Je vois que vous avez de la suite dans les idées...

– J'ai besoin de vous. Il me faut trouver un indice. Mettre en jeu les mêmes personnes qui ont opéré pour Chimio. Mugabe nous a filé entre les doigts. Je suis la seule, au sein du Quartier général, à estimer que nous avons été trahis. Je sais qu'il y a un traître à Salisbury.

De nouveau elle évitait de dire « au plus haut niveau ».

– Vous essayez de me faire croire que cette femme est en danger?

– Elle se trouve impliquée dans une affaire qui risque de la détruire. Si elle travaille pour l'ennemi, elle devra en répondre devant nous. Nos enquêteurs n'ont pu opérer sans éveiller les curiosités. Les oreilles de la ZANLA traînent partout. Aussi bien dans Argyle Street qu'à la fabrique de tabac. Elle sera broyée par un camp ou l'autre.

Il allait céder. Une question de pression. Le regard de Timothée ne pouvait dissimuler son intérêt pour cette affaire, pas plus qu'il ne pouvait cacher la crainte qui germait en lui.

– Vous refusez?

– Je ne dépends que du colonel Ron Reid Daly.

– Je connais personnellement Ron. C'est un point qui ne devrait pas poser trop de problèmes. Pour l'instant, je ne dispose que de doutes et la JOC [1] ne me suit pas. Le nombre de nos pertes à chaque nouvelle opération d'envergure augmente. Inversement, nos succès se raréfient. Ron vous tient en haute estime. A ses yeux vous êtes l'un des plus forts et des plus indépendants.

– Que devrais-je faire?

Le dosage fonctionnait : une mesure de peur, un soupçon de chantage et un trait de flatterie. Ajoutez la curiosité et servez le cocktail pour faire tomber les derniers bastions.

– Simple comme bonjour, fit-elle en français. Nous avons de bonnes raisons de savoir que la ligne téléphonique qui relie Maputo à Chimio était coupée avant Duty Free. Nous avions pris la précaution de la faire sauter pour éviter l'envoi de renforts. Mugabe a été averti par radio... si mes soupçons sont exacts, bien entendu.

Le Rhodésien enfonçait ses mains dans les poches de son short et attendait.

– Le relais militaire entre Maputo et cette région s'appelle Massangena.

1. JOC : Commandement des Opérations combinées.

Timothée crut rêver. Il émit un léger sifflement.

– Massangena. Mais c'est une place forte du FRELIMO! Il faudrait mobiliser les cent mille hommes de nos forces pour l'enlever! Vous voulez que j'aille me fourrer dans ce guêpier? Malgré l'effervescence qui doit régner au Mozambique en ce moment!

– Impératif. Si un message a rappelé Mugabe, il a transité par Massangena. La relève des opérateurs de cette base s'effectue tous les quinze jours. Je dois commencer par là. Capturez l'officier qui a assuré la retransmission. Faites-le parler. Je veux savoir qui a averti Mugabe. Ce que contenait le message...

Yvonne Stein redevenait elle-même : déterminée, prête à tout pour parvenir à ses fins.

– Comment savoir si cet espion... ou supposé tel... n'a pas directement envoyé son information à Chimio?

– Impossible. Compte tenu des délais extrêmement étroits, cela a dû se produire dans la journée du raid. Le seul moyen possible est un émetteur. Le seul poste arrière pour le renseignement ennemi se trouve à Maputo.

– Imaginez-vous ce que signifie d'opérer en zone chaude, après une opération qui a laissé deux mille huit cents hommes au tapis? De taper directement dans un centre de transmission du FRELIMO? C'est un kamikaze qu'il vous faut...

Il haussa les épaules.

– Votre histoire ne tient pas debout : si la ZANLA avait été prévenue de notre attaque, ils auraient procédé à l'évacuation du camp.

– Pas forcément. Vous êtes le second à me faire ce genre d'objection en quarante-huit heures. Je vous expliquerai un jour pourquoi. Mais j'ai besoin de vous et de Nshaba.

– Nshaba part avec moi? Quand?

Ils venaient d'atteindre l'angle du bâtiment de la mécanique.

– Il vous attend dans l'hélicoptère qui se trouve à cent mètres d'ici. Sur le terrain de football. Vous partez immédiatement. Le temps de vous « maquiller avant le bal », comme vous dites aux Selous Scouts. Nous vous déposerons à proximité. Votre équipement est à bord.

Timothée comprit pourquoi elle avait insisté pour discuter en prenant l'air. Yvonne Stein voulait tout, tout de suite.

– Qu'est-ce qui vous fait dire que ce sera oui?

– Les hommes ne me refusent jamais rien lorsque je le leur demande poliment. Même un combattant comme Nshaba...

– Nshaba a accepté?

– Il ne connaît pas le but. J'ai pris la liberté de lui dire que vous étiez partant pour une nouvelle mission. Sans récupération. Ce pisteur de Ndebele vous suivrait jusqu'en enfer.

– Vous ne croyez pas si bien dire.

– Alors?

– Trouvez-moi une seule bonne raison pour que j'accepte de voir la mort en face.

– La curiosité, le goût du risque. La volonté de porter des coups à l'ennemi. Un seul détail, monsieur Carpenter. Nous allons probablement vous « donner ». Si mes soupçons sont exacts, il y a un risque pour que le traître tente de vous faire éliminer lorsqu'il apprendra mon projet. Pour se couvrir.

– Simple comme bonjour, répéta le jeune homme en se dirigeant vers l'Alouette III posée sur le terrain de sport. Je serais curieux de savoir pourquoi je m'embarque dans votre combine.

– S'il vous faut un mobile, sachez que je vous ai blessé en vous plaçant au rang de mes suspects...

Elle l'arrêta et lui tendit la main :

– Timothée, essayez de revenir vivant.

– Ma santé a-t-elle de l'importance pour une femme comme vous?

– Énormément. Si vous disparaissiez, Timothée Carpenter, cela m'ennuierait de devoir vous considérer comme le suspect numéro un. Car il reste une possibilité. Que le traître, ce soit vous, et que vous en profitiez pour passer à l'ennemi. A moins que vous ne me permettiez d'établir le contraire. Aussi, restez en vie, je vous en prie. J'ai horreur d'être déçue.

Le *Polana* avait dû être un hôtel splendide, du temps de la colonie. L'immense bâtiment à colonnades, immaculé dans une cocoteraie, aurait pu faire pâlir d'envie les plus fastueux palaces du monde. Avec beaucoup de peinture et une restauration qui permette de survivre aux rares pensionnaires. Aaron Goldsmith n'avait pas eu à gratter les vernis craquelés de l'établissement pour découvrir l'étonnant état de délabrement du fleuron de l'industrie touristique mozambicaine. Une déconfiture qui l'arrangeait plutôt, pour ses propres affaires.

Dès le premier jour, l'agent du MOSSAD avait dû déchanter. Les chambres frisaient l'insalubrité. La longue carte de restaurant n'avait d'alléchant que ses appellations. La grande cuisine était imaginaire. Il n'était plus possible de goûter, au *Polana,* les fameuses crevettes qui assuraient jadis la renommée culinaire mondiale de Lourenço Marques. Les crustacés n'avaient pas fui l'avance du marxisme. On exportait au contraire la totalité du produit des pêcheries vers l'Union soviétique. Quant à l'excédent, s'il existait, il garnissait les tables d'Afrique du Sud. Seul un simulacre de poulet au curry s'acharnait sur les estomacs des touristes. Au moins y trouvait-on du pain, ce qui n'était pas le cas pour la population de Maputo, condamnée à de longues heures d'attente avant de pouvoir acheter cent grammes de farine.

Aaron espérait pouvoir conserver suffisamment de forces pour mener sa tâche à bien. Derrière ses lunettes d'intellectuel appliqué, il essayait de se concentrer sur son étude de marché, près de l'immense piscine déserte, sous le soleil mordant, qui résistait aux dégradations du communisme. Il portait une tenue légère de tissu bleu clair, soigneusement dégriffée par les services du MOSSAD. L'espion observait quelques touristes soviétiques, aussi lourds que leur aide économique, lorsqu'il se sentit épié.

Il replaça son rapport dans la mallette restituée par

l'immigration et termina un whisky acheté à prix d'or, en tentant de localiser la personne qui s'intéressait à lui. Un inconnu d'âge moyen, au visage aussi fade que l'accueil de Maputo, se présenta devant la table de jardin.

– Monsieur Peter Laursen?

– Moi-même.

– Oleg Silkin. Je suis chargé de vous recevoir.

Le nom comme l'allure du Russe ne laissaient aucun doute sur ses fonctions officieuses.

– Le ministre de l'Industrie consent enfin à me recevoir?

– Veuillez excuser ce léger retard. Vous avez lu les journaux, ainsi que les détails du raid rhodésien contre le camp de réfugiés établi à Chimio...

– C'est affreux.

– C'est ce qui explique le renvoi de votre rendez-vous. Nos ministres se sont rendus sur le lieu du massacre pour rendre hommage aux combattants.

Aaron releva l'appropriation qu'il se faisait des ministères.

– Vous n'êtes pas si mal au *Polana*! reprit l'agent russe. Permettez-moi de vous offrir un verre. Aimez-vous la bière?

– Bien entendu. Je n'ai pas réussi à m'en procurer. Il paraît que le stock de l'hôtel est épuisé. Que l'approvisionnement est déficient.

– Laissez-moi faire, monsieur Laursen.

Le Soviétique héla un garçon et lui glissa une pièce. Quelques minutes plus tard, le serveur apportait deux bouteilles géantes de Laurentina glacée.

– Et voilà... Cela fait partie des bavures de la Révolution. A votre santé...

– Au succès de notre entreprise.

Les lèvres d'Oleg se délectèrent de la mousse fraîche et parfumée, les yeux rivés sur les bulles blondes qui redescendaient à l'intérieur du verre.

– Qu'êtes-vous venu chercher à Maputo, mon cher collègue?

Il en fallait plus pour désarçonner Aaron Goldsmith. Il détecta le concepteur de la stratégie de l'épouvantail qu'on lui avait servie, dès son débarquement.

– Vous ne vous êtes pas présenté.

– En effet... Je m'occupe d'agro-alimentaire... à mes heures perdues, bien entendu!

Le ton de confidence révélait l'excellence du talent de comédien. Le savant alliage de vrai et de faux lui forgeait un bouclier qui pouvait se transformer en arme redoutable. « L'épée et le bouclier, pensa Aaron... le blason du KGB. »

– Et d'ordinaire?

– Comme vous, mon cher... Exactement comme vous.

– La passion des voyages, alors. La curiosité!

Les deux hommes se dévisagèrent. Ils jaugèrent l'insistance et la résistance du regard de chacun.

Le Russe devait être de première force. Aaron riva sur lui ses yeux de myope en nettoyant les verres de ses lunettes. Il l'engageait dans une forme de rapports inhabituels pour leur profession et le contraignait aux allusions, aux phrases à double sens : un jeu qui ne déplaisait pas à l'Israélien. Il engagea la partie :

– Vous savez donc que, dans notre domaine, le succès d'une opération... commerciale... dépend de la discrétion avec laquelle l'affaire est menée.

– Parfaitement, mon cher. Mais la curiosité dont nous faisons tous deux profession peut gagner sur la déontologie.

– Vous n'espérez pas que je vous dévoile ma stratégie en affaires?

– Pas précisément. J'ai de bonnes raisons pour croire que nos préoccupations sont de nature identique... quoique antagonistes.

– Vous parlez de confiture, n'est-ce pas?

Aaron s'amusait.

– De quoi d'autre pourrions-nous bavarder?

– Concluons un pacte.

Aaron Goldsmith reprenait l'initiative du jeu de cache-cache.

Il surprit au passage la curieuse expression du résident du KGB : un mélange de tristesse, celle de capturer aussi vite un poisson dans des filets aussi grossiers; et de triomphe.

– Indiquez-moi les personnalités auxquelles il serait judicieux de graisser la patte. En échange, je vous intéresse à mon affaire... Vous me semblez judicieusement placé, pour l'évaluation des bakchichs!

– Prenons plutôt mes règles. Par un étrange concours de circonstances, notre réussite à chacun passe par la découverte du même pion sur l'échiquier. Trouvons-le ensemble.

Pourquoi le Soviétique ouvrait-il ainsi sa garde? Quel intérêt pouvait-il posséder à révéler à son rival israélien qu'il devinait que son travail à Maputo consistait au ramassage d'un « casier à langoustes »? Il devait bluffer. En tout cas, cela prouvait que l'agent de renseignements du NIS sud-africain devait toujours être opérationnel.

– Nous n'aurons pas à nous fatiguer pour trouver cet homme, répondit Aaron en terminant sa bière : le voilà qui arrive... derrière vous.

Oleg se retourna. Peter Laursen s'était joué de lui : le ministre de l'Industrie en personne se dirigeait vers eux.

Pendant que l'homme et son escorte approchaient, Aaron trouva une nouvelle source d'inquiétude dans le regard de son interlocuteur. Un affairiste n'avait aucune raison de connaître le portrait d'un personnage qu'il n'avait jamais rencontré. Par contre, un agent secret en possédait plus d'une. Première faute. Bon prince, Silkin accepta de la lui pardonner en lui laissant rejouer le coup.

– Vous ne croyez pas si bien dire, mon cher ami... Ce camarade est le ministre de l'Industrie. Il vous accorde un grand honneur en venant à votre rencontre. C'est un type très bien, un personnage au-dessus de tout soupçon.

Aaron Goldsmith se demanda combien de temps le camarade Silkin lui laisserait la bride sur le cou. La réponse s'imposait. Un peu trop évidente, même. Lorsque l'espion du MOSSAD relèverait son « casier à langoustes », le Soviétique n'aurait qu'à tirer sur la laisse pour ramener les deux prises. Le soleil de Maputo parut plus chaud à l'envoyé de Tel-Aviv.

Le « call-sign 97 » devenait le principal sujet de préoccupation de l'agent d'écoutes Alan Mathew. La presse du matin lui avait offert suffisamment de précisions pour interpréter les points sombres de sa « curiosité ». Le raid rhodésien contre Chimio faisait l'unanimité des gros titres hypocrites de l'Afrique du Sud. « Massacre à Chimio »... « Salisbury en tue 2 800 »... « Jour de deuil pour les nationalistes ».

On ne parlait plus que de l'événement dans l'enceinte réservée de Messina comme partout en Afrique australe. Le ministère mozambicain de l'Information ne s'était pas privé de bombarder les agences de presse internationales de photographies montrant des cadavres d'enfants sommairement enterrés par les forces spéciales rhodésiennes, les troncs à moitié calcinés, le charnier géant dans lequel les SAS avaient jeté les corps déchiquetés.

Ainsi, le point « C » correspondait à Chimio. Mais la lecture des articles ne lui permettait pas d'éclaircir le mystère de ce « professeur » qui devait être mis en sécurité. A tout prix.

Mathew, en lisant une déclaration triomphante de Ian Smith, avait trouvé la solution. Le Premier rhodésien mettait en garde Mugabe contre toute tentative d'accroître sa pression contre la Rhodésie blanche. « Chimio n'est qu'un avertissement. Nous frapperons sans relâche les bases arrière des terroristes. Jusqu'à ce qu'ils comprennent que ni moi, ni mes enfants, ni mes petits-enfants ne verrons une majorité noire prendre le pouvoir dans ce pays. Notre Rhodésie ne fléchira pas. Nous sommes là pour mille ans au moins. Je maintiens que rien ne nous fera changer d'attitude à l'égard des terroristes. Les Noirs ne sont pas prêts à partager le pouvoir avec nous. Ils conduiraient la Rhodésie à la catastrophe. Ce n'est pas un instituteur de province qui peut se targuer d'une envergure nationale. »

Mugabe devait être le « professeur » du message. Du coup,

Mathew sentait qu'il venait de toucher à un secret d'État. L'auteur du « call-sign » était un espion de la ZANLA. Un type bénéficiant de renseignements de première main. Ce qui aiguisait la curiosité de Mathew.

Son rapport à la centrale du NIS de Pretoria n'avait pas produit l'effet escompté. Il attendait que la fiche grise ait remonté les échelons de la hiérarchie des services spéciaux sud-africains. Cela prendrait des jours, puis encore d'autres pour redescendre jusqu'au modeste poste de Messina.

Le radio-amateur ruminait la prise de bec qui venait de l'opposer à sa femme. Elizabeth lui reprochait de délaisser sa famille pour la satisfaction de ses hobbies. Elle se plaignait de vivre dans un « trou », regrettait les magasins des grandes villes. Alan s'était retenu durant des heures... pour finalement s'emporter et crier son énervement, une fois seul dans sa voiture, car Elizabeth n'était pas femme à se laisser faire et ne supportait aucun excès chez son mari.

Réfugié au centre d'écoutes du NIS, il se plongeait dans le travail, pour tenter d'oublier un bref instant les misères de sa vie conjugale. Durant les deux premières heures de permanence, l'enregistreur n'épia que les signes habituels de l'agitation terroriste en Rhodésie. Puis il s'amusa de la verdeur des phrases d'un lieutenant des RLI [1]. « Je me fous de vos problèmes d'intendance, hurlait le militaire. Je m'en balance. Envoyez-moi ce putain d'hélicoptère! Et plus vite que ça! Nous avons deux blessés graves. Je dois les évacuer d'urgence. Et toi, le sale petit con avec ton cul posé sur une chaise, remue-toi les fesses ou bien je viens te faire sauter la gueule! »

L'officier des écoutes attendait la réponse du Rhodésien apostrophé, lorsqu'il vit clignoter la lampe témoin sur la fréquence 97. Il lâcha aussitôt l'écoute du capitaine des RLI et pressa deux autres touches. Le sifflement du message à tir rapide emplit son casque. Lorsque la lampe témoin rouge s'éteignit, il recommença l'opération de rembobi-

1. Rhodesian Light Infantry.

nage, procéda à quelques manipulations, puis brancha la poursuite des autres signaux sur l'enregistrement automatique.

Le Sud-Africain se cala dans son fauteuil, essaya de se détendre et d'endiguer le flot de curiosité qu'il sentait grandir en lui. D'un doigt nerveux, il déclencha le défilement à vitesse lente et ferma les yeux pour se sentir plus proche de cet inconnu qui émettait, à quelques centaines de kilomètres de Messina.

« Chiens pendus à mes basques. Je demande la protection prévue. Pétard au JOC possible en D-36 suivant le plan 3. Hémorragie probable sur Massangena. *Team 2.* Centre des retransmissions visé. Poser le garrot indispensable. Pas d'autres incendies. Reste opérationnel au maximum. »

Comparée à celle du premier message, la voix ne changeait guère : l'homme se montrait calme, froidement professionnel, sûr de lui. Pour avoir pratiqué des décennies de radio-amateurisme, Mathew le devinait tendu, volontairement pondéré après chaque phrase pour reprendre son souffle et dissimuler sa panique. Le Sud-Africain en aurait mis sa tête à couper : le « 97 » avait peur.

Le cœur battant, Alan Mathew remplit une nouvelle fiche et gratta son crâne lisse. N'était-il pas en train de se faire des idées? D'accorder de l'importance à un fait insignifiant pour Pretoria? Les dirigeants du NIS auraient donné suite à sa précédente fiche, s'ils y avaient flairé un intérêt pour le renseignement. Il eut soudain peur d'être saqué. Déjà, ses excès de zèle lui avaient valu des déboires : une mutation de Cape Town pour ce sous-marin ennemi qui n'était autre qu'une unité de la marine sud-africaine! Il payait son acharnement à « secouer tout ce beau monde ». C'est lui qu'on avait houspillé! Lui et Elizabeth qui ne manquait jamais une occasion de lui reprocher leur départ pour Messina et de noircir les avantages de leur vie dans le nord.

Que risquait-il de pire que Messina? Il ne devait pas exister un trou plus perdu que la frontière rhodésienne. Pourtant, si, le NIS possédait un autre purgatoire : le centre de Rooikop, au Sud-Ouest africain. Elizabeth ne supporterait pas Rooikop. Elle n'accepterait pas une nouvelle descente aux enfers, celle du grand désert de Namibie, planté en bordure de l'Atlantique Sud, à mille huit cents kilomètres de Messina; encore plus loin des grandes villes. Il devait éviter une nouvelle vague qui le propulserait dans une tempête conjugale. Se taire pour Elizabeth et les enfants.

Furieux contre lui-même, rongé par ses états d'âme, il se força à refréner ses ardeurs de Don Quichotte chevauchant contre les moulins à vent de Pretoria. D'une écriture hâtive, il se contenta de signaler : « Appréciations identiques à celles de la fiche 071. » Puis enfonça son pouce et son index sur ses paupières fatiguées et poussa un soupir à fendre les âmes des honnêtes gens. Jusqu'où Elizabeth le ferait-elle dégringoler, dans ses abîmes? Restait-il, au fond de sa moralité, un cercle aussi infernal que Rooikop?

Dans le codage du KGB africain : « chiens à mes basques » ne signifiait pas seulement l'annonce d'un danger imminent pour un agent, mais le stade supérieur d'une couverture en train de brûler. L'agent rhodésien n'aurait jamais lancé ce SOS sans une raison impérieuse pour l'avenir de sa mission ou sa propre sécurité.

Pourtant, le traître de l'armée rhodésienne jouait sur du velours : seul le chef du Directorat Afrique du KGB connaissait sa véritable identité. Que se passait-il à Salisbury, qui puisse l'effrayer ainsi? Oleg Silkin mesurait le crédit que lui accordait la place Dzerjinsky; cette confiance risquait de ne plus peser bien lourd, s'ils mettaient dans la balance la perte de cet irremplaçable informateur.

Le résident du KGB quitta l'ambassade soviétique, résigné à en passer par les volontés de son agent. Lui laissait-il le choix? Oleg ne pouvait pas contacter une ombre.

En démarrant sa Lada neuve, le Soviétique savait qu'il allait à Canossa. Il se surprit à soliloquer dans le rétroviseur, ce qui le mit au comble de l'exaspération. Ce n'était pas le moment de perdre son sang-froid. Il alluma ses feux de position et s'engagea sur la gauche, en direction du front de mer. A cette heure, Robert Mugabe devait se trouver dans sa villa : un cadeau de Samora Machel. Le chef de la ZANU ne saurait jamais qu'il devait son nouveau confort à l'intervention personnelle d'Oleg. Sans doute croyait-il que le camarade président le choyait. Sans les rapports qu'il envoyait depuis des mois à Moscou, Mugabe croupirait toujours dans son bungalow humide de Quelimane. Oleg Silkin avait dû peser de tout son poids pour obtenir le renversement d'alliance de ses chefs. Ils n'aimaient pas changer de monture au milieu de la course. Le choix devenait indispensable : Nkomo accumulait les erreurs, passait le plus clair de son temps à pérorer dans les Hilton du monde entier, au lieu de se battre avec son peuple. Mugabe devait être choisi... d'autant que la mort de son allié Mao Tsé-toung et la fin des livraisons d'armement chinois le plaçaient en position de ne plus pouvoir refuser des amitiés inespérées!

Il ralentit pour se donner le temps de la réflexion : le leader de la ZANU ne devait savoir que le strict minimum. Aussi ne lui communiquerait-il pas ses inquiétudes. L'informateur rhodésien émettait de plus en plus fréquemment. Il se sentait traqué : deux excellentes raisons d'être repéré par le contre-espionnage rhodésien. Si Mugabe savait la position critique de cet homme, il refuserait d'exposer ses fidèles dans l'affaire.

En abordant les premiers virages serrés de la corniche, Silkin pensa de nouveau à la seconde partie du message : l'hémorragie sur Massangena l'inquiétait moins. Il s'était appliqué à relire les termes de son message de rappel adressé à Mugabe. Puisque les services spéciaux de Salisbury voulaient sacrifier deux hommes dans la place du FRELIMO, il leur laisserait commettre cette folie. Ne rien changer. Ne pas donner une nouvelle preuve de fuite au CIO. Ils n'attendaient que cela pour opérer leurs recoupements. Si cette équipe parvenait à ses fins, elle n'apprendrait qu'un rappel en priorité absolue. Oleg se félicita d'avoir expédié un message aussi sibyllin. L'hémorragie se coagulerait d'elle-même.

Il aperçut, dans le faisceau de ses phares, la pancarte

signalant l'Avenida Dona Maria Segunda : un des derniers vestiges de la colonisation portugaise. Il s'engagea dans la ruelle mal éclairée et arrêta son véhicule devant la résidence du chef noir. Deux soldats de la ZANLA l'accueillirent à sa descente de voiture, le Kalashnikov pointé.

– Conduisez-moi auprès du camarade Mugabe.

Le Russe, sans leur laisser le temps de la concertation, gravit les marches menant à la villa et tomba sur un autre barrage. Les gardes du corps ne se laissèrent pas intimider :

– Halte-là, camarade. Tu ne vas pas plus loin...

– Mugabe est-il là?

– Il n'a pas prévu de visites ce soir... Retourne d'où tu viens.

Le claquement de la culasse de l'arme d'assaut intimida le résident du KGB. Ce n'était pas le moment de se faire descendre par des macaques trop zélés.

– Préviens-le que le camarade Oleg Silkin veut le voir. Je ne bougerai pas tant qu'il ne m'aura pas reçu.

Il y eut un échange de voix dans la nuit, puis Oleg vit que l'un des hommes se rendait aux nouvelles. Il sortit une cigarette froissée de sa poche et l'alluma tranquillement, guettant les silhouettes qui se déplaçaient dans le halo d'une ampoule nue.

– Ça va! le camarade président dit qu'il va le recevoir.

Oleg accéda enfin à la terrasse. Une dizaine de militaires entouraient le patio. Sous les arcades, Oleg distingua un groupe de personnes en train de dîner sous les yeux vigilants de leurs protecteurs. En bout de table, il aperçut Tongogara. Avec lui, il possédait une chance de fléchir le leader nationaliste. Le commandant en chef de la ZANLA, la branche militaire de la ZANU, connaissait ses dettes. Sans l'intervention personnelle d'Oleg, le « boucher » croupirait dans les cellules zambiennes, pour le meurtre de Chitepo. Une occasion comme une autre de le lui rappeler.

– Je m'excuse de vous déranger au milieu de votre repas.

Oleg Silkin s'approcha de la tablée. Il salua au passage

l'unique femme : Sally Mugabe, plus ravissante que jamais. Même ses atroces lunettes ne parvenaient pas à masquer le charme fou de la Ghanéenne.

– Bonsoir, camarade Silkin. Je n'ose pas te demander quel bon vent t'amène. D'ordinaire tu ne nous apportes que de mauvaises nouvelles ou alors tu ne nous les exposes pas du tout.

Oleg gagna le siège offert à contrecœur par le chef de la ZANU et adressa un sourire entendu à Tongogara.

– Nous étions en train d'évoquer Chimio!

Le Soviétique accepta un verre de bière et conserva son mutisme. Il eût aimé allumer une autre cigarette, mais l'allergie de Mugabe envers les fumeurs était connue. Il choisissait, disait-on, un non-fumeur de préférence à un stratège, pour ses proches collaborateurs. Sa fixation maniaque acheva d'agacer le Russe. Il écrasa son mégot dans un cendrier propre et observa les poulets grillés qui attendaient les dents des convives endeuillés.

Mugabe prit son air bougon : Oleg et lui ne s'appréciaient pas et ne faisaient pas grand effort pour le dissimuler. Leur alliance objective devrait se passer de fioritures.

L'agent du KGB scruta les visages des délégués du Comité central; ceux-là mêmes qu'il menaçait de retourner contre le leader de la ZANU. Mugabe entamait les réconciliations avec les factions rivales.

Oleg attaqua :

– Moscou m'informe que les munitions demandées sont en route. Si vos hommes en manquent, nous prélèverons le nécessaire sur le stock du FRELIMO.

– Excellente nouvelle.

– Nous avons jugé utile d'accroître nos fournitures d'explosifs...

– Nécessaire?

Mugabe se lançait à l'assaut d'une cuisse de poulet.

– Aussi nécessaire que pressant. Ma démarche de ce soir... en quelque sorte.

Mugabe interrogea du regard le commandant de la ZANLA. Il attendait les précisions du Soviétique.

– J'ai besoin de votre aide pour monter une opération à Salisbury.

– Que voulez-vous faire sauter? Smith?

– Presque. Il s'agira d'une opération de diversion.

– Nature de l'objectif?

– Il faut qu'une de vos équipes puisse placer une charge de dynamite... un peu spéciale... dans un emplacement précis : à l'intérieur du centre des Opérations combinées.

Le nationaliste reposa sa serviette et ne prit même pas la peine de demander le conseil du chef militaire.

– Camarade Silkin, l'aide que nous apporte ton pays ne signifie pas que nous soyons mariés avec l'Union soviétique. Nous devons faire face à nos difficultés. Il est hors de question que nous exposions nos combattants de cette sorte.

L'espion du KGB attendit que Sally Mugabe se fût éclipsée à la cuisine :

– Je comprends tes réticences. Tes hommes sont seuls capables de remplir cette mission. J'ai besoin de ton appui. Et j'apprécierais énormément une aide franche de la ZANLA, comme de la ZANU, dans cette affaire.

Tongogara savait ce que la formule de politesse masquait. Oleg possédait le seul dossier de sa culpabilité dans le plastiquage de la voiture de Chitepo. Pour l'excellente raison qu'Oleg l'avait appuyé dans la conspiration contre son rival et fourni le matériel pour Lusaka.

– Tu n'obtiendras pas mon accord.

Mugabe demeurait inflexible.

– Peut-être serait-il utile de voir de plus près ce dont il s'agit?

Tongogara avait compris.

– Je crois avoir été suffisamment clair, appuya Mugabe.

Le Soviétique éprouva l'envie soudaine de se retirer et de faire procéder au nettoyage de la villa par les forces spéciales est-allemandes. Cela ne lui permettrait pas de résoudre son problème. Il se contenta d'appuyer ses mains sur la table, puis il vida son verre de bière, avant de fixer Tongogara.

– Je crains de n'avoir pas été suffisamment clair moi-même, ajouta Oleg dans un souffle. Je vous demande un service que vous n'êtes pas en mesure de me refuser... Et je l'exige, sans contrepartie, ni éclaircissements des motifs qui me conduisent à prendre cette décision.

Les convives interrompirent leur dîner. Silkin rétablissait les justes positions de la ZANU et de l'URSS. Il ne laissait aucune porte de sortie à Mugabe.

– Nous travaillons à la même lutte. Je suis désolé si les moyens que je suis contraint d'utiliser te déplaisent, camarade Mugabe, mais la raison de mon action au Mozambique ne laisse aucune place aux inimitiés personnelles. Comme toi, j'œuvre pour la Révolution. Moscou sait que tu seras, camarade président, le porteur du grand vent du changement. Je me suis efforcé de convaincre mes supérieurs que tu possédais l'envergure que requiert cette lutte. Aide-moi à le leur démontrer.

Mugabe faillit quitter son siège et ordonner aux gardes du corps de jeter le Russe à la rue. Tongogara sut intervenir pour désamorcer la joute.

– Robert, je voudrais que nous parvenions à un accord sur le service que demande notre ami. Je suis certain que le camarade Silkin saura apprécier ce geste. Moscou envisage de livrer un armement considérable à la ZIPRA [1]. Peut-être serait-il préférable que cet envoi soit retardé.

Le marché était fixé. Les Ndebele n'auraient pas leurs armes. La haine de Mugabe pour son rival Joshua Nkomo supplanta son allergie à la tutelle soviétique. Tout ce qui pourrait affaiblir l'autre chef nationaliste lui serait profitable. Il n'éleva pas la moindre objection, lorsque Tongogara reprit :

– Alors, camarade Silkin, si tu voulais nous exposer tes problèmes...

Sally Mugabe revint et offrit une autre bière à son hôte. Le Soviétique l'accepta avec un sourire forcé, puis s'appliqua à

1. ZIPRA : Armée de libération zimbabwéenne regroupant l'ethnie ndebele autour de Nkomo.

la verser dans son verre. Oleg s'octroya une longue gorgée pour oublier qu'il éprouvait une envie d'étrangler un homme, avant de choisir ses phrases et son sourire.

– Rassurez-vous, nous ne devrons tuer personne. Surtout pas...

Mugabe commença seulement à le trouver un peu moins antipathique.

– Alors, Peter, on a raté ce bon vieux « Bob »?

La nouvelle de la déconvenue des SAS avait été travestie en succès sans mélange, grâce aux précautions prises par les « Com'Ops », mais le visage sévère du politicien en disait plus long que les commentateurs du journal télévisé. Ian Smith détenait le fin mot de l'agitation qui gagnait le CIO, bien avant la visite du général.

– Hélas oui, monsieur le Premier ministre. Mugabe a une chance folle.

– Et cette théorie avancée par Yvonne Stein?

– Elle y travaille. Pour l'heure, ce n'est qu'une éventualité. Rien de probant.

– Mme Stein fait un boulot remarquable. S'il y a un ver dans la pomme, elle le fera sortir.

– Ou bien elle pressera la pomme en bouillie, sourit le général qui connaissait son amie.

– En tout cas, quel dommage que vous ayez raté Mugabe! Je n'apprécie pas les fausses joies! J'espérais apporter la tête de la ZANU sur un plateau à nos « alliés ». Juste pour les obliger à lever le pied. Tant pis! Je suppose que nous devons nous habituer à ce genre de déception. Je parie qu'il a été aussi mauvais joueur lorsque son complot contre moi a échoué.

Le ciel, dégagé, soulignait la verdure du gazon. En cette fin de journée, l'arrosage par aspersion procurait une agréable fraîcheur. Ian Smith prit un club de trois et se concentra sur son Fairway. Il écarta ses pieds comme un professionnel, fixa la balle, lâcha son coup. Le spoon glissa dans l'herbe et la frappa sèchement. Puis le Premier rhodésien appuya ses deux mains gantées sur ses reins, avec une grimace de douleur.

– Ces singeries ne me valent rien. Mes vertèbres...

– Vous me paraissez en excellente forme, Ian.

Ils marchèrent côte à côte, suivis à distance par une armée de gardes du corps qui encadraient leurs mouvements. Les services de sécurité coordonnaient leur couverture grâce à une flopée de talkies-walkies. Personne ne se souciait de la balle. Pas même la dizaine de journalistes qui mitraillaient le leader du Front rhodésien, à l'aide de leurs téléobjectifs.

Peter Walls connaissait Smith depuis toujours. Personne n'ignorait les états de services de « Ian le terrible » au sein de la RAF, durant la Seconde Guerre mondiale. Ni l'accident qui l'avait grièvement blessé et dont il portait les cicatrices sur son visage rafistolé par une chirurgie plastique balbutiante. Depuis la Déclaration unilatérale d'indépendance de 1965, le fermier avait pris un sacré coup de vieux. Ses cheveux grisonnants n'arrangeaient pas les choses. Ni même les plis de son cou, retombant sur le col de son inséparable chemise blanche.

– Il y a deux sortes de blessures, Peter. Celles qui vous aident à ne pas oublier, et celles dont on meurt. J'ai lu votre premier rapport sur la situation du pays, avec intérêt. Ce n'est pas bon, n'est-ce pas? Pas aussi brillant que nous l'avions estimé...

– Votre décision de porter nos coups dans les bases mêmes de la subversion est la seule voie à suivre. Tongogara veut brûler les étapes. Suivant la logique maoïste des guérillas, il doit estimer que la guerre dans les campagnes et l'assise populaire lui sont acquises. Il va passer au troisième stade : l'attaque des villes. Je m'engage à remporter cette bataille et à réduire ses forces en poussière, si vous m'en donnez le temps et les moyens. Le moral de nos hommes est excellent, depuis Chimio.

– Voilà une bonne nouvelle, Peter. Mais les actes de terrorisme se multiplient!

– Pour un de nos hommes qui tombe, la ZANLA en perd cent. Nous aurons raison du mal.

Le général fixait son ami, sous la visière de sa casquette.

Smith s'arrêta devant un bunker, fit mine de chercher sa balle, puis s'appuya sur le club.

– Vous savez aussi bien que moi d'où vient le mal. Nous reculons sur le plan diplomatique. J'ai réussi à bluffer Wilson... à temporiser avec Kissinger. Mais les Américains sont décidés à me faire plier. Ils disposent de moyens plus convaincants que les Britanniques pour fléchir nos alliés. Andrew Young est Noir, ne l'oubliez pas.

– Il a vu Vorster?

– Kissinger a préparé notre asphyxie. Young et Vance sont résolus à aller plus loin. Nos exportations souffrent de retards à Beit Bridge. Nos importations piétinent. Pretoria vient de nous informer qu'il y aurait des problèmes dans la livraison de pétrole et de munitions. Ils invoquent une grève des dockers du Cap! Comme si leurs Noirs pouvaient faire la grève! C'est un signe : les retards ne vont pas tarder à se transformer en blocus.

Le caddy venait de retrouver la balle à la limite du sable. C'était un coup assez médiocre à réussir. Il tendit un sand wedge n° 9 au joueur et s'écarta de nouveau de la discussion. Alors Ian Smith fit signe au garçon qu'il renonçait à poursuivre la partie.

– Je ne sais pas pourquoi Van der Byl s'acharne à me faire effectuer des parcours que je ne termine jamais. Non seulement j'ai horreur de ça, mais il faut en plus que je me revoie, chaque soir, à la télévision... Il paraît que ce sport décontracté produit le meilleur effet sur le moral du pays. C'est au moins un avantage!

Ils firent quelques pas sur le superbe gazon du Royal Salisbury Country Club suivis de leur escorte. Smith reprit :

– Pretoria n'est plus l'allié d'antan. Vorster se dit choqué par Chimio. Ses problèmes internes, comme la pression américaine, le conduisent à rappeler son personnel d'assistance militaire : les pilotes d'hélicoptères seront les premiers à nous quitter. Le cabinet aussi a changé. Ils ont applaudi le raid sur Chimio. Pourtant, ils savaient que des civils s'y trouvaient! Maintenant, devant les complications avec l'étranger, ils doutent. Avons-nous eu raison d'autoriser cette opération? Mes ministres découvrent que cette guerre nous coûte un million de dollars par jour. Pas très nouveau, n'est-ce pas?

– Puis-je compter sur vous?

– Croyez-vous que le cabinet m'impressionne? Vous me connaissez suffisamment bien, Peter. Foutez-leur sur la gueule, autant que vous le jugerez utile. Frappez-les sans relâche. Je n'ai rien à perdre. Évitez d'envahir Maputo! Les Russes n'apprécieraient pas.

Ils revinrent lentement vers le Club, vieille demeure anglaise enfouie dans une chênaie. Peter Walls savait que malgré sa hâblerie Ian Smith s'inclinerait. Qu'il accepterait le *Majority Rule*. Il ne le lui reprochait pas. Dans sa position, il eût fait de même. L'Occident trahissait les Blancs de Rhodésie, pas leur Premier ministre.

– Yvonne Stein est sur une piste?

– Probablement. Elle n'a pas voulu m'en parler, mais je la connais suffisamment pour savoir qu'elle suivra son idée. Si j'avais seulement cent Yvonne Stein! *By the way*, elle ne vous transmet pas ses compliments. Elle voulait garder Duty Free secret : le faire endosser aux Mozambicains. Votre adresse à la nation n'a pas été à son goût!...

– Son idée était excellente. Mais si je dois négocier, autant que ce soit en position de force. Que je les bluffe jusqu'au bout. Vous me comprenez, n'est-ce pas?

– Sans doute.

De loin, ils aperçurent Janet Smith attablée avec une dizaine de femmes de ministres. La Rhodésienne adressa un signe de la main à son mari. Ils devinèrent qu'elle leur avait laissé deux fauteuils à sa table.

– Grandeur et servitude de ma fonction, expliqua Ian Smith. Faisons bonne figure devant les photographes, voulez-vous?

Peter Walls murmura entre ses dents, fixant le parterre de toilettes vaporeuses :

– Donnez-moi du temps, Ian. Juste un peu de temps. Je les mettrai à genoux.

Le Premier ministre grinça :

– J'allais prononcer la même phrase. Le problème a changé. Les Britanniques se montraient patients. Les Américains, eux, sont pressés... Le clan occidental semble ligué contre nous. Déterminé à nous jeter en pâture aux Noirs et au communisme pour distraire les appétits de ses ennemis. Ils n'ont pas compris que nous étions un amuse-gueule : l'avant-dernier rempart du péril rouge en Afrique australe. Ils ont fait leur choix : la peau de la Rhodésie pour les progressistes, en échange de leur garantie d'une Afrique du Sud éternellement Blanche. Comme s'ils pouvaient négocier avec Moscou pour des décennies de calme! Et ils osent nous traiter d'orgueilleux!

Le général Walls baisa la main de Janet Smith et accepta la tasse de thé qu'elle lui proposait. Il faudrait beaucoup de sucre pour dissiper l'amertume qui coulait dans sa gorge.

Combien de ces femmes se doutaient que leur destin se jouerait sur le tapis vert des conférences, alors que l'armée pouvait gagner la guerre! Qui croirait que le grand livre de l'histoire rhodésienne venait de manquer le rendez-vous de son avenir d'une demi-heure! Celle qui avait permis à Mugabe de s'échapper.

L'Alouette III survolait le bush de la région de Chiredzi. Ses passagers ne pouvaient apercevoir le moindre signe de vie autour des *kraals* [1], ni les bêtes sauvages qui se cachaient sous les frondaisons. La Rhodésie, vue du ciel, écrasée sous le soleil, ne ressemblait plus au pays dans lequel ils se battaient : forêts grises éparses, désertiques et lacérées de torrents asséchés. La frontière ne devait plus être loin.

Nshaba rectifia le maquillage de son compagnon, emplissant les parties blanches visibles du tracé appuyé du bouchon à noircir. Il arrêta la mascarade, lorsque seuls les rebords des paupières et l'intérieur des lèvres restèrent clairs. Timothée ne bougeait pas, gonflant les joues ou tendant la peau pour recevoir le maquillage. Ils n'avaient

1. Villages.

pas échangé plus de trois mots depuis le décollage. Les deux pilotes observaient les préparatifs. Les Selous Scouts jouissaient d'une terrible réputation; celle de porter le fardeau des opérations les plus dangereuses, mais également de compter pour soixante-trois pour cent dans les pertes des gooks.

– Paré pour le bal costumé, cria Nshaba. Un de ces jours, je vais me laisser pousser la barbe. On nous prendra pour des jumeaux.

Le Noir comprit que Timothée ne répondrait pas à sa plaisanterie. Le visage fermé de son ami n'ébaucha pas un sourire. Il se contenta d'observer le bush, transposant les mille accidents du terrain qu'il leur offrait.

– Je me suis disputé avec Veronica.

– Pas grave. Les Shona sont des femmes dociles. Tu devrais essayer une Ndebele, c'est autre chose. De vraies tigresses...

– Pas envie.

Nshaba eut une expression critique. Celle d'un nganga cherchant à interpréter la disposition de ses osselets magiques. La mimique représentant le devin au travail ne reçut pas, non plus, le succès escompté.

– Alors, c'est grave.

Il sentait son ami malheureux et n'aurait jamais pu imaginer que les Blancs, qui savaient se montrer aussi autoritaires avec leurs serviteurs noirs, soient aussi vulnérables sur le plan sentimental. S'il n'avait eu cette indestructible admiration pour le Rhodésien, il se serait risqué à lui suggérer quelques conseils. Mais le Selous Scout ne pouvait admettre que les Noires ne se traitaient pas comme les Blanches.

– Pourquoi, cette dispute?

– Elle a peur. Peur que les Terrs ne me fassent passer un mauvais quart d'heure.

– Les Terrs? Il faudra que nous l'emmenions, la prochaine fois. Elle verra qu'ils détalent comme des hyènes, dès qu'ils entendent parler des Skuz'apos! Je lui parlerai, si tu veux.

Tim sourit. Nshaba avait levé le poing pour étayer sa démonstration.

– Trop belle. Je ne prends pas le risque avec un coureur de nattes comme toi.

Le Ndebele lui donna une tape amicale, satisfait de le dérider enfin.

– Nous descendons, indiqua le copilote. Je ne pourrai pas me poser. Tenez-vous prêts.

Le Noir enfila les bretelles de son sac, puis attrapa son Kalashnikov et tendit l'autre arme au Rhodésien.

– Tu peux en avoir besoin.

Ils virent le sol approcher. Tim ouvrit la portière de plexiglas. Ils échangèrent un long regard, puis se jetèrent l'un après l'autre dans le vide, à deux mètres au-dessus du sol. A peine touchaient-ils terre, que l'hélicoptère reprenait de l'altitude, puis s'éloignait.

Ils coururent à l'abri d'un bouquet d'arbres et attendirent que le sifflement du rotor se fût dissipé. Puis ils s'enfoncèrent dans la brousse, en direction du Mozambique.

Dans les collines, aucun point de repère pour la frontière. Le danger les attendait plus loin. Timothée, tout à ses sombres pensées, laissa Nshaba prendre l'initiative de la marche à travers une étendue sèche d'herbe à éléphants. Le Noir comprenait qu'il devrait penser pour deux, le temps que son compagnon fût redevenu le combattant émérite des Selous Scouts. Un homme blessé monte mal à l'assaut.

Timothée ressassait les dernières phrases de Veronica. Son long corps nu dansait parmi les hautes herbes, frémissant dans la brise. Il aurait dû se lancer à sa poursuite, lui expliquer... A quoi bon? S'il avait laissé pénétrer la guerre dans leur lit, elle avait fait pire : prononcé ces mots. Quel avenir pourrait-il lui jurer? En envisageait-il un pour lui-même? Il ferma les yeux sur un rêve impossible, imaginant la réaction de sa mère, s'il lui demandait d'accepter que Veronica vienne habiter à Sherwood. Il ne put l'imaginer. Le fossé qui les séparait était creusé depuis des générations. Veronica lui manquait à cet instant précis, il ne se serait pas senti moins perdu sans son Kalashnikov.

Au moins Nshaba ne souffrait-il pas ces tourments. Son univers se limitait au camp de Bindura et sa vie sentimentale demeurait un mystère. Il lui avait confié qu'il vivait jadis avec une femme. Il l'avait fuie. Tim se demandait à quel âge les Ndebele commençaient à penser à l'amour. Pour avoir compris son désarroi, Nshaba avait sûrement connu ce grand tourbillon que le jeune Rhodésien reléguait depuis si longtemps derrière celui de la guerre.

Comme ils sortaient de la clairière, Timothée remarqua que son compagnon s'était arrêté. Il contemplait un arbre, planté au milieu d'un périmètre aride, et émettait une série de claquements de lèvres. Lorsqu'il se retourna vers lui, le Rhodésien vit la peur. Les narines pincées, le regard terne, les mâchoires tétanisées, il l'avait vu ainsi au retour de sa pénétration dans Chimio. Nshaba crevait de trouille.

– Pas bon, murmura le Selous Scout.

Tim observa à son tour la clairière mais n'y décela aucun signe inquiétant. Il essaya de se concentrer sur le périmètre désert. Son flair ne lui apporta aucun autre renseignement. Un gigantesque baobab se dressait devant eux, majestueux et sinistre. Le mastodonte devait mesurer plus de trente mètres. Il aurait fallu une quinzaine d'hommes pour en ceinturer le pied de leurs bras tendus. Un tronc de cette taille se rencontrait rarement. Il détailla le solitaire. La foudre avait frappé sa plus haute branche, couru jusqu'au tronc-bouteille et partagé le seigneur de la forêt en deux. Les lèvres calcinées de la morsure traçaient un étrange signe vertical. Une frontière invisible tombée du ciel. Malgré le feu qui n'avait pas pu s'étendre dans ce corps gorgé d'eau, le baobab voulait vivre. Une multitude de fleurs blanches ornaient ses plus hautes branches, le couronnaient d'un nuage de cristaux.

Le front plissé de Tim révéla sa surprise. Aucune trace de rebelles. D'ailleurs Nshaba tenait son arme baissée. De quoi se méfiait-il pour présenter une crainte aussi visible?

– *Koulou-koulou*, murmura le Selous Scout. Il est en colère. C'est un signe qu'il nous adresse. Il ne veut pas que nous allions par là.

Le Rhodésien connaissait la superstition du Noir. Il la portait aussi profondément dans ses entrailles qu'il arborait volontiers sa croix d'or d'une religion importée. Jamais il n'avait indiqué sa crainte du dieu des Zoulou.

– Tu ne crois pas à ces sornettes? Tu es baptisé. Ce sont peut-être les mêmes dieux sous deux noms différents, mais tu ne peux pas te laisser impressionner par ça!

– Koulou-koulou nous prévient. Il ne veut pas que nous poursuivions notre chemin vers le Mozambique. Il arrivera malheur si nous ne respectons pas le signe.

Le pisteur butait sur un obstacle plus fort que sa volonté. Il fallait trouver un moyen pour le convaincre d'avancer.

– Suis-moi. Nous passerons à la lisière des autres arbres. Nous éviterons les branches du baobab. D'ailleurs, Koulou-koulou n'a rien à voir avec la foudre. Elle tombe sur les grands arbres, aussi bien en Europe qu'en Amérique.

Nshaba restait planté. Les croyances de ses ancêtres le retenaient. Il chercha dans le cours tumultueux de sa vie un crime que le Tout-Puissant n'aurait pas pu lui pardonner. Il n'eut pas à fouiller bien loin dans sa conscience.

– Il est fâché, balbutia le Noir, de plus en plus troublé. Les enfants de Chimio. C'est probablement à cause d'eux.

– Oublie ça. Nous avons du travail devant nous. Nous n'allons pas discuter des journées entières devant un arbre foudroyé!

– Tim, où allons-nous?

Le Rhodésien s'aperçut qu'il avait parlé seulement d'une mission en territoire mozambicain. Trop absorbé par ses soucis. Yvonne Stein avait raison : Nshaba le suivrait jusqu'en enfer, les yeux fermés. Il lâcha un seul mot :

– Massangena...

Puis, devant la stupéfaction de son coéquipier, il ajouta :

– Je t'expliquerai en route. Ne restons pas plantés là.

– Il ne faut pas y aller, répéta le Noir en secouant la tête. Tu sais que je n'ai pas peur. Mais ça, c'est plus fort que nous deux ensemble. Il va arriver malheur.

Le Rhodésien faillit suivre le fatalisme de son compagnon. Une mission de cette importance ne s'improvisait pas.

On la montait. Ils se lançaient dans le vide sans filet. Sans doute le Ndebele faisait-il l'amalgame des mauvais présages : Tim pensait à autre chose. Son esprit ne répondait pas aux fulgurantes réponses qui permettaient aux éclaireurs de rester en vie. Tout s'annonçait mal. Il se ravisa. Que dirait Yvonne Stein, s'ils lui avouaient qu'ils rebroussaient chemin à cause d'un signe de Koulou-koulou? Au diable la directrice du CIO! Que penserait-il de lui-même? Il devait faire plier Nshaba.

– On y va. Il ne nous verra même pas. Reste derrière moi.

C'était un ordre.

Ils dressèrent leurs fusils et contournèrent l'arbre séculaire, évitant de passer sous les branchages, se maintenant dans les broussailles, à la lisière des gommiers. Ils avançaient prudemment, comme ils l'eussent fait pour doubler un avant-poste ennemi. Tim remarqua que Nshaba se signait plusieurs fois, durant leur progression. Il évitait de fixer le baobab. Lorsqu'ils eurent dépassé le géant, Nshaba parut se détendre. Mais son visage restait aussi fermé. Par amitié, il enfreignait une règle sacrée.

– Tu vois. Pas de problèmes. Maintenant, filons. Il nous reste une longue distance à couvrir.

Le Noir ne trouva rien à ajouter. Les avertissements qui se manifestent dans la nature relèvent de cet ordre des choses que les Blancs ne pourraient jamais comprendre. Il évita de rappeler à Tim qu'il l'avait vu contourner une échelle pour ne pas passer dessous. Il s'interdit de lui raconter le malheur que laissait planer ce signe maléfique. La première fois qu'il avait vu un arbre foudroyé, son père avait été chargé par un buffle. Son corps désarticulé, défoncé par la formidable puissance des cornes en forme de casque, gisait au pied du signe de Koulou-koulou. Le *black-runner* suivait le doigt de Dieu. Il ne lui avait laissé aucune chance.

Il se contenta de filer Tim. Aveugle suivant un autre aveugle. L'aventure dans laquelle les engageait la femme blanche ne lui plaisait pas. D'abord le visage triste de son ami, puis cet avertissement de mort... A chaque pas, il essayait de se convaincre de la folie de ses angoisses. Il se forçait à contenir au fond de lui-même cette prémonition. La même que pour son père. Il en était persuadé : l'un d'eux ne reviendrait pas. Il en accepta l'idée avec résignation, puis la mécanique du pistage prit le dessus. Des feuilles traînées sur le sol, cette blessure de corne dans l'écorce tendre d'un figuier sauvage. Enfin, le crottin. Le rhinocéros.

Plus ils s'éloignaient du sinistre présage, et plus le Ndebele s'appliquait à sa tâche.

La vision des enfants de Chimio, en rang devant leurs bancs de classe à ciel ouvert, revenait sans cesse.

Le dossier établi par les services du CIO constituait une lourde accusation contre Timothée. Les hommes du renseignement avaient accumulé contre le jeune homme une série de faits troublants. En fonctionnaire appliqué, Brooks avait établi que le Selous Scout aurait pu être informé des précédents complots ourdis contre Mugabe, dans la mesure où les trois tentatives relevaient du commando d'élite.

– Ce type est une ombre, s'exclama l'adjoint d'Yvonne Stein. C'est un personnage qui paraît dissimuler sa vie privée aussi bien qu'il parvient à se fondre dans la brousse.

La Française écrasa sa cigarette et réfléchit à la démonstration de son adjoint.

– Si je vous comprends bien, Timothée Carpenter aurait pu communiquer ses informations à l'ennemi, aussi bien par sa maîtresse que par son compagnon éclaireur!

– Tout à fait possible. Il faut l'admettre.

– Je ne me suis pas trompée, Brooks. Ce garçon n'a aucune responsabilité dans notre affaire.

– Pourtant, il dispose d'un émetteur!

La responsable du CIO ne pouvait avouer à son adjoint qu'elle avait combattu de la même manière que le Selous Scout. Elle savait que les combattants de l'ombre traînent des réflexes et des précautions qui sont à la base de leur survie. Brooks ne pouvait le comprendre. Il ne s'était jamais battu qu'avec des dossiers. Elle quitta le fauteuil du salon et se planta devant la baie vitrée de sa villa. Les hommes de son équipe n'y étaient pas fréquemment admis. Dans la course de vitesse où elle s'engageait, il n'y avait plus place pour sa vie privée.

– Nous devons prendre des mesures conservatoires. Poser des coupe-feu aux endroits les plus sensibles, reprit Brooks. Commençons par cette Noire.

Yvonne leur servit deux grands whiskies. Le Rhodésien accepta le verre d'un air constipé. Il était probablement de ceux qui ne boivent pas d'alcool durant le service.

– J'ai donné ma parole à Timothée Carpenter que nous la protégerions.

– Tout à fait d'accord. Mettons-la sous surveillance continue. Il nous sera plus facile de la coincer, si elle tente de communiquer avec des clandestins. J'ai réfléchi à la mort de son frère. Il ne lui reste personne en dehors de Carpenter. Pas d'amis. Aucune famille, même lointaine.

– Quel intérêt?

– Je ne vous comprends pas. D'habitude vous ne vous encombrez pas de ces scrupules. Cette Shona a peut-être une part de responsabilité dans la fuite. Sa disparition ne devrait pas soulever de problèmes.

– Contentons-nous de l'éloigner. Plaçons-la en détention, à l'autre bout du pays. En l'écartant, nous brouillons les cartes.

– Vous vous acharnez à le protéger? Pourquoi?

– Il a accepté la mission de Massangena.

– Nous savons tous deux qu'il ne peut y avoir plus de deux hypothèses, en ce qui le concerne : soit il est responsable de ces fuites, et il en profitera pour passer à l'ennemi; ou bien il est innocent, et cela ne prouve pas que son entourage soit net. Dans la première hypothèse...

– ... J'ai fait cadeau d'un espion à l'ennemi, c'est bien ça?

– Exact.

– D'accord, Brooks... Nous allons tenir cette femme en laisse. L'encadrer pour la coincer dès que nous en aurons besoin.

Il trempa ses lèvres dans l'alcool et eut une grimace de déplaisir.

– Avez-vous passé le mot, au sujet de Massangena?

– Nous avons opéré selon vos vues. Ils sont au courant. Ceux des échelons de décision.

– Il se fait tard, Brooks. Vous devriez rentrer.

L'agent de renseignement prit congé et disparut sans un mot.

Lorsqu'elle se retrouva seule, Yvonne Stein sentit pour la première fois le vide de sa vie. Elle termina l'apéritif négligé par Brooks puis commença à tourner en rond dans le vaste salon. Avait-elle seulement faim? Le réfrigérateur était bourré. Elle préféra se changer pour aller dîner en ville. Après tout, *La Pizza* ou *Roger le Français* feraient l'affaire pour une heure de distraction.

L'effet de l'alcool se précisait. Yvonne gagna sa chambre. Lorsqu'elle eut fait glisser ses dessous, elle observa son corps dans le large miroir. Des seins encore fermes, juste un peu de ventre, quelques traces de cellulite en haut des cuisses. Elle se trouva encore désirable et caressa machinalement ses hanches. Depuis combien de mois n'avait-elle pas fait l'amour? Était-ce cela qui lui manquait, ou seulement la tendresse et la présence masculine?

Elle ouvrit l'armoire et commença à éliminer une série de chemisiers qu'elle ne trouvait plus à son goût. Il devait y avoir quelque chose de plus seyant que ces tailleurs stricts. Elle découvrit une boîte de chocolats et la regarda avant de s'en emparer. Il ne lui restait que ces souvenirs de France. Yvonne se jeta sur le lit et souleva le couvercle de velours rouge. Elle sortit une à une les photographies aux marges écornées. La jeune fille du maquis ne lui ressemblait plus. Les longs cheveux ondulés, le minois retroussé, le regard amusé avaient disparu. Elle s'arrêta sur un cliché représentant une dizaine de personnes. Il avait été pris à Vienne à la Libération. Qu'étaient-ils devenus, ceux-là? Jean, Bertrand, Philippe, Oscar... Visages de la clandestinité qui devaient s'être empâtés. Dirigeaient-ils quelque boutique dans la région? Certains étaient-ils morts?

Des souvenirs affluèrent : les coups de force contre la Kommandantur, les sabotages nocturnes, les embuscades tendues aux convois militaires. Les bivouacs dans la neige, le partage d'une boîte de sardines. Moments forts de sa vie. Qui aimait-elle, à cette époque? Jean? Non, Jean avait refusé ses avances. Le premier, comment s'appelait-il déjà? Clem Robertson. Le plus beau. Celui qui leur était tombé du ciel. Son premier amant. Celui qui restait le plus proche d'elle par son flair et son opiniâtreté. Lui aussi s'était retrouvé seul à la tête du contre-espionnage britannique à soupçonner l'existence d'un complice de Burgess et Mac Lean. Mais personne ne l'avait cru. Il avait mis des années à découvrir le travail de Philby au sein de la section 5. Mais pas à le cravater. Elle avait appris ses prouesses. Clem... Cher Clem. Leurs nuits d'amour dans les granges abandonnées. Ses incessantes pitreries... Et puis cette obstination à combattre dans le réseau « Anémone », à ses côtés, qui lui avait valu d'être pris par la Gestapo.

Un autre souvenir revint, se matérialisa presque : cette famille de juifs qu'ils avaient recueillie, Goldman, Lippman? Non, ils s'appelaient Goldsmith. De braves gens. L'homme dans son pardessus élimé, la femme triste sous son fichu à pois. Les valises. Le bébé. Leur passage en Suisse. Qu'étaient-ils devenus? Sans doute balayés par la grande tempête, eux aussi!

La directrice du CIO n'aimait pas se laisser sombrer ainsi dans ses souvenirs. Tant de bonheur et tant de peine dormaient dans cette boîte de chocolats. Elle referma son trésor et resta nue sur le couvre-lit. Sa cigarette terminée, elle s'aperçut qu'elle avait pleuré. Une vie ratée en France. Une autre prématurément brisée en Rhodésie. Combien de mois dissimulerait-elle son envie d'un homme? Elle feuilleta mentalement le registre des officiers qui la courtisaient à distance, puis éclata de rire. Pourquoi pas Brooks? Vraiment trop ridicule, avec son air pincé, sa raie peignée et sa bouche sévère.

Elle se remit à pleurer, contre la porte de l'armoire.

4

La discussion du haut état-major s'éternisait. Le général Walls voulait avoir un œil sur chaque opération en cours, connaître les moindres détails de chaque responsable militaire, examiner les retombées de chaque revers. Yvonne Stein savait pourquoi. 1951. Les Rhodesian Light Infantry. Son commandement en Malaisie lui avait enseigné que la fonction de coordinateur ne se délègue pas, ni ne se fractionne. Elle se rappelait le récit que Peter avait fait à Norman d'une des plus tristes aventures de la campagne. Une blessure qui ne se refermerait jamais. Elle revoyait les deux amis devant la cheminée de leur ferme. Des hommes étaient tombés sous le feu de leurs frères d'armes, parce que deux officiers n'avaient pas jugé utile de s'informer de leurs mouvements dans la jungle. Cela faisait partie des aléas de la guerre. Un risque que le général ne voulait plus courir. Il n'était pas responsable de la bavure, mais Walls souffrait dans sa chair pour chaque homme perdu.

– Oatley, qui s'occupe des PATU [1], à Gwelo?

– Richardson, répondit l'aide de camp du général.

– Je le connais. C'est un bon gars. Grande expérience sur le terrain, décision rapide. Dites-lui de convaincre ces fermiers récalcitrants. Sans complaisance. S'ils refusent

1. PATU : Unité de police antiterroriste.

d'équiper leur maison de l'Agricalert, nous ne pouvons assurer leur sécurité. Dans ce cas, je me verrai dans l'obligation de les faire évacuer. Dans leur propre intérêt.

– Les Doober disent que, de toute manière, jamais nos unités n'arriveraient à temps pour les secourir, s'ils demandaient de l'aide! Leur exploitation est trop éloignée de Gwelo.

– Qu'ils la rapprochent, alors! Faites installer l'appareil. Richardson se fera un plaisir de leur démontrer sa rapidité de mouvement. Ce n'est pas la mer à boire, que d'appuyer sur un bouton rouge! Que les Doober ne m'emmerdent plus. Nous avons suffisamment de travail avec les terroristes! Richardson me fera son rapport. Yvonne... des nouvelles de « vos » Selous Scouts?

Ron Reid Daly n'appréciait pas. Le général le surveillait du coin de l'œil, s'amusant de la frustration qu'il faisait germer chez le colonel. Il adorait taquiner son ami, dont il connaissait la promptitude à prendre la mouche.

– Rien pour l'instant. Les transmissions doivent nous informer dès réception du premier message du Groupe Lance. Le largage s'est effectué dans de bonnes conditions.

– Espérons qu'ils ne rentreront pas bredouilles. Ce que vous leur demandez relève du prodige...

– Ils en sont capables. Nous les avons entraînés pour les pires situations. Souhaitons qu'ils reviennent, reprit Ron Reid Daly.

– Alors, messieurs, c'est tout pour aujourd'hui.

Le général Walls allait se lever, lorsque son aide de camp déposa une pochette devant lui, paraissant s'excuser du retard avec lequel il remettait son rapport.

A peine le général venait-il d'ouvrir le dossier, qu'une explosion déchira le silence de la salle de conférences. Simultanément, les vitres furent soufflées et les officiers projetés vers l'autre extrémité de la pièce, dans un amoncellement de plâtras et de bois brisé.

La détonation fut formidable. Elle parut s'éterniser durant une seconde.

A travers la poussière dense, Ron Reid Daly fut le premier à se relever. Il était tombé de la plus irrespectueuse façon sur le ministre de la Défense et entendit la plainte de celui qu'il piétinait involontairement. Le colonel se débarrassa d'un des sièges de velours qui venait de protéger son dos. Il poussa un cri :

– Général !

Après une autre seconde, les officiers se mirent à bouger, toussotant dans l'épaisse fumée. La pièce avait été balayée par le souffle. Le mur extérieur, éventré par l'explosif, finit de tomber dans la pièce. Le chef des Selous Scouts repéra son supérieur, l'uniforme déchiré en plusieurs endroits, gisant sur le dos. Il bougeait.

– *I'm OK*, dit Walls. Je crois qu'il ne me manque rien.

Son visage maculé de poussière reflétait l'étonnement de vivre encore.

Le colonel l'aida à se relever et s'assura qu'il était indemne.

– Ça va, ça va... C'est bien moi.

Un à un, les militaires s'examinaient pour compter leurs blessures, puis aidaient leurs voisins à s'extraire de l'amoncellement de gravats.

Le général fixa le mur éventré, quand une sirène de pompiers se mit à meugler. La poussière se dissipait. Walls chercha Yvonne Stein :

– Yvonne... *where are you?*

Une plainte parvint de dessous la table d'acajou. Ils ne furent pas trop de quatre hommes pour la dégager. Le tailleur de la responsable du CIO était couvert de sang. Ses jambes, écrasées par le panneau de la table, semblaient la faire atrocement souffrir.

– Doucement, commanda Walls en l'attrapant dans ses bras. Yvonne, m'entendez-vous ?

– Haut et clair, répondit-elle avec ce qui lui restait d'humour.

Puis elle s'évanouit.

Plusieurs soldats pénétrèrent dans la salle de conférences de plain-pied avec la cour. Ils enjambèrent les fondations et le tas de briques. Des ambulanciers les suivirent.

– Oatley, occupez-vous des secours... Oatley...

– Il est également touché, général, annonça Ron Reid Daly.

L'aide de camp paraissait inconscient. Lui aussi saignait abondamment des jambes. L'explosion l'avait propulsé à six mètres de l'endroit où il se trouvait pour remettre son dossier. Après quelques minutes, il fut chargé sur un brancard et ceux qui pouvaient se tenir droit commencèrent à réagir. Tous souffraient de coupures superficielles. La pièce était criblée d'éclats. Ils la quittèrent, tentant de chasser le bruit sourd qui bourdonnait dans leurs têtes.

– Occupez-vous des autres.

Walls emportait lui-même le corps de son amie à travers le trou béant de la cloison.

La Française conservait les yeux fermés. Il la sentit se raidir et plisser le front, avant de murmurer :

– Peter... l'explosion...

– Oui, Yvonne... Ce n'est pas grave. L'ambulance est là. Nous allons prendre soin de vous.

– Peter... Dites-leur qu'il s'agit d'un accident. La presse ne doit pas savoir.

Dans un tel moment comment pouvait-elle penser aux retombées de l'attentat sur le moral des troupes? Il serra le corps inerte de la blessée contre sa tunique déchirée, puis capta le regard du responsable des « Com'Ops ».

– Il s'agit d'un accident. Compris? Une explosion de gaz. Faites interdire les sorties du camp. Exécution.

La voix forte et autoritaire finit de secouer l'officier en état de choc. Il se mit au pas de course, cueillit deux gardes au passage et fonça vers l'entrée du camp militaire de Mount Darwin.

Walls se sentait coupable d'avoir entraîné cette femme dans une telle aventure. Il la déposa sur un brancard et veilla à déplier la couverture sur ses jambes lacérées. Avant qu'on ait pu l'enfourner dans l'ambulance, Yvonne eut le temps d'apercevoir la jeep dans laquelle les terroristes avaient entreposé les explosifs. Elle était coupée en deux, encore fumante.

– Amateurs... sourit-elle, une larme de douleur sur sa joue.

Comme le général allait donner l'ordre de rouler vers l'hôpital militaire, Yvonne Stein le retint par la main. Il ne comprit pas cette crispation des doigts, l'interprétant comme un signe de souffrance, puis il vit qu'elle murmurait quelques mots. Il se pencha vers le visage livide, écartant une mèche de cheveux bruns :

– Peter... qui... a été... touché? Je dois... savoir...

– D'accord, accepta Walls à regret.

Il la quitta un moment, pour revenir dans la pièce encombrée de fauteuils brisés. Les infirmiers étaient en train de donner les premiers soins aux plus sérieux blessés. Il en dénombra cinq. La vingtaine d'autres ne présentaient que des coupures sans gravité et contemplaient leurs collègues.

Accompagné de Ron Reid Daly qui gesticulait pour activer les secours, le commandant en chef des forces rhodésiennes retourna vers l'ambulance.

– ... officier de liaison. Aide de camp. Colonel des SAS. Chef de la JOC et commandant de l'Intelligence militaire.

Elle lui signifia d'un hochement de tête qu'elle avait compris, et reprit sa main dans la sienne. A présent, l'intention était claire : elle désirait lui parler. Il se pencha contre son oreille.

– ... Pas grave, n'est-ce pas?...

– Pas trop. Blessures aux jambes en majeure partie.

Elle plissa les paupières pour lui faire comprendre qu'elle s'en doutait, puis reprit :

– ... Avec un peu plus... Ils auraient pu nous tuer tous... Décapiter notre armée.

– Ils n'en sont pas passés loin.

– La réaction. Je l'attendais contre le Groupe Lance. Ils ont choisi de frapper ici... Le zèbre est tout en haut. Tout en haut.

– Le zèbre? Quel zèbre?

Yvonne parut ne pas entendre.

– Rappelez le Groupe Lance. Ils vont poser des garrots partout. Les tuer.

Puis elle sombra dans l'inconscience. Sa tête bascula sur le brancard.

– Roulez, ordonna le général. Vite...

Comme l'ambulance démarrait, laissant le commandant en chef sur le lieu de l'explosion, Ron Reid Daly s'approcha :

– Général... Il va falloir vous faire examiner. Vous saignez de partout.

– Soigner?... oui. Ron, existe-t-il un moyen de rappeler le Groupe Lance sur-le-champ?

– Impossible. Il est parti. Aucun moyen de le joindre jusqu'à l'aboutissement de la mission. Les ordres sont formels pour ce type de combat : pas d'utilisation du matériel de liaison, avant que notre équipe en ait pris l'initiative.

– Les ordres sont idiots, pour une fois, Ron.

Le colonel crut que son supérieur hiérarchique déraisonnait. Walls avait mis au point avec lui les consignes de sécurité. Il les connaissait mieux que quiconque.

– Si Yvonne Stein a vu juste, ces deux pauvres gars n'ont aucune chance. Les communistes vont les piéger comme des rats. Ils ne s'en tireront jamais. Pourquoi diable m'a-t-elle parlé d'un zèbre?

Devant des propos aussi incohérents, le colonel jugea urgent de faire soigner son ami.

Nshaba sentait qu'ils n'étaient pas engagés sur un coup ordinaire. Pas de préparation de leur mission, décision adoptée par le CIO, aucun temps de récupération, ni briefing. Le visage fermé de Timothée lui en disait plus long que les révélations que son ami tardait à lui faire. Il n'avait pas desserré les dents depuis leur passage près du baobab et s'était contenté de lui répéter, sur un ton bourru, qu'ils devaient progresser vers Massangena. A présent, il s'appliquait à observer leur avance vers l'objectif, sur la carte d'état-major. Le Selous Scout ne pouvait rien cacher à son compagnon, pas même le vide qui s'opérait en lui. Il n'avait plus la rage au ventre qui en faisait un exceptionnel combattant. Il se lançait, tête baissée, dans son dernier baroud. La malédiction de Koulou-koulou planait sur eux.

Comme ils reprenaient leur souffle sous le massif de fleurs jaunes d'un *muzeze*, le Noir commença à manifester des signes d'impatience. Il soupira plusieurs fois, s'interdisant le moindre mouvement, jusqu'à ce que son ami consente à lui parler. Timothée enleva son chapeau, ramena ses cheveux collés par la sueur, puis sentit l'exaspération du Ndebele.

– Ils sont venus te demander, Nshaba?

– Ils voulaient connaître les soirs où nous avons bu de la bière ensemble. Je leur ai dit que tu avais meilleure mémoire que moi. Que je supportais mal la bière. C'est bien connu, les Africains ne tiennent pas l'alcool!

Tim savait qu'il n'en était rien. Il pouvait avaler des quantités astronomiques de Shibuku. Son ami n'aimait pas les curieux. Ni les questions qui concernaient leurs vies privées.

– Ils pensent que je suis un traître, avoua Tim. Le CIO a fouillé ma vie. Veronica...

Il était déjà difficile d'imaginer que des Noirs puissent trahir leur pays pour les communistes. Cela dépassait tout entendement. Mais un Blanc trahissant d'autres Blancs au profit des Noirs, cela ne s'était jamais vu. Ces gens du CIO devaient souffrir d'une terrible maladie du cerveau...

– Il faut que nous allions à Massangena à cause de cela, murmura le Rhodésien. Capturer un type du FRELIMO et le faire parler. C'est la seule façon de me tirer de ce mauvais pas, murmura le Rhodésien... et pour...

– Veronica? Cela ne doit pas leur plaire!... Un Selous Scout issu d'une bonne famille blanche qui fait *chipumbi* avec une petite Noire, ça doit les ulcérer! grinça Nshaba.

– Oui, je crois que c'est à peu près ça. Mais pas seulement. J'ai appris que son père était mort aux côtés de la ZANLA... que son frère se trouvait parmi les maquisards de Chimio.

Nshaba soupira. Lui aussi ressentait comme une déchirure cette guerre entre familles ou villages. Il ne tuait que des Shona, mais comprenait qu'il se battait pour la Grande Tribu Blanche. Il réalisa dans quel imbroglio Timothée s'était mis en couchant avec une Noire. Il l'aimait. C'était sans solution.

– Pourquoi Massangena?

En quelques mots, Tim lui expliqua la situation. Le Noir comprit la triste mine de son chef d'équipe. Ceux de Salisbury devenaient fous. Il réfléchit, caressant la crosse patinée de son Kalashnikov, puis fixa le jeune Rhodésien.

– Ce travail est trop difficile pour nous. J'ai accepté, car je ne savais pas. Cette femme m'a dit que tu étais d'accord. Maintenant, c'est différent. Je propose que nous restions ici. Puis que nous appelions l'hélicoptère en disant que c'est impossible de pénétrer dans ce camp du FRELIMO. Ils nous croiront. On ne peut pas nous le reprocher, puisque nous n'avons jamais échoué!

Pour la première fois depuis la création du Groupe Lance, le Noir reculait devant une mission. S'emparer d'un officier du FRELIMO au milieu d'un camp aussi bien structuré, relevait de l'ordre le plus insensé. Timothée ne lui en voulut pas. Chacun avait su faire preuve d'assez de courage pour ne pas mettre en doute celui de l'autre.

– Nous devons essayer. Après tout, c'est mon affaire. J'irai seul, dit Tim en assurant son chapeau sur sa tête et en se remettant sur pied.

Nshaba comprit qu'il ne parviendrait pas à infléchir sa détermination.

– Tu as le visage des mauvais jours... De ceux où l'on s'avance volontiers à la recherche d'une balle perdue. A deux, c'est impossible. Seul, et le cœur plus gros que la tête, c'est un suicide. Nous allons essayer.

Timothée lui adressa un sourire triste. Ils reprirent leur marche, sachant le fardeau qu'ils traînaient : Veronica et Koulou-koulou.

Après plusieurs heures d'une pénible progression dans un univers chaotique d'arbres tordus par le vent, les deux

Selous Scouts durent franchir le lit d'une rivière. La Vumaoze repérée sur la carte. Quelque chose s'était brisé en eux. Comme s'ils devinaient qu'ils livraient leur dernier combat, ils coururent à travers l'étendue de vingt mètres d'eau qui recouvrait leurs bottines, soulevant des gerbes étincelantes sous le soleil. Lorsqu'ils furent de nouveau à couvert, ils s'allongèrent sur la rive opposée. Nshaba se remit à parler :

– Si nous continuons comme cela, nous allons dépasser Massangena sans nous en apercevoir. Ou bien...

– ... Nous faire descendre comme deux mangoustes.

Ils venaient de commettre une imprudence de débutants, en traversant à découvert, sans avoir effectué une reconnaissance, ni étudié à la jumelle les escarpements de l'autre rive.

– Si nous voulons garder une chance, il va falloir faire attention.

Ils se mirent à rire, comme ils n'avaient jamais ri ensemble durant le travail. Cela leur rappela leurs beuveries.

– Tu n'as pas remarqué les deux impalas, de l'autre côté? Un couple. Ils n'avaient pas l'air d'animaux qui ont vu des communistes dans les parages...

Ils durent étouffer leurs rires.

Ils effacèrent leurs piétinements dans la boue, et escaladèrent la butte. Tim découvrit la route. Un ruban rectiligne dans une étendue semi-désertique. Ils l'étudièrent puis trouvèrent la solution. A quelques centaines de mètres de l'orée du bois, un ruisseau serpentait sous le bitume. Il fallait s'y cacher jusqu'à la nuit. La cité et le camp militaire n'étaient qu'à deux kilomètres.

Ils rampèrent à travers les herbes, observant le vol d'une alouette. Nshaba détacha son émetteur-récepteur et le traîna à côté de lui, afin de présenter une cible moins visible. Lorsqu'ils se jetèrent dans le fossé, ils ressentirent leur premier soulagement. Il leur fallut un bon quart d'heure de reptation pour atteindre le gros tuyau d'un mètre de diamètre qui permettait aux crues de s'écouler sous la route sans l'emporter. Ils s'enfoncèrent dans leur tanière, tête-bêche, leur arme de combat pointée vers l'extérieur. Puis, côte à côte, ils épièrent le moindre bruit. Les nombreux passages de véhicules au-dessus d'eux amenaient chaque fois une nouvelle contraction. Timothée et Nshaba ne purent se détendre qu'à la tombée du jour.

– Tu as un plan?

– Pas encore. Cette fois, c'est moi qui passerai en premier. Tu resteras en arrière avec l'appareil.

Ils sortirent de leur cache au crépuscule et épièrent la route, dans les deux sens. Il fallait prendre le risque. Comme chaque soir, les camions étaient déjà revenus à leur base. Il y avait peu de danger d'en rencontrer un. Par contre, il eût été insensé de se lancer en pleine nuit à travers des champs de mines et des postes de guet qu'ils n'avaient pas inspectés.

L'arme au poing, ils avancèrent vers le village, courant presque pour rester le moins longtemps possible à la merci des phares d'un convoi de retardataires.

Massangena était assez représentatif de la désolation des villages mozambicains. Ils ne rencontrèrent personne aux abords des premières huttes et observèrent de loin un groupe de civils rassemblés autour d'un feu de bois. Ils durent le contourner pour approcher le camp militaire plongé dans l'obscurité.

Il fallait se décider.

Tim se dissimula derrière une pile de tonneaux d'essence disposés contre le mur de la cantine de Massangena. Ils pouvaient apercevoir les deux gardiens, sous l'unique lampadaire de l'accès au camp. Suivant la conception défensive des Mozambicains, c'était probablement le seul passage. Il ne fallait pas envisager d'escalader les rangées de barbelés. Timothée dévissa le bouchon d'un fût métallique et y trempa son doigt. Celui-là était plein à ras bord. Quant aux autres, ils contenaient probablement assez d'essence pour permettre une diversion. Le pisteur Ndebele avait deviné le projet, mais hochait négativement la tête.

– La lumière, ce n'est pas bon pour nous.

– Je vais essayer de m'approcher. Laisse-moi du temps.

Ne me suis pas. Tu mettras le feu. J'entre seul dans le camp. Charge-toi de la diversion. Entraîne-les derrière toi dans le village. Fixe-les cinq minutes. Pas plus longtemps. Nous fuirons par le nord. C'est trop caillouteux pour qu'ils aient posé des mines. Si tu entends ma grenade, file comme un guépard.

– Je n'entendrai pas ta grenade, lâcha Nshaba... et je garde la mienne.

Timothée se lança en avant, courbé en deux. Il progressa vers le périmètre défensif. Parvenu à la dernière cabane, il se colla contre le bâti de glaise et de bois. Il perçut des mouvements, à travers la mince cloison. Tant mieux. Plus il y aurait de monde, plus grande serait la confusion. Les toits de chaume brûleraient en un instant.

Les gardes n'étaient qu'à vingt mètres. Il fallait prier pour que les soldats quittent leur position, en dépit des consignes. L'essence était aussi coûteuse et rare au Mozambique qu'en Rhodésie : un autre atout précieux.

Timothée savait ce qui l'attendait à l'intérieur. Il fit ce qu'il n'avait jamais osé faire durant ses précédentes missions et qu'il s'était interdit. Il arracha la grenade pendue à sa ceinture et ôta l'élastique. Il rangea le ruban dans une de ses poches, empoigna l'explosif quadrillé et le serra dans sa main gauche. Libre de sa goupille, la cuiller pouvait se relever au moindre relâchement. Puis il cala son Kalashnikov sous son bras droit et attendit.

Était-ce pour Veronica, pour la Rhodésie, ou pour en finir avec une situation dont il ne supportait plus les antagonismes? Les premiers crépitements du feu jaillirent. Les deux militaires du FRELIMO commencèrent par renifler l'odeur d'essence. Bientôt, le premier toit de palme s'embrasa.

Le cerveau de Timothée se mit à fonctionner à toute allure. Si les deux Mozambicains avançaient sans prévenir le poste, il disposait d'une chance sur un million de passer.

Les deux hommes se dirigèrent vers le brasier, à pas hésitants. Le jeune Selous Scout vida sa tête et ses poumons. Aucune chance sur un milliard. Il se jeta en avant, fonçant vers le portail resté entrouvert, dans le dos des gardiens.

Sa course parut durer une éternité. Il fila droit vers le premier baraquement, fonçant dans la nuit, prenant tous les risques. Il sentait la sueur couler à la base de ses cheveux, jusqu'à ses sourcils, ruisseler dans son dos. Il s'adossa contre le mur d'un bâtiment mal éclairé. Il ne fallait pas qu'il s'octroie une seconde de répit. Pas avant d'avoir atteint son but. Il devait profiter des quelques secondes d'étonnement avant le déclenchement de l'alerte.

Au pas de course, il se dirigea d'instinct vers le centre des transmissions. Le FRELIMO avait l'habitude de les construire sur le même modèle : une masure de briques rouges, hérissée de quelques antennes. Les générateurs ronronnaient au-dehors. Il se repéra à leur bruit monotone, tenant fermement la grenade quadrillée. Il y était.

Il se colla contre la porte du centre, signalée de deux « Z » superposés, aspira une longue goulée d'air en observant de loin les militaires ennemis qui dînaient sous une tente. Puis il se propulsa à l'intérieur.

Deux hommes en manche de chemise se retournèrent. D'abord sereins, puis défigurés de peur. Avec son maquillage de combat, sa grenade tendue et son Kalashnikov, Tim devait ressembler au diable, sorti tout droit de l'enfer.

– *No move*... commanda-t-il en balayant les deux radios de la mire de son arme.

Les techniciens firent pivoter leurs tabourets, puis dressèrent les bras, tenant leurs écouteurs au-dessus de leurs têtes.

A cet instant, Timothée entendit le staccato de la première arme automatique. Nshaba commençait à jouer le lièvre, afin de fixer sur lui l'attention des militaires. Les officiers des transmissions se dévisagèrent, croyant à une attaque de grande envergure. D'autant plus stupéfaits que leur pays n'avait pas déclaré la guerre aux Rhodésiens. Tim se rapprocha.

– Lequel d'entre vous était de permanence, avant la bataille de Chimio?

Ils hésitèrent sur une réponse qui allait causer des ennuis à l'un d'eux.

– Moi, se décida enfin l'un des Noirs à la courte barbe.

– *Now... You move... out.*

Il força l'homme à se lever, puis le colla de son arme contre la porte. Il le maintint contre le battant en glissant la grenade dans son encolure.

– Tu sais ce que j'ai dans ma main.

L'autre était trop terrorisé pour répondre qu'il n'avait jamais senti le quadrillage d'une grenade défensive contre ses vertèbres cervicales.

Au loin, les rafales de Kalashnikov se succédaient. Il fallait ressortir immédiatement du camp. Créer une diversion à la diversion pour faire relâcher la pression dirigée contre Nshaba. C'était vital pour le Ndebele qui risquait d'être encerclé dans le village.

– Les mains sur la tête, tous les deux. Nous allons sortir. Toi, tu restes sur ton siège. Si tu nous suis, je te tue. On y va, dit Tim.

Il tira le battant à lui et poussa son prisonnier vers l'extérieur. Des dizaines de soldats en treillis quittaient la cantine pour se diriger vers l'entrée du camp, raflant au passage des armes aux râteliers.

– Où sont les véhicules?

Le Noir désigna plusieurs jeeps soviétiques, alignées à quelques mètres de là, en ordre impeccable.

– Tu vas conduire.

Il le poussa du canon de son fusil automatique vers le premier véhicule et le força à se glisser au volant.

Pour le moment, on ne prêtait pas attention à eux.

– En avant!

L'homme démarra le moteur. A peine avaient-ils fait quelques mètres, que Timothée vit l'autre officier des transmissions sortir du bâtiment de briques pour donner l'alerte. Comme l'homme voulait crier, il lâcha une salve dans sa direction. Le Mozambicain s'affaissa.

– Accélère...

Un groupe de combattants affluèrent sur la droite. Une

vingtaine d'hommes qui pointaient leurs Kalashnikov. Trop pour être balayés par une rafale. Tim pensa en un éclair à la diversion qui permettrait à Nshaba de se dégager. Il laissa la cuiller de sa grenade remonter, puis accompagna son lancer d'un bref tir. Deux hommes tombèrent. Comme le tout-terrain dépassait le groupe et filait vers la sortie du camp dans une nuée de balles, une lourde déflagration éclata derrière eux. Timothée tirait les dernières munitions de son chargeur. Il ne comprit qu'ils étaient sortis de l'enfer, que lorsqu'il vit le brasier allumé par Nshaba. Les huttes rapprochées se communiquaient le feu d'un toit à l'autre. Il avait réussi sa mission.

Le Ndebele avait entendu l'explosion de la grenade. Il se figea une seconde derrière un mur de pierre, puis se redressa pour empêcher les défenseurs d'approcher. Timothée n'avait pu se séparer de son arme. Il avait dû être capturé et s'était résigné à utiliser son « assurance », plutôt que de tomber vivant entre les mains des communistes.

Le Selous Scout ne ressentit pas immédiatement le vide de la mort de son ami. Il remplaça le chargeur de son Kalashnikov en une seconde, puis glissa dans la nuit. Le camp de Massangena entrait en effervescence. La chasse à l'homme commençait.

Il entendit l'accélération d'une jeep mozambicaine. Sans doute allaient-ils tenter de lui couper la retraite. Nshaba sentit le fol instinct de survie battre en lui. Il devait regagner Salisbury, raconter le combat héroïque de son compagnon. Le laver de tout soupçon.

Il le lui devait.

En courant entre les rochers plus clairs, il fit sauter les bretelles de sa radio, puis la laissa glisser à terre et la cogna plusieurs fois pour la rendre inutilisable. Ainsi allégé, il fila dans la nuit, incapable de réaliser le malheur dans lequel ils avaient foncé tête baissée, malgré les avertissements de Koulou-koulou.

– Les artificiers ont passé le camp au peigne fin. Il n'y avait qu'une bombe, dit Peter Walls. Cela montre que les

Terrs sont capables d'opérer n'importe où. Dans nos sanctuaires les mieux protégés. J'ai demandé un renforcement des sécurités.

Yvonne Stein avait meilleure mine malgré sa pâleur dans sa chemise d'hôpital. Les points de suture sur son visage seraient enlevés dans quelques jours.

– Comment vous sentez-vous?

– Mieux. Mes jambes me font encore souffrir.

– J'ai parlé avec le chirurgien. Il pense que vous serez sur pied dans quarante-huit heures. Vous avez beaucoup saigné, mais vous ne présentez que des blessures superficielles. Les autres blessés sont hors de danger. Nous en sommes quittes pour subir ces bourdonnements désagréables pendant quelques jours.

– Des nouvelles du Groupe Lance?

– Aucune. Suivant les calculs effectués par le colonel, ils auraient dû appeler depuis six heures.

– C'est ce que je craignais.

– Yvonne, je m'en veux de vous avoir entraînée dans ce cirque. Si vous voulez nous quitter, je le comprendrai.

– C'est mal me connaître, Peter. A moins que vous ne me releviez de mes fonctions, j'irai jusqu'au bout. Je tirerai cette affaire au clair.

– Vous avez ma confiance. Voulez-vous quelques jours de repos? Laissez le travail à vos collaborateurs.

– Pas maintenant. Nous avons un problème à résoudre. Je veux mener personnellement cette affaire... Après une séance chez le coiffeur.

Il se força à sourire.

– Comme vous voudrez. Je tiens à vous faire part de mon opinion sur la question. Il n'y a pas d'espion chez nous. Fourrez-vous ça dans la tête... D'abord, tout l'état-major a été examiné à la loupe par votre service et la Special Branch. Rien. Ensuite, aucun Blanc ne traiterait avec les Terrs... L'attentat de ce matin le prouve : s'ils disposaient d'un indicateur chez nous, ils n'auraient pas pris le risque de tuer un homme si précieux. Nous faisons fausse route.

Yvonne Stein savait que le général raisonnait juste. Il

avait l'expérience d'une solide formation en matière de sécurité et sa logique était infaillible. Un peu trop solide, même.

– Brooks m'a apporté les synthèses. J'ai lu les rapports sur nos pertes et ceux de la baisse d'efficacité de nos raids. Croyez-vous que cela soit... normal?

Le général hésita avant de répondre.

– Les rebelles s'organisent. Nous avons à présent trois mille kilomètres de frontières à défendre contre les pénétrations terroristes. Les Russes leur donnent toujours plus d'armement. Les instructeurs nord-coréens forment des centaines de jeunes au combat. Le temps joue pour eux... incontestablement.

– C'est un point de vue. Le mien est différent. J'ai lancé un ballon d'essai. Ça semble marcher. Un peu trop bien.

– Le Groupe Lance?

– S'ils ne reviennent pas, nous aurons un indice de plus!

– A supposer qu'un lien existe, c'est le payer très cher!

– Nous n'avons pas la preuve qu'ils soient tombés dans un piège.

– Les deux hommes étaient-ils au courant?

– Pour les grandes lignes, oui.

– Carpenter a accepté de monter en ligne dans ces conditions? Comment avez-vous fait pour l'acculer au suicide?

– Il faisait partie de mes suspects.

– Vous ne désarmez pas, n'est-ce pas? Et vous n'excluez personne de vos soupçons!

Elle ébaucha un sourire qu'elle dut interrompre : les points de suture sur ses joues lui faisaient mal.

– Une seule, à part moi : vous. Car si vous aviez été mon traître, nous aurions déjà perdu cette guerre.

Peter Walls était édifié.

– Comment avez-vous pu expédier le Groupe Lance, dans de telles conditions?

La responsable du CIO comprit l'allusion du général. Il lui avait reproché sa dureté à plusieurs reprises.

– Une simple vérification.

– S'ils n'entrent pas en contact, cette « simple vérification » aura coûté la vie à deux hommes et n'aura rien prouvé, n'est-ce pas... et cela vous suffit?

– Peter, ce sont des as. Ron qui est avare de compliments m'a confié que Timothée et Nshaba formaient sa meilleure équipe.

– Timothée! Vous êtes devenus à ce point intimes?

– S'il existe deux hommes capables de miracles, ce sont eux. Franchement, je ne crois pas à la culpabilité de ce jeune homme. Nous avons trouvé des zones d'ombre dans sa vie, mais elles possèdent une explication logique... Je m'en suis servie pour le motiver. Je dois reconnaître que je me suis trompée... deux fois. Si notre traître se sentait menacé, il demanderait à ses amis de monter des coupe-feu. De le mettre à l'abri. J'ai combattu dans la clandestinité, Peter. C'est ce que j'aurais fait à sa place. Jamais je n'ai supposé qu'ils iraient jusqu'à cet attentat.

– Plutôt dangereux comme protection... Impensable, même!

– De la poudre aux yeux... Un écran de fumée destiné à nous empêcher d'y voir clair. La meilleure façon de le protéger. Les Terrs auraient pu nous pulvériser, tous, s'ils l'avaient voulu! Il doit exister une raison qui m'échappe pour qu'ils aient opéré de la sorte. Le type qui tire les ficelles, quelque part à Maputo, est quelqu'un de très fort : un Russe ou un Cubain qui joue serré. Il a quelque chose derrière la tête. Nous savons que Mugabe n'a pas de service de renseignements. Seulement un réseau occasionnel de *mujibas* qui servent lors d'opérations ponctuelles. Pas de stratèges. C'est ce qui me gêne le plus...

– Leur réaction?

– Voilà pourquoi je me suis résignée à envoyer le Groupe Lance à Massangena. Je pariais que les gooks monteraient une diversion. Qu'ils ne prendraient aucune mesure exceptionnelle pour nous empêcher de savoir. Si Maputo a effectivement expédié un message à Chimio pour protéger Mugabe, ce n'est pas une preuve. Le type qui tire les ficelles aurait dû le comprendre, lâcher du mou pour faire croire que la fuite venait d'ailleurs. S'ils ont liquidé le Groupe Lance, cela sort de ma logique...

– Vous raisonnez bien, pour quelqu'un qui sort d'un attentat. Il manque un maillon : le facteur chance. Celui que vous refusez de prendre en compte. Les Selous Scouts forment un corps qui a le plus durement payé.

– Timothée ne peut pas mourir... Pas lui.

Le général Walls sentit que celle qu'il imaginait dure comme le roc éprouvait de curieux sentiments pour l'éclaireur.

– Peter! Le type de Maputo a commis sa première faute en faisant sauter notre salle de réunions!

Elle lui laissa le temps de deviner, puis lui révéla :

– Comment savait-il que nous serions aujourd'hui à Mount Darwin, alors que nous nous réunissons d'ordinaire au Milton's Building?

Yvonne Stein parvint à sourire malgré ses cicatrices. Pour la première fois, elle venait d'ébranler le monolithe. Walls avait pâli.

– *By the way*... Ce type n'est encore qu'un enfant... Et je l'ai probablement envoyé se faire tuer. Je le déplore. Mais si c'était à refaire...

Il n'y avait qu'une manière de s'en sortir. Il fallait déjouer la traque de l'adversaire en s'enfonçant plus profondément encore en territoire mozambicain, au lieu de fuir vers la frontière. Différer le problème de la sécurité, afin de s'accorder un délai. Savoir. Ne pas avoir risqué tout cela pour rien.

Le jeune Rhodésien était éreinté. Ils avaient dû marcher des heures, après avoir dissimulé la jeep dans un chemin creux, en bordure de la route de Machaila. Il ne se faisait aucune illusion : maintenant, la ZANLA comme le FRELIMO avaient lâché leurs meilleurs chiens de chasse sur ses traces. Ils battraient la région pour essayer de le débusquer. Sa seule chance était Nshaba. Si le Ndebele avait réussi à sortir vivant de Massangena, il les entraînerait jusqu'en Rhodésie. Tim pensa à son ami et pria pour que des ailes lui aient poussé en cours de route.

En dépit des questions répétées par le Selous Scout, l'officier des transmissions restait muet. Le Rhodésien lui entrava les poignets à l'aide d'un de ses lacets, puis l'adossa contre un arbre, avant de s'asseoir à quelques mètres de lui. Il ne pouvait rester longtemps sur place, mais il devait faire craquer son adversaire en lui donnant l'impression du contraire. Jamais un type de cette trempe ne trahirait son camp, à moins d'y être contraint par la terreur, ou de sentir dans ses tripes que le secours n'arriverait pas à temps pour le sauver d'une mort certaine. Il fallait lui imprimer une frayeur plus forte que celles des représailles du commissaire politique du camp.

Le prisonnier attendait la pression psychologique et physique dont il ne pouvait deviner l'orientation.

Timothée décroisa les jambes et déposa son fusil près de lui. Il se décoiffa et ôta le bandeau qui ceignait son front. Le Noir se laissa bâillonner. Il serra le foulard assez fort pour que les lèvres du jeune barbu fussent tendues à l'extrême, puis le noua à la base du cou. Le Mozambicain devait croire que la fuite reprenait. Il garda son énergie pour une autre résistance.

Lorsqu'il eut terminé son travail préparatoire, l'éclaireur dégaina lentement le poignard de brousse qui ne le quittait jamais. Une superbe arme de chasse au manche de corne. L'énorme lame s'évasait vers l'avant, à la manière d'une machette. Elle étincela devant les yeux inquiets de l'homme. La garde épaisse d'un demi-centimètre portait un rasoir capable de dépecer les animaux les plus coriaces. Tim la fit passer devant son nez. Alors, le militaire commença à avoir peur. Ses yeux s'agrandirent. Il émit une sourde plainte du fond de la gorge. Timothée avança l'arme vers le nez de l'homme, afin de le maintenir contre le tronc.

– Je vais te faire ce que tes amis terroristes pratiquent sur leurs frères qui nous restent fidèles.

Comme le prisonnier commençait à comprendre et tentait de s'agiter pour relâcher la pression de ses liens, Tim se releva, attrapa les cheveux frisés, et trancha d'un coup l'oreille gauche. Le visage du révolutionnaire se déforma de douleur. Il parvint à émettre une série de borborygmes horribles qui trahissaient aussi bien la cuisante douleur de la blessure, que la peur de ce qui allait suivre. Un flot de sang inonda sa barbe et sa chemise de drap bleu. Le Scout eut toutes les peines du monde à l'immobiliser, tant il se débattait pour se soustraire à d'autres tortures.

A sa surprise, Tim essuya la lame sanglante contre les cheveux crépus. Il replaça son couteau dans le fourreau de cuir. Il lui restait à parfaire le travail. Il attrapa le combattant par ses bottines et le traîna sur le dos, le déplaçant ainsi sur plusieurs mètres. Cette fois, le Noir n'y comprenait vraiment plus rien. Ce ne fut que lorsque le Selous Scout le déposa devant une termitière géante que l'horrible plan se précisa.

Sans se soucier des reptations de son otage, Tim reprit son couteau et se mit à l'ouvrage. La construction de terre et de poussière de bois était impressionnante. Son cône culminait à la hauteur d'un adulte et s'évasait sur deux mètres. L'édifice, couronné par deux cheminées symétriques, semblait abandonné.

Par de longs gestes du poignet, Timothée creusa longuement, révélant d'abord une tuyère puis une série complexe de galeries qui conduisaient à la partie souterraine du monument. Le cœur de la termitière, lacéré par la lame effilée, était à présent ouvert. Brusquement, des millions de termites, surpris par l'intrusion, vinrent constater la dégradation de leur ouvrage. Lorsqu'il eut fini d'élargir la cavité, Timothée contempla les insectes qui se remettaient instinctivement au travail, aveuglés par le soleil. Puis il souleva le Noir et le traîna vers la brèche, avant de l'introduire dans la cavité. Le radio tentait de remuer ses pieds joints pour résister à l'effondrement des galeries inférieures.

Le Rhodésien chercha une branche suffisamment résistante, la tailla à la longueur voulue, la força enfin horizontalement entre les deux bords de l'échancrure de son œuvre destructrice. Le captif était incapable de s'extraire seul de sa tombe.

Tim sentit qu'il était temps de lui parler :

– J'ai appris que tes alliés de la ZIPRA avaient réservé

cette réjouissance à un missionnaire du Matabeleland. Ça fonctionne très bien. Ces bestioles rafolent de sang. Ça les excite. Elles sont capables de digérer du cuir ou du plastique. La chair humaine les intéresse, tu penses! Un de mes amis m'a précisé que leur compagnie devenait désagréable, lorsque les termites s'introduisent dans le nez et les oreilles ou par d'autres orifices.

Le Mozambicain ne bougeait plus. Il avait compris que ce serait inutile. Ce ne fut que lorsque les premières vagues de soldats-termites commencèrent à escalader son corps, qu'il fut pris de tremblements. Il allait mourir. Sans laisser la moindre trace que celle d'un squelette blanchi au fond d'un trou.

Le Rhodésien observa les insectes qui couraient en nombre incroyable vers le cou de l'intrus, s'empêtraient dans les poils de sa barbe. Il s'intéressa au travail rapide et organisé des ouvriers. A peine plus petits qu'une phalange, mais montant par ondes incessantes. Les millions de termites commençaient à réparer leur imposante demeure. En quelques heures, l'homme serait scellé vivant dans l'édifice, puis lentement digéré par la cité en colère.

Sans ajouter la moindre question, Tim se releva. Il se détourna du supplicié et s'enfonça dans le bush. Cela ne prendrait pas longtemps. Le captif retrouverait peut-être l'usage de sa langue.

Assise sur le rebord d'un lit qui lui rappelait trop de moments heureux, Veronica commençait à comprendre que Timothée ne reviendrait jamais. Depuis des jours, elle attendait une lettre, un signe, guettait les voitures sous la haie de flamboyants. Elle pressentait le pire. Quelque chose s'était brisé entre eux, de plus solide que leur amour, de plus grave que leur union. Aveuglée par l'annonce de la mort de son frère, la jeune Shona s'était laissée aller à lui dire des phrases qui avaient dépassé sa pensée. Des mots qui avaient dressé d'infranchissables barrières entre eux.

Elle connaissait Tim, presque autant qu'elle l'aimait. Tout d'un bloc. Prêt à balayer d'un coup de fierté ses espoirs et ses luttes. Capable d'en souffrir comme une bête, mais ne faisant jamais machine arrière, lorsque la page était tournée.

Pourtant, elle ignorait l'homme qui avait fui pour une phrase d'amour maladroite. Elle avait toujours craint qu'il la quitte. Mais pas vraiment. Trop de liens les unissaient. Elle se trompait, puisque Tim choisissait de l'ignorer. Comment interpréter ce long silence? Il devait profiter de sa permission, en compagnie de quelque fille Blanche.

Veronica perdait le seul objectif de sa vie. Cette douleur la bouleversait. Elle quitta le lit pour examiner son visage dans un miroir. Il ne l'aimerait pas dans cet état : les yeux rouges et les traits tirés par des nuits sans sommeil. Elle se trouva laide.

– Tim, pourquoi me quittes-tu? Je ne suis plus rien sans toi. J'ai compris que tu ne voulais plus de ta Veronica. J'ai quitté mon travail à la fabrique. Je vais m'en aller. Lorsque tu comprendras que nous nous aimions vraiment, si tu reviens un jour, tu ne me trouveras plus. Je vais te fuir. Oublier jusqu'à ton image, jusqu'aux formes de ton corps. Timothée!... Je t'aimais vraiment. Je t'aime tant!

Elle se mit à pleurer. Sa vie lui semblait s'ouvrir sur un abîme. La guerre avait raison d'eux.

Comment imaginer une vie sans ces longues attentes qu'elle ressentait à présent comme une bénédiction? Il lui manquait l'essentiel.

La Shona tira ses longs cheveux en arrière, les maintint de deux peignes de nacre. Un cadeau de Timothée qu'elle ôta pour les déposer sur la table de nuit. Elle hésita devant le calepin placé auprès du téléphone, ayant envie de laisser un mot avant de disparaître, un ultime lien d'amour. Inutile, Tim ne reviendrait plus.

Veronica fourra quelques affaires dans un sac, jeta un rapide coup d'œil par la fenêtre, pour s'assurer qu'il ne se garait pas, à l'instant même, afin d'effacer son chagrin d'un seul baiser. Arrêtée sous les frondaisons, une voiture occupait le parking. Elle ne lui prêta pas attention, puis se dissimula derrière le voilage, lorsqu'un des deux hommes, assis à l'intérieur de l'Austin, leva son visage vers le premier étage. L'inconnu regardait en direction de l'appartement.

Un pressentiment la glaça. Qui étaient-ils? Veronica patienta quelques minutes puis se décida à quitter l'appartement. Les deux Blancs ne descendaient pas de voiture. Elle attrapa son sac de toile, jeta ses clés sur le lit, referma le loquet automatique. Parvenue sur le palier, elle décida de quitter le petit immeuble par les jardins. Un passage donnait sur une traverse de terre battue. Timothée l'empruntait pour la rejoindre, lors de leurs premières retrouvailles, lorsqu'il n'était pas encore assez fou pour se garer dans Argyle Street. Il avait fini par abandonner le passage discret et dédaigné les commérages. Une passion sans mélange qui se dissipait. Sans raison.

Épuisé, Nshaba dut s'accroupir sur ses talons pour maîtriser sa respiration. Depuis les premières heures du jour, désorienté par sa folle course, il ne se retournait plus pour guetter ses poursuivants. Il fonçait vers le nord avec l'acharnement d'un homme qui ne veut pas mourir. Qui ne doit pas se laisser prendre.

Il se laissa tomber en arrière contre terre et parvint à reprendre son souffle. Alors seulement, il réalisa qu'il avait perdu son Kalashnikov. Son pantalon de treillis, en lambeaux, dévoilait de longues traînées sanguinolentes sur ses jambes. Ses bras cuisaient de mille égratignures. Le pisteur tenta de s'orienter au soleil, mais n'y parvint qu'approximativement. Il pouvait s'être égaré durant la nuit sans étoiles. Il fallait fuir plus avant, en direction du nord. Annoncer au colonel Ron Reid Daly la fin de Timothée Carpenter. Tenir encore.

Le Selous Scout se laissa porter par l'automatisme de ses jambes vacillantes, dans la pente d'un vallon déboisé. Il craignait de tomber à chaque enjambée, tant les muscles de ses jambes le faisaient souffrir.

Un lac s'ouvrait devant lui. Sur les rives désertes, il aperçut un minuscule bâtiment, de l'autre côté de l'eau stagnante, envahie par la vase et les joncs. L'endroit lui rappelait quelque chose.

Quel souvenir y rattacher?

Au pas de course, ragaillardi par l'espoir, Nshaba contourna l'étang, franchit la digue de terre qui emprisonnait les eaux de ruissellement. Puis il s'arrêta à quelques mètres de la cassine, avant de se laisser de nouveau choir à terre.

Il était sauvé. Il avait franchi la frontière rhodésienne sans s'en rendre compte, guidé par son sens inné de l'orientation, et se trouvait aux abords d'un de ces nombreux lieux touristiques qui attiraient tant de Rhodésiens, en temps de paix.

La construction ressemblait à cent autres : deux toilettes encadrant un long lavabo sous l'abri de tôles ondulées... et sur l'arrière...

La fatigue brouillait ses idées autant que la faim. Il se releva, tituba quelques mètres, franchit deux troncs de bois qui délimitaient l'emplacement d'une caravane, contourna le lieu de toilette réservé aux campeurs. Les tentes avaient fui avec la guerre, mais l'organisation britannique se devait de maintenir un téléphone sur place. Il repéra le fil, accroché dans les arbres : le seul moyen pour que le gardien puisse donner l'alerte, lors d'un feu de broussaille.

Les blessures de ses avant-bras, irritées par le soleil, heurtèrent le crépi rugueux. L'appareil était là, intact. Personne n'aurait osé s'en servir pour un usage personnel. La liaison devait avoir été maintenue pour dépanner une patrouille. Nshaba souleva le combiné gris et se rendit compte qu'il n'avait jamais téléphoné à Mount Darwin. Il ne connaissait pas le numéro du Quartier général. Il allait se laisser gagner par l'épuisement et le découragement, lorsqu'il aperçut la plaque intacte : *« For Operator, dial OO. »* D'un doigt hésitant, il composa le chiffre et attendit la tonalité. Le bourdonnement fit place à deux légers grésillements.

– Central téléphonique de Masvingo, dit une voix neutre de femme. Que puis-je pour votre service?

– Allô...

– Central de Masvingo, répéta la voix, agacée. Parlez.

– Je veux parler au Quartier général des Forces rhodésiennes. C'est urgent.

Il y eut une hésitation.

– D'où appelez-vous?

– Je n'en sais rien. Je suis perdu... Faites vite. Je vous en supplie...

– A qui voulez-vous parler? Connaissez-vous un numéro?

– A n'importe qui... Passez-moi le colonel Ron Reid Daly à Bindura... ou le Quartier général... N'importe qui... C'est un cas d'urgence.

– Un moment, s'il vous plaît. Je vais me renseigner.

Sans doute allait-elle consulter un annuaire militaire. Nshaba patienta, jetant quelques coups d'œil vers le lac. Sans armes il se trouvait dans l'incapacité de se défendre, contre qui que ce fût. Une bête sauvage pouvait surgir. Comment avait-il pu perdre le Kalashnikov?... A quel moment sa faiblesse lui avait-elle commandé d'ouvrir la main?

– Qui voulez-vous joindre à Salisbury? demanda une autre voix.

– Passez-moi n'importe qui. Un colonel, un officier, je m'en fiche... Je rentre d'opération... Nous avons eu un accident. Il faut que je rende compte...

Le ton de sa voix parvint à ébranler l'employée du téléphone.

– Si c'est pour transmettre une information de caractère militaire, c'est différent. Ne quittez pas. Je vais vous mettre en liaison avec le Quartier général. Vous vous débrouillerez avec leur standard.

– Milton's Building, annonça une voix plus lointaine.

– Je suis Nshaba, articula le Noir.

– Et alors? A qui voulez-vous parler?

– Au colonel Ron Reid Daly.

– Il vient de sortir. La conférence est terminée.

– Alors, à la responsable du CIO. Je ne me souviens plus de son nom. C'est une femme brune.

– Mme Stein?

– Oui... peut-être. C'est très important...

– Je crains que ce ne soit impossible. Mme Stein a été hospitalisée pour quelques jours. Je ne dois lui transmettre que des appels triés. Voulez-vous son adjoint?

– Oui... ça ira.

– Patientez quelques minutes.

Un voile passa devant les yeux du Selous Scout. Il chercha un peu d'air sous la fournaise de la tonnelle, relevant la tête en arrière.

– Bureau du CIO... Je vous écoute. M. Brooks est absent. Quelle information voulez-vous lui transmettre?

– Je suis Nshaba.

– Identification précise, s'il vous plaît.

– J'appartiens aux Selous Scouts. Groupe Lance. Unité 31.

– Connais pas...

– Je me fous que vous ne connaissiez pas, hurla le Ndebele. Ouvrez vos oreilles... et fermez-la. Contentez-vous de rapporter mes paroles à Mme Stein. Elle attend mon message.

– Elle est hospitalisée.

– Je sais... Et je m'en fiche également. Rapportez-lui ceci : Le Groupe Lance n'a pas pu remplir sa mission à Massangena. Nous avons réussi à pénétrer dans le camp. Timothée Carpenter est mort. Ils l'ont capturé. Il a été contraint d'employer sa grenade pour se suicider. Vous comprenez ce que je dis?

– Poursuivez, fit l'homme. Essayez de conserver votre calme. Donnez-moi des détails... Où êtes-vous exactement?

– Je ne sais pas où je me trouve. Il y a un petit barrage, un lac, des chiottes et un téléphone. Je suis en Rhodésie... Quelque part à une quinzaine d'heures de marche de Massangena. J'ai perdu mon équipement. Mon arme également.

– Nous allons essayer de localiser l'endroit. Poursuivez...

– Timothée est tombé dans un piège... Il aurait dû passer,

mais c'était plus fort que nous deux. Il ne se serait jamais laissé avoir. Il est mort. Quant à moi, ce n'est guère mieux. Je suis en morceaux. Je tiens tout juste debout. Sans fusil, je ne peux pas rester sur place...

– Pouvez-vous marcher?

– Marcher? Je ne fais que ça depuis des heures. Je peux encore essayer.

– Bien. Ne restez pas sur place. Il doit y avoir une route, puisque vous avez un téléphone. Suivez-la. Joignez n'importe quel village. Rappelez-moi de là-bas. Nous allons déclencher l'alerte pour un repêchage par hélicoptère. Rien d'autre à signaler à Mme Stein?

– Si. Le principal. Dites à cette dame que c'est une salope... Que s'il me reste suffisamment de forces, je l'étranglerai de mes mains. Timothée était mon ami.

– Je ne vous promets rien, fit l'homme qui comprenait l'état critique de son correspondant. Nshaba... *Take care of yourself...*

Le Ndebele reposa le combiné et se sentit très seul.

Où se trouvait-il? *Right in the middle of nowhere,* pensa Timothée qui ne dormait pas. Allongé dans les herbes, il essayait de prendre un peu de repos et de chasser de son esprit la vision de ce qu'il venait de faire à un homme... Ce n'était pas le moment d'avoir des remords. Il avait échappé à la mort d'extrême justesse. Il lui faudrait beaucoup de chance pour regagner Salisbury. Le FRELIMO se dressait entre lui et la liberté. Des centaines de soldats.

De brèves visions s'entrechoquaient sous ses paupières mi-closes : Sherwood, Veronica tremblant de désir, le stage de formation des Selous Scouts à Kariba. Là-bas, ils avaient bien ri. Nshaba et lui s'amusaient à améliorer leurs temps sur le parcours spécial... Le corps merveilleusement longiligne de Veronica... Yvonne Stein : drôle de bonne femme. Tout cela pouvait disparaître dans les prochaines heures. Une balle risquait de l'effacer. Il devait savoir. Rentrer au camp blanchi de tout soupçon, avec la solution au problème posé par les Renseignements.

Nshaba lui manquait. Son frère d'armes avait sûrement réussi à s'en sortir. Le meilleur de tous s'en tirerait toujours : Nshaba, qui lui avait enseigné le « truc » de la termitière...

Le temps. Toujours le temps. Il devait y avoir assez longtemps, à présent.

Le jeune homme se releva et revint vers la termitière. Il avait beau avoir vu ça plusieurs fois, cela dépassait l'entendement. Surtout avec un homme vivant au milieu!... L'édifice était presque reconstruit. La large cicatrice du couteau était colmatée. Seul un triangle de terre et de bois agglomérés, plus sombre que le reste de la construction, pouvait révéler l'accident. La destruction du pisteur. Les insectes grouillaient autour du cou du Noir, pullulaient dans sa barbe, entamant l'érection de la cheminée qui emprisonnerait la tête du Mozambicain.

Le révolutionnaire ne bougeait plus. Son front, inondé de sueur sous le soleil brûlant, se plissait de rides, se crispait sous une gangue de larves. Les ouvrières se passaient de minuscules boules de terre, grimpant dans les cheveux, courant sur le visage figé. L'homme avait cessé de lutter et d'espérer. La folie le guettait, lorsqu'il ne pourrait plus supporter le chatouillement et les morsures dans ses narines et ses oreilles, elle l'envahirait d'un seul coup.

De la crosse de son fusil d'assaut, Tim éprouva en connaisseur la nouvelle construction. L'enceinte extérieure prenait déjà la solidité du béton, sous l'effet de la chaleur. Le Mozambicain sentit les vibrations des coups et entrouvrit les yeux. Toute trace de fierté, celle qui l'aidait jusqu'alors à résister, avait disparu. Pour le Rhodésien, c'était le moment ou jamais.

– Les termites t'ont confectionné un bel emplâtre. Lorsqu'ils auront fini, ils t'avaleront.

Le Selous Scout s'allongea contre le cône de la termitière géante et riva ses yeux dans ceux du communiste. Il saisit son poignard et l'approcha du visage. Le barbu conserva les pupilles fixes, espérant presque la mort.

D'un geste précis, il coupa le bâillon, sans se soucier de la large estafilade qu'il ouvrait dans les deux lèvres tendues à l'excès. De nouveau, le sang ruissela et emplit la bouche desséchée du Noir.

– Écoute bien. Je vais te poser quelques questions. Si tu ne veux pas y répondre, je laisserai tes compagnons termites terminer leur travail. Tu pourras mourir en héros de la Révolution; dans un cercueil sur mesure. Si tu réponds, je te sors de ce trou. Avec un peu de chance, ceux de Massangena te retrouveront. Cela vaut mieux d'avoir à composer avec le commissaire politique de ton unité que de subir les caresses de ces bestioles, dit-il en écrasant un termite entre ses doigts.

Le barbu observa une minute de réflexion. Il n'était pas persuadé que les dents du commissaire politique seraient moins dures que les mandibules des insectes.

– Lorsque je saurai, tu as ma parole de combattant : je te laisserai la vie. Je répugne à sacrifier des hommes de ton courage. Alors, voilà ma première question : qui a prévenu le camp de Chimio de notre attaque?

Le front du supplicié se creusa.

– Le camp n'a pas été prévenu, commença-t-il d'une voix rauque. Le camarade président Robert Mugabe a reçu l'ordre, par radio, de regagner d'urgence Maputo. Une chance que nous ayons pu le joindre!

Il but un peu de son sang, dégoulinant dans sa bouche.

– Qui, à Maputo?

– Je ne sais pas...

La cheminée commençait à emprisonner son menton.

– Dis-moi exactement ce que tu sais.

– La liaison provenait des Russes... Je n'en sais pas plus. L'ordre n'était pas signé.

– Combien de temps avant?

– Je ne connais pas l'heure à laquelle la bataille a débuté. Mais il me semble que la liaison relais a eu lieu au début de l'après-midi. Entre 15 h 20 et 15 h 30.

– Tu en es certain?

– Les messages de ce genre sont suffisamment rares pour que je m'en souvienne.

L'homme ne mentait pas. Au moins, Tim n'avait-il pas fait tout cela pour rien. Le CIO avait de quoi se mettre sous la dent. Yvonne Stein disposerait d'une piste suffisamment sérieuse pour l'innocenter, s'il parvenait jusqu'à elle.

Sans ajouter un mot, Tim rouvrit la blessure dans la termitière. Il retira son prisonnier de son étau vivant et le laissa la face contre terre. Le Mozambicain était pratiquement nu. Les insectes, qui s'étaient régalés de ses vêtements, s'acharnaient à digérer ses brodequins décolorés.

Timothée connaissait les consignes. Éliminer le prisonnier après l'interrogatoire. Ne laisser aucune preuve vivante susceptible de dévoiler l'objectif de la mission. Il ne put s'y résoudre. Ses mains commençaient à se teinter trop fréquemment de sang.

– Invente une histoire. Ils ne savent pas ce que je suis venu chercher. Quant à ton camarade, le héros, il ne peut plus te trahir. Dis-leur que nous voulions des renseignements sur l'armement de la ZANLA. J'espère que tu t'en sortiras.

Puis il ramassa l'oreille noire restée à terre, empoigna son arme, et partit au pas de course.

Yvonne Stein devait le croire mort. Il lui apporterait du matériel de travail. Que de risques pour ces précisions! Ils fêteraient ça avec Nshaba. S'il parvenait à rallier Salisbury! Le Ndebele devait le croire mort. Il lui montrerait que les fantômes apprécient la bière qui mousse!

Le cocktail donné par le ministère mozambicain de l'Industrie constituait un chef-d'œuvre de mauvais goût. La salle de réception, parée d'une série d'affiches, grouillait de soiffards contents de se jeter sur les bassines regorgeant de bouteilles de bière.

Lâché par son cornac du ministère, Aaron Goldsmith évoluait entre les uniformes verts, glanant une phrase de-ci, de-là. Il pouvait dénombrer presque autant de Soviétiques que de Mozambicains, à leurs chemisettes bariolées et leurs peaux laiteuses. Son smoking et son nœud papillon n'étaient pas de mise dans l'atmosphère bon enfant de démobilisés.

Le cœur d'Aaron se mit à battre plus vite. Il venait de repérer son « casier à langoustes » parmi les treillis masquant les chefs de la Révolution. Il s'attarda à compter les barrettes sur la vareuse, distingua chacune des médailles sur la poitrine et détailla les traits mille fois examinés sur la vieille photographie : les tempes dégarnies du Noir, ses joues rebondies, le double menton. Il tenta de croiser le regard du colonel Salgoa. Peine perdue : l'autre ne le connaissait pas et n'avait aucune raison de se douter que le NIS venait relever la nasse, par MOSSAD interposé. Il continuait de discuter avec deux Soviétiques qui s'étonnaient d'un détail concernant l'agriculture révolutionnaire du pays.

Aaron Goldsmith se rapprocha. Personne ne prêtait attention à lui.

– C'est incroyable que le gouvernement mozambicain continue d'importer des socs de charrue rhodésiens!

– Je comprends votre étonnement, messieurs. Mais vous êtes ici en Afrique... Nos ennemis oublient leurs griefs lorsqu'ils ont une affaire intéressante à nous proposer. Nous faisons de même. D'ailleurs, nous ne sommes pas en guerre contre Salisbury. Nous essayons simplement de rebâtir notre économie. Si notre développement passe par l'achat de matériel agricole rhodésien – excellent, au demeurant – nous choisirons d'abord de soutenir la révolution. Il faut que le peuple mange, n'est-ce pas?

– Quitte à passer outre aux recommandations de l'ONU?

Le Russe s'étonnait.

Le colonel sourit.

– Qui les respecte? Le pétrole n'a jamais manqué aux Rhodésiens!... Si les Britanniques ne bloquaient pas Beira, nous leur en vendrions encore. D'autres s'en chargent à notre place. Salisbury a trouvé des voies détournées pour s'approvisionner en munitions et pièces de rechange. Les sanctions imposées par Wilson après la Déclaration unilatérale d'indépendance n'ont jamais empêché les compagnies britanniques d'affréter des cargos pour la Rhodésie, via

Cape Town, en les drapant sous le voile d'un pavillon de complaisance! Les capitalistes font preuve de beaucoup plus de réalisme que nous.

A l'abri de ses lunettes, l'espion israélien jeta un coup d'œil circulaire. Oleg Silkin ne s'était pas montré. Ce genre d'agent voulait probablement ferrer son poisson tout seul. C'était le moment d'entrer dans la conversation.

– Je partage votre point de vue, colonel. Il y a des contacts qui doivent rester secrets... et le peuple ne doit jamais souffrir de l'intransigeance doctrinale de ses dirigeants. D'ailleurs, les Russes n'ont jamais manqué de blé américain, ni les capitalistes de vodka.

Les trois hommes froncèrent les sourcils devant l'intrusion de cet étranger qui parlait si bien le russe.

– ...*Business is business*. Les Soviétiques ont su adapter un adage chrétien : « Les voies de la Révolution doivent parfois suivre des cours tortueux », dit-on à Moscou!

– Quel est l'adage chrétien?

– « Les voies du Seigneur sont impénétrables. »

Le mot de passe. Le colonel fut surpris par l'audace de son contact et se contenta d'adresser un sourire à ses conseillers soviétiques :

– Le réalisme, camarades... le réalisme. En tout cas, si les voies du Seigneur sont impénétrables, elles ouvrent parfois le Royaume des Cieux, ajouta l'officier dans un sourire.

Les deux Russes parurent gênés par les références bibliques. Ils ne pouvaient se douter que pour les deux hommes, l'identification était complète.

– De quel pays venez-vous, monsieur...?

– J'aurais dû commencer par là : Peter Laursen... Je suis Danois. J'étudie les opportunités de l'implantation d'une usine de confiture au Mozambique. La société pour laquelle je travaille s'appelle la Stizlleg.

– Soyez le bienvenu à Maputo, monsieur Laursen. Si vos compétences commerciales valent vos talents linguistiques, vous réussirez. C'est presque une parabole de La Fontaine, souligna le colonel, content d'afficher l'éclectisme de sa culture.

Jean de La Fontaine. Le signal du « casier à langoustes ». Il voulait parler immédiatement avec son contact. « La Fontaine » constituait l'annonce d'une priorité. « Esope » un danger d'opérer la liaison sur-le-champ.

– La confiture... Quelle bonne idée! J'adore ça! Il y a quelques années, nous avions attaqué un camion, sur la route qui relie Beira à Caia. Un chargement complet de confiture. Nos maquisards en ont mangé pendant des semaines. Il nous manquait le pain.

– Espérons qu'ils auront à présent les deux, colonel!

De bonne humeur, ils abandonnèrent les Russes et firent quelques pas en direction de la terrasse. Dans cette réception ennuyeuse, le guide d'Aaron ne s'intéressait qu'à la consommation de la bière, dont il tenait à goûter chaque canette.

Les deux hommes s'accoudèrent au balcon de l'immeuble, puis le colonel Salgoa se pencha pour observer les rues désertes à cette heure tardive. Il fit mine de lui indiquer le port. Aaron suivit le doigt pointé en se rapprochant.

– Lâchez tout, murmura le Noir. Dites à nos amis qu'il y a un problème majeur. Les Soviétiques ont infiltré une taupe à Salisbury. Cet agent leur brade le pays. Il les avertit des grandes opérations militaires. Il est en train d'inverser le cours de la guerre en faveur de la ZANLA!...

– Identité? demanda Aaron en levant sa main pour désigner une direction différente parmi les navires illuminés.

– Inconnue de l'Intérieur. Les Soviétiques la gardent secrète. Pourtant, j'ai essayé...

Ils se retournèrent et aperçurent Oleg Silkin. Le résident du KGB se tenait dans l'embrasure de la porte vitrée et les observait avec un sourire énigmatique. Depuis combien de temps était-il là?

– Camarade Silkin! Tu arrives bien tard! s'exclama le colonel mozambicain. Ce n'est pas dans tes habitudes!

– Ma montre a dû se dérégler. J'avais pourtant l'impression d'arriver trop tôt.

– Permets-moi de te présenter à M. Laursen... Un fabricant de confiture.

– Nous avons déjà eu le plaisir de nous rencontrer. J'ai d'excellentes nouvelles pour lui.

Il observait le trouble qui gagnait le colonel.

Aaron reçut une ferme poignée de main de l'agent soviétique. Maintenant, il en était sûr : son cornac du ministère ne s'était pas accroché au bar pour satisfaire aux désirs d'un alcoolisme irrépressible. Il obéissait aux ordres de Silkin. Aaron n'avait pas flairé le piège. Il y entraînait le colonel Salgoa.

– J'adore ce genre de festivités, dit Oleg Silkin. On y fait toujours d'excellentes rencontres. Vous aimez toujours la bière, monsieur Laursen?

Le leader de la ZANU releva ses yeux rougis du rapport établi à la suite du congrès extraordinaire du Comité central de son parti. Il venait d'éviter le pire : les délégués lui renouvelaient leur soutien, à l'unanimité, et le mémorandum n'établissait aucune responsabilité du groupe dirigeant dans le désastre de Chimio.

Robert Mugabe se porta à la rencontre de Josiah Tongogara qui pénétrait dans son bureau et le salua à la mode shona : d'abord une grande claque sur la paume de la main, suivie d'une franche poignée, ensuite l'étreinte du pouce, et enfin une autre empoignade.

– Alors?

– Mes hommes ont accompli leur mission. L'explosion a eu lieu à l'heure précise. Les Rhodésiens sont muets sur l'affaire, mais la déflagration était audible depuis l'extérieur de Mount Darwin. Suivant nos informations, la JOC ne compterait que des blessés légers : Oleg Silkin sera sans doute satisfait!

Ils s'assirent sur deux fauteuils encombrés de tracts.

– Je l'espère, soupira l'Africain aux tempes dégarnies.

Il ôta ses lunettes et frotta ses yeux. Les quatre heures de sommeil qu'il s'accordait chaque nuit, depuis des années, précisaient la lourdeur de ses traits.

– Je me demande parfois si les Russes ne sont pas un peu fous, reprit Mugabe. Il aurait été si facile de les faire tous sauter ! Nous aurions économisé plusieurs mois de guerre et sauvé la vie à des centaines de nos hommes. Ce diable de Silkin connaît les lieux des réunions tournantes établies par Walls, ainsi que les heures des conférences. Il doit disposer d'un sérieux réseau d'informateurs, pour partager de tels secrets !

– Le KGB est très adroit. Nous avons rempli notre part du contrat et démontré aux Rhodésiens que nous étions capables de frapper où nous voulions, lorsque nous le désirions. Ce n'est pas si mal. Silkin respectera ses engagements, j'en suis persuadé.

– Je le souhaite : autant pour lui que pour toi...

Le commandant de la ZANLA feignit de ne pas noter l'avertissement à peine voilé.

– Joshua Nkomo n'aura pas son armement. Et sans munitions...

– La présence sur le terrain pèsera lourd, à la fin de la guerre civile. Nous devons conserver un net avantage en notre faveur, le maintenir dans le rapport de population entre Shona et Ndebele. Ainsi, nous ne leur accorderons pas plus qu'ils ne valent : quinze pour cent pour eux et soixante-quinze pour cent pour nous.

– Cela ne fait que quatre-vingt-dix pour cent.

– Exact. Mais le reste tombera également dans notre escarcelle, lorsque nous aurons lessivé les Blancs.

Tongogara ne dissimula pas son admiration.

– Le seul problème, c'est que la ZIPRA représente une force plus considérable. Même avec l'arrêt des livraisons d'armes russes.

– A toi de rétablir l'équilibre ainsi fixé.

– Alors, nous ne devons pas perdre de temps. Je remonte au front.

Il jaillit hors de son siège, sous le regard hautain du chef de la révolution.

Comme il allait quitter la permanence, Mugabe jugea utile de lui dévoiler son plan :

– Il ne faut pas trop laisser la bride sur le cou des Soviétiques, Josiah... Les précédentes expériences africaines montrent combien ces gens-là sont voraces. Je saurai si le camarade Silkin a tenu parole. Je dois rencontrer Nkomo à Lusaka. Je ferai en sorte de le faire parler. Cet homme est une tête de mule, mais je l'aurai par son péché mignon : si Moscou lui offre des cadeaux, il ne résistera pas au plaisir de me le faire savoir.

En quittant le bureau, Tongogara se mit à prier pour que le Russe respecte son engagement. Mugabe n'attendait qu'une bonne occasion pour le faire descendre du piédestal où les vakomanas l'avaient placé : il ne supportait pas qu'on lui fasse de l'ombre.

En revenant à son dossier, Robert Mugabe commença à y voir un peu plus clair. Les paroles de Tongogara ne lui apprenaient rien, mais son attitude était explicite.

Il signa le procès-verbal de réunion, à côté des paraphes des membres du Bureau politique.

Il connaissait Josiah : un homme intelligent et fier, qui ne se laissait pas impressionner, ni assouplir. Mugabe commençait à se montrer agacé par la stature de géant qu'il possédait parmi les combattants de la ZANLA. Un soldat de cet orgueil ne pouvait passer sous les fourches caudines du Russe sans une bonne raison. Oleg Silkin devait avoir barre sur lui, d'une façon ou d'une autre.

Mugabe craignait les manœuvres souterraines du KGB pour noyauter son parti et les principaux mentors de la ZANLA. Qu'avait commis Tongogara pour se laisser ainsi manipuler?

Il n'eut pas à rechercher bien loin. La seule casserole que le commandant de la ZANLA traînait derrière lui s'appelait Chitepo. Sans doute le camarade Silkin le tenait-il en laisse depuis lors. Cela pouvait signifier qu'en dépit des dénégations et de l'appui inconditionnel que le chef lui avait donné, Tongogara était coupable. Il se rappela les étapes de cet assassinat.

Herbert Chitepo était depuis des années le chef incontesté de la Zimbabwe African National Liberation Army. Son prestige tenait au fait qu'il avait été le premier avocat noir en Rhodésie. Mais également à son sens inné de la stratégie.

Le Parti lui devait beaucoup. Notamment d'avoir cassé l'organisation des Blancs et diminué les pertes de la guérilla en étendant le terrorisme à la Rhodésie tout entière. En 1974, la figure de proue de la guérilla commença à être menacée par l'expression des rivalités tribales au sein même des Shona. Le conseil de guerre chimurenga décida d'élire les responsables sur le terrain. Les Karanga l'emportèrent sur les Manyika et commencèrent à placer leurs hommes à la tête des bases nationalistes. Ils s'attribuèrent la Défense, les Finances, l'Information et l'Administration au sein du mouvement, les confiant à des combattants dans la trentaine, inexpérimentés, mais karanga. La révolte grondait jusqu'au jour où Thomas Nhari, un Zezuru, remplaça de force le commandant karanga de la base de Chifombo, dans la province mozambicaine de Tete. L'homme éliminé s'appelait Josiah Tongogara...

Très vite, les rebelles s'enhardirent : ils enlevèrent trois chefs karanga du conseil de Lusaka et tentèrent de kidnapper la femme de Tongogara et ses enfants. Tongogara avait plus d'une raison d'en vouloir à Herbert Chitepo, qu'il considérait comme l'instigateur du complot. A la tête de deux cents hommes, il attaqua la base de Chifombo et tua quarante-cinq rebelles. Thomas Nhari fut exécuté par le conseil de guerre chimurenga. Mais cela ne suffisait pas à Tongogara : il purgea la ZANLA de cent cinquante Manyika et s'arrangea pour faire suspecter Chitepo d'avoir ourdi le complot. Le chef suprême de l'armée de libération fut d'abord surveillé comme un espion. On lui retira progressivement son autonomie. Puis sa Volkswagen explosa un beau matin de 1975, alors qu'il démarrait, devant sa maison de la rue Muramba, à Chilenje. A la suite de l'attentat, qui venait de tuer un enfant zambien, soixante-dix membres de la ZANU furent arrêtés par Kaunda, le président zambien... parmi lesquels Josiah Tongogara. Bien que le crime profitât à Josiah, devenu par la suite général de la ZANU, Mugabe l'avait toujours cru innocent dans cette affaire de rivalités tribales. Les services spéciaux rhodésiens auraient pu monter l'opération de sabotage. Mais cela ne leur ressemblait pas : ils n'avaient aucun intérêt à mettre un terme à la discorde entre les tribus Shona. Ensuite parce que Ian Smith recherchait, à l'époque, une solution négociée avec les nationalistes. Mugabe avait pensé que les Zambiens avaient préparé le coup.

Il pouvait exister une troisième explication. Si Oleg Silkin faisait chanter Tongogara, c'est qu'il devait posséder une preuve de sa complicité dans le meurtre de Chitepo. Si c'était le cas, Mugabe devait faire reprendre l'enquête à zéro : d'abord pour couper les ailes à son rival militaire, ensuite pour venger la mort d'Herbert Chitepo.

De vieux amis de l'avocat se délecteraient d'assouvir leur soif de vengeance sur le véritable auteur de l'attentat. Ils lui rendraient ce service.

Robert Mugabe se décida à envoyer un émissaire à Lusaka. L'homme serait investi de la délicate mission de préparer son entrevue avec Nkomo. Secrètement, il prendrait contact avec les services de renseignements zambiens. S'il réussissait, et si Oleg Silkin ne respectait pas ses engagements, il disposerait de deux excellentes raisons pour écraser Josiah Tongogara. Il resterait alors le chef incontesté de la révolution zimbabwéenne.

Il lui fallut quelques minutes pour s'avouer qu'il se préparait à commettre un crime identique à celui qu'il pourrait reprocher à Tongogara. Puis il justifia son projet par l'intérêt suprême du Zimbabwe, qui, par un curieux concours de circonstances, correspondait aux siens.

5

– Peter avait vu juste, dut admettre Yvonne Stein avec amertume. Il connaît mieux les limites de ses hommes que je ne le pensais. On pouvait attendre d'un combattant comme Timothée Carpenter qu'il fasse des prodiges, mais je n'avais pas le droit de lui demander des miracles.

L'adjoint d'Yvonne se tenait droit dans la chambre d'hôpital. Il venait de lui relater l'appel téléphonique de Nshaba et craignait qu'en son absence, l'équipe de permanence n'ait su prendre la décision adéquate pour rapatrier le rescapé de la malheureuse équipée. Il se décida à déposer son bouquet d'œillets sur la tablette.

– Le Selous Scout a été catégorique. Carpenter a sauté sur sa propre grenade. L'opération de Massangena se solde par un fiasco total.

– « L'assurance », murmura la Française, pâle comme un linge.

Il lui fallut quelques secondes pour comprendre les dernières phrases de son collaborateur.

– Un échec, dites-vous?... Pire que ça! J'en suis responsable. Je croyais que les services spéciaux soviétiques se montreraient plus adroits. Que le KGB lâcherait du lest à Massangena pour couvrir sa taupe! Leur bluff suffisait : ils ont sacrifié le camp de Chimio! Ils possédaient cent bonnes raisons de demander à Mugabe d'écourter son inspection. Je me suis laissé aveugler par ma logique. Peter Walls a commencé à m'ouvrir les yeux : le Groupe Lance a pu simplement rencontrer une difficulté ordinaire, là-bas... Manquer bêtement de chance et se laisser coincer.

Brooks la regarda avec inquiétude. Elle ne désarmait pas.

– Nous n'avons aucune preuve que votre théorie soit la bonne. J'en suis désolé, croyez-le bien, mais nous ne pouvons tabler sur des hypothèses qui nous échappent.

La directrice du CIO paraissait abasourdie par ses revers autant qu'anéantie par la terrible répercussion de son erreur. Elle passa une main sur les cicatrices de son visage, puis tira sur ses cheveux bruns, les yeux perdus sur les fleurs de Brooks.

– Soit. En attendant de voir Nshaba en personne...

– Il semblerait qu'il vous en veuille, d'après ce qu'on m'a répété au Centre. Je crois qu'il assume très mal la mort de son chef d'équipe.

– Réaction normale. Je tiens à le rencontrer. Où est-il?

– Quelque part dans le bush aux alentours de Chiredzi. Nous avons alerté les hélicoptères de la base de Gwelo. Ils n'attendent qu'un nouveau coup de téléphone de lui pour le récupérer. Des dizaines d'endroits correspondent à la description qu'il a faite de la cabine d'où il appelait. Nous attendons un signe.

– Ne le laissez pas sur le terrain.

– Il va bientôt faire nuit. S'il ne se décide pas à rappeler, nous devrons attendre demain pour nous lancer à sa recherche.

– Faites pour le mieux. Amenez-le-moi dès que possible. Tant que je n'aurai pas entendu son récit de ses lèvres, je ne me résoudrai pas à la mort de Carpenter. A-t-il vu son cadavre?

– Aucune idée. Il paraissait catégorique.

– Nous verrons bien. Ce type me semblait être de la race de ceux qui ne meurent jamais, parce qu'ils veulent se battre et gagner. Je l'avais pourtant motivé, pour qu'il reste en vie!

Le visiteur se contenta d'afficher une mine pensive. Elle

parlait de cet homme comme d'un être exceptionnel, à qui il aurait suffi de vouloir pour pouvoir passer entre les balles.

Elle avait besoin de réduire sa culpabilité. Il ajouta pour la soulager :

– Si votre analyse avait été exacte, nous avions une chance qu'il fallait courir...

Yvonne détecta la manœuvre en un éclair.

– Suffit, Brooks. J'assume seule mes erreurs.

– J'ai vu le colonel Ron Reid Daly. Il vous adresse ses meilleurs vœux de rétablissement. Il prend très au sérieux le message de Nshaba, lui. Regardez...

Il lui tendit une feuille qu'elle lut avec attention : « Par sa remarquable bravoure dans la conduite de l'action, grâce à son adresse tactique, conjuguée à un courage remarquable et à un sens inné de l'initiative, le lieutenant Timothée Carpenter a, lors de maintes opérations, dirigé des troupes sur des objectifs ennemis capitaux. Au sein du régiment des Selous Scouts, en commande d'une force engagée dans la lutte antiterroriste, le lieutenant Timothée Carpenter a montré des qualités éminentes de courage personnel lors de dangereux contacts avec l'ennemi, permettant l'élimination de nombreux terroristes, capturés ou tués, et la prise d'une grande quantité d'armes, de munitions et de documents. Lors d'une infiltration dans une position ennemie, le lieutenant Timothée Carpenter a préféré se donner la mort à l'aide de sa grenade, plutôt que de tomber vivant entre les mains de ceux qui l'encerclaient. La remarquable bravoure du lieutenant Timothée Carpenter, à peine âgé de vingt-quatre ans, sa détermination, sa conduite au feu et son sens de l'abnégation, ont grandement contribué au succès de nombreuses opérations. Il restera un exemple pour tous.

« C'est pourquoi, nous, ministre de la Défense, demandons au général Peter Walls, commandant en chef des Forces armées rhodésiennes, de l'élever à la dignité de Grand-Croix d'argent de Rhodésie. A titre posthume. »

– La procédure habituelle, expliqua-t-il, sans avancer la main vers la feuille enluminée de frises militaires qu'elle lui rendait. Le colonel est très affecté. Il espère compléter la citation avec les détails que lui relatera le rescapé. Il attend le retour de Nshaba pour la cérémonie à Bindura.

Yvonne Stein sentit les larmes monter. Elle n'offrirait pas le plaisir de ce spectacle à son adjoint.

– Secouez-vous, Brooks, cria-t-elle en agitant le papier pour le forcer à le reprendre. Nous avons du travail. Nous allons commencer par étudier la liste de ceux qui savaient que la conférence se tiendrait à Mount Darwin, et non au Milton's Building. Il faut aussi nous occuper de cette fille. Où est-elle?

Il la regarda froidement, se demandant ce qui pourrait l'ébranler.

– Vous me trouvez dénuée de tout sentiment humain? Rassurez-vous, vous n'êtes pas le seul. Combien sommes-nous, au CIO, à croire à l'existence d'une taupe? Je crois être l'unique. Même vous, vous n'avez jamais envisagé cette possibilité. Qu'arriverait-il, si j'avais raison?

– Vous avez tort.

– Cet homme est adroit. Froid comme un bloc de glace, diaboliquement habile. Mais je sais qu'il existe... Non, ce n'est pas de la fixation ni de la paranoïa. Il agit délibérément contre nous, à un moment où la guerre pourrait tourner à notre avantage. J'aurai ce type. Je l'éliminerai, dussé-je le poursuivre jusqu'au bout de la terre!

– Nous ne sommes pas en Israël. Je ne peux vous soutenir dans un combat contre un mythe qui n'est que le produit de votre imagination. Même le général ne croit plus à cette histoire. Il vous a laissée agir au début, parce qu'il estimait qu'un coup de fouet ne ferait pas de mal au Milton's Building, pour éviter tout relâchement dans la sécurité. A présent, il ne sait plus comment vous demander de faire machine arrière.

Elle le dévisagea avec stupeur. Ainsi, Peter Walls n'était pas convaincu. Il lui laissait la bride sur le cou par amitié. Ses arguments ne l'avaient pas ébranlé...

Yvonne Stein reprit le contrôle de ses réactions.

– Brooks, contentez-vous d'appliquer mes ordres. Je ne vous en demande pas plus.

L'homme soupira, puis vint l'aider à se redresser sur son oreiller.

– Comme vous voudrez...

– Établissez la liste de ceux qui connaissaient les rotations de nos lieux de réunions. N'oubliez personne.

– Ce sera facile.

– Où se trouve cette fille, en ce moment?

– Veronica? Nous l'avions à portée de main. Il semblerait qu'elle nous ait échappé. La filature a lâché.

– Comment avez-vous pu vous laisser jouer?

– Cette Noire n'a plus remis les pieds dans Argyle Street. Nos agents ne l'ont pas vue ressortir. Elle a dû filer en douce. Ils ont vérifié. Elle a quitté son emploi à la fabrique de tabac. Une très bonne place de secrétaire. Volatisée. C'est à se demander si elle n'était pas coupable de quelque méfait!

– Je veux que nous mettions la main sur cette fille. Elle doit se terrer quelque part. Débusquez-la. Nous devons la trouver.

– La seule culpabilité possible était celle de Carpenter. Puisque vous vous acharnez à croire ce type vivant, pourquoi ne pas envisager une autre solution? Qu'il ait simulé sa mort, qu'il soit passé à l'ennemi! Dans ce cas, nos tourtereaux pourraient être en train de se dorer sur une plage de Maputo!

– Vous vous trompez. Carpenter a de bonnes raisons de se battre pour son pays.

– Avait... rectifia l'homme du CIO.

– Si vous voulez... sept mille hectares à Sherwood... Je ne veux pas rattraper cette fille pour l'inculper de complicité. Au contraire; j'avais promis à Timothée de la protéger. Il faut la retrouver avant qu'elle ne tombe entre les pattes des Terrs. Je vous donne quarante-huit heures pour la retrouver. Brooks...

– Oui, madame?

– Vous ne m'aimez pas, n'est-ce pas?

– Nos sentiments personnels n'ont pas leur place au CIO. Je dois avouer que vos méthodes me rebutent. Quant à votre acharnement...

– Je vous remercie pour votre franchise, Brooks.

– Ce n'est rien, madame. Je crois que nous faisons fausse route, voilà tout.

– Je vous prouverai que j'ai raison. Il me faut un peu de chance pour y parvenir. Elle tournera. S'il est vraiment mort, Timothée Carpenter me donne une raison supplémentaire de tenir ferme. Brooks, je vous remercie pour les fleurs et pour la franchise de notre entretien : vous me donnez une volonté farouche de sortir de ce maudit hôpital.

L'odeur du feu de bois emplissait les narines de Nshaba comme un parfum de vie. Son premier point de repère. L'exténuation du Ndebele ne lui permettait même plus de s'orienter dans l'obscurité. Il avança encore, devinant les zones plus sombres qui se détachaient dans la pénombre. Des huttes. Une dizaine. Il les distinguait à peine : toits pointus dansant dans la lueur mouvante d'une flamme et flottant dans ses yeux fiévreux. Des habitations karanga.

Nshaba mobilisa ce qu'il lui restait de volonté pour avancer. Il se sentait désespérément en perdition, sans la présence de Tim dont il se répétait le prénom. Durant sa difficile progression de vingt-quatre heures, il s'était maintes fois retourné pour chercher son compagnon des yeux. D'instinct, il voulait le protéger, pour l'avoir laissé tomber seul dans le camp ennemi. Son *alter ego* lui manquait comme une partie de lui-même et il avait dû faire de prodigieux efforts de volonté pour ne pas se laisser aller aux larmes, puis au désespoir. Il devait regagner la caserne. « Pour Timothée. »

Le Ndebele arriva comme un somnambule dans le village. Sa démarche souple s'était modifiée en un traînement mécanique de pieds. Il se dirigea vers le feu de bois, ignorant les hommes assemblés autour du brasier. Puis il resta là, pétrifié sur des jambes douloureuses qui refusaient de se plier, comme s'éteignaient les conversations des Africains.

Personne ne bougeait. Ils le dévisageaient à la lueur des

flammes, se demandant comment un homme dans cet état pouvait encore tenir debout. Son corps entier révélait de profondes déchirures. Les ecchymoses des jambes semblèrent retenir un instant l'attention des plus âgés, vieillards vêtus de sacs qui rivaient sur lui leurs visages émaciés.

Un enfant approcha, l'observa d'abord à distance, avant de se planter devant lui. Comme l'étranger ne bougeait pas, il lui prit la main.

– Tu as faim? demanda-t-il en shona.

Nshaba entendit la phrase qui mit quelques secondes à parvenir jusqu'à son cerveau anéanti.

– Téléphone, articula enfin le Ndebele.

– Nous n'avons pas le téléphone, ici... Il ne faut pas rester ainsi. Assieds-toi, commanda l'enfant en tirant vers le bas sa main recouverte de sang séché. Tu vas manger et boire.

Le Selous Scout se laissa faire. Il plia ses longues jambes avec une grimace douloureuse, puis parvint à s'asseoir en tailleur, fasciné par le feu. Ses défenses naturelles, comme les précautions enseignées au centre de formation de Kariba, avaient fui. Il n'était plus qu'un homme parvenu aux extrêmes limites de ses forces, tendu vers un but : il devait téléphoner.

La sensation de bien-être que le feu lui procurait fut intensifiée par le visage de cet enfant de huit ans qui s'intéressait à lui et se portait à son secours. Le petit Noir apporta une écuelle de *mealie meal,* nappée de purée gluante d'ockra, et la déposa devant l'homme. Nshaba y trempa les doigts et porta quelques grains de maïs vers sa bouche. Il ne put les avaler, tant ses lèvres étaient gonflées.

– Tu dois boire, d'abord.

L'enfant lui tendit le manche d'une coloquinte creuse emplie d'eau et l'aida à la porter jusqu'à sa bouche sans la renverser. Nshaba but longuement, sentant le liquide frais couler dans son ventre et ruisseler sur ses lèvres. Il vida la calebasse offerte par l'enfant, puis la lui rendit.

– Encore...

Depuis combien d'heures n'avait-il pas bu? Lui qui mettait un point d'honneur à trouver mille ruses pour se nourrir avec Timothée sur le terrain, à boire à chaque point d'eau, pourquoi avait-il ainsi oublié la règle de la survie? Tim... pauvre Tim. Il était mort en brave. Il savait qu'il allait mourir avant de s'enfoncer dans la base. Il ne lui avait pas demandé son « assurance », parce qu'il voulait laisser une chance supplémentaire à son ami.

La seconde poignée de maïs ne passa pas plus que la première, dans la gorge nouée par le chagrin. Il se força à avaler, incapable de comprendre le silence observé par les villageois, ou de distinguer les objets qui encadraient leurs pieds joints en direction du feu.

– Encore de l'eau.

Il aurait pu en boire des dizaines, comme cela, tant il brûlait de fièvre. L'eau commença à lui faire du bien. Il parvint à distinguer les objets abandonnés au sol, près de ces hommes de cire qui ne fondaient pas à la chaleur. De longs bâtons, parfois courbes; probablement des cannes. Sa vue se brouilla.

– Tu t'es battu? demanda l'enfant.

Il regarda le visage qui l'encourageait à parler.

– Oui. Longtemps. J'ai couru. Timothée est mort.

– Qui est Timothée?

– C'était mon ami. Mon seul ami. Je dois téléphoner pour les avertir, tu comprends?

– Oui, bien sûr, je comprends. A quelle unité appartiens-tu?

– Selous Scouts, répondit instinctivement Nshaba, avec ce qui lui restait de fierté d'appartenir à l'unité d'élite de Rhodésie.

L'enfant ne poussa pas le sifflement admiratif que le Ndebele attendait. Son visage se ferma.

Les hommes commencèrent à bouger, lentement, puis se rassirent, interrompus par un regard de ce petit bonhomme.

Nshaba vivait un mauvais rêve où les enfants commandent aux grandes personnes, où l'arrivée d'un inconnu ne déchaîne pas une foule de questions dans le village. Personne ne parlait.

– Pourquoi dois-tu téléphoner?

– Il faut avertir.

– Tu t'es battu contre les vakomanas?

– Non. Il y a eu un accident.

– Comment?

– Les FRELIMO... Ils ont tiré. Timothée a été tué... Tu comprends?

– Oui, je comprends.

La logique revint à l'esprit du combattant. Il se sentit d'abord totalement nu, sans son arme, ni son ami pour le protéger. Sans force pour courir. Mais pourquoi sentait-il ce besoin de fuir, puisqu'il se sentait si bien, devant ce feu, à parler avec un enfant? Il les aimait tant!

Aucun chant psalmodique. Étrange! Ces gens étaient pourtant des Karanga. Ils se réunissaient pour une veillée sans battre le tambour, ni danser en agitant des grelots à leurs chevilles. Ils n'écoutaient pas le son xylophonique du mbira! Le voile se déchira : une lente logique où les éléments diffus s'imbriquaient les uns dans les autres, à mesure que les formes se précisaient. Il y avait des femmes, auprès de ces Noirs. Elles aussi parlaient et portaient des bâtons. Ces villageois assistaient à un *pungwe*. Ils se réunissaient pour discuter de la guerre, pour écouter la bonne parole des rebelles. L'un d'eux devait être un émissaire de la ZANLA chargé de les informer du déroulement de la guérilla. De leur prodiguer l'enseignement marxiste, de leur apporter les ordres du chef. Mugabe en envoyait ainsi par centaines, habilités à gagner les populations à la cause du nationalisme zimbabwéen. Ceux-là pouvaient aussi bien entraîner l'adhésion populaire que faire régner la terreur auprès des plus récalcitrants. Les bâtons tordus, à leurs pieds, prirent soudain forme : des Kalashnikov. Un de ceux que le combattant des Forces armées rhodésiennes démontait et manipulait depuis si longtemps.

Nshaba avait eu la folie de leur dire qu'il appartenait aux Selous Scouts : l'unité la plus haïe des vakomanas, celle qui leur infligeait les plus dures pertes. Nshaba sans défense, incapable de bouger.

Et l'enfant... Où était-il passé? Il s'était brusquement esquivé. Le garçonnet si sympathique, si hospitalier devait être un *mujiba*. Des milliers d'entre eux servaient d'agents de liaison, à travers la Rhodésie, d'informateurs et de ravitailleurs aux troupes de Mugabe. Ils faisaient descendre leurs troupeaux à flanc de montagne pour signaler aux commandos de la ZANLA l'approche d'une patrouille rhodésienne. Ils dérobaient les explosifs dans les mines d'or. Ils savaient profiter de leur apparence inoffensive pour aider les Terrs.

Le Ndebele écarta son écuelle de mealie meal et essaya de conserver des gestes lents, naturels. Ceux d'un homme qui continue de rester aveugle devant l'évidence. Il porta une main vers sa ceinture. Lentement, remontant millimètre par millimètre. La grenade était là. Accrochée au ceinturon. Timothée avait bien fait de la lui laisser. Ils ne le prendraient pas vivant, lui non plus.

Il ne put terminer son geste. Une cuisante douleur le déchira à la hauteur des reins. Une sensation de fer rouge qui s'enfonçait dans sa chair, entre ses vertèbres, qui irradiait jusqu'à sa nuque. Une baïonnette venait de le transpercer, l'obligeant à se cambrer en arrière. La main droite de Nshaba balaya l'écuelle de nourriture. Il se releva d'un bond, soulevant dans son prodigieux effort l'enfant qui pesait de toutes ses forces sur l'arme blanche. Il fit volte-face, dévisagea le jeune garçon d'un air déçu, puis arracha le couteau fiché dans son dos.

– J'ai eu le Skuz'apo, cria l'enfant.

Les autres ne bougeaient pas.

Le Selous Scout laissa tomber la longue lame ruisselante de sang. D'un doigt, il arracha l'élastique qui maintenait la cuiller abaissée sur le quadrillage. Il poussa un long cri terrifiant, comme un brouillard voilait sa vue.

– Timothée...

Puis il vacilla en arrière et parut s'insérer dans le brasier, la bouche grande ouverte. Il ne put entendre l'explosion de son « assurance », ni les cris des vakomanas déchiquetés par les fragments d'acier.

– Vous ne deviez pas effectuer de voyage en Afrique du Sud avant quelques semaines. C'est dangereux pour votre couverture. Qu'est-ce qui a pu vous autoriser à modifier les plans que nous avions élaborés avec vos chefs? blâma le général, de son épouvantable accent hollandais.

Aaron Goldsmith fixa le responsable national du NIS. Le général Bishop avait beau être un géant de deux mètres, au cou de taureau et à la carrure d'haltérophile, il n'effrayait pas l'Israélien. Il avait peut-être besoin d'être remis à sa place, comme la plupart des Afrikaners, prétentieux et fiers-à-bras, que l'espion avait rencontrés dans les locaux du National Intelligence Service. La plupart d'entre eux développaient leur approche de la question africaine en des termes incroyablement racistes : « Si les kaffirs deviennent trop méchants avec nous, nous ne reculerons pas à en tuer quelques centaines de milliers. Voire des millions : le seul problème sera de les enterrer! Nous ne nous laisserons pas emmerder comme les Rhodésiens. » Les civils ne valaient guère mieux. Ils traînaient leur morgue et leur arrogance d'esclavagistes un peu partout, dans la ville moderne suintant la richesse de tous ses gratte-ciel.

– Général, je connais mon métier aussi bien que vous. Vous avez eu accès à mon dossier par le MOSSAD. Malgré la mission que je suis chargé d'accomplir pour vos intérêts exclusifs, votre ton me déplaît suffisamment pour me permettre de vous rappeler deux choses : je ne relève que de mes chefs, et je joue ma vie dans cette affaire. En d'autres termes, j'entends conduire ce contact dans des formes que j'aurai choisies. Vous serait-il possible, ces conditions étant posées, de formuler différemment votre question, je vous prie?

Le chef du NIS resta pétrifié.

– Soit. Excusez ma réaction dictée par la surprise. Que nous rapportez-vous de Maputo?

– Voilà qui est mieux... Mon séjour au Mozambique se

déroule moins bien que prévu. J'ai réussi à établir un premier contact avec votre « casier à langoustes ». Mais pour une raison que j'ignore, ma couverture n'a pas réussi à abuser les services spéciaux russes. J'ai même eu la nette impression qu'ils m'attendaient à ma descente de bateau! Depuis, je suis constamment surveillé.

Le général Bishop comprit l'agressivité de son visiteur. Un espion grillé qui revenait de loin.

– Votre bouchon flotte encore dans leur état-major, mais pour combien de temps? Je crois que le dénommé Oleg Silkin s'est servi de moi pour l'identifier. Comme il envisage de m'utiliser pour le couler.

– Oleg Silkin? On vous donne du beau monde! C'est un agent de première valeur. Un stratège de haut niveau qui dirige la subversion dans la région. Il passe pour un cerveau du KGB. Savez-vous comment nous l'appelons, ici? Le chasseur de têtes.

– Pourquoi?

– Ce responsable du KGB est un as du contre-espionnage. A ses moments perdus, il se transforme en maniaque de la chasse à l'homme. En quatre ans, il a mis hors de combat neuf de nos meilleurs agents. Des Noirs que nous avions mis des années à former. Cela explique les précautions prises pour relever le colonel Salgoa par un service totalement différent du nôtre.

– Joli score, remarqua Aaron. J'espère lui gâcher le plaisir de sa dizaine. Cela dit, j'aurais apprécié une note à son sujet! Cela m'aurait permis de me tenir sur mes gardes!

– Nous vous la communiquerons.

– Un peu tard.

– Qu'avez-vous appris?

– Pas ce que vous attendiez de moi! Pas un mot sur les réseaux de l'ANC. Je n'ai pu lui parler que durant quelques secondes. Il m'a révélé que les Soviets avaient infiltré une taupe à Salisbury...

Aaron poursuivit.

– Cet agent prévient l'ennemi des opérations les plus

importantes. Avant leur déclenchement par les Forces armées rhodésiennes. Probablement un espion qui accède au matériel « chaud ». Votre informateur ne connaît pas son identité. Il ne m'a pas dit, non plus, s'il s'agissait d'un homme ou d'une femme.

– Cela valait le déplacement. Rod, apportez-moi le dossier des écoutes. Vous savez, le truc capté par Messina...

L'assistant laissa les deux hommes dans le vaste bureau empli du ronronnement des appareils de brouillage. L'agent israélien en profita pour apprécier deux lithographies originales de Picasso. Le NIS se refusait peu de chose; pas même la peau d'un agent du MOSSAD. L'homme revint, porteur d'un minuscule dossier gris.

– Pour des raisons de sécurité interne, je ne puis vous donner lecture de ces messages qu'un de nos centres d'écoutes a interceptés. Pour le cas où...

– ... je tomberais entre les mains de ce distingué soviétique, n'est-ce pas?

– Exact. Dans l'optique, bien entendu, où vous envisagez de retourner à Maputo. Ce qui me paraît assez dangereux, compte tenu de vos doutes.

– Je me suis posé la question.

– Le « call-sign » intercepté nous a paru louche, de prime abord. Nous avons cru à un piège tendu par les Rhodésiens, pour évaluer le niveau de surveillance auquel nous les avions placés ou tester notre ardeur à coopérer. Évidemment, le recoupement que vous nous apportez change notre appréciation. C'est un homme qui informe Maputo. Nous n'en savons pas plus. Il faut que nous parvenions à circonscrire cette fuite. Pouvez-vous nous y aider?

– Rassurez-vous. Ma décision est positive. D'abord parce que je n'aime pas faire mon travail à moitié. Ensuite parce que je condamnerais votre agent à mort, si je m'en allais ainsi : la seule manière de le couvrir est de revenir avec lui dans le piège du KGB, d'embrouiller Silkin en lui faisant croire que je ne suis que ce que je prétends être. Les Soviétiques ne comprennent pas les kamikazes... et enfin... parce que j'aime les défis.

– A quel stade en êtes-vous?

– Oleg Silkin m'a permis de m'échapper, parce que lui aussi adore les challenges. Il ne se laissera pas duper. Il m'a jaugé. Il a pris le risque de savoir si je me résoudrai à sacrifier votre colonel, ou si je me sauverai comme un agent de dernier rang. Je crois que leur ambassade à Copenhague doit enquêter sur la Stizlleg. Il ne fera rien sans preuves. C'est un perfectionniste. De ce côté, je n'ai aucune inquiétude, notre façade est solide. Il va être obligé de creuser ailleurs. Je dispose d'un atout dans cette partie. Silkin veut faire coup double. Prendre le colonel Salgoa la main dans le sac. Il est trop gourmand. Une faiblesse dont je saurai profiter.

Le général Bishop ne pouvait comprendre l'espionnage en terme de jeu. Il tombait par contre sous le charme d'un homme qui ne manquait ni d'intelligence ni de courage.

– Vous avez quelque chose derrière la tête?

– Que diriez-vous si je vous ramenais le nom du traître, lors de mon prochain voyage?

– Je n'y verrais aucun inconvénient. Pouvez-vous essayer de faire sortir le colonel Salgoa? Il nous sera plus utile ici, vivant, que mort là-bas.

– J'y ai pensé. Silkin est sur sa trace. Mais cet homme peut nous rendre bien des services; ramasser des informations de première main sur un dernier coup.

– Lorsque vous me ferez signe, je serai prêt à le repêcher. Nous allons monter une filière d'évasion à travers la réserve du Parc Kruger qui borde leur frontière.

– Surtout pas. Laissez-moi ce soin. J'ai une idée qu'il conviendrait d'exploiter. Si je réussis, je suis persuadé que le colonel Salgoa saura distraire vos longues soirées d'hiver.

– Vous espérez le faire sortir seul?

– Je crois pouvoir compter sur un homme pour cela.

Le chef du NIS ne chercha pas à en apprendre plus que l'agent du MOSSAD n'était disposé à lui dire. Il revint à son dossier.

– Monsieur Laursen, il me paraît essentiel de vous faire

part d'un aspect du problème qui vous aidera à mieux comprendre l'intérêt direct que nous portons au traître qui empoisonne la Rhodésie...

Il hésita un moment, puis échangea une œillade avec un autre militaire. L'Israélien se lançait dans une aventure qui valait bien un éclaircissement.

– Nous avons quelques raisons de croire que la situation militaire rhodésienne a évolué ces derniers temps. Le travail de cette taupe a contribué à renverser la vapeur. Les rapports de forces sont entrés dans une phase hélas irréversible. Nos informations prouvent qu'au plus haut échelon politique, on ne croit plus beaucoup à une victoire décisive sur le terrain. Ian Smith est en train de négocier une sortie honorable avec les Britanniques, sous la pression américaine. Il va accepter la « règle majoritaire » et adopter une période de transition de deux ans avec un pouvoir noir modéré et quelques ministres blancs aux postes de décision. Si ses tractations aboutissaient, une grosse partie de l'état-major rhodésien, ainsi que les Forces spéciales, seraient contraints d'émigrer chez nous pour fuir les représailles. Ces gens disposent d'une connaissance irremplaçable de la lutte antiterroriste et nous saurons utiliser leurs compétences au mieux. Il serait préférable, dans notre intérêt direct, que les agissements de ce traître soient interrompus avant cette échéance.

Ainsi, malgré les apparences, la Rhodésie blanche baissait les bras! Il aurait dû s'en douter. Le coup de Chimio représentait un des derniers barouds d'honneur. Comme toujours le pouvoir politique lâchait son armée.

– Je vois. Vous leur retirez votre soutien...

Le geste vague du général demanda plus de nuance, puis il admit l'évidence :

– Disons que nos intérêts penchent vers cette solution : peut-être est-il préférable pour nous de donner satisfaction aux Américains et aux Noirs de Rhodésie. Cela nous accordera suffisamment de temps pour préparer le règlement du problème racial dans notre propre maison.

Le chef du NIS comprit le regard de l'Israélien.

– Combien de temps?

– Quelques semaines. Quelques mois tout au plus. Nous allons essayer de ralentir le jeu, jusqu'à ce que vous ayez débusqué ce traître. Pour nous, il serait suicidaire d'accepter l'état-major rhodésien avec le risque d'empocher leur taupe. D'ailleurs, Rod, dit-il en se retournant vers son adjoint, ce sera un joli cadeau pour Yvonne Stein. Elle se bat comme une lionne pour trouver une fuite. Cette femme a du flair!

– Yvonne Stein, avez-vous dit?...

Aaron Goldsmith contenait mal sa surprise. Depuis son enfance, il entendait parler de cette femme. Sa famille lui devait sa survie. Les services de renseignements sud-africains venaient d'établir le rapprochement.

– Vous connaissez Mme Stein?

– Elle ne se rappelle probablement pas de moi. Mes parents ne l'ont jamais oubliée. Elle nous a sauvés la vie, à la fin de la guerre. J'ai toujours rêvé de la rencontrer pour la remercier.

Le général eut un sourire.

– En dehors de vos éminentes qualités, c'est ce qui nous a conduits à choisir votre candidature, avoua Bishop. Les dossiers du MOSSAD sont complets. Nous connaissions les liens qui existent entre votre famille et cette dame. J'ai pensé que si nous ne parvenions pas à composer avec vous, vous accepteriez plus volontiers de lui rendre ce petit service à titre personnel. Elle dirige le CIO rhodésien. Nos informateurs nous ont appris qu'elle était la seule personne à soupçonner l'existence d'une taupe dans leur état-major.

– Transmettez-lui mes compliments et mes renseignements, général... Et dites-lui aussi que je n'ai pas l'intention de rester à Maputo jusqu'à une solution politique négociée pour la Rhodésie.

– Je crains que nous ne soyons pas en mesure de lui apprendre grand-chose, tant que nous ne disposerons d'aucun matériel précis. Mais vous la rencontrerez probablement vous-même.

– Bravo pour la manœuvre, général. En fait de dossiers, j'espère que vos services auront rempli les miens! Je dois ramener des contrats à Maputo.

– Voulez-vous que je vous confie un secret, monsieur Laursen? Mes services n'ont pas eu à tricher! Il existe un marché en Afrique du Sud pour les confitures mozambicaines. Vous avez le feu vert financier pour monter votre usine. Une belle façon de duper Silkin que de débloquer les fonds pour cette opération!

L'espion israélien venait à peine de quitter le centre du NIS, qu'un groupe d'officiers investit le bureau décoré de meubles design. Ils s'assirent sur l'immense canapé de chevreau blanc.

– Cet agent semble présenter toutes les garanties de sang-froid et de volonté que requiert une telle mission. Cela dit, il me paraît indispensable que nous mettions aux voix le projet suivant...

Le général se racla la gorge pour se donner le temps de la réflexion et préparer son auditoire.

– Voilà ce que je vous propose : nous allons entrer en contact avec Yvonne Stein et lui offrir nos débuts de preuves pour découvrir la taupe. Nous lui ferons ce joli cadeau à une condition : qu'elle accepte les règles de notre piège. Mme Stein devra tout dévoiler, au cours d'une conférence qui réunira la moitié de l'état-major rhodésien... la « crème de la crème », précisa-t-il en français, l'existence d'un espion du NIS à Maputo. Son nom, son rang, son rôle...

– Mais si le traître se trouve parmi eux, nous perdrons notre « casier à langoustes », s'exclama le directeur de la police. C'est du suicide!...

– Ce sera une regrettable perte. Mais je dois vous avouer que je ne compte pas récupérer le colonel Salgoa de toute manière. Ce type est un Mozambicain. Il peut nous intoxiquer. Nous ne saurons jamais s'il est un agent double. La tournure que prennent les événements avec la Rhodésie nous conduit à jeter du lest. Il peut nous servir une ultime fois pour chasser le ver de la pomme que les Russes veulent placer dans notre panier. Il faut choisir!

– Mais l'ANC?

– Si notre agent a recueilli du « bon », il le transmettra à Aaron Goldsmith.

– Cela équivaut à placer l'agent du MOSSAD en périlleuse position.

– Je le déplore. Les Américains sont entrés dans le règlement du conflit rhodésien. Nous ne pouvons plus prendre de risques inutiles. Kissinger était un habile négociateur. Andrew Young a les coudées plus franches. Il pèsera de tout son poids et réussira à faire plier Ian Smith, là où les Britanniques ont échoué.

– Vous voulez dire que vous sacrifiez également l'Israélien?

– Voulez-vous que j'emploie des périphrases pour ménager vos consciences? demanda Bishop. Nous allons écouter le traître, le faire pister par Yvonne Stein. C'est la seule façon d'opérer. Par élimination. Tous ceux de leur état-major qui ne seront pas protégés par un alibi parfait, à l'heure de l'émission vers Maputo, devront être suspectés. Croyez-vous que cette taupe se laissera abuser par un petit leurre? A la pêche au gros, on se doit d'utiliser un appât de qualité. Je ne veux pas d'une taupe chez nous. Cette sécurité n'a pas de prix. Quant à Peter Laursen, c'est un type remarquablement adroit. Nous lui souhaitons de se tirer sans casse de cette impasse, bien sûr! Alors, messieurs, que décidons-nous?

Les doigts commencèrent à se dresser, votant la mort de deux hommes.

La British South African Police avait déployé son zèle et ses limiers pour montrer l'efficacité de ses services au CIO. Après la demande de collaboration étroite sollicitée par Brooks, elle n'avait mis qu'une dizaine d'heures à retrouver la piste de Veronica. Elle se terrait à quelques kilomètres de la capitale, dans Glen Lorne Drive, sur la route de Mtoko. Le CIO avait buté sur le premier écueil. La Shona n'avait pas reparu à la fabrique de tabac. La BSAF possédait des moyens plus traditionnels, mais plus efficaces. Elle avait encouragé la délation en mettant une prime en évidence, pour les renseignements qui permettraient de localiser la belle Africaine. Les collègues de Veronica commencèrent à s'intéresser à la question. Quelques dizaines de dollars étaient toujours bons à prendre. Les renseignements pleuvaient encore lorsque la maîtresse de Timothée Carpenter se trouva en garde à vue, derrière les barreaux du pénitencier de Salisbury, se demandant quel crime lui valait d'aussi pressantes attentions.

Brooks s'attribua le succès de l'opération.

– J'ai respecté vos délais. Reste à savoir ce que nous allons faire d'elle. Nous ne pouvons la retenir sans charge précise ni preuve. Ce n'est pas un crime que de quitter son emploi sans préavis!

Yvonne Stein savourait son premier jour de liberté, arpentant les allées ombragées de Cecil Square, sous les haies de jacarandas et de spathodias. Un pantalon de toile remplaçait son éternelle jupe de tailleur. Il dissimulait les traînées de mercurochrome sur ses jambes. Une paire de lunettes de soleil et quelques touches de fard masquaient ses coupures encore fraîches.

– Qu'a donné l'interrogatoire?

– Déconcertant. Elle maintient s'être disputée avec Timothée Carpenter et avoir quitté l'appartement qu'il louait pour la rencontrer secrètement. Nous avons bien entendu évité de lui annoncer la mort de son amant.

– Quel est son état d'esprit?

– Abattue. Au bout du rouleau. Il a dû se passer quelque chose entre eux. Sa séparation d'avec Carpenter semble l'avoir affectée. Elle semblait dire qu'il avait pris l'initiative de cette rupture... Elle ne simule pas sa détresse.

– Je persiste à croire qu'elle n'a rien à voir dans cette histoire. J'ai étudié son profil; rien de brillant. Pas du tout la hauteur requise pour une espionne. Dans ces conditions, je dois respecter mes engagements vis-à-vis de Timothée Carpenter. Faites-la acheminer par avion vers un « village protégé » aussi éloigné que possible de Salisbury. Celui de Victoria Falls me paraît indiqué. Ceux de la ZANLA ne la retrouveront pas si loin.

– En avons-nous le droit?

– Nous avons tous les droits. Nous sommes en guerre contre la subversion. Oui, absolument tous les droits. Y compris de protéger les gens contre eux-mêmes. Nous avons remué beaucoup de poussière autour de cette jeune femme. Peut-être a-t-elle bien fait de se planquer durant quelques jours; les Terrs ne sont pas tendres avec les femmes noires qui s'offrent aux Blancs. J'ai connu ça après l'Occupation. En France, on se contentait de tondre les « collabos ». Ici, ils les dépècent vivantes. Heureusement, tous les Rhodésiens ne montrent pas de telles faiblesses pour les indigènes.

Il était inutile de s'opposer aux décisions de la directrice du CIO.

Brooks lui fit comprendre qu'il conservait quelques doutes sur son comportement. Peut-être ne se contentait-elle pas d'honorer une dette morale envers le Selous Scout. Elle réglait une affaire personnelle avec cette jeune femme. Le ton avec lequel elle parlait de Timothée ne lui avait pas échappé. A présent, l'intérêt supérieur de l'État et le respect de la parole donnée n'apparaissaient plus qu'au second plan.

Ils s'assirent sur un banc, devant une pièce d'eau dont les arabesques leur apportèrent un peu de fraîcheur.

– Je suis inquiète, Brooks. Ce silence de Nshaba ne me dit rien. Le Ndebele aurait dû appeler depuis longtemps!

– Les chances de le retrouver s'amincissent! Les Grey Scouts ont monté une battue : elle n'a rien donné. Le colonel Daly estime qu'il a dû buter sur un obstacle imprévu!

– Nom de Dieu! jura la Française, nous n'avons aucune prise sur cette affaire. Tous ceux qui y touchent s'y brûlent.

– La cérémonie à la mémoire de Carpenter a eu lieu ce matin. Impossible de la différer. Le colonel Daly m'a dit que ses parents ont montré un courage extraordinaire. Pas une larme. Pas un cri de douleur. Il paraît que c'est fréquent, lorsque le corps n'est pas présent! Les parents croient probablement qu'il est captif au Mozambique...

Yvonne eut un sourire.

– Possible... Ou bien réagissent-ils comme moi! Ils ne le sentent pas mort.

L'homme tiqua. L'acharnement de cette femme virait à l'obsession. Il refusa une cigarette.

– Que comptez-vous faire? Vous avez étudié mes listes et les rapports d'enquêtes établis par la Special Branch.

– Nous sommes en carafe, Brooks... Je pense prendre un ou deux jours de repos. Les utiliser pour réfléchir aux faibles indices que nous avons. Même si nous ne disposons pas de recoupements, je veux établir des hypothèses. Vous tenez les rênes. Avertissez-moi si une complication se présentait. Peter Walls n'a pas pu me rendre visite. Les troubles reprennent dans la région de Hot Springs. Je l'appellerai.

Brooks se leva pour quitter Cecil Park.

– Voulez-vous que je vous fasse déposer chez vous?

– Non, je vous remercie. Je prendrai un taxi.

– Comme vous voudrez. Le général Walls s'est montré inquiet à votre sujet.

– Rassurez-le. Je vais parfaitement bien. Mes blessures ne me font plus souffrir.

– Il parlait de blessures mentales.

– Il pense que je suis devenue folle?

– Il m'a demandé de lui expliquer pourquoi vous lui aviez parlé de « zèbre », après l'attentat. Je n'ai pas pu lui fournir le moindre début d'explication. Sans doute était-ce le choc?

– Oui, mon cher Brooks : le choc. Sans doute.

Il comprit à son regard qu'elle lui cachait quelque chose, mais n'insista pas. Il se retira pour organiser la déportation de Veronica. Sans ajouter un mot.

Lorsqu'elle se retrouva seule, Yvonne continua de sourire en observant le travail symbolique d'un balayeur sur le dallage propre. Un de ces jours, elle apprendrait à Peter ce qu'était un « zèbre ». Pour l'heure, il ne lui restait que deux certitudes, auxquelles elle tentait de s'accrocher : le traître continuait d'opérer au plus haut niveau du Quartier général, et Timothée Carpenter n'était pas mort... Il détenait peut-être la première maille de l'écheveau. Il reviendrait. Parce qu'il fallait qu'il revienne.

– Notre hôte a-t-il fait bon voyage? demanda Oleg Silkin à son visiteur.

– Je l'espère, répondit le Mozambicain. Je l'ai perdu dans une galerie marchande...

– Tu crois que je t'ai offert le voyage vers Pretoria pour que tu te laisses avoir aussi facilement?

– C'était très difficile de coller à ses pas. Il a visité quantité de groupements d'achat sud-africains. Ses démarches l'ont amené à négocier dans des bureaux où je n'avais pas accès.

– Tu n'as rien remarqué de particulier?

– Pas grand-chose. Pourtant, si... Mon talonnage n'a plus lâché, dès que je l'ai retrouvé à l'hôtel Sheraton.

– Nous y voilà...

Oleg Silkin savait que l'étranger tenterait de semer son suiveur. C'était de bonne guerre. Il eût opéré identiquement, à sa place. Il se serait éclipsé quelques heures pour se rendre à son point de rencontre secret, puis se serait arrangé pour reprendre en charge l'homme qui le surveillait.

– La filature a été plus facile, ensuite?

– Oui. Il a fait des courses. Puis il a donné quelques coups de téléphone et passé la soirée dans un night-club. Là, il n'a rencontré personne. Ni femme ni homme. Il paraissait s'ennuyer. J'ai repris avec lui l'avion de ce matin. Comme prévu. Il ne m'a pas repéré.

Oleg en était moins sûr.

– Bon. Tu peux disparaître. Tu auras ton appartement, bien que tu ne l'aies mérité qu'à moitié. Il se peut que j'aie encore besoin de toi.

Le Noir se retira sur la pointe des pieds.

Les services de renseignements de l'ambassade soviétique n'avaient pas perdu de temps. Oleg Silkin étudia le long rapport, essentiellement constitué d'articles, qui concernaient le colonel Salgoa. Il n'y trouva aucune lacune. Le Mozambicain avait rejoint le maquis très tôt, s'illustrant durant la guerre de libération, il présentait toutes les garanties d'un fidèle communiste. Sa fonction de n° 2 au ministère de l'Intérieur allait comme un gant à cet autodidacte rusé qui préférait les rôles de second plan. Rien.

Oleg s'empara du téléphone et composa un seul numéro sur le cadran.

– Dimitri, as-tu reçu des nouvelles de Copenhague?

– Recherches nulles pour l'instant, répondit le collaborateur d'Oleg. La Stizlleg a pignon sur rue. C'est une firme prospère. Ton type travaille pour eux depuis longtemps. Rien de suspect. Copenhague a transmis notre demande d'enquête dans les différentes capitales européennes où Peter Laursen a travaillé. Ça prendra du temps : il a beaucoup voyagé...

– C'est ce qui m'inquiète!

Il reposa le combiné et commença à se frotter les mains. Les Africains lui avaient enseigné l'art de la chasse. A présent, la battue pouvait commencer... puisque M. Laursen se pliait si volontiers à jouer le rôle du gibier.

Le paquet de Berkeley était presque terminé. Yvonne ne pouvait supporter ce tabac infect, mais il lui était encore plus difficile de s'abstenir de fumer. Son hospitalisation l'avait prise de court et elle avait renversé la moitié des tiroirs de sa villa pour y chercher des Rothmans. Elle avait dû se rabattre sur du « local ».

Elle tentait de se distraire en observant le patient travail des tisserins. Une multitude d'oiseaux aux ailes jaunes bâtissaient leurs nids ovoïdes sur les plus inaccessibles branches d'un pin. Elle n'avait jamais réussi à comprendre pourquoi les volatiles s'escrimaient à ouvrir leur abri vers le bas, ni comment les jeunes ne tombaient pas plus souvent des habitations. Le schéma de montage de la paille tressée devait répondre à un atavisme spécifique à leur espèce, et ils s'entêtaient à les accrocher aux branches qui se balançaient. Comme Yvonne se cramponnait à son idée d'un traître en Rhodésie. La tâche qui lui était dévolue restait mille fois plus ardue que celle des tisserins. La directrice du CIO n'avait pas réussi à poser son premier fétu de paille. Elle observa plus attentivement l'œuvre d'un oiseau polygame qui construisait deux nids en même temps. Le courageux bâtisseur opérait d'incessantes rotations entre un massif de roseaux, d'où il arrachait les fibres de son bec, et son lieu de reproduction. Sous les yeux attentifs de ses futures compagnes.

La superbe villa du quartier d'Islands aurait pu être un paradis. Un Eden avec des Rothmans. Elle contempla les massifs d'iris qui grimpaient jusqu'à l'imposante bâtisse ombragée sous les pins. Il lui semblait la découvrir pour la première fois. D'ordinaire, elle quittait tôt son domicile et ne le regagnait que tard dans la nuit, escortée par une jeep militaire.

Elle s'étira sur le transat disposé près de la piscine, respira à pleins poumons l'air doux parfumé de chèvrefeuille, puis déplaça le parasol. Le médecin l'avait avertie que les points de suture n'empêcheraient pas le soleil de faire gonfler les coupures. La responsable du CIO passa une nouvelle couche d'écran solaire sur ses jambes et reprit son raisonnement. A part son propre nom et celui de Peter Walls, il lui était impossible de rayer le moindre officier de sa liste. Elle pouvait peut-être barrer celui de Brooks! Ce cher Brooks. Il aurait fait un parfait suspect. Le genre de type que l'on regarde automatiquement, dans une chorale, lorsque quelqu'un chante faux! Ron Reid Daly pouvait également être écarté. Trop droit, trop fidèle. Mais non. Personne ne pouvait être arbitrairement épargné. Même si la sympathie et l'admiration que Yvonne Stein portait au colonel des Selous Scouts étaient immenses.

Le traître devait être un personnage fiable. Un fidèle parmi les plus dévoués. Il ne pouvait avoir franchi les barrages de la sécurité militaire qu'à ce prix : une attitude aussi irréprochable que les plis de son uniforme. Yvonne pouvait déjà esquisser un portrait robot de cet homme. La tunique impeccable, l'air strict et sérieux sous la visière de sa casquette. Un visage sans traits, composé de bandes blanches et noires, à la manière d'un zèbre.

Les brûlures du soleil commencèrent à mordre les cicatrices de ses mollets. Elle se retourna sur le dos et dénoua son maillot de bain. Elle exposa même sa poitrine. Personne ne pouvait admirer les générosités de sa gorge, ni se moquer des traces rougeâtres qui parsemaient son corps.

Il lui fallait tirer une conclusion de l'attentat. Walls avait raison. Jamais la ZANLA n'aurait pris le risque de sacrifier un informateur qui lui faisait gagner la guerre. Elle aurait dû rayer les noms de tous les blessés, même légers. A la réflexion, les membres de la réunion devaient être écartés, car le terrorisme aveugle d'un engin explosif ne pouvait frapper sélectivement, ni épargner une seule personne en particulier, dans une pièce close. Il y avait pourtant un élément que Walls ne prenait pas en compte : la puissance de l'engin...

Brusquement, l'idée qui venait de germer dans son cerveau se matérialisa. Yvonne se releva sur les coudes, fixant le jet d'eau craché par un dauphin blanc dans la piscine déserte. Les hommes de la ZANLA n'étaient pas tous des artificiers d'élite. Ils auraient pu déposer un explosif plus puissant dans la jeep. Ils avaient réussi à pénétrer dans le camp militaire. Quelques kilos de dynamite supplémentaires ne leur auraient posé aucun problème. La ZANLA n'avait pas voulu tuer. Simplement écarter les soupçons... Cela mettait le traître à l'abri, comme les autres. Il y avait une minuscule chance pour que son idée première ait frappé juste... pour que son raisonnement fût celui que le Russe de Maputo avait prévu. Pour que le traître ait élevé un écran de fumée entre Yvonne et lui. La déduction se mordait la queue. Les membres de la réunion avaient été contrôlés à plusieurs reprises. Ils se situaient tous au sommet de la pyramide.

Elle alluma une nouvelle cigarette et tenta de reprendre

son raisonnement, étape par étape, pour déceler ce que l'intuition pourrait apporter à la logique. Elle s'en était étonnée devant Peter Walls. La bombe n'avait fait que des blessés légers, alors qu'ils auraient pu être pulvérisés. A la place du marionnettiste de Maputo, elle n'aurait pas hésité une seconde à balayer le grand état-major! Cela équivalait à décapiter l'armée rhodésienne, à désorganiser les schémas de défense. Pourquoi avait-il reculé? Qu'est-ce qui pouvait valoir plus cher que le sommet de l'organigramme et que la Rhodésie? Ensuite, l'explosion n'était intervenue qu'à la fin de la réunion, alors qu'ils discutaient depuis deux heures. Sans ce dossier arrivé à la dernière minute, ils auraient quitté la pièce avant la déflagration. Cela ne tenait pas debout.

Le téléphone sonnait depuis longtemps. Peut-être avait-on récupéré Nshaba? Walls avait-il égaré ses boutons de manchettes? Elle décrocha le combiné portable qui la suivait jusqu'à la piscine.

– Yvonne Stein...

Personne ne répondit. Elle comprit que quelqu'un attendait, en silence. Sans doute un mauvais plaisant.

– Je vous écoute. Parlez...

– Ouvrez bien vos oreilles, Yvonne Stein...

Elle connaissait cette voix. Elle en aurait juré. Elle ne l'associait pas avec ce ton farceur, mais le timbre était familier. Une voix grave, d'outre-tombe.

– Qui êtes-vous? Que voulez-vous?

– Nous avons passé un marché. J'espère qu'il tient toujours! Que vous ne m'avez pas oublié...

– Un marché? Mais qui êtes-vous? Si c'est une plaisanterie...

– Massangena... Une plaisanterie? Vous manquez d'humour, madame Stein.

– Timothée Carpenter!

Yvonne se redressa sur le transat, le souffle coupé, puis elle parvint à se reprendre.

– Je savais que vous reviendriez. Tout le monde vous croit... mort.

– Pas encore, madame Stein... Vous m'avez donné d'excellentes raisons pour survivre. Je suis passé par ma ferme, avant de vous appeler. Mes parents ne m'ont pas vu. Cela m'a été difficile, mais j'y suis arrivé... Merci pour la Grand-Croix d'argent de Rhodésie. Mais cela pourra peut-être attendre. J'ai pensé qu'une conversation s'imposait avant que je ne fasse ma rentrée dans le monde des vivants. Ma mère ne croit pas non plus que je sois mort.

– Nshaba l'a formellement rapporté! Il vous a vu tomber en mission. Dans le camp de Massangena!

– Nshaba? Je suis content d'apprendre qu'il va bien. Il a entendu la grenade. Mais il n'a pu me voir mort, car je suis bien vivant, je vous l'assure. Où est-il?

– Nous n'en savons rien. Il a téléphoné pour annoncer que la mission était un échec. Puis il s'est volatilisé dans la nature.

– Curieux. Cela ne lui ressemble pas.

– Nous poursuivons les recherches.

– J'ai accompli ce que vous me demandiez, Yvonne Stein. J'en ai la preuve. Robert Mugabe a reçu un ordre de rappel à partir de Maputo. Des Russes. Trente minutes avant notre attaque. Il y a probablement un traître à Salisbury. Il peut informer la ZANLA de chacune de nos opérations. Je ne crois pas aux coïncidences de ce genre... Vous aviez vu juste. Il y a un salaud au plus haut niveau.

– Savez-vous son nom?

– Ne m'en demandez pas tant! Un type de Maputo doit le connaître. Un membre de l'ambassade soviétique ou un agent du KGB. Celui que j'ai interrogé n'a pas pu mentir. Pas dans la position où je l'avais placé.

– Tim, fit-elle en se mettant debout, il faut que je vous voie. Restez où vous êtes. Je viens vous chercher. Vous avez raison de n'avoir prévenu personne de votre arrivée. Il aurait été tentant de vous éliminer. Le traître n'a pas commis une seule faute, jusqu'ici. Où vous trouvez-vous?

– Laissez votre Uzi à terre. Je ne suis pas loin. Je vous observe depuis votre salon. Une arme braquée sur vous...

La tête d'Yvonne se tourna vers la villa. Elle ne pouvait

deviner que la mire d'un Kalashnikov entre les voilages.

– Désolé, madame Stein. Mais je reviens de très loin. Vous non plus, ne croyez pas aux miracles. Avancez lentement vers moi. Je vous ai apporté un cadeau. Ne tentez pas de prendre votre arme, sinon je vous tue. Vous pourriez être cette personne indélicate qui n'a commis aucune faute, jusqu'à présent. Raccrochez, maintenant. Remettez le haut de votre maillot! Je me sens de curieuses dispositions, lorsque je rentre de mission...

La Française obéit. Elle ne chercha pas à récupérer au passage son peignoir de bain, afin de ne pas risquer un accident. Elle se contenta de ramener les bretelles de son maillot et d'y dissimuler sa poitrine. Depuis combien de temps la regardait-il ainsi? L'avait-il vue se caresser au soleil? Le Selous Scout aux abois savait les doutes qu'elle avait émis à son encontre et était prêt à faire n'importe quoi pour se sortir du guêpier. Il pourrait même la tuer, s'il se sentait menacé.

Elle gravit les quelques marches qui la séparaient de la maison ombragée et pénétra dans le salon.

L'homme qui gisait sur le canapé n'avait rien de commun avec Timothée Carpenter. Sa tenue de combat était déchirée, son visage creusé par la fatigue. Il ne devait pas avoir mangé ni dormi depuis des jours. Les yeux du Selous Scout étaient enfoncés dans leurs orbites sombres qui se conjuguaient avec le maquillage de commando presque effacé. Leur bleu semblait vitreux. Les lacets de ses bottines de brousse disparaissaient sous la poussière. Malgré la saleté de sa tenue, Yvonne devina la tache plus sombre sur son pantalon déchiré aux genoux.

– Asseyez-vous, madame Stein, ordonna-t-il d'un ton cassant.

Chaque détail trahissait son épuisement. Il surprit son regard fixé sur sa jambe droite et eut une moue.

– C'est peu de chose, en comparaison avec ce qu'ils m'auraient offert, si j'étais tombé vivant entre leurs pattes. Lorsque je suis revenu vers la frontière, leur piège était fermé. Les pisteurs savent distinguer si un homme ou deux ont réussi à prendre la fuite. Il ne m'a pas été facile d'ouvrir leur filet humain. Ce n'était pas une partie de plaisir, je vous l'assure. Je ne reviens pas d'aussi loin pour me laisser liquider.

– Vous me soupçonnez?

– Pourquoi pas? Vous m'avez envoyé à la mort. Si vous êtes cet espion, quel meilleur moyen que de charger un disparu avec tous les péchés du monde. Je me suis permis d'emprunter ce flacon à votre bar... Whisky?

– Non merci. Pas à cette heure.

Il but une longue rasade au goulot, puis reposa le flacon contre l'accoudoir.

– Maintenant, il ne reste plus que deux solutions : ou bien vous êtes ce traître... et je vous tire une balle dans la tête... ou alors ce n'est pas vous et je le trouverai pour lui faire payer cet enfer. Le mien et celui de Nshaba.

Elle l'observa sans bouger, incapable de réaliser que Timothée était bien vivant. Yvonne s'était si longtemps imaginé son retour qu'elle ne savait plus comment lui dire qu'elle l'avait attendu. Pas seulement pour ses renseignements.

– Je suis passé à mon appartement dans Argyle Street. Elle s'est envolée. J'ai repéré les traces. Veronica n'a pas remis les pieds dans cet endroit depuis trois jours au moins. Sans doute a-t-elle finalement compris que nous n'avions pas d'avenir ensemble. Voilà qui vous dispense d'une partie de notre accord.

Yvonne se mordit les lèvres.

Tim plongea sa main dans la poche de sa vareuse et jeta un objet noirâtre aux pieds de la directrice du CIO.

– Un souvenir de l'officier des transmissions que j'ai interrogé... Il a tenu à ce que je vous fasse ce cadeau.

Yvonne regarda l'oreille humaine sans dégoût, relevant le défi qu'il lui lançait.

– Je crois que je ne vais pas vous tuer tout de suite... commença Tim.

Il n'avait pas terminé sa phrase, qu'il s'évanouit sur le sofa. Yvonne eut toutes les peines du monde à lui arracher son arme d'assaut. Les doigts sales et recouverts de sang étaient rivés à la crosse de bois, l'index collé à la détente. Lorsqu'elle eut réussi, elle déposa l'arme sur la moquette, puis agrandit la déchirure sur la cuisse du pantalon. Elle ne put dégager l'étoffe de la plaie. Une longue balafre courait depuis la hanche jusqu'au genou, la profonde coupure s'élargissait sur près d'un centimètre et saigna lorsqu'elle voulut l'examiner sous le tissu collé. Elle entreprit de le traîner sur le tapis, afin de lui prodiguer les premiers soins. En basculant le corps inerte, elle découvrit la large traînée de sang noir qui recouvrait la gaine et le manche du couteau de chasse. Le Selous Scout revenait d'un enfer.

– Il va falloir vous en tenir à votre seconde hypothèse, murmura Yvonne Stein, lorsque l'éclaireur reprit conscience.

Il eut un sursaut pour rechercher son arme. Un réflexe de guetteur que l'on surprend en train de s'assoupir. Puis il cligna des yeux et parut décontenancé par la pièce dans laquelle il se trouvait.

– Je me suis permis de vous enlever votre fusil. Cela m'a valu de voir qu'il ne restait plus une balle dans le chargeur...

– J'en ai eu besoin... avant.

– Tim, il va falloir me faire confiance. Comme je dois me fier à vous, dorénavant. Racontez-moi...

Il contempla le mobilier dépouillé de la chambre à coucher, puis lui relata la capture du radio et son interrogatoire. Elle l'écouta sans l'interrompre, jaugeant ses réactions. Le jeune Rhodésien découvrait qu'elle l'avait dénudé, lavé, frictionné à l'eau de toilette et lui avait pansé ses plaies. Il souleva le drap pour examiner le bandage, puis le tira sur son torse nu.

– Une sale blessure. Je crois que ça s'arrangera. Comment êtes-vous rentré à Salisbury?

– Il a d'abord fallu franchir la frontière. Ils avaient déployé des centaines de soldats. J'ai dû attendre la nuit et me battre à l'arme blanche pour passer en douceur. Les gens du FRELIMO ne sont pas mauvais au couteau! Un mouvement de plus, et ce connard m'éventrait. J'ai volé une voiture, avant de prendre le train à Gwelo. C'est fou ce qu'on peut passer inaperçu, dans ce pays, lorsqu'on connaît les trucs!

– Les employés des Rhodesian Railways n'ont pas été étonnés par votre aspect?

– Je n'ai pas payé mon billet. Pas d'argent. Je n'avais qu'un seul but : vous liquider.

– Je vais vous chercher quelque chose à manger. Détendez-vous. Si j'avais voulu, j'aurais eu cent fois le temps de vous éliminer durant votre sommeil. Si j'avais été une espionne.

Elle se leva et s'éloigna du lit. Yvonne Stein n'avait pas encore eu le loisir de quitter son maillot de bain.

– Vous avez eu un accident?

– Des éclats de verre. Je vous raconterai ça.

– Où est Nshaba?

Yvonne fit mine de ne pas entendre.

Lorsqu'elle revint avec son plateau, il répéta sa question :

– Des nouvelles de Nshaba. Où se planque-t-il?

Yvonne Stein hésita, gênée. Elle se décida à le lui apprendre.

– On m'a téléphoné pendant que vous dormiez. Les PATU l'ont trouvé... mort... Je suis désolée, Timothée. Il n'a pas eu de chance. Nshaba est tombé sur un pungwe... Nos hommes n'ont pas réussi à comprendre comment un combattant aussi expérimenté s'était jeté dans ce piège. Les villageois ont parlé. Il n'a pas réalisé qu'il se fourvoyait parmi des partisans de la ZANLA.

– A-t-il souffert?

– Je ne crois pas. Un enfant l'a poignardé. Dans le dos. Il a eu le temps de jeter sa grenade. Il a tué quatre Terrs... et en a blessé cinq autres. Ce sont les éclats de métal, à l'hôpital de Chiredzi, qui ont guidé les PATU... Personne ne comprend...

– Si, moi, je comprends, dit Timothée. Il me croyait mort... Et puis il s'est imaginé que Koulou-koulou...

Jamais Yvonne n'aurait cru cet homme trempé dans l'acier capable de larmes. Le Rhodésien se mit à pleurer en silence.

– Je l'aimais comme un frère.

– Je comprends...

Elle posa le plateau à terre et s'approcha du lit. Yvonne prit sa tête blonde entre ses bras et la serra contre elle. Ils n'étaient plus en guerre, ni elle une responsable des services secrets, ni lui un soldat d'élite, mais un homme qui souffrait et une femme qui comprenait sa douleur.

– Il est mort à cause de moi, balbutia Tim. J'étais sa force et lui la mienne. J'ai survécu parce que je voulais gagner, mais aussi parce que je le croyais devant, en sécurité. Il s'est laissé prendre, il me croyait liquidé.

– Je comprends, Tim.

Alors, la femme que tous croyaient insensible l'embrassa sur son visage, joignit ses lèvres aux siennes, dans un long baiser qu'elle n'espérait plus donner à personne. Il l'enlaça à son tour et la plaqua contre lui. Il fallait qu'il oublie tout : qu'elle avait cinquante ans passés et lui vingt-quatre; qu'elle dirigeait le CIO, alors que lui battait la campagne; que la vie venait de lui arracher une partie de lui-même.

Les yeux bleus de Timothée sondaient les pupilles d'Yvonne. Ils avaient fait l'amour durant des heures, avec une passion et une violence que seuls leur désarroi et leur solitude pouvaient expliquer. Sans prononcer un mot, ni exhaler un soupir, de peur de trahir leur égarement. Le téléphone avait sonné... lointain. Couvert par la folie de leurs caresses et la passion de leur étreinte.

Yvonne revint nue vers le lit, apportant le plateau du déjeuner composé de viande froide et de pain. Le jeune homme la laissa approcher, détaillant chaque courbe de ce corps encore élancé, avide d'amour. Il lui prit la main et l'attira vers lui, caressant les cicatrices de son visage et passant ses longs doigts dans ses cheveux bruns. Elle s'assit à cheval sur lui et heurta involontairement de son genou le pansement. Il gémit de douleur. Premier sourire de femme amoureuse. Elle guida son sexe en elle et le laissa pétrir ses seins avec violence, comme le plaisir renaissait. Ils firent longtemps l'amour ainsi, sans se soucier de la bouteille de Fleur du Cap qui se répandait sur le tapis.

Timothée savait qu'il ne pouvait plus expliquer son geste par le seul désarroi.

Yvonne se laissait balayer par un plaisir qu'elle avait cru oublié.

Les pigeons roucoulaient dans leurs niches de pierre. Les rayons du soleil pénétraient obliquement dans leur demeure, à travers le portail grillagé. Ils se contentèrent d'augmenter leur chant, à l'approche du visiteur.

L'homme fit jouer le loquet, puis entra à reculons dans son pigeonnier, poussant une série de petites sibilances sur ses lèvres en cul-de-poule.

– *Hello, hello, birdies!*

Il referma le grillage de la tour de pierre, et se commanda des mouvements lents, pour ne pas effrayer ses amis. Il déposa enfin l'assiette de semoule sucrée qu'il réservait à ses compagnons, chaque semaine. Un gros pigeon se laissa choir de son nid, gonfla son jabot en approchant des pieds de son maître. Sa robe blanche et noire se balançait au soleil, à mesure que l'animal avançait en zigzag vers l'objet de ses délices.

– Hello, Jimmy! Comment te sens-tu, aujourd'hui?

Le gros mâle répondit par un trille plus aigu et contourna les chaussures immobiles, avant de piquer du bec dans la semoule tiède. Aussitôt, les autres l'imitèrent, jusqu'à recouvrir le récipient de terre, y pataugeant sans retenue.

L'homme enfonça ses mains dans les poches de son blazer de coton bleu, satisfait, comme chaque week-end, de délaisser sa tunique de l'armée. Il compta ses pensionnaires, puis effectua un nouveau calcul. Il en manquait un. Il se déplaça doucement à l'intérieur de l'abri, et découvrit un autre mâle, prostré derrière une cagette de bois. Le volatile ne bougeait plus, les yeux clos et le col déplumé.

– Alors, Sam! Ça ne semble pas aller très fort,

aujourd'hui! Tu t'es battu avec le vieux Jimmy... Tu sais pourtant qu'à la période des amours il devient irritable! Est-ce bien raisonnable, à ton âge?

Il se pencha et captura l'oiseau blessé. D'un œil d'expert, il comprit que l'état de Sam ne lui laissait aucune chance. Il lui replia la tête sous l'aile, puis serra fortement. Après quelques secondes, le pigeon tenta quelques convulsions pour échapper à l'étouffement, puis commença à se détendre et se laissa glisser à la mort. Il empocha l'animal encore parcouru de soubresauts et revint au festin. Insensible.

– Mangez, mes chéris. Tout est pour vous. Vous savez que votre papa a des soucis, en ce moment. On lui cause des tracas...

Il se baissa pour caresser d'un doigt le plumage de son préféré, puis ajouta à l'intention de Jimmy :

– Mais ce n'est rien, comparé aux ennuis que je leur occasionne. Nous allons leur jouer encore quelques vilains tours! Vous m'aiderez, n'est-ce pas?

Il quitta le pigeonnier et traversa le gazon qui le séparait de la maison. L'adorable cottage encadré par deux flamboyants lui parut encore plus délicieux sous le soleil doux du dimanche matin. Une maisonnette de contes de fées « avec la vilaine sorcière pour l'occuper », ne put-il s'empêcher de penser avec un sourire méchant.

– *Darling?* cria sa femme de la cuisine.

– *Yes, love...*

– Comment te sens-tu aujourd'hui?

– En pleine forme. Mes coupures ne me font même plus souffrir.

– Formidable... C'est toi qui as pris le seau et l'éponge?

– Oui, ma chérie. Je vais donner un coup de jet à ma voiture. Elle est dans un état épouvantable...

– Ah bon! Je croyais que les enfants les avaient emportés pour jouer.

L'homme contourna sa maison avec fierté. Ceux qui commençaient à quitter en masse le pays ne savaient pas ce qu'ils perdaient. On pouvait acheter de superbes résidences pour une bouchée de pain. Les optimistes ne se privaient pas d'acquérir des propriétés de rêve pour le dixième de leur valeur. Il aurait pu bâtir une colossale fortune si ses projets ne l'orientaient ailleurs et s'il n'avait craint de se démasquer par des dépenses inconsidérées. Mais pour une acquisition de trente mille dollars, la Sécurité ne pouvait rien prouver du tout. Pas même Yvonne Stein, dont les services cherchaient dans tous les azimuts.

Il dépassa la Jaguar hors d'âge et retrouva le seau d'eau tiède devant sa Morgan. Un bijou! Depuis l'arrêt des importations, le parc automobile rhodésien n'était composé que d'antiquités. Quel régal pour les amoureux de vraies voitures! Il commença par savonner les garde-boue, sifflotant un vieil air gallois. Il opérait par petites touches, afin de ne pas mouiller son veston. La vieille décapotable brillait sous le soleil. Avec sa nouvelle peinture, elle avait fière allure. Jamais il n'aurait abandonné le plaisir sacré de cette toilette à un garagiste. Une égratignure arrivait si vite! C'était son plaisir. Bien à lui. Une joie égoïste qu'il n'aurait déléguée pour rien au monde!

Lorsqu'il eut terminé, l'officier lava longuement la carrosserie rutilante au jet d'eau, puis attendit que l'effet d'évaporation s'effectue, avant de passer la peau de chamois. Même Diana n'avait pas le droit d'y toucher. La Morgan représentait son domaine réservé. Un caprice que sa femme lui concédait d'autant plus volontiers qu'elle n'éprouvait aucune attirance pour la mécanique de qualité.

Lui non plus, à dire vrai!

6

Les patrouilles à la frontière zambienne ressemblaient à des récréations pour les troupiers de la Rhodesian Light Infantry. Le capitaine était d'autant plus décontracté que le lac Kariba s'étendait sur une largeur de plusieurs milles et empêchait les pénétrations des terroristes de Joshua Nkomo. Leurs randonnées dans le camp de Bumi Hills avaient la préférence de tous les hommes. L'immense lac, allongé sur près de trois cents kilomètres, ne contenait pas seulement les velléités belliqueuses des Terrs. Le Zambèze immobilisé attirait une prodigieuse variété d'espèces sauvages qui s'abreuvaient durant toute l'année, malgré les sécheresses les plus dures. Les dizaines de maçons italiens qui reposaient dans l'église de Sainte-Barbara n'étaient pas morts inutilement. Le fleuve dompté par leur impressionnant barrage offrait une sécurité constante aux RLI, comme aux milliers d'éléphants du parc national Matusadona, qui déambulaient paisiblement dans un sanctuaire de cent trente-sept mille hectares.

Les vingt hommes du capitaine Rixon avaient appris à opérer leurs patrouilles de routine sans déranger les animaux sauvages. Les Rangers du parc naturel toléraient progressivement la présence d'intrus armés de FN belges sur leur domaine. Ils leur avaient enseigné les rudiments du respect et de la protection des animaux. Aussi les soldats récoltaient-ils toujours quelque précieuse information sur les migrations des troupeaux, ou ramenaient-ils quelquefois un lionceau blessé.

La section de Rixon n'en demandait pas plus. Le calme régnait à Bumi. Ils pouvaient profiter du spectacle des troupeaux d'éléphants qui devaient se baigner deux fois par jour pour survivre. Comme les rares touristes du superbe complexe hôtelier... et ils recevaient une solde pour cela! Aussi Rixon se targuait-il de l'absentéisme le plus bas dans l'armée rhodésienne.

Les hommes appréciaient d'autant plus cette oasis de paix que les cent quinze mille recrues des Forces armées ne pouvaient en dire autant. Depuis quelques mois, les choses se gâtaient. Mais pas pour les vacanciers privilégiés qui effectuaient volontiers leur temps sous les drapeaux. Depuis l'expédition catastrophique des ZIPRA dans Wankie, les terroristes de Nkomo ne se risquaient plus à l'intérieur des parcs nationaux. Ils ne pouvaient y trouver le soutien et le ravitaillement de la population. Les gardes connaissaient la moindre cache, se transformant en pisteurs pour la police et tirant sur ces trublions qui dérangeaient les repas de leurs protégés. Il ne manquait aux RLI que leurs épouses, pour se sentir « touristes ».

– On ne s'en lasse pas, remarqua Rixon en passant ses jumelles à l'un de ses hommes. L'Afrique renaît chaque jour plus belle! Regarde le grand mâle à l'écart du troupeau...

Le Rhodésien observa la trentaine d'éléphants qui se baignaient dans le lac. Le nord du pays en comptait plus de quinze mille. Les énormes mammifères s'aspergeaient mutuellement de leurs trompes, dans un concert de barrissements qui manifestaient leur joie. Leur peau ridée luisait d'eau, les transformant en répliques mouvantes de leurs sculptures d'ébène. Le soldat balaya les rives du Zambèze, courant parmi les arbres morts qui pointaient leurs branches squelettiques hors de l'eau. Des forêts entières, englouties depuis 1960, s'érigeaient maintenant en cimetières végétaux. Il aperçut à son tour l'animal.

– *Bloody hell!* Celui-là est superbe. Il doit bien mesurer quatre mètres et peser cinq à six tonnes.

– C'est un vieux mâle. Il a l'air fou... Regarde. Il n'arrête pas d'enrouler sa trompe autour de ses défenses. On dirait qu'un boa s'y agrippe.

– Il doit avoir une rage de dents... de sagesse.

– Magnifique spécimen. Ses défenses ne doivent pas peser loin de quatre-vingts kilos chacune.

– Une jolie fortune d'ivoire. Cela ferait un beau collier pour ma femme!

– Elle ne pourrait guère bouger la tête.

– Une ou deux balles bien placées...

– Ça ne lui ferait pas plus de mal qu'une piqûre de moustique! Il faut du 355 pour tuer une bête comme celle-là. J'espère que Thomas ne nous entend pas! Il serait bien capable de s'imaginer que nous en voulons à ses chéris.

Les hommes du RLI, assis sur le haut escarpement, contemplaient le spectacle. Certains d'entre eux sommeillaient dans l'herbe. Il était temps de les remuer.

– Spencer, tu pars en avant vers la crique des hippos... Tu nous ouvriras le chemin. Exécution.

Le soldat se releva, attrapa son FAL et emprunta le sentier qui serpentait entre les pins, en traînant des pieds. Il n'y avait pas de gooks dans les parages. Le capitaine devait maintenir la crédibilité de ses hommes et les garder sous pression *just in case*... avait précisé le commandant. Les soldats de la ZIPRA dormaient probablement de l'autre côté, à trente kilomètres. Ils attendaient d'apprendre à nager.

Au soleil couchant, ils restaient fascinés par les pachydermes. Les mobilisés attendaient, comme eux, la fraîcheur du soir. Bientôt, les barques de pêche sortiraient du port de Kariba, des bidons vides rassemblés par des planches et des cordages, avec leurs filets tendus sur des perches de bois. Dans le toussotement de leurs minuscules moteurs, les embarcations rejoindraient le milieu du lac. Là, il n'y avait plus de crocodiles. La brème et le poisson-chat y foisonnaient. Des centaines de lumières brilleraient sur le lac, dans la sérénité de la nuit africaine. Les lamparos illumineraient l'étendue calme, comme une ville flottante.

– Nous rentrons, capitaine?

– Pas encore. Les ordres sont dans ma poche, mais ils restent les ordres. Patrouille de nuit vers Dandahwa. Il paraît que l'état-major craint des infiltrations terroristes dans le secteur. Je n'y crois pas beaucoup, mais si nous pouvons rassurer Salisbury...

– Savent pas nager, les nègres... remarqua un gros Rhodésien allongé parmi les herbes hautes. Ces cons-là ont tellement peur de l'eau qu'ils ne se lavent même pas.

– Les ordres doivent être exécutés. Il faut vous remuer, les gars, pour que vos femmes ne retrouvent pas un troupeau d'éléphants blancs dans leurs lits, à la fin de la guerre. Nous prendrons les précautions habituelles. Pas de conversations. Pas de cigarettes.

La nuit tombait à une vitesse prodigieuse. Ils observèrent les mastodontes à peine visibles dans la pénombre, qui regagnaient leur territoire pour la nuit. Les éléphanteaux se laissaient pousser sur la berge. Le vieux mâle fou continuait de tirer sur ses défenses. Il agitait ses larges oreilles contre ses flancs, poussant des plaintes à fendre l'âme.

– Pauvre bête.

– Ne t'y fie pas. Les solitaires ne sont pas abandonnés par leurs familles, comme on pourrait le croire. Ils se mettent d'eux-mêmes à l'écart. La turbulence des jeunes, les sollicitations des femelles les agacent.

– Pas comme nous, capitaine. Plus on prend de l'âge, et plus on voudrait de maîtresses.

– *Wait and see!* En route, maintenant.

Ils se mirent sur pieds, lacèrent leurs souliers et emportèrent leurs bardas. Le vent frais se levait avec la nuit. Les hommes s'alignèrent, puis avancèrent en file indienne. Ils n'avaient pas couvert cent mètres que Spencer les rejoignait au pas de course.

– Capitaine, capitaine, dit-il aussi bas que possible. J'ai vu des Terrs dans la crique. Quantité de Terrs...

L'homme, très excité, avait couru pour leur annoncer la nouvelle.

– Si c'est encore un de tes tours, cela ne nous amuse pas.

– Non... je vous jure, c'est vrai...

Le capitaine lui laissa reprendre son souffle, puis demanda sur un ton autoritaire :

– Spencer, tu en es sûr? Parfaitement sûr?

– Ils sont une dizaine... peut-être plus. Armés de Kalashnikov. Je les ai vus comme je vous vois, haleta le soldat.

Les autres commencèrent à se regrouper. Ils n'en croyaient pas leurs oreilles. Des Terrs en plein cœur de Matusadona? Il fallait s'en assurer et les liquider. Exterminer ces salauds qui troublaient leur tranquillité.

– Ils t'ont vu?

– Je ne crois pas. Je n'ai pas traîné mais je crois qu'ils s'apprêtaient à bivouaquer sur la plage.

L'officier prit sa décision en quelques secondes :

– La radio...

– On l'a laissée à l'hôtel, capitaine. Nous la portons depuis des semaines et n'avons jamais envoyé le moindre message.

– Merde! On s'en passera. Vous deux, allez chercher les gardes à l'hôtel. Ramenez-les avec des renforts et des munitions. Pour le cas où ce seraient des coriaces. Nous allons les encercler dans la crique. Nous essaierons de vous attendre avant d'attaquer. Que personne ne tire sans mon ordre. Il se peut que ce soient des nôtres.

– Aucune chance, capitaine, reprit Spencer. Ils ont des Kalash. Pas de Blancs, seulement des Noirs. Une dizaine, je vous dis!

– OK. Vous, filez.

Les deux messagers partirent comme des dards.

– A quelle distance sont-ils?

– Dix minutes à peine. S'ils nous étaient tombés sur le dos, ils nous tiraient comme des lapins.

– On va se les payer, dit un autre. Les prendre par les couilles et les leur faire manger.

– Du calme, les gars. OK, on y va, mais sans pagaille. Que mes ordres soient bien compris de tous : pas de contact accidentel avant mon signal. Nous allons nous poster et les observer. Je donnerai le signal de l'attaque au sifflet, lorsque les renforts seront là. *Come on... move!*

Ils engagèrent une balle dans le canon de leur arme qui n'avait servi qu'à l'exercice, et suivirent l'homme de tête. La plupart d'entre eux n'avaient jamais vu un Terr de près. Ils devaient être différents de ceux qu'on leur présentait aux actualités télévisées de la RTV. Ils se sentaient aussi fascinés que glacés par la perspective de ce combat imprévu.

« Cela confirme les renseignements de l'état-major, observa le capitaine pour lui-même. On va les liquider, puis je dirai au commandant de district que la radio était en panne. »

Ils progressèrent dans la nuit et suivirent le minuscule sentier qu'ils connaissaient par cœur. Il descendait en pente douce jusqu'à la rive, sous une haie naturelle de jeunes pins. Chacun des soldats mit un point d'honneur à ne faire aucun bruit. Ils suivaient leur chef et guettaient la moindre ombre suspecte dans la nuit devenue soudain oppressante. Au détour de la tortille, Spencer désigna à son chef le groupe d'hommes assemblés sur le sable gris. Ils devaient manger en silence et avaient pris la précaution de n'allumer aucun feu de camp.

– On ne peut plus voir les Kalashnikov, remarqua le capitaine. C'est trop sombre.

– Je vous le jure, capitaine. C'étaient bien des Kalash... Je ne me suis pas trompé, précisa l'homme à voix basse. Ils sont différents des nôtres.

– OK. Nous y allons. On va les coincer entre deux feux. La moitié par la droite, avec Simpson. Les autres avec moi. Nous devons attendre, avant de leur tomber sur le poil. Ne tirez qu'au sifflet. Ensuite, donnez-leur-en le maximum. Qu'ils n'aient pas fait ce trajet pour rien.

La troupe se sépara et poursuivit l'encerclement des terroristes. Masqués par les derniers résineux, ils ne devaient plus se trouver qu'à une trentaine de mètres, lorsque le capitaine crut deviner un mouvement sur la berge. Il força ses hommes à s'accroupir et à s'immobiliser. L'attente devint insoutenable. Dans l'obscurité ils ne pouvaient pas viser leurs cibles.

Comme le capitaine se relevait, il entendit une brève

rafale claquer sur sa droite. C'était le crépitement caractéristique d'une arme russe. Plus sèche, plus brève qu'une décharge de FAL. L'autre section venait d'entrer accidentellement en contact avec un guetteur ennemi.

– On descend, cria le capitaine. On va les dégager! Feu à volonté. Sur tout ce qui bouge. Restez groupés.

Les RLI tirèrent dans toutes les directions, balayant la rive d'une gerbe de projectiles. Le vallon s'emplit du staccato des armes. La réponse ne se fit pas attendre. Les révolutionnaires commençaient à se défendre. Ils fonçaient entre les deux sections pour sortir du piège. Les projectiles sifflèrent au-dessus de leurs têtes. Un homme criait au loin. Sans doute Simpson, dirigeant la riposte de son groupe.

Lorsque le feu cessa, Rixon put entendre le craquement des branchages sur sa droite. Les gooks tentaient une sortie et couraient droit dans la pente.

– Ils essaient de s'échapper. Nous allons les prendre en feux croisés.

Comme il sortait son sifflet pour signaler leur présence, deux Kalashnikov firent feu en même temps. Le capitaine lâcha son arme et tomba foudroyé parmi les arbres. Dans la nuit, les éclairs des fusils automatiques étaient les seuls points de repère. Les soldats, effrayés par la résistance farouche à laquelle ils ne s'attendaient pas, tiraient en tous sens. Vidaient leurs armes par peur. Rixon n'était plus là pour donner des ordres. Il était trop tard.

Lorsque les deux groupes de RLI comprirent qu'ils étaient entrés en contact et se tiraient mutuellement dessus, plusieurs soldats étaient déjà tombés. Alors, les Kalashnikov les balayèrent, tirant des hauteurs. Les gooks avaient réussi à passer. Ils achevaient les assaillants qui ne parvenaient plus à adopter une tactique de repli.

– Mengie, cria une voix. *You're firing at us!... Stop...*

– Simpson, demanda une autre, où es-tu?

Brusquement, les armes automatiques se turent les unes après les autres. Il y eut un étrange silence, durant lequel les hommes se rapprochèrent pour repousser un nouvel assaut. Une voix inconnue cria enfin d'en haut :

– Arrêtez de faire les cons! Ce sont les nôtres. Identifiez-vous...

– RLI, cria une autre voix. Qu'est-ce qui s'est passé?

– Nous sommes des Selous Scouts. Du centre de formation de Kariba, répondit le premier.

L'accent ne trompait pas : un Irlandais. Les Terrs ne leur jouaient pas un tour de leur façon.

– Avez-vous des blessés?

– Plusieurs.

– Foutue merde, pesta l'Irlandais. Baissez vos armes. Nous redescendons sur la plage. Portez les blessés.

– Pourquoi avez-vous tiré, bande d'imbéciles?

– Spencer, cria une voix... Où es-tu?

Le silence.

Comme une douzaine de ses camarades, Spencer gisait sous les arbres, la tête éclatée par une balle, la bouche pleine de sang, les yeux encore emplis de l'émerveillement du bain des éléphants. Victime d'une tragique méprise qui mettait un terme à sa guerre de vacancier. Il ne se demandait plus pourquoi les Noirs avaient subitement décidé d'apprendre à nager.

– Il ne s'agit pas d'une méprise, messieurs, ni d'un tragique accident imputable à l'inexpérience de ces hommes.

La voix de Peter Walls grondait dans la salle de conférences du Milton's Building.

– Les premières investigations montrent des fautes grossières, commises par des soldats qui n'avaient pas l'habitude du feu. Pas de matériel radio, déclenchement trop hâtif de l'opération, stratégie primaire. La mort de Rixon a laissé des combattants désorganisés. Mais nous avons également relevé de graves lacunes dans les coordinations des missions du lac Kariba. Jamais un tel accident n'aurait dû se produire à cet endroit... Deux corps ont été délibérément envoyés l'un contre l'autre, de nuit, sans moyens d'identification ni de reconnaissance d'une présence amie. Les ordres du capitaine Rixon ont été retrouvés dans sa poche.

Il a été averti par la station radio du camp d'un risque de présence terroriste dans le secteur où les Selous Scouts établissaient leur bivouac d'exercice. Les RLI n'ont jamais été prévenus de l'entraînement de nuit prévu par les éclaireurs, dans la crique des hippos.

– Vous voulez dire qu'un manque de coordination... objecta le responsable de la Special Branch qui craignait une confusion.

– Il ne s'agit pas d'un défaut de coordination. Loin de là! Celui qui a déclenché ce massacre savait que les Selous Scouts camperaient à cet endroit. Il connaissait les fréquences d'appel de Bumi Hills. Il a planifié son coup et envoyé une patrouille sous-entraînée à leur rencontre. Selon les premiers résultats de notre enquête, le capitaine Rixon n'a commis aucune erreur grave. Il avait donné l'ordre de ne pas tirer jusqu'à la reconnaissance de l'objectif et l'arrivée de renforts. Son second groupe est tombé sur un guetteur des Selous Scouts. Un gars du centre de formation qui a réagi exactement comme on le lui avait enseigné. Hippo Creek devait être désert. Cette affaire nous coûte douze RLI, descendues par les éclaireurs de Kariba, ou qui se sont entre-tués. L'autopsie le déterminera. Ainsi que cinq Selous Scouts qui opéraient sous un camouflage commando. De jeunes recrues pour la plupart.

Personne n'osait y croire. Peter Walls allait leur enlever leurs illusions.

– Aucune trace des ordres de mission reçus par Rixon n'a été retrouvée au JOC, ni au centre des transmissions. Celui qui a déclenché ce massacre l'a fait intentionnellement... Il connaissait non seulement les fréquences d'appel mais également les codages. Afin d'être compris, je précise que les vérifications d'usage ont indiqué d'autres failles. Nous devons à la Providence de n'avoir eu qu'un accident à déplorer. Les rapports établissent que trois autres contacts, opposant chacun des éléments de notre armée, auraient été possibles, la nuit dernière.

Personne n'osait plus bouger.

– Yvonne Stein avait raison : cela vient bien de chez nous. Il y a un zèbre à l'état-major...

Le général regarda sa voisine dont il reprenait volontairement la terminologie. La Française prit la suite de la démonstration. Quelque chose avait changé en elle.

– Je tiens à vous rassurer. Nous avons la quasi-certitude que le traître n'est pas présent dans la trentaine de participants à cette réunion. Une centaine d'autres personnes ont pu provoquer cette tuerie, qui avaient toutes accès aux transmissions du JOC.

– Qu'entendez-vous par zèbre? demanda le ministre de l'Intérieur.

– Le zèbre, messieurs, est un as du camouflage. Pour ceux d'entre vous qui chassez – et vous le faites probablement tous – cet animal, à moins qu'il ne bouge, est invisible à l'œil humain. La combinaison de ses deux couleurs le protège des prédateurs lorsqu'il se présente sur un support neutre...

– ... Comme l'ensemble des uniformes d'un Quartier, précisa Walls.

– Il y a un zèbre chez nous. Le problème, avec cet étrange animal qui trahit son pays, c'est que nous sommes incapables de l'identifier. Je devrais plutôt dire « étions », reprit Yvonne en allumant une cigarette.

Les autres n'avaient pas envie de rire. Yvonne les amènerait probablement plus tard à faire preuve d'humour, lorsqu'elle apprendrait aux innocents qu'elle venait de tendre un piège à l'ensemble de son auditoire, en leur distillant une série d'informations, destinées à faire bouge « ZEBRA ».

– Le zèbre joue un jeu dangereux, plus mortel pour nous que pour lui... Ce traître a pour mission de compromettre l'efficacité de nos opérations d'envergure. Il doit désorganiser notre potentiel défensif. Suivant les calculs du CIO, cet homme a déjà causé la mort de quarante personnes parmi nos corps d'élite. Aussi bien chez les SAS que chez les Selous Scouts. Il frappe sur des cibles qui ont pour particularité d'être plus dommageables que d'autres... Jusqu'à un jeu très subtil qui consiste à introduire une méfiance mutuelle au sein même de cet état-major. On peut donc dire que « ZEBRA » a réduit à zéro deux années de guerre victorieuse. Qu'il nous a fait perdre l'opportunité d'y mettre un terme en protégeant Robert Mugabe.

Ils restèrent silencieux.

– Comment pouvons-nous le débusquer? demanda Ron Reid Daly.

– Ce traître ne nuira plus très longtemps. La chance vient de tourner. Je vous dois une excellente nouvelle : Timothée Carpenter n'est pas mort, comme nous pouvions le craindre, lors d'une mission d'information à Massangena. Le lieutenant des Selous Scouts m'a apporté la première preuve. Maputo a rappelé Mugabe en toute dernière extrémité. Ils connaissaient la préparation de notre raid. Un type de l'arrière a dû choisir de sacrifier Chimio à la couverture de son informateur...

– Carpenter vivant, s'exclama le chef d'état-major. Mais nous lui avons décerné la Croix d'argent!

– Ce sera probablement un précédent dans l'histoire de la Rhodésie. Grâce à lui, j'y vois plus clair. Les informations qu'il m'a transmises sont catégoriques. Elles recoupent d'ailleurs d'autres sources plus intéressantes. Pretoria vient de me donner confirmation que nous avions un traître à Salisbury.

– Comment l'ont-il appris?

– Ils disposent d'un informateur opérationnel dans l'armée mozambicaine. Un colonel bien placé qui a réussi à percer le secret détenu par les Soviétiques.

– Son nom!

Le commandant des SAS était à bout de patience.

– Cet espion doit communiquer l'identité du zèbre dans les prochaines heures.

– Mais comment être sûr qu'il ne nous intoxiquera pas? demanda le général Peter Walls. Qu'il n'a pas été retourné par le KGB?

– Ceci est top-secret, messieurs, et doit le demeurer. J'entends ainsi vous prouver la confiance que nous devons nous faire mutuellement, autant que la certitude que nous avons, que « ZEBRA » ne figure pas dans ce cercle de trente personnes. Ne laissons pas notre zèbre se délecter de la zizanie qu'il peut provoquer dans nos rangs... Le colonel Salgoa est un homme sûr. Il travaille pour le compte des Sud-Africains depuis une dizaine d'années. Il a été recruté dans le maquis, du temps de la guérilla contre les Portugais, alors qu'il se battait avec Machel. Je vous demande de veiller à la sécurité et au cloisonnement des informations entre vos services, jusqu'à ce que le NIS nous ait transmis l'identité de « ZEBRA ». Quels que soient les dommages que cet homme nous a causés, il ne pourra nous nuire bien longtemps...

Yvonne Stein balaya l'assistance d'un regard qu'elle voulait aussi confiant que possible. Elle venait de sacrifier le colonel Salgoa, avec le blanc-seing du général Bishop, mais cela valait la peine. Si le zèbre se trouvait dans l'auditoire, il ne lui restait plus que deux solutions : fuir au Mozambique, ou demander la protection du KGB. Exiger la mort de Salgoa. Et si les Sud-Africains avaient deviné juste, le zèbre opterait pour la seconde solution. Il choisirait l'élimination de celui qui compromettait son anonymat, parce qu'il avait un travail à terminer : l'effondrement total de la Rhodésie... et à terme, Yvonne en était convaincue, son infiltration en république d'Afrique du Sud. Seul ce but pouvait expliquer que l'état-major ait été épargné à Mount Darwin. Un objectif plus stimulant que la Rhodésie... l'Afrique du Sud.

La responsable du CIO se garda d'ouvrir la chemise posée devant elle. Les deux messages qu'elle contenait mentionnaient les horaires des « tirs rapides » du traître. Une information que personne, hormis Peter Walls, ne devait connaître. Il fallait que « ZEBRA » continue de croire que le « call-sign 97 » n'était pas décelé. Qu'il se précipite sur son émetteur.

C'était trop court pour un dépistage par radiogoniométrie. Mais il attirerait sur lui le monitoring automatique des Afrikaners. Le général Frederick Bishop insistait pour conserver l'écoute à ses services. On ne pouvait refuser cela à un homme qui vous offrait un si beau cadeau et vous apprenait que Pretoria espionnait également ses amis. Cela n'avait plus d'importance que la Rhodésie le sache, puisque Ian Smith s'apprêtait à négocier l'armistice avec les Noirs modérés. Elle acceptait d'autant plus volontiers, que Salisbury ne disposait pas d'infrastructures suffisantes pour traiter ce genre de « shot ».

Un Boer décidément pourri, ce Bishop!

Il suffirait alors de contrôler les emplois du temps de chacun, puis de les comparer avec l'heure d'écoute du NIS.

Lorsqu'ils se retrouvèrent dans le bureau du général, Walls dut s'éponger le front, tant la tension avait été vive.

– Ça va marcher.

– Je n'en suis pas si sûre, mais c'est notre première et dernière carte.

– Que craignez-vous, Yvonne?

– Jusqu'ici, ce type n'a pas commis la moindre faute. Pourquoi a-t-il risqué de se démasquer en amenant nos hommes à s'entre-tuer? Peter, pourquoi a-t-il risqué un coup de trop? Un coup aussi gros?

– Ce genre de personnage commet toujours une faute, un jour ou l'autre. Par orgueil ou par peur. Nous verrons bien. C'est ce que nous faisons, n'est-ce pas, nous le poussons à l'erreur!

– « ZEBRA » est un crack... Il doit se trouver à un niveau suffisamment élevé pour estimer que quelques coups de pouce supplémentaires feront basculer la guerre. L'armistice approche. Ce type veut nous présenter en mauvaise posture, lorsque nous serons amenés à signer le cessez-le-feu. Mais il existe une autre possibilité qu'il ne nous faut pas écarter : « ZEBRA » est sûr de sa couverture. Il est en haut. Peut-être parmi les trente! Dans les deux cas, c'est une taupe au sommet.

– Nous ne tarderons pas à le savoir. Yvonne, accepteriez-vous de dîner avec moi, ce soir? Cela nous détendra un peu.

– Hélas, Peter, je ne puis accepter. Je viens de recueillir

un oiseau blessé et je dois savoir comment il se remet...

– J'aurais dû m'en douter, dit Walls. Vous me paraissez rayonnante. Une autre femme!

– Peter! Vous devriez me remplacer au CIO...

Yvonne Stein retrouva Timothée allongé sur la moquette de la salle à manger. Il attendait sa venue, la main à portée du téléphone.

– Tu m'avais promis de ne pas bouger.

– Je m'emmerde à mourir. Je m'apprêtais à appeler une call-girl pour me divertir un peu!

– Je ne te suffis plus?

– ... Demande qu'à voir, marmonna le Selous Scout.

– Est-ce raisonnable, avec ta blessure?...

– Demande qu'à voir, répéta Timothée. Je peux appeler ma famille?

– Vas-y...

Elle le laissa seul dans le salon et passa dans la chambre à coucher pour se changer. Elle y trouva un désordre indescriptible et sourit sur ce qui l'agaçait, d'ordinaire. Elle entendit l'écho de la conversation. Tim ne parlait pas comme un homme que ses parents croyaient mort. Mais plutôt comme quelqu'un dont on attend l'appel.

– Hello, mother. Comment vas-tu? Tu as compris? Superbe. J'avais donné mon foulard à Prince pour que vous ne vous inquiétiez pas trop! J'étais sûr que vous comprendriez. Mais non, ne t'en fais pas; ce n'est plus la peine. Je reste un peu à Salisbury pour établir un rapport. Tu sais, Nshaba a été tué. Non. Au retour. Oui, c'est horrible. Je leur ferai payer ça, un de ces jours! Je te rappellerai avant de débarquer, pour qu'il y ait du café chaud. Embrasse papa et ne t'en fais pas trop. Le numéro? Attends : 45.312. Je t'embrasse, maman.

Lorsqu'il se retourna, Yvonne Stein se tenait en face de lui, drapée dans un peignoir d'éponge blanche. Elle souriait.

– Timothée Carpenter, tu m'as menti. C'est très méchant. Et cela aurait pu être très dangereux de signaler ainsi ta présence. J'ai tout rapporté à l'état-major, tu ne risques plus rien, maintenant.

– Vraiment?

Le jeune éclaireur constatait qu'elle laissait glisser son déshabillé à terre.

– Cette ordure nous fait attendre, murmura le responsables des écoutes de Messina. Êtes-vous certain qu'il émettra aujourd'hui?

Le général Bishop exprima son incertitude par un profond soupir.

– La seule logique que nous ayons pu établir, à propos de ce type, c'est qu'il est très adroit. Si c'est un « rouge », il voudra servir les siens au plus vite : les débarrasser d'une tique et se couvrir en même temps. S'il émarge au KGB, la proie que nous lui offrons représente un joli paquet d'argent. Dans les deux cas de figure, cet homme ne résistera pas à la tentation.

– Vous le mettez sur des charbons ardents.

– Nous essayons. A présent, il dispose d'une double motivation. S'il refuse d'accroître son magot par prudence, il devrait être obligé de le faire pour sauver sa peau.

– A sa place, je me terrerais, jusqu'à ce que le danger se soit dissipé. Je ferais le mort...

– Ni vous ni moi, ne sommes à sa place. Ce genre de type ne profite généralement jamais de son fric. Il commet une erreur à un moment ou à un autre. Du moins en théorie!

La bande d'écoute, calée sur la fréquence 97, démarra automatiquement. Le haut-parleur diffusa un chuintement inaudible qui ne dura pas plus de quatre secondes. Le signal rouge s'éteignit.

– Il a mordu, triompha le général Bishop. Cette fois, le CIO le tient. Passez-moi cette bande. Plus vite que cela.

Alan Mathew accéléra ses manipulations, impressionné par l'autorité et la stature de son supérieur. Finalement, le NIS réagissait à ses petits « curios ». Au-delà de ses espérances. Le responsable du renseignement observa les gestes de l'opérateur, puis se concentra sur la voix de l'espion, faible et lointaine. On l'avait amplifiée pour l'assistance inhabituelle, mais ils parvenaient à l'entendre.

« Éliminez le colonel Salgoa de toute urgence. Il connaît mon identité et travaille pour Pretoria. Le CIO ne me trouvera pas. Coefficient d'équilibre 30/60. Faites savoir que le prix de mes services doit être doublé... »

C'était tout.

Le général commanda du doigt la rediffusion de la bande d'écoute. La voix était nette. Celle d'un agent de haut vol, froid et calme. Distinguée. Le traître ne paraissait pas inquiet. Il tenait à le préciser à ses employeurs : « Le CIO ne me trouvera pas. » Qu'est-ce qui pouvait lui conférer une aussi solide assurance? Ce Rhodésien n'avait pas cédé à la panique de l'enquête menée par Yvonne Stein. Il continuait de la défier.

– Maintenant, nous en savons un peu plus. Leur informateur est vénal. Il trahit pour de l'argent et en exige encore plus des Soviétiques.

– Que signifie le « coefficient d'équilibre »? demanda le responsable du centre de Messina.

– Une sorte d'estimation, intervint Alan Mathew. Un truc qui date de la guerre en Europe. Les terroristes de l'ANC l'utilisent également. Pour les engagements armés. Le premier chiffre signifie « moi »... le second « au-dehors »... Ce type juge que l'équilibre des forces est en faveur des nationalistes marxistes, à raison de soixante pour cent contre trente pour cent aux Rhodésiens. Il leur indique ainsi que c'est le moment opportun d'intensifier la pression.

– Pas mal... Bravo, Mathew.

Le général Bishop intervint.

– Ce qui m'inquiète c'est que ce genre d'estimation sort d'une analyse ultra-secrète. Seul le top niveau de la hiérarchie militaire est habilité à en connaître le pourcentage... Qui varie chaque semaine. J'espère que le CIO le coincera.

L'agent Mathew voulut s'ingérer de nouveau dans la discussion, mais la taille gigantesque du général comme l'autorité que symbolisaient ses médailles l'en dissuadèrent.

Sa réputation n'était plus à faire. Tant au niveau de ses compétences en matière d'espionnage, qu'à celui de sa dureté avec les hommes de ses services. Mathew hésita avant de dire au chef du NIS que lui, modeste officier d'écoutes, avait su trouver un autre élément d'importance dans l'analyse de ce bref message. Un truc purement technique qu'il ressassait depuis des jours et des nuits.

Il avait déjà outrepassé ses fonctions en apprenant au chef du poste de Messina une méthode que les curieux du métier estimaient comme leur b-a ba. Elizabeth le mettait en garde contre cette manie de toujours en faire trop.

Il se l'interdit. Bishop l'avait noté. Il était exclu qu'un grand aigle comme lui, qui planait d'aussi haut, ne l'ait pas découvert. Aussi se contenta-t-il de poursuivre ses manipulations et de remplir une autre fiche, pendant que ces messieurs de Pretoria quittaient la pièce. Sans savoir qu'il détenait la clé du mystère et venait de perdre une excellente occasion d'obtenir une promotion.

La marge de manœuvre d'Aaron Goldsmith était réduite, mais l'espion ne se sentait pas coincé. Il n'avait commis aucune faute. Pas de preuve, pas d'espion. Il avait vu juste dans le jeu de Silkin et savait que le Soviétique, à moins d'y être contraint par ses supérieurs de Moscou, ne l'arrêterait pas à son retour d'Afrique du Sud. Il ne résisterait pas à l'irrésistible envie de faire un aussi beau coup double. L'agent du MOSSAD saurait profiter de cet étroit créneau pour lui imposer son jeu. Encore fallait-il le déceler.

– Le ministre va vous recevoir, prévint l'huissier en uniforme vert olive. Veuillez me suivre.

Ici au moins ne laissait-on pas libre cours au tutoiement des camarades. L'agent israélien quitta son inconfortable fauteuil et suivit le militaire à travers une suite de couloirs lépreux. Quelle ne fut pas sa surprise de trouver le camarade ministre, en compagnie d'Oleg Silkin. Le Mozambicain se leva pour venir à sa rencontre.

– Soyez le bienvenu, monsieur Laursen. Nous étions en train de parler de vous. Le camarade Silkin se fera une joie de répéter ses dernières paroles...

Le visage inexpressif du Russe s'éclaira d'un sourire forcé.

– Volontiers... Je dois vous présenter des excuses, monsieur Laursen. Vous avez pu juger par vous-même que nous conservions une certaine distance, dans nos rapports avec vous. Nous vous avions pris pour un autre : nous pensions que vous étiez un agent d'une puissance capitaliste. Que vous apparteniez à la CIA ou au MOSSAD.

Aaron se força à paraître surpris.

– Fichtre! Je comprends mieux vos curieuses insinuations lors de notre rencontre au *Polana*. Comme tout un chacun, j'ai entendu parler de la CIA. Mais le MOSSAD, qu'est-ce que c'est?

– Un service de renseignement israélien. Très efficace. Tous deux opèrent souvent pour le compte des Sud-Africains. Mais vous ne pouviez le deviner, naturellement.

– En effet... Que me vaut le plaisir d'être innocenté?

– La Banque centrale vient de recevoir le premier versement pour l'implantation de votre usine. Vos rapports ont dû décider la Stizlleg à lever les réticences financières. Voilà qui vous disculpe totalement.

Aaron ne comprenait plus la stratégie du Soviétique. Il avait expédié de nombreux messages au Danemark pour obtenir le déblocage de la première tranche des travaux et le général Bishop lui avait communiqué la réaction de ses employeurs... Le NIS ne connaissait aucune limitation budgétaire pour ses opérations clandestines. Mais cette manœuvre, si elle lui permettait de gagner un peu de temps et de raccommoder sa couverture, ne pouvait expliquer le revirement d'attitude du responsable du KGB à Maputo. Peut-être déclenchait-il déjà la chasse à l'homme?

– A mon tour de vous apporter de bonnes nouvelles. Comme vous le savez, je rentre de Pretoria. Mon voyage n'y aura pas été inutile, nous avons négocié pour quatre-vingt mille dollars de commandes. Ce n'est qu'un début, mais ces premiers contrats devraient en amener d'autres, lorsque nous aurons réussi à orienter les goûts des consommateurs.

– Splendide, reconnut le ministre. Quand espérez-vous débuter les travaux?

– Aussitôt que nous aurons obtenu le permis de construire. La Stizlleg m'a informé qu'elle s'occupait de l'expédition des machines. Si nous menons les choses rondement, nous pouvons espérer démarrer la production dans soixante jours...

– Parfait. Ne vous tracassez pas pour le permis de construire. Le camarade président m'a donné les pleins pouvoirs pour que les questions administratives soient résolues au plus vite et au plus haut niveau. Je propose que les travaux soient commencés le plus rapidement possible.

Aaron observa la bonne tête du Noir. Son visage bouffi contribuait-il à la mise en place du piège de Silkin?

– Cela me convient. Songez-vous à une date précise?

– Pourquoi pas dans quarante-huit heures, intervint le Soviétique. Ce sera l'occasion d'organiser une cérémonie, lors de la pose de la première pierre...

L'espion fut pris de court. Pourquoi les Mozambicains montraient-ils un si soudain engouement pour ses confitures, alors qu'ils la boudaient jusqu'alors?

En industriel dynamique, Aaron Goldsmith accepta.

– Le plus tôt sera le mieux. Pouvez-vous m'aider à dresser la liste des invités?

– Reposez-vous sur nous pour l'intendance, reprit Silkin. Il ne marquera personne. Nous convierons également la télévision... Le camarade Samora Machel veut faire de cette implantation industrielle une démonstration que notre organisation économique est tout aussi capable que celle des autres pays africains d'accueillir les investissements étrangers. Le camarade ministre propose que le cocktail ait lieu dans ses murs.

– Formidable!

En quittant le bureau ministériel, une phrase revint à l'esprit d'Aaron Goldsmith : « Il ne manquera personne... » Cela pouvait vouloir dire que le « casier à langoustes » serait également là et que le résident du KGB entendait profiter de l'occasion pour l'amener à se confondre et à mouiller son officier traitant.

Le responsable du KGB savait que Maputo n'était pas l'endroit rêvé pour les contacts secrets. Le colonel Salgoa devrait donc profiter de la moindre occasion pour transmettre ses informations à l'agent envoyé par le NIS. Il fallait choisir : jouer le jeu et tenter de battre le Soviétique sur son propre terrain, ou bien prévenir le colonel du piège qui l'attendait.

Lorsqu'il pénétra dans le taxi devant l'immeuble pouilleux, Aaron eut une inspiration.

– Pouvez-vous me déposer dans un bordel?

Le chauffeur faillit s'étrangler. L'industriel danois qu'il trimbalait depuis des jours ne l'avait pas habitué à de telles privautés. Les Nordiques considéraient peut-être les filles de joie comme un plaisir normal?

– La campagne de rééducation les a chassées à la campagne.

Le conducteur alluma ses phares.

– Il doit bien y avoir une fille abordable dans Maputo?

– Je connais quelques amies très gentilles qui habitent du côté du port. Mais ce ne sont pas des prostituées. Elles n'acceptent pas d'argent. Seulement de petits cadeaux...

Exactement ce qu'il attendait. Les bas quartiers du port.

– Quel genre de petits cadeaux?

– De la farine... de la bière.

– Pouvez-vous vous charger de ces courses?

Aaron lui tendait un billet de cent dollars.

L'homme n'avait jamais vu autant d'argent de toute sa vie. Il hésita avant de réaliser qu'il pouvait tirer parti de la transaction.

– Je n'ai pas de monnaie... et à cette heure...

– Ne prenez pas cette peine. Gardez tout. Allons voir vos amies...

La Mercedes s'engagea sur le boulevard central.

Le Mozambicain n'aurait aucun mal à révéler à Oleg Silkin, dont il dépendait, que son passager avait voulu voir les filles. Après tout, un homme jeune et célibataire pouvait connaître des faiblesses... Et puis, s'offrir une prostituée ne constituait pas un délit contre la Révolution! Juste une petite entorse aux nouvelles lois...

En pénétrant dans le *Sarah,* l'Israélien eut un haut-le-cœur. Coincé au fond d'une impasse sordide, le bar à marins ressemblait aux pires coupe-gorge du siècle passé. Lorsqu'il eut poussé la porte vitrée, l'espion s'attendit à découvrir des flibustiers de l'océan Indien et des hommes qui se battaient au sabre sur des coffres regorgeant de doublons. Dans les hurlements d'ivrognes et à travers une fumée dense, il avança parmi les tables de planches disjointes, essayant de reconnaître un visage familier parmi les gueules abruties d'alcool des marins soviétiques.

Quelques lampes-tempête conféraient une ambiance lugubre au *Sarah,* le haut lieu de distraction que lui avait indiqué Guido.

Pour rien au monde, l'Italien n'aurait manqué à son quartier général. Aaron Goldsmith le vit palabrer avec d'autres hommes du *Verragio,* autour d'une table recouverte de bouteilles vides.

– Salut, monsieur Laursen. Vous vous êtes enfin décidé à vous joindre à nous? Vous devez vous emmerder à mourir!

Grâce à Dieu, le gargantua des spaghetti n'était pas encore saoul. Éméché, tout au plus. Il s'assit à leur table et commanda une tournée générale.

– Pas pour les Russes, rectifia l'Italien. Ce sont les « stronzi »...

Ils trinquèrent. Aaron se décida.

– Alors, ces réparations, elles avancent?

– Ces types sont tous des cons. Le matériel n'est même pas dédouané. Si ça continue ainsi, nous gagnerons Le Cap dans l'état où nous sommes. A la vôtre, monsieur Laursen.

– Dans combien de jours comptez-vous appareiller?

Il jeta un coup d'œil à sa montre. L'entremetteur devait commencer à se demander si les Nordiques n'étaient pas tous des obsédés sexuels, ou bien si la petite Noire qu'il lui avait fournie ne profitait pas du seul atout que la nature lui donnait, pour lui extorquer un second sac de maïs... sur lequel l'infortuné chauffeur n'aurait pas de commission, cette fois.

La soirée n'avait pas l'odeur habituelle. Le vieux fermier termina son inspection des bâtiments et s'assura que les volets étaient solidement barricadés, sur la façade de la longue bâtisse blanche. Le fusil automatique G-3 sous le bras, il revint vers le porche et huma l'air du veld. Il l'interrogea longuement, pour qu'il lui dise pourquoi l'Afrique sentait différemment. Rien ne changea dans le message de la senteur sèche. Pourtant, quelque chose sourdait des sillons voisins. Comme le frissonnement des récoltes avant un violent orage.

Il appela les deux robustes Rhodesian ridgeback et flatta ses compagnons du plat de la main.

– Sultan... Prince, qu'est-ce qui se passe? Cherchez, les chiens! Cherchez.

Ils partirent comme des fous dans la nuit, puis revinrent au pied. Ils n'avaient fait que lui manifester leur obéissance et ne paraissaient pas inquiets. Le fermier décida de se fier à leur instinct et leur commanda du geste de retourner fureter dans le jardin de fleurs, là où Margaret leur interdisait, d'ordinaire, d'enterrer leurs os. Il rentra chez lui et verrouilla solidement la porte d'entrée.

– Mag? Tu es là?

– Où veux-tu que je sois? Ce n'est pas une heure pour se promener dans la campagne. Tout va bien?

– Rien de particulier. J'ai une curieuse impression...

La vieille femme eut l'air surprise.

– Des bruits?

– Non. Le silence est pesant, ce soir. Tout est désert. Les ouvriers sont partis plus tôt que prévu. Les domestiques également. Je n'aime pas ça...

– Les chiens?

– Tranquilles. Je sens quelque chose de bizarre.

– Veux-tu que j'appelle Timothée? Il m'a laissé un numéro à Salisbury.

– Laisse notre garçon tranquille. Il s'ennuie à la ferme. L'accident de Nshaba a dû le secouer... Je parie qu'il est allé la retrouver...

– Qui? s'étonna Margaret.

– Cette fille, pardi.

– Timothée! Une fille! Mais tu ne m'as rien dit!

– D'habitude, ce sont plutôt les mères qui découvrent ces choses-là les premières, sourit le Rhodésien... Je crois qu'il a loué quelque chose à Salisbury. J'ai vu les relevés bancaires : cent vingt dollars chaque mois. Je suis certain qu'il a quelqu'un. Après tout, c'est normal, non?

– Tu crois qu'il a une maîtresse?

– Pas à son âge, Mag! Ça, c'est bon pour de vieux machins comme moi! Au sien, on appelle cela des « fiancées ». Pourquoi pas?

– J'espère que c'est une fille comme il faut!

– Ne t'inquiète pas. Il sait ce qu'il a à faire.

– Elle doit être bien jolie, pour qu'il ne soit pas encore revenu nous embrasser, dit Margaret.

– Il a téléphoné. C'est déjà bien. Nous le verrons sans doute rappliquer demain. Mais je ne suis pas tranquille, ce soir!

– Veux-tu que nous téléphonions aux Walky?

– Bonne idée. Conseille-leur de venir boire un verre. Tu leur as dit, pour notre garçon?

– Le coup du foulard les a bien amusés, rit-elle en se dirigeant vers le téléphone.

Mag composa le numéro de leurs voisins les plus proches. Il l'entendit échanger des banalités sur l'état des cultures et sur ces bons à rien de Noirs, à qui il fallait sans cesse tirer l'oreille. Elle raccrocha.

– Ils arrivent. Brad est un peu dépressif, en ce moment. Son ulcère. Les gooks ont décimé plusieurs de leurs bêtes et cisaillé leurs clôtures en plusieurs endroits.

– *Sons of a bitch!* pesta le fermier.

– Je vais faire une tarte.

– Bonne idée. Je vais me doucher...

Il quitta ses bottes souillées de terre et attendit que sa

femme soit partie dans la cuisine. Ils avaient renoncé depuis longtemps à garder une employée pour préparer le dîner.

Au lieu de se diriger vers la salle de bains, le Rhodésien déverrouilla le placard de l'armurerie. Il ne parvenait pas à se défaire de sa désagréable sensation. Toute la journée durant, il s'était senti épié par des yeux invisibles. Et maintenant... Oui, c'était bien ça... Il en était sûr, les bruits avaient disparu. Les bois proches s'étaient vidés de leurs oiseaux nocturnes. Peut-être aurait-il mieux fait d'avertir Timothée. Sacré gaillard! « J'espère qu'il prend du bon temps, mon garçon », pensa-t-il.

Steve emplit une musette de munitions et plaça le Remington automatique de son fils dans le hall. Puis il revint au râtelier et s'empara de deux superbes Smith et Wesson qu'il déplaça avec lui jusqu'à la salle de bains. L'eau tiède ne parvint pas à le détendre. Lorsqu'il quitta la pièce d'eau, le fermier tenta de se persuader qu'il se faisait de mauvaises idées. De celles qui donnent des ulcères à Brad.

Il enfila une tenue légère. Quel malheur de ne pouvoir respirer la faîcheur de la nuit par les fenêtres ouvertes.

– Ça sent rudement bon. Un festin pour les Rois. Tu devrais inviter les Walky plus souvent.

– Est-ce une critique pour tes menus quotidiens?

Il adorait la taquiner.

– Jamais de la vie.

Il la prit dans ses bras et lui colla un rapide baiser sur les lèvres.

– Tu es la plus merveilleuse de toutes les femmes. Et si les Walky n'arrivaient pas d'un moment à l'autre...

Elle le chassa d'une main et parut flattée par la sollicitation.

– Occupe-toi des cocktails. Rends-toi utile, mauvais garçon. Avec un père comme toi, ça ne m'étonne plus que notre Timothée coure le guilledou aussi jeune.

– Il a tout de même vingt-quatre ans!

– Je voudrais bien savoir à quoi elle ressemble, cette demoiselle que ses parents laissent sortir aussi tard?

Steve revint au salon, satisfait d'avoir distrait sur Timothée les soucis de son épouse. L'esprit ailleurs, il cacha les deux Smith et Wesson sous des coussins, puis se mit à la recherche du gin. Un petit remontant ne leur ferait pas de mal pour dissiper les angoisses qui naissaient à chaque tombée du jour.

– Mag, tu as vu le gin, ces derniers temps?

– Dans le buffet, sur l'étagère de droite. Nous en avons bu, lorsque j'ai découvert le foulard de Tim dans la gueule de Prince!

Il trouva la bouteille et sortit quatre verres de cristal. Le fermier ouvrit une autre armoire.

– Mag, tu as vu le shaker?

– Quel bon à rien tu fais! Dans le chariot des apéritifs.

– Tout juste.

Comme il ouvrait le gobelet d'argent, il crut entendre une plainte. Forte, tout d'abord, puis de plus en plus faible. Il s'immobilisa et prêta l'oreille. Le cliquètement des instruments de cuisine l'empêcha d'entendre cet étrange bruit.

– Tu as entendu?

– Quoi?

– Comme un gémissement.

– Non, rien de particulier. La chatte a fait ses petits dans la grange. Peut-être nous les ramène-t-elle!

– Peut-être. Tu veux un Gin and Tonic, pour les attendre?

– Volontiers. Quelle heure est-il?

– Pas loin de huit heures.

– Préviens-moi dans un quart d'heure.

– D'accord. Si j'oublie, rappelle-le-moi, dit Steve, l'esprit absorbé.

Les Walky auraient dû être là depuis dix bonnes minutes. Leur ferme n'était pas si éloignée. Ils avaient dû se changer, avant de quitter New Heaven. Sherwood n'était distant que de sept kilomètres.

Sans inquiéter sa femme, il prit le téléphone et composa le numéro de leurs voisins. Il laissa sonner une bonne dizaine de fois avant de raccrocher. Les Walky avaient quitté leur maison. Inutile de s'alarmer, ils arriveraient d'une seconde à l'autre. Pour se donner du courage, Steve but une longue gorgée de Gordon, à même le goulot. L'horloge de bois égrenait les minutes avec un tic-tac oppressant. Il attendit encore un quart d'heure, puis regarda son épouse qui revenait pour dresser la table. Elle comprit en un clin d'œil l'inquiétude de son mari.

– Je vais leur téléphoner. Ils ont certainement été retardés...

– Je viens de le faire, chérie. Il n'y a personne chez eux.

– Je vais essayer encore. Peut-être ont-ils décidé de rebrousser chemin?

– Peut-être, répondit Steve sans y croire.

Pendant que sa femme composait une nouvelle fois le numéro, le fermier entendit une autre plainte. Cette fois, il put en localiser la provenance. Il saisit son revolver et se dirigea vers la porte, en quelques enjambées.

Il réfléchit devant le battant massif, puis y colla son oreille. A travers le panneau, le halètement d'un chien parvint jusqu'à lui. Steve arma son revolver, puis fit jouer silencieusement les trois lourds verrous. Il conserva la chaînette de sécurité dans son encoche, et entrouvrit la porte. Prince reposait sur le sol, la gorge barrée d'une large cicatrice sanglante, le regardant d'un œil mourant. Le fermier s'assura qu'il n'y avait personne au-dehors. Il fit glisser la chaîne dans son rail. Tout en jetant de furtifs coups d'œil à la lisière du rayon de lumière du parvis, il tira son chien par les pattes arrière et le ramena dans le hall.

– Sultan, cria-t-il.

L'autre chien ne répondit pas à l'appel. Sans doute les salopards l'avaient-ils égorgé proprement. Il referma les loquets, s'agenouilla auprès de son compagnon. Le chien aspirait l'air par saccades, étouffé par son propre sang. L'hémorragie impressionna le vieil homme.

– Mag, viens... vite.

La fermière reposa le combiné et se précipita dans le hall. Prince baignait dans une flaque de sang et Steve lui caressait doucement le museau. D'un geste rapide, elle dénoua son tablier et le plaqua contre l'horrible blessure. L'œil du chien parut retrouver un éclat familier, puis redevint terne.

– Bonne bête, murmurait Steve. Nous allons leur faire payer cher... à ces bâtards de Nègres...

– Tu penses qu'il faut...

– Les Walky ne viendront plus, j'en ai peur. Il a dû leur arriver quelque chose. Appelle Tim.

Margaret composa hâtivement le numéro laissé par Timothée, et laissa le grelot sonner plusieurs fois. Un temps interminable.

Yvonne Stein, soudée au corps de Timothée Carpenter, sentait la jouissance monter en elle, lorsque le téléphone sonna.

– *Shit!*

Le Selous Scout se cramponna à ses hanches et retint son corps inondé de sueur :

– Oublie ton travail un moment! Oublie tout. Tu es belle, encore plus belle lorsque tu fais l'amour.

La directrice du CIO se désintéressa des sonneries répétées, qui ne parvinrent plus à ses oreilles, lorsque son cerveau commença à s'embrumer de plaisir.

– Il n'y a personne, dit Margaret d'une voix angoissée.

– Tant pis. Appelle la police.

Elle souleva de nouveau le combiné et ne put, cette fois, obtenir la tonalité.

– Ils ont coupé les fils! cria-t-elle.

– Pas de panique. Il nous reste l'Agricalert. Déclenche-la.

La fermière se précipita dans l'escalier. Les Forces de sécurité avaient aménagé, au niveau des premières marches, une niche fermée par une porte. Elle l'ouvrit prestement et appuya sur le bouton rouge.

Le Rhodésien recouvrit la tête de son chien avec le tablier ensanglanté. Il murmura comme pour lui-même :

– Tu savais, toi. Pourquoi n'as-tu rien voulu me dire? Tu verras. Lorsque Tim reviendra, nous leur donnerons la chasse. Nous allons les mettre en bouillie. Mag, il faut que nous prenions les armes, en les attendant. On ne sait jamais; cela peut durer une bonne demi-heure.

Sa femme restait pétrifiée sur l'escalier, blanche de terreur, et le regardait fixement.

– Il le faut, Mag. Ce n'est pas le moment de flancher. Les PATU seront là dans quelques minutes.

– Ils ne viendront pas.

– Mais si. Les exercices ont toujours fonctionné. Allons, secoue-toi.

– Steve. On a enlevé les batteries...

Il vit les quatre fils électriques qui pendaient dans le vide. Sans source d'énergie, l'Agricalert ne pouvait être déclenchée. Un des employés les avait trahis. L'appel de détresse n'atteindrait pas le poste de police.

– Je vais essayer de prendre la batterie de la Land-Rover.

– N'y va pas, Steve. Ne me laisse pas seule. Ils sont probablement au-dehors, qui nous guettent dans la nuit.

Elle avait raison. Il n'avait aucune chance d'atteindre sa voiture.

– *Well, girl, we are in a hell of a trouble...* Il va falloir faire encore mieux qu'au stand de tir.

Mag se jeta dans ses bras et enfouit son visage dans la chemise de son mari. Il la serra contre lui, puis la repoussa à bout de bras.

– Pas ça, Mag. Timothée n'aimerait pas, et si les gooks te voyaient, ça leur ferait trop plaisir. Nous allons tout éteindre. Comme si nous allions nous coucher. Nous ne devons rien changer dans nos habitudes... Nous laisserons briller la lumière sous la véranda. Les Terrs ne couperont pas les fils électriques : ils ont besoin d'y voir. Ils ont peur dans le noir. Puis nous nous barricaderons ici, et nous les attendrons.

– J'ai peur, Steve.

– Moi aussi.

Il se reprit :

– J'ai terriblement peur que ta tarte soit foutue. Va fermer la cuisine. Je vais sortir les armes. Il faut que nous leur réservions une réception de choix.

Pendant que sa femme ôtait sa tarte du four, Steve rassembla l'armement que contenait le râtelier. Il disposa trois grosses boîtes cartonnées devant la baie vitrée qui représentait le point le plus vulnérable de la pièce, malgré les volets blindés. Il les aligna sur un guéridon et s'assura qu'elles touchaient la verrière. A cet emplacement, les explosifs n'étaient pas exposés aux tirs de l'extérieur. Il les tenait dans sa ligne de mire, du canapé.

– Apporte la tarte, Mag... On ne va pas la laisser aux gooks. Je vais sortir une bonne bouteille pour attendre ces messieurs de la ZANLA.

La vieille femme revint dans la vaste pièce. Elle éteignit la lumière de la cuisine et en verrouilla la porte. Mag contempla les nombreuses armes que son mari avait disposées sur le tapis et l'aida à les entreposer derrière le canapé. Entre l'escalier et le sofa, ils tenaient une position défendable. Steve éteignit les lumières du living-room et jeta au passage quelques coussins supplémentaires sur le siège. Il la rejoignit dans l'obscurité et prit à tâtons une belle part de tarte fumante.

– Fameuse. Un peu trop cuite, mais excellente. Ne t'inquiète pas, Mag. Ils ne nous auront pas. Je ne les laisserai pas te toucher.

Il enleva les plombs du disjoncteur, situé sous l'escalier, et tendit la bouteille de vin sud-africain à sa femme. Elle but une longue gorgée à même le goulot et le laissa boire à son tour, avant de lui offrir un long baiser.

– Timothée va sûrement revenir. On va se les payer tous et puis ensuite, nous enverrons ce garnement se coucher et nous ferons l'amour, promit Steve.

Il y eut un bruit métallique, suivi d'une assourdissante explosion. Ils s'abaissèrent derrière le canapé. Les Terrs venaient d'attaquer la chambre à coucher. Comme la fumée commençait à se dissiper, Steve se releva.

– RPG 7. Ils sont bien renseignés sur les lieux. Ne bouge pas. Laisse-les approcher.

Leur chambre était pulvérisée par la roquette dirigée contre les volets. Ils allaient pénétrer par là. Steve pointa son Remington vers le couloir et attendit. Après quelques minutes, ils entendirent des bruits de pas parmi les gravats, puis aperçurent deux ombres qui se faufilaient dans le couloir. A cette distance, il ne pouvait les rater. Il épaula rapidement et appuya sur la détente. Trois fois. Les deux assaillants s'écroulèrent.

Cela leur paraissait insensé de se battre ainsi, à l'intérieur de leur foyer, où ils avaient accumulé tant de chers souvenirs. Où Timothée aurait dû se trouver pour lutter à leurs côtés.

Une salve d'armes automatiques balaya la façade de la ferme. Maintenant, ils savaient où les Blancs se réfugiaient. Ils tiraient de toute leur puissance de feu avant de déclencher l'assaut final. Steve concentra son attention sur les crépitements frénétiques, tentant de dénombrer les assaillants.

– Neuf, murmura-t-il pour Margaret.

La vieille femme perçut un léger bruit. Ils forçaient la porte extérieure de l'office. Ils voulaient les attaquer de tous côtés. Elle pointa le gros G-3 vers la porte de communication, puis attendit, laissant son mari surveiller le flanc gauche. Elle connaissait la cuisine. Lorsqu'elle eut estimé le temps suffisant pour leur permettre d'atteindre la salle à manger, elle lâcha deux coups dans le panneau et entendit un cri de douleur. L'un d'eux avait reçu la décharge en plein corps.

– Huit, compta de nouveau le fermier.

De lourdes déflagrations se succédèrent. Les Terrs, regroupés devant la baie vitrée, allaient donner l'assaut. Ils choisissaient d'investir le bâtiment par l'accès le plus large, après avoir tenté les côtés. Exactement comme Steve le prévoyait. Les gros projectiles firent voler en éclats les plaques de chêne, brisant les carreaux et pulvérisant ce qui se trouvait dans la pièce. Steve désigna une ombre qui se déplaçait sous la lumière de la véranda. Ensemble, ils pointèrent leurs armes dans la même direction. Au moment précis où l'un des terroristes essayait de passer la main à l'intérieur du volet pour y déposer sa grenade, ils tirèrent dans les cartons. Les explosifs disposés sous le vitrage transformèrent le large panneau mobile en un éclair aveuglant. Sur quatre mètres, les armatures métalliques comme les panneaux déchiquetés furent violemment projetés vers l'extérieur, balayant les hommes regroupés contre la façade. Ils en avaient tué au moins trois. La lumière sous la véranda disparut dans l'explosion.

Alors Steve empoigna ses lourds Smith et Wesson et les pointa vers le trou béant, parallèlement au semi-automatique épaulé par sa femme. Il n'y avait plus rien, désormais, pour interrompre la progression des combattants de la ZANLA. Timothée n'arriverait pas à temps pour les sauver.

Depuis plus de deux heures, les frères ennemis du Zimbabwe révolutionnaire se faisaient face. Robert Mugabe éprouvait une allergie chronique à ces rencontres périodiques qui ne faisaient qu'accroître le fossé qui le séparait du Ndebele. Joshua Nkomo était un être à la fois buté et malléable. Le leader noir le regardait avec amusement, de son visage large, jovial dans son embonpoint de la soixantaine. Il avait encore pris quelques cheveux blancs sur sa chevelure courte, depuis leur dernier entretien.

– Je ne suis pas d'accord du tout avec cette lubie de vouloir traiter directement avec Smith. Qu'espères-tu? Qu'il t'absolve de tes péchés et qu'il t'appelle à partager le pouvoir?

Le méthodiste convaincu en demandait plus pour perdre son inséparable sourire. Il caressa son gros ventre, qui tendait à craquer la chemisette de coton gris et se conforta dans son attitude de prêcheur.

– Robert, es-tu en train de me suggérer que je trahis la révolution?

– Je ne suggère rien. Il me suffit de constater que tu mènes des discussions secrètes avec les émissaires rhodésiens.

– Soit. Je le reconnais. Mais cela ne signifie pas pour autant que je suis prêt à capituler ! Mon peuple commence à renâcler devant les coups de l'adversaire. Une pause me paraît souhaitable.

Il était temps de piéger son allié objectif. La préparation intensive à laquelle il se livrait depuis des heures devait suffire.

– Mes hommes reçoivent tous les coups. Le raid rhodésien sur Chimio a été un désastre, pour nous. Je ne te laisserai pas tirer les marrons du feu alors que toi, tu te pavanes dans les capitales du monde entier.

Seule la vérité pouvait le blesser. Son sourire tourna court.

– Rassure-toi, Robert. J'entends bien marquer des points décisifs. Pendant que je divertis ces beaux parleurs rhodésiens, mes hommes se préparent à leur assener un coup terrible.

– Pas dans la position où nous nous trouvons. Le général Tongogara se plaint que notre armement n'est pas remplacé, que les munitions manquent.

– C'est votre affaire. En ce qui me concerne, Moscou tient ses engagements et nous ne manquons de rien pour nous battre. Nous te prouverons que nous sommes même en mesure d'abattre les avions de Ian Smith ! Où et quand nous le souhaitons.

Mugabe réussissait au-delà de ses espérances. Si Nkomo ne bluffait pas, ses allusions signifiaient que la ZIPRA disposait actuellement des missiles SAM que la ZANLA réclamait à cor et à cri depuis des mois. Non seulement Oleg Silkin ne tenait pas sa parole, mais il donnait un avantage crucial aux Ndebele !

– Nous verrons, s'exclama Robert Mugabe. En tout cas, je suis forcé de constater, une fois de plus, que nos points de vue divergent.

Il quitta la table de conférence sans saluer le chef de la ZAPU.

La matinée n'était pas si négative. Son émissaire avait essuyé un revers auprès des autorités zambiennes. Ils ne disposaient d'aucune preuve que Josiah Tongogara soit mêlé, de près ou de loin, au meurtre d'Herbert Chitepo. L'homme ne lui avait rapporté qu'un seul élément encourageant : le système de mise à feu était de conception soviétique! Il poursuivait son enquête.

Par contre, et malgré sa vanité blessée par Nkomo, il savait maintenant comment frapper. Il « chargerait » Josiah Tongogara de la livraison d'armes soviétiques et l'inquiéterait suffisamment pour inverser la pression. En le retournant contre l'homme du KGB, il forcerait Oleg à trahir son protégé de la ZANLA. Alors, il détiendrait le moyen de faire voter sa déchéance par la direction du Parti.

Malgré les désagréments de sa discussion avec le Ndebele, Robert Mugabe éprouva un des rares sentiments de sympathie qu'il ait ressentis pour ce gros veau de Nkomo. Ne lui offrait-il pas déjà le billot sur lequel il décapiterait Tongogara!

Il quitta l'hôtel miteux dans lequel se déroulaient les entretiens avec son encombrant allié et fut pris en charge par une dizaine de gardes du corps, qui l'escortèrent juqu'à sa voiture. On n'était jamais trop prudent avec ses amis. Il retrouva son émissaire personnel sur la banquette arrière.

– Du nouveau? demanda Mugabe, alors que la voiture démarrait en direction de l'aéroport de Lusaka.

– De fâcheux bruits courent, dans les locaux de la sécurité zambienne.

– Quelle sorte de rumeurs?

– Les dossiers de l'interrogatoire des suspects dans l'affaire Chitepo ont disparu.

Le chef de la ZANU plaqua ses mains sur ses genoux et tourna un visage agressif vers son collaborateur.

– Comment est-ce possible?

– Tout est possible, avec les Russes. Il paraît que le rapport aurait été raflé par les hommes d'Oleg Silkin.

Le visage de Mugabe se détendit.

– Silkin l'a fait enlever?

– C'est une explication. Mais il en existe une autre : le président David Kaunda a pu le lui donner.

– Plausible. Qu'as-tu appris d'autre?

– L'ordre d'exécuter Herbert Chitepo a été donné le 15 mars 1975. Et l'un de ceux qui l'a voté s'appelait Josiah Tongogara.

Le leader ne put réprimer sa surprise.

– Comment as-tu appris ça?

– La Zambie est un pays très pauvre. Celui qui m'a donné le tuyau voulait probablement changer le régime alimentaire de sa famille. C'était un peu onéreux, mais ça valait la peine.

– En effet. Mais ce n'est pas une preuve...

– Pour la preuve, je crois que tu devras t'adresser à Oleg Silkin lui-même et te montrer persuasif!

Le responsable de la ZANU ne jugea pas nécessaire de répondre au petit Noir au visage grêlé qui venait d'accomplir un travail magnifique. A présent qu'il disposait d'une date et d'un début de piste, il suffisait d'effrayer Josiah Tongogara. Le résident du KGB serait trop heureux de se débarrasser d'un allié qui présentait des symptômes de plus en plus alarmants de panique. Il se réjouit d'avance de sa prochaine confrontation avec son général, auquel il pourrait bientôt offrir d'autres étoiles.

Yvonne Stein observa les premiers rayons du soleil qui glissaient dans le salon et rampaient vers eux sur la moquette brune. Elle ne s'était assoupie que quelques heures, durant cette nuit de folie amoureuse, mais se sentait irradiée d'une nouvelle jeunesse. Le Selous Scout lui avait fait découvrir des abîmes de bonheur. Son ardeur de jeune fauve avait arraché la barrière invisible qu'elle dressait depuis des années contre elle-même.

Elle caressa le dos musclé de son amant endormi, puis alluma une cigarette. L'onde chaude qui emplissait son sexe, bouillonnait dans son ventre, étreignait sa poitrine, jusqu'à palpiter dans sa tête, faisait place à une extrême plénitude. Flamme vive qui prenait possession de chaque fibre de son corps.

Au diable le travail! Brooks l'avertirait dès qu'il aurait du nouveau. Lorsqu'elle aurait embrassé Tim, elle leur préparerait un petit déjeuner qu'ils prendraient au soleil, devant la piscine.

Timothée Carpenter frissonna sous la caresse. Les yeux fermés, il se retourna vers elle.

– Tu veux encore? demanda-t-il d'une voix ensommeillée.

– Insatiable Tim!... Comment se concentrer sur son travail, avec un fou de ton espèce? Je vais préparer le café.

Elle l'embrassa, glissant sa langue entre ses lèvres pulpeuses et s'amusa de l'éveil de son désir. Puis elle se leva et gagna la cuisine, en observant la vague de soleil qui montait sur le corps nu du Rhodésien.

– Ce n'est pas juste. Nous n'avons fait l'amour qu'une toute petite fois! Comment veux-tu que j'apprenne ton corps?

C'était un jeu d'enfant. Il savait le plaisir qu'elle avait pris. Elle le lui avait crié durant six heures! Yvonne s'y prêta, ramenée vers un tumulte éteint depuis si longtemps.

– Timothée Carpenter, tu es le plus mauvais menteur de Rhodésie. Une toute petite fois qui a duré une nuit entière! De plus, tu connais parfaitement mon corps. Mieux que moi-même.

Elle versait le café sur le filtre de l'appareil électrique, lorsque le téléphone sonna.

– Tim, réponds, chéri. S'il te plaît!

– Tu ne crains pas qu'ils trouvent bizarre de tomber sur un homme chez toi à une heure aussi matinale?

– Aucune importance. C'est moi qui ordonne les enquêtes. Et puis on ne tracasse pas une femme pour un amant qui a obtenu la Silver Cross à titre posthume...

– Allô... Résidence de Mme Stein.

Timothée avait pris l'accent d'un domestique noir.

– Je vais voir si la maîtresse est réveillée. Pour toi, dit-il en voilant l'appareil de sa main. Urgent. Le CIO.

Yvonne revint dans la pièce et se laissa tomber dans un fauteuil. Le Selous Scout lui tendit le combiné, et en profita pour s'éclipser dans la salle de bains.

– Brooks? Je vous écoute.

– Désolé de vous réveiller aussi tôt. Il y a du nouveau.

– Le NIS?

– Ils viennent de nous communiquer le texte de la bande d'écoute. Une fois de plus, nos radiogoniomètres n'ont rien donné : trop court. Mais le général Bishop l'a intercepté.

– Il a eu le culot d'émettre!

– Cette fois, madame Stein, il n'y a plus le moindre doute. Vous aviez raison sur toute la ligne.

Il lui donna connaissance du message, puis attendit ses ordres.

– Nous le tenons, Brooks. Ce n'est pas le diable de le trouver parmi trente personnes, dont au moins trois sont à écarter au prime abord. Préparez le matériel. Je serai sur place dans une petite heure.

– Il y a autre chose, madame Stein...

– Des ennuis?

– Un événement terrible : les Terrs ont attaqué deux familles de fermiers, la nuit dernière. Tout près de Béatrice. L'une des fermes détruites s'appelle Sherwood. C'est celle qui appartient...

– Je sais, Brooks, interrompit Yvonne Stein, comme pour se masquer l'horrible vérité. Des survivants?

– Tous les Blancs ont été tués.

– Pourquoi les Forces spéciales ne sont-elles pas intervenues?

– L'Agricalert n'a pas été déclenchée. La première famille a été attaquée sur la route. Probablement se portaient-ils au secours de la seconde!... Les parents de Carpenter ont été massacrés chez eux. Ils ont chèrement défendu leur peau... C'est un carnage!

– Je vous remercie, Brooks. Commencez à composer le tableau des emplois du temps. Je serai peut-être un peu en retard.

Elle raccrocha, puis hésita avant d'annoncer l'atroce nouvelle à son amant. Comment réagirait-il? Pourquoi le destin ne les laissait pas vivre tranquilles?

Elle se décida à le rejoindre dans la salle de bains. Tim, assis sur un tabouret, commençait à défaire son pansement.

– Je suppose que nous ne pourrons pas prendre le café ensemble, n'est-ce pas?

Yvonne le regarda en silence, essayant de lui révéler avec les yeux les paroles qui se nouaient dans sa gorge. Il sentit que quelque chose d'important venait de se dérouler.

– Tim... Je suis désolée. Les Terrs ont attaqué Sherwood, la nuit dernière.

Le Selous Scout resta pétrifié. Il avait espéré que cela ne se produirait jamais. Le cauchemar, écarté durant les quelques heures passées entre les bras de la Française, l'anéantit.

– Mes parents?

– Ils les ont tués, Tim. C'est horrible.

Le Rhodésien ouvrit la bouche, ferma les yeux, tentant de ne pas comprendre ce qu'elle lui apprenait. Il se sentit soudain très seul et la laissa le prendre dans ses bras, endiguer le mal qu'elle déversait en lui.

– Le téléphone, murmura-t-il. Cette nuit... J'avais laissé le numéro à ma mère.

Les mots qu'Yvonne voulait prononcer auraient été vains. Son amant se transformait. Deux larmes coulèrent sur ses joues, coururent sur ses mâchoires. L'éclaireur redevenait le terrible combattant, le tueur qu'ils avaient oublié ensemble. L'instinct de vengeance et de mort gagnait sur la profonde tristesse. Dorénavant, cet homme pouvait exterminer tous les Noirs qu'il rencontrerait.

Il écarta ses bras et se releva avec peine. La directrice du CIO ne pouvait plus arrêter cette machine à tuer. Il devait massacrer quelqu'un.

7

Les préoccupations d'Aaron Goldsmith étaient éloignées de la banlieue crasseuse de Maputo, où le gouvernement mozambicain lui offrait un terrain. La zone industrielle présentait une curieuse symbiose entre des fabriques hors d'âge qui regroupaient un artisanat de rafistolage, et des immeubles voués à la démolition qui abritaient une population indigente derrière leurs murs lépreux.

La parcelle choisie, jonchée de détritus, prouvait que l'endroit servait depuis longtemps de dépotoir à la capitale mozambicaine. Il ne pouvait rechigner devant ce cadeau empoisonné. Même si les ordures aplanies par les bulldozers présentaient une assise instable à sa future construction : il ne serait pas là pour recevoir l'usine sur la tête.

L'espion du MOSSAD devait trouver un moyen de prévenir le colonel Salgoa, avant que ce dernier ne se laisse prendre dans le piège que leur tendait Oleg Silkin, le dissuader de s'approcher. Il fallait, pour cela, l'alerter en évoquant Esope, durant la brève allocution inaugurale. Il ne disposait d'aucun autre moyen. L'agent des services israéliens tenta de s'intéresser au plan d'ensemble que le ministère avait tenu à afficher contre un haut panneau de planches. Entouré par une foule d'officiels qui, comme lui, pataugeaient dans la fange du futur chantier, il détailla le projet. Une simple dalle de béton, d'où émergeaient une trentaine de piliers de fer. L'ensemble serait recouvert de tôles, pour faciliter la construction et abaisser le coût final de l'opération.

Le ministre de l'Industrie arborait sur sa tunique une batterie de décorations clinquantes et cliquetantes. Il lui demanda de se porter au-devant des trois limousines qui progressaient sur le terrain vague, cahotant parmi les ornières laissées par les énormes pneus des engins de terrassement.

– Le camarade Samora Machel, annonça-t-il sur un ton de déférence bien senti. Il s'intéresse à toutes les réalisations du pays...

Compte tenu du bourbier désert de la future zone industrielle, cela ne devait pas lui demander des efforts surhumains.

Oleg Silkin, tout près, observait la scène avec la satisfaction d'un monteur de ballets et discourait avec un cénacle du FRELIMO. Plus maître du jeu que jamais, Samora Machel sortit du premier véhicule, comme les invités criaient « *Viva* FRELIMO » avec un ensemble touchant. Une cohorte de gardes du corps l'entoura immédiatement, piétinant dans le sol argileux.

La jeunesse du leader mozambicain surprit Aaron. Le révolutionnaire portait allègrement sa quarantaine. Son visage plutôt sympathique aurait pu paraître jovial, sans la barbe de guerre à la cubaine. Le chef d'État déployait une rare élégance, dans un complet amande. Aaron Goldsmith aperçut au passage la lourde Rolex qui pendait à son poignet et l'énorme perle grise piquée sur la cravate sombre.

Machel écarta ses *askaris* et se porta à la rencontre du comité de réception, soucieux de préserver ses chaussures de la gadoue.

– Camarade président, je te présente M. Laursen. L'envoyé de la Stizlleg qui préside aux destinées de ce projet.

Machel serra la main du prétendu industriel, avec un sourire qui le rendit encore plus séduisant. Le Kalashnikov et le charme associés dans la même personnalité. Un mariage vénéneux.

– Bravo pour votre initiative, monsieur Laursen. Vous avez su choisir le bon pays! N'hésitez pas à en appeler directement à la Présidence, si l'un de ces messieurs vous crée, des ennuis. Je possède encore un peu d'autorité sur eux. Profitez-en, cela ne saurait durer.

Les autres éclatèrent de rire. Les dossiers les plus importants remontaient directement à Samora Machel : la centralisation extrême du pays ne faisait de doute pour personne.

– C'est un grand honneur, trouva à répondre Aaron.

Il venait d'apercevoir son « casier à langoustes » qui sortait de la troisième voiture officielle. Le colonel Salgoa, mal à l'aise, hésita devant la portière. Deux autres militaires l'encadraient de près. L'espion du MOSSAD se demanda ce qui clochait. La prestance avait disparu. Salgoa n'était qu'un homme inquiet, incapable de sauver la face devant Oleg Silkin. Une « nasse à langoustes » en perdition.

– Où est le ciment de l'amitié? demanda le président en feignant de regarder entre ses mocassins de chevreau verni maculés de boue.

Le groupe d'uniformes s'ouvrit pour composer une haie d'honneur. Derrière eux, les géomètres de l'armée avaient matérialisé l'emplacement où se dresserait l'angle du bâtiment. Aaron dut suivre le leader et se résigner à perdre de vue son contact. Il se noya dans le peloton de tête.

Ils arrivèrent devant un tas de briques près duquel une discussion avait lieu. Les voix se turent à l'approche de Machel. L'Israélien comprit que les trois ouvriers s'étaient trompés dans le choix de leur ciment. Ils avaient gâché un béton avec du liant rapide. Ils durent casser le petit monticule à la pioche, puis se remirent au travail pour préparer un autre mortier, s'invectivant mutuellement du regard, sous les yeux amusés de leur président.

– Comme vous le voyez, chez monsieur Laursen, l'amitié prend vite, au Mozambique. Ainsi, dans quelques semaines, vous ne compterez que des amis dans notre beau pays.

– Je n'en doute point, monsieur le président.

– Profitons-en pour prononcer quelques mots.

Aaron Goldsmith se retourna vers l'assistance qui s'obstinait à piétiner dans la boue rougeâtre.

– Messieurs, à l'occasion de la pose de la première pierre de cette filiale mozambicaine de la Stizlleg, je tiens à remercier le président du Mozambique, en mon nom propre et au nom de la Société dont je suis chargé des intérêts dans ce pays, pour le grand honneur qu'il nous fait en patronnant cette cérémonie...

Le colonel se rapprocha. Il se fondit dans l'assistance, essayant de semer ses argousins. L'homme allait prendre tous les risques pour lui donner un nom. Pour l'agent du MOSSAD, la situation devenait claire : son « casier à langoustes » ne pouvait plus être relevé. Oleg Silkin le tenait dans un chantage sordide. Salgoa se saborderait lui-même et compromettrait la sécurité de son contact en tentant de lui confier un dernier secret. Un baiser de Judas.

– Permettez-moi également de remercier les responsables du ministère de l'Industrie, sans oublier ceux de l'Agriculture... Autant pour l'enthousiasme qu'ils ont montré à notre projet, que pour l'efficacité et la rapidité de leur collaboration. L'idée fausse que l'Europe reçoit du Mozambique est loin de correspondre à la réalité que j'y ai trouvée. Un climat de décontraction et de grande chaleur humaine.

L'informateur du NIS se rapprochait encore, parvenant au premier rang de l'assistance. Aaron devait savoir si ce sacrifice lui était imposé par Silkin. Si Salgoa n'était pas devenu un valet docile du Soviétique, résigné à intoxiquer les services de renseignement sud-africains.

– J'ai eu la faiblesse de croire qu'un jeune État révolutionnaire m'opposerait d'insurmontables barrières administratives. Je n'ai pas trouvé d'obstacles, car je n'ai pas rencontré d'administration, fit Aaron. Que des mains tendues, des amitiés offertes. Comme le disait le grand Esope : « Il ne faut pas juger les gens sur l'apparence. » Je choisis pour ma part celles que j'ai pu constater *de visu,* de préférence aux informations qui présentent le Mozambique comme un pays austère. Force est de reconnaître que je n'ai croisé que bienveillante compréhension et esprit d'entreprise. Je vous en remercie.

Les sourires s'éclairèrent. Tant pis pour l'emprunt à La Fontainc. Lui-même ne s'était pas gêné avec son prédécesseur grec. Samora Machel souriait aux anges, satisfait par ce coup publicitaire. La caméra de télévision n'en perdait rien.

– Monsieur le président, j'espère que les résultats de cette fabrique seront à la hauteur de nos espérances.

Il y eut une série d'applaudissements discrets, puis Samora Machel attrapa la truelle, du bout de sa main manucurée.

– J'encourage le gouvernement à manger votre confiture, monsieur Laursen. Sachez que je serai le plus fidèle de vos clients. Beaucoup de ces messieurs m'ont reproché, dans un passé très proche, mon manque de douceur. Je le confesse. Vous m'aiderez à acquérir cette qualité. Juste ce qu'il faut...

Rires et bravos jaillirent. Machel se pencha vers le ciment, saisit une brique, puis resta en arrêt, attendant que ces messieurs de la presse aient le temps de régler leur appareils. Il cimenta la petite brique rouge et présenta son plus avantageux profil aux médias. Son geste rituel accompli, Samora Machel serra longuement la main d'Aaron prenant de nouveau la pose pour les reporters. Il lui adressa un sourire hâtif, constatant que les journalistes refluaient, puis se mêla à la foule.

La mise en garde lancée par Aaron était claire. Sous aucun prétexte, la taupe ne devait communiquer avec lui.

Dans un mouvement désespéré, le colonel Salgoa se jeta en avant, feignant de saluer l'industriel. Aaron Goldsmith le reçut contre lui. Il n'eut pas le temps de l'empêcher de parler.

– Yvonne Stein, souffla l'espion des Sud-Africains.

Il fut immédiatement ceinturé par les gardes du corps qui le forcèrent à refluer. Dans la bousculade, l'action pouvait passer inaperçue. Déjà, les militaires de l'escorte forçaient le colonel à les suivre. Ils l'entraînèrent vers la limousine.

Aaron Goldsmith resta de marbre. Un inconnu lui serra la main.

– Excusez le colonel. Il est souffrant. Toutes mes félicitations!

Ce fut au tour d'Oleg Silkin de venir congratuler l'heureux industriel, propriétaire sans frais d'une décharge municipale.

– Mes meilleurs vœux de réussite...

Il se retira et s'engouffra dans le véhicule où on venait de forcer à entrer le colonel Salgoa.

La mise en scène aurait pu abuser l'agent du MOSSAD. Oleg Silkin l'avait montée et distribuée à la perfection. Le traître traqué, au bout du rouleau, venait dénoncer l'autre espion. N'ayant plus rien à perdre. Rien n'y manquait. Pas même l'enlèvement spectaculaire dont les Soviétiques restaient les virtuoses.

Silkin ne pouvait se douter que l'agent du MOSSAD connaissait Yvonne Stein bien avant de savoir parler. Il avait voulu laisser croire que la taupe rhodésienne n'était autre que la responsable du CIO. C'était bien joué. La taupe poursuiverait son lent travail d'usure, pendant que les renseignements rhodésiens perdraient leur responsable. Un coup double qui aurait pu marcher, si les parents d'Aaron ne devaient leur survie au dévouement d'une jeune résistante française, israélite comme eux, qui les avait aidés à passer en Suisse. Avec un bébé dans leur couffin.

Les Goldsmith avaient longtemps recherché Yvonne Stein pour la remercier de leur avoir sauvé la vie et lui présenter le jeune Aaron. Puis ils abandonnèrent, incapables de retrouver sa piste. La résistante avait disparu dans le tourbillon de la Libération. Pourquoi la Française avait-elle émigré en Rhodésie sans laisser de traces?

Curieux hasard offert par le destin, que cette bienfaitrice retrouvée.

Il payerait la dette de la famille. La sienne également, puisqu'il avait échappé aux nazis grâce à la complicité de cette inconnue. Maintenant, il en avait l'occasion. Il lui apporterait le nom de la taupe rhodésienne contre laquelle cette femme énergique devait combattre.

Aaron Goldsmith réfléchit un moment, serrant les mains

d'une foule d'inconnus qui quittaient le futur chantier. Son père n'avait pu se méprendre sur cette femme. Il lui avait répété si souvent qu'elle appartenait à la race des héros. « Elle aurait pu fuir avec nous. Elle a choisi de rester et de se battre. Nous lui devons d'avoir connu Israël. » Le vieux Moshe était mort. Mais il ne s'était jamais trompé sur le compte de personne. La qualité, qui l'avait aidé à soustraire sa famille à l'holocauste l'avait servi sa vie durant. Même si elle provenait d'un maquis communiste, il était exclu qu'Yvonne Stein soit devenue l'agent des Soviétiques.

Le jeu de Silkin devint totalement clair. Jamais le responsable du KGB n'avait espéré coincer deux ennemis dans un même piège! Silkin était encore plus roué que les services secrets sud-africains ne le soupçonnaient. C'était peut-être un chasseur de têtes, mais il savait faire passer ses faiblesses personnelles après l'intérêt de son pays. Il choisissait de laisser l'agent du MOSSAD aussi libre de ses mouvements que possible. Il le disculpait, en apparence, pour lui permettre de couvrir son indicateur rhodésien. Tout en tentant de le débarrasser du CIO qui voulait sa perte.

Oleg Silkin avait trop ouvert son jeu. Une carte trop vite montrée. En faisant porter les soupçons sur une femme, il trahissait sa garde; ni lui ni le traître de Rhodésie ne savaient qu'ils étaient repérés par les Sud-Africains. Que le NIS écoutait une voix d'homme, et non celle d'une femme.

Le résident du KGB ne devait pas être déçu. Aaron venait de trouver le défaut de la cuirasse. Contre l'attente de son rival, il resterait à Maputo. Il découvrirait seul le nom de ce Rhodésien. C'était son affaire. Une dette de famille qui n'avait pas vieilli depuis trente-cinq ans.

L'énigme s'épaississait de jour en jour. Yvonne Stein parcourut de nouveau l'immense tableau sur lequel Brooks avait déjà retracé l'emploi du temps du personnel du haut état-major. Elle se concentra sur son problème, refoulant une forte envie de retrouver Timothée, de l'empêcher de commettre quelque folie. Chassant les soucis qu'elle ressentait, comme l'inquiétude de le laisser saborder leur fragile amour dans une fuite en avant suicidaire.

L'horloge pointeuse était un instrument fiable. Aucun de ces officiers ne pouvait quitter le QG en dehors des heures réglementaires, ni débloquer le sas d'entrée sans insérer sa carte plastifiée dans la machine. La plupart étaient restés dans leurs bureaux, bien au-delà des horaires imposés. Il fallait écarter la solution d'une complicité qui aurait permis à « ZEBRA » de fausser la surveillance. Le zèbre travaillait seul. Yvonne en était certaine.

Or, les certitudes de la directrice du CIO, comme celles de la machine enregistreuse, ne collaient pas avec l'heure d'écoute transmise par les Sud-Africains. De plus en plus étrange.

La craie commença à rayer des noms, suivant le relevé du « mouchard ». Brooks pouvait garantir la présence de la plupart des officiers dans le Milton's Building entre 14 h 20 et 14 h 23. Le délai minimum pour l'utilisation d'un engin à tir rapide. Ils avaient tenu une réunion sur les problèmes soulevés par la carence de l'approvisionnement en munitions. La séance n'avait été levée qu'à 15 h 30. Les « trente » s'y trouvaient. Pourtant, le traître avait envoyé un message à Maputo, à l'heure dite. Un type qui connaissait le nom de Salgoa, qui avait accès au « coefficient d'équilibre » et qui savait que le CIO ne le démasquerait pas. « ZEBRA » avait raison : c'était un casse-tête chinois. Yvonne s'en était assurée auprès de la Special Branch; aucun appareil de transmission ne pouvait être dissimulé dans le bâtiment. Même le plus petit d'entre eux.

– Brooks, appela-t-elle dans l'interphone.

Son adjoint arriva dans la pièce avant qu'elle ait eu le temps de lâcher la touche.

– J'ai revu votre pointage. Joli travail, mais qui nous pose un problème de taille : ils ont tous un alibi parfait. Même vous...

L'adjoint sourit, puis suivit la liste et les horaires. Son nom était barré.

– Pour éviter tout malentendu entre nous, je me suis

même retenu d'uriner durant les heures de service. Difficile, mais qui peut ôter vos derniers soupçons à mon encontre.

– Vers 14 h 20, il se peut qu'un de ces hommes se soit absenté, ne serait-ce que durant quelques minutes, pour se rendre aux lavabos. Lui...

– *No way.* J'ai fait piéger les toilettes de l'immeuble par la Special Branch. Un détail qui vous fera comprendre que mon sacrifice était peu glorieux. Il n'y a rien de plus terrible que de pisser en se sentant observé par une caméra.

– Sans me le dire!

– Chère madame Stein, vous n'étiez pas dans nos murs. Mais comme vous pouvez le constater, votre nom figure également sur ce tableau! Admettez qu'avec l'autorisation du général Walls j'aie gardé quelques cartes dans ma manche. Vous n'avez pas quitté votre villa. Nous avions pris la liberté d'y placer des micros...

– Chez moi?

– Ne me blâmez pas. Vous voilà hors de toute suspicion. J'ai cru que vous vous en étiez doutée, lorsque je vous ai téléphoné le massacre de Sherwood!

– Pas un instant.

Ainsi, Brooks avait tout entendu. Leurs mots d'amour, leurs phrases lascives. Il connaissait la frénésie sexuelle qui s'était emparée d'elle. Que devait-il penser d'elle?

– Jolie preuve de confiance, Brooks.

– N'ayez crainte, madame Stein. J'ai écouté ces enregistrements. Seul. Ils sont détruits. Quant à moi, je ne m'intéresse qu'au travail.

Elle ne put s'empêcher de rougir.

– Comment expliquez-vous cela, alors, Books?

– Il ne nous reste plus que deux possibilités. Soit « ZEBRA » a émis à partir du centre de communications radio, soit il n'appartient pas à l'état-major.

– Je viens de vérifier à la Sécurité. Le bloc radio a été strictement interdit à toute personne étrangère au service. Peter Walls lui-même ne pouvait pas y rentrer. Tous les messages ont été passés au peigne fin. Ils ont épluché les communications téléphoniques, également. La Sécurité a procédé à l'écoute de la bande mère... Rien.

– Il faut nous résigner à l'admettre : ce type n'appartient pas à la Maison. Il fait parler un des trente, mais il n'est pas parmi eux.

– Non. Je m'y refuse. Il doit y avoir une autre explication. Logique. Trop, peut-être, pour que nous la voyions. Elle doit nous crever les yeux. « ZEBRA » a trouvé un moyen subtil d'émettre sans être repéré. Mais je suis certaine que ce type évolue librement dans nos murs... Je crains que nous n'ayons sacrifié inutilement le colonel Salgoa et que cela nous prenne encore des mois pour percer le secret de « ZEBRA ».

Elle déposa la craie et se mit à arpenter son bureau.

– Il va falloir changer de stratégie... ou bien de métier. Reprendre cette affaire à l'envers. Ce type est gourmand. Très cupide. Il demande que sa prime soit doublée. Si « ZEBRA » fait chanter le KGB, cela signifie qu'il ne trahit pas pour des convictions politiques. Il leur vend simplement la Rhodésie. Et puisqu'il se méfie de ses employeurs... autant que de nous... il aura certainement prévu de faire déposer ces sommes en Suisse. Sur un compte numéroté. Dans un coffre où personne ne pourra fouiner, ni toucher à son trésor de guerre.

– Cela ne nous avance pas beaucoup. Il n'y a rien à espérer de ce côté-là.

– Avez-vous mieux à proposer?

– Pas pour l'instant, hélas.

– Dans ce cas, je vais essayer. Brooks, vous assurerez l'intérim. Je sais que vous y prenez goût. Je resterai absente durant une semaine. En cas d'urgence, vous pourrez me joindre à l'hôtel du Rhône, à Genève. Je vous appellerai de Suisse.

L'homme ne put contenir sa surprise.

– Vous voulez... toute seule... casser le secret bancaire helvétique? C'est de la folie pure!

– Pourquoi vous inquiéter, Brooks? sourit-elle en prenant la veste de son ensemble gris. Vous disposez d'un compte en Suisse?

Le collaborateur n'apprécia pas. Comme elle s'apprêtait à quitter les locaux du CIO pour préparer ses valises, elle se retourna vers le petit homme sec aux cheveux plaqués.

– Comment me trouvez-vous au lit, Brooks?

– Je... Pas mal du tout, madame Stein... lâcha-t-il enfin. J'ai la satisfaction de m'apercevoir que vous êtes une femme... Je veux dire une vraie femme.

Yvonne Stein partagea son sourire amusé. Elle avait la sensation qu'il l'imaginait nue dans le bureau et trouva une fois de plus sa franchise sympathique.

– J'ai l'intention de continuer cette œuvre de féminisation dès que vous aurez fait enlever vos gadgets. Ah, au fait, j'allais oublier.

Elle lui glissa une pièce de monnaie dans le creux de la main.

– ... J'ai commencé...

Brooks ouvrit sa paume et y découvrit un objet rond métallique, recouvert d'une pastille de plastique blanc. Le tout ne mesurait pas plus qu'une pièce de cinquante cents. Un des micros déposés par les hommes du CIO.

Alors Yvonne Stein quitta la pièce, avec un éclat de rire.

« Timothée chéri. Je partage ce que tu ressens pour l'avoir vécu. Je regrette de ne pouvoir rester à tes côtés, au moment où tu en as le plus besoin, pour te témoigner mon amour et t'entourer de mon affection. Mes responsabilités m'appellent à effectuer un voyage à l'étranger. J'ai moi aussi des comptes à régler. J'espère le faire au plus vite. Si tu le veux, comme je l'espère, peut-être pourrons-nous ensuite réapprendre à vivre. Ensemble. Je t'aime. Yvonne. »

Elle relut son message et le déposa sur son lit. Lorsque Tim rentrerait, s'il revenait se réfugier chez elle, il le trouverait.

Le cœur serré, elle ajouta en post-scriptum : « Téléphone au Centre pour connaître l'heure d'arrivée de mon vol. »

Puis elle attrapa sa valise et quitta la villa endormie sous les pins. Il ne lui restait plus qu'une idée fixe : capturer « ZEBRA ». C'était le moment de pousser sa volonté en avant et de se servir d'une très ancienne amitié; celle d'un homme qu'elle avait aimé presque aussi passionnément que Timothée. Leur point commun résidait dans la guerre...

En montant dans la voiture de service qui la conduirait à l'aéroport, la femme qui n'avait plus connu de passion depuis des années se demanda comment elle pourrait supporter de passer une seule nuit loin des bras de Timothée Carpenter.

Les plus horribles cauchemars du jeune Selous Scout ne lui avaient permis de pressentir qu'une fraction de l'atroce réalité. La ravissante demeure de briques rouges n'était qu'une ruine aux murs noircis et aux objets calcinés. Le silence qui pesait sur la ferme dévastée n'était rien en comparaison avec l'absence des êtres qui y avaient trouvé une mort atroce.

Timothée pensa aux cadavres de ses parents. La police avait refusé de les lui montrer. Peut-être valait-il mieux. Il préférait continuer de les imaginer ainsi. Margaret l'espérant sur le parvis : « Ça a été dur, mon garçon? » Et Steve, bourru : « Mets-leur-en plein la gueule, Tim... C'est le seule langage que ces kaffirs comprennent »... Au moins sa mère n'avait-elle pas souffert! Son père avait préféré lui tirer une balle dans la nuque, plutôt que de la laisser tomber vivante entre les mains de la ZANLA!... Après l'avoir rassuré sur ce point, le sergent avait montré au Selous Scout les corps de sept Terrs, exposés au soleil, le ventre gonflé et la peau grise. Les Carpenter avaient chèrement défendu leur vie! Piètre consolation.

Timothée enjamba une poutre brisée en deux, rongée par le feu, et pénétra dans ce qui restait du salon. Le toit et l'étage supérieur s'étaient écroulés. Il lui fallut beaucoup d'imagination et de souvenirs pour retrouver la disposition originelle de Sherwood. Il marcha longuement sur l'amas de briques éclatées et de tuiles brisées, souffrant comme une bête devant le malheur. Les impacts de balles, nettement visibles, sillonnaient les pans de murs encore droits. Les gooks devaient être nombreux et fortement armés. Sans doute ses parents avaient-ils été tués par surprise, car le sergent des PATU était formel : ils n'avaient pas eu le temps de déclencher l'Agricalert.

Dévasté de tristesse, les joues ruisselantes de larmes, le Selous Scout ne comprit pas immédiatement que les deux indices se contredisaient. En repérant les traces de projectiles qui recouvraient les vestiges de chaque pièce, le pisteur réalisa lentement que le PATU s'était trompé. L'assaut avait duré longtemps. Suffisamment pour que Steve Carpenter ait pu tuer sept agresseurs et suicider sa compagne. Un « carton » pareil ne se réalisait pas en quelques secondes. Pourquoi n'avaient-ils pas déclenché le SOS?...

La douleur revint. Cela ne serait pas arrivé s'il avait répondu à cet appel téléphonique. Il en était persuadé. Ses parents l'avaient appelé au secours... Avec son arrivée, Steve et lui les auraient tous tués! Pris entre deux feux, les Terrs n'auraient eu aucune chance.

Non, cela ne correspondait pas à la version du sergent des PATU. Il devait savoir.

Le Scout se dirigea vers l'emplacement du grand escalier et se mit à remuer des gravats. Le bruit de chaque pierre déplacée lui donnait une sorte de frisson. Au diable l'enquête policière de la BSAP! Les indices leur échappaient peut-être, mais ils lui parleraient... à lui. Son battle-dress déchiré se recouvrit de cendres. Pas le temps d'en changer; pas l'envie, non plus. Il n'avait pris qu'une boîte de munitions dans First Street, sous les regards curieux des passants tranquilles, intrigués par sa tenue négligée. Cela lui suffisait amplement.

Ses doigts rencontrèrent enfin les premières marches. Elles n'avaient pas brûlé, protégées par les décombres de l'étage. Il peina pour élargir la brèche qu'il venait de pratiquer parmi les matériaux amoncelés, puis dut déplacer une longue barre de fer tordu, avant d'atteindre l'emplacement de la niche. La porte du petit placard était en place.

Timothée voulut en faire jouer la serrure qui avait fondu dans la chaleur de l'incendie. Elle résista. Il trouva une tige métallique et força l'huisserie d'un coup sec.

Alors, il comprit le drame vécu par ses parents. L'étagère du bas était vide de batteries... Steve et Margaret ne s'étaient pas laissé surprendre, comme le responsable local des PATU le croyait. Ils n'avaient pas pu alerter les unités de secours. Ils s'étaient retranchés dans la maison, espérant l'arrivée de leur fils, qui seule aurait pu les sauver.

Le Rhodésien voulut en avoir le cœur net. Il essuya ses larmes et revint vers la Land-Rover prêtée par Yvonne Stein. Il défit la batterie pour la transporter jusqu'à l'habitation en ruine. Il ne lui fallut que quelques secondes pour connecter les cosses. Même si l'antenne ne fonctionnait plus, il allait savoir si le système de transmission contenu dans la petite boîte grise était intact. D'un doigt tremblant, il fit jouer l'interrupteur. Aussitôt, la lampe-témoin se mit à clignoter.

Il ne parvenait pas à détacher son attention de la minuscule lumière qui palpitait devant lui. Elle aussi aurait pu sauver la vie de ses parents. Steve n'avait pas ôté les batteries pour un autre usage. Il n'aurait jamais fait ça... Les gooks avaient peut-être pillé l'habitation, mais ils ne se seraient pas encombrés d'objets aussi pesants. Il écrasa son front entre ses mains et dut se rendre à l'évidence. Les Terrs ne leur avaient laissé aucune chance.

Le Rhodésien essuya les gouttes de sueur qui s'écoulaient sur son visage, mêlées aux larmes. Il démonta la batterie et revint la placer dans le véhicule tout-terrain. Il ne saurait jamais vraiment. Mais au moins comprenait-il... Alors, ses idées se mirent en ordre. Le silence de cet endroit, d'habitude animé, lui parla. Autant que l'absence de l'odeur familière du chèvrefeuille. Tim, lui, savait qui avait fait ça!... Seul le personnel de la maison pouvait avoir volé les piles sans se faire prendre. Aucun ouvrier agricole ne pénétrait dans la demeure des maîtres. Même sous un prétexte futile... Leur salaire leur était distribué dans la cour par Georges, le contremaître karanga. Les coupables payeraient leur trahison de leurs vies.

Il démarra brusquement sur le boulevard de terre rouge qui s'étirait, en droite ligne, sur des kilomètres. Puis il engagea son véhicule dans une piste chaotique, en direction du village des « Afs ». Chemin faisant, il déchira la boîte posée sur le siège du passager et commença à approvisionner d'une main le chargeur de son arme.

Le vent de colère qui se levait en lui l'empêchait de se concentrer sur ses gestes. Il laissa rouler plusieurs cartouches à terre, continuant d'enfoncer les munitions, sans s'en soucier.

Le kraal n'était distant que de quelques kilomètres. Des huttes de terre battue érigées sur un endroit dégagé, impropre aux cultures. Les employés de Sherwood ne pouvaient avoir confondu le crépitement des armes automatiques avec un autre bruit, ni manqué d'entendre les explosions. Pourtant, aucun d'entre eux ne s'était porté à la rescousse des maîtres. Pas même Georges. Ils étaient tous coupables.

Il pénétra en trombe dans le village de pisé. Avant de descendre, il ôta la sécurité de son Kalashnikov et l'empoigna fermement.

Le village était désert. Ils se terraient dans leurs huttes, comme des pleutres. Nshaba disait juste : les Shona étaient tous des couards. Ils savaient que Tim viendrait, que la police exigerait des comptes, menacerait de les déplacer dans un village protégé. Le Selous Scout arpenta la placette, tournant en rond comme un fauve en cage. Il enfonça une porte de planches d'un coup de pied, oubliant jusqu'à la douleur de sa cuisse, et pénétra dans l'habitation. Une famille au complet attendait dans l'ombre. Tous conservaient le visage baissé et semblaient prostrés devant le malheur qui frappait Sherwood. Une tragédie qu'ils n'avaient pas eu le courage d'arrêter.

– *Out*, cria-t-il en les menaçant de son arme.

Les femmes commencèrent à se lever, poussant les enfants devant elles. Tim les laissa se déplacer, ressortit en malmenant les deux hommes, enfonça une autre porte et aboya le même ordre. Il se plaça ensuite au centre du kraal et cria de toutes ses forces :

– Sortez tous de vos cachettes, bande de lâches. Toi aussi, Georges... ne m'oblige pas à te chercher...

Les familles commencèrent à quitter les habitations en silence. Après quelques minutes d'attente, il vit le contremaître qui fendait le groupe des habitants. Tim le laissa venir jusqu'à lui, puis, sans crier gare, lui lança la crosse de son arme dans l'estomac. De toutes ses forces. Sous le terrible coup, l'homme s'effondra et chercha son souffle. Timothée l'en empêcha en lui lançant un rapide coup de pied dans le visage. Le Noir s'évanouit.

– Tout le monde par ici, ordonna-t-il sèchement.

Il ne les menaçait plus de son Kalashnikov. Le Selous Scout voulait rétablir son autorité. Il venait pour assouvir sa vengeance. Personne ne pouvait éviter ça. Aucune force au monde ne pouvait s'interposer.

Timothée Carpenter assena deux autres coups de pied dans les côtes du Karanga, pour l'aider à se réveiller, cette fois.

– Comment cela s'est-il passé? demanda-t-il en shona, afin que tous comprennent.

Georges se ramassa sur lui-même. Un groupe d'enfants, terrorisés, se collèrent dans les jupes des femmes. Tim regarda les petits Noirs. Un gosse comme ceux-là avait tué son ami... Nshaba qui les aimait tant!

– Dépêche-toi de répondre, Georges.

– Après huit heures, master. Les terroristes ont attaqué de nuit.

– Combien d'hommes?

– Onze...

– Ils sont venus ici, n'est-ce pas?

– Oui, hésita Georges. Ils nous ont menacés. Des jeunes. Très nerveux. Ils ont dit qu'ils nous égorgeraient tous, si nous sortions de nos maisons après la tombée de la nuit. Que le kraal serait rasé.

Timothée balaya du regard l'assistance silencieuse. Une cinquantaine de Noirs. Georges disait vrai.

– Pourquoi n'avez-vous pas prévenu la police, Georges?

– Nous avions peur. Ces hommes-là étaient très méchants.

C'était probablement exact. Il n'en restait pas moins que le village avait trahi ses parents. Qu'ils les avaient laissés massacrer, au lieu de les prévenir.

– Après?

– Master Steve s'est bien battu, ajouta le Noir. Ils se sont défendus durant une demi-heure.

La voix du Karanga trahissait une sorte de fierté. Timothée chercha des visages familiers dans l'assistance.

– Où sont Helen et Eddison? demanda encore Tim.

– Eddison est parti avec eux.

– Quand?

– Durant la nuit.

– Et Helen?

– Elle est morte. Ils l'ont tuée parce qu'elle refusait de leur donner les clés. Ils l'ont éventrée. Son enfant d'abord... Elle ensuite.

Il ne demanda pas qui avait assisté aux tortures infligées à Helen, ni pourquoi Eddison, leur fidèle garçon de service, avait préféré suivre les combattants de la ZANLA. C'était probablement lui qui avait retiré les batteries et qui les avait conduits à Sherwood... Il se retint de tirer dans le rassemblement de Noirs cramoisis de peur, de pouvoir étancher sa soif de vengeance, tout de suite.

– Écoute-moi bien, Georges... Mes parents sont morts à cause de vous, parce que vous saviez et que personne n'a eu le courage de les avertir. Il n'y aura pas de police. Je ferai le travail moi-même. Je vais te donner deux ordres. Je reviendrai dans une semaine. Si tu ne les as pas exécutés, je te tuerai avec ça. Une de leurs armes. Toi et tous ceux de ce kraal.

Le Karanga savait qu'il ne bluffait pas. Sûrement pas. Timothée portait sur son treillis les stigmates d'un redoutable combattant. Il n'hésiterait pas à apporter la mort. Georges se contenta d'écouter le jeune maître qui lui accordait une chance de vivre et de se racheter.

– Vous allez reprendre le travail. Je veux que Sherwood continue d'être le plus beau ranch de la région. Vous ferez tous exactement comme si master Steve était toujours vivant. Vous vous occuperez des cultures et des bêtes. Comme chaque jour. Le temps que je règle mes comptes.

Un murmure traversa l'assistance. De toute façon, les ouvriers agricoles n'avaient jamais imaginé laisser mourir Sherwood comme ils avaient laissé tuer leurs maîtres. Ceux de la ZANLA n'égorgeaient pas pour cela.

– Dans une semaine, je serai là. Eddison avait un pied malade, un de ces pieds qui ne se guérissent pas. Les vakomanas n'ont pas pu l'emmener avec eux de l'autre côté de la frontière. Pas avec sa malformation qui risquait de ralentir leur fuite. De toute façon, Eddison serait inutile aux communistes. Dans une semaine, je te demanderai de m'indiquer sa cachette. Je sais qu'il est resté en Rhodésie.

Georges fronça des sourcils.

– Trouvez-le. Faites comme vous voudrez, mais je veux savoir où il s'est caché. Ne le tuez pas. Il ne faut pas qu'il sache que vous l'avez repéré. Après, je me chargerai de lui. Il paiera. C'est lui, ou bien vous tous.

– Comment le trouver, master Tim?

– Ils sont partis à pied. Monte une équipe de pisteurs. Traquez-le comme un chien. Si tu ne réussis pas, je te tuerai en premier. Ensuite, je ferai au village entier ce que les Terrs vous ont promis. A vous tous! hurla-t-il comme un dément.

Il aida le contremaître à se remettre sur pieds.

– Georges... Si tu fuis, je veux que tu saches que je te traquerai jusqu'au bout de la terre. J'irai te chercher jusque chez les communistes. Au lieu de te loger une balle dans la tête, je t'enfoncerai des douilles vides dans le crâne à coups de crosse. Tu as une semaine. Pas un jour de plus, répéta Timothée en regagnant son tout-terrain.

Il démarra et laissa les villageois à leurs palabres et à leur terreur. Veronica avait raison. Les Blancs perdraient la guerre, parce qu'ils répondaient au terrorisme par la terreur. Mais à présent, le Selous Scout n'en avait cure. Sa guerre à lui était perdue. Veronica le fuyait. Nshaba s'était laissé tuer, ses parents massacrés. Le monde pour lequel il se battait n'existait plus. Il ne lui restait qu'un but : retrouver Eddison et lui donner mille raisons de regretter sa trahison, par mille tortures.

En traversant les plantations à vive allure, le Rhodésien pensa très fort à Yvonne Stein. Elle représentait son unique univers sentimental. C'était sans doute ridicule de s'attacher ainsi à elle qui portait le double de son âge. Comment pourrait-il continuer à vivre, sans Yvonne? Il lui dirait qu'il n'avait que faire des problèmes d'avenir, parce que son avenir à lui s'était arrêté en quelques jours. Il lui dirait qu'il l'aimait. Lorsqu'il en aurait fini. Lorsqu'il aurait arraché le dernier morceau de peau d'Eddison. Quand il l'aurait entendu implorer la mort pour la millionième fois.

– Ce que vous me demandez là, chère madame, est impossible. Non seulement cela est contraire au code moral bancaire suisse et à mes principes les plus inflexibles, mais la réponse à votre requête me conduirait à trahir la Constitution fédérale helvétique. Je tomberais sous le coup de nos lois... Comprenez ma position. Je regrette que vous ayez fait ce long voyage pour rien.

Yvonne Stein s'attendait à la réaction du banquier. Elle aurait été déçue qu'il adoptât une position plus souple. Il lui en fallait davantage pour la faire renoncer. Il représentait son dernier recours. Celui sans lequel il serait vain de demander de l'aide à son vieil ami anglais. Elle n'avait pas quitté la Rhodésie et Timothée, supporté douze heures de vol, pour rentrer bredouille. Il lui fallait tenir un début de piste.

– Monsieur Zimmermann, je comprends cette attitude qui vous honore. Cependant, veuillez prendre en considération l'importance vitale de ma demande. Non seulement pour des milliers d'hommes qui luttent, mais pour la survie d'un pays tout entier. Ce traître doit être découvert.

Elle avait pris le risque de lui raconter son histoire sous le sceau fragile d'une parole donnée et était certaine d'avoir accroché son attention. Le banquier l'écoutait toujours. C'était plutôt bon signe. Il ne se leva pas pour lui signifier son congé. Au contraire. Il déchira l'enveloppe d'un Partagas, puis l'alluma à la flamme du fourreau de bois cubain, après en avoir guillotiné l'extrémité arrondie à l'aide d'un ustensile d'argent.

– Je vous demande de m'aider à mettre un terme à la carrière d'un traître. Je me bats pour mon pays. Il m'est très désagréable d'en passer par là. Suivant toute vraisemblance, ce salaud est probablement un Blanc qui vend la Rhodésie aux communistes, sans motivation idéologique.

Fred Zimmermann s'arrêta un instant de tirer sur son havane. Devait-il paraître scandalisé, ou affecter un air de reproche devant son sectarisme politique, en qualité de citoyen d'un pays neutre? Il préféra cette femme passionnée à ses désapprobations de principe.

– Je ne suis pas, hélas pour moi, le seul directeur d'agence bancaire sur la place genevoise.

Yvonne sentit que la garde faiblissait. Un personnage fondamentalement bon se dissimulait derrière le regard paisible de ce gros visage rond.

– Vous connaissez mes fonctions... Nous avons de bonnes raisons de croire que le pays qui rémunère ce salaud effectue des versements mensuels... Vous savez mieux que quiconque les pratiques soviétiques! Ils ont une préférence pour l'UBS. Je me bats seule, monsieur Zimmermann. Aidez-moi, je vous en prie.

Le banquier admira sa ténacité comme sa dignité. Yvonne Stein déployait une volonté farouche de mettre un terme aux agissements d'un homme que la moralité n'embarrassait pas. Il se sentait proche d'elle. Non seulement de par leurs origines israélites communes, mais parce que lui aussi s'était battu contre le mal, lorsqu'il pesait quelques dizaines de kilos et quelques millions de dollars de moins. Buchenwald et Treblinka étaient des noms qui signifiaient quelque chose pour sa famille. Toute la branche allemande et polonaise y avait péri. Comment cette étrangère pouvait-elle savoir?

Il réfléchissait encore, les yeux perdus sur la toile du Canaletto qui faisait son orgueil. Un des plus beaux carnavals de Venise. Yvonne Stein sortit une feuille de papier de son sac à main. Elle la déplia sur le bureau de marqueterie, et la maintint, du plat de sa main.

– L'homme que je cherche est un as. Il n'a jamais commis la moindre imprudence... du moins pas assez ouvertement pour se faire épingler. Nos efforts pour le coincer en Rhodésie ont été infructueux. Vous présentez mon ultime chance. Il y a une possibilité pour que l'un de ces cinquante-quatre noms soit le bon. Tous appartiennent à l'état-major.

Elle omit de lui révéler qu'elle avait ajouté vingt-quatre noms au hasard de l'annuaire téléphonique de Salisbury.

– J'outrepasse là mon code déontologique, en vous communiquant cette pièce. Une entorse qui pourrait nous coûter cher. Si l'un de ces hommes dispose d'un compte numéroté auprès de l'UBS, je ne vous demande qu'une seule chose : tracez une croix en face de son nom. Cela me suffira pour orienter mes recherches.

Zimmermann parcourut la liste alphabétique, paraissant s'intéresser à la pièce qu'elle poussait vers lui.

– Chère madame Stein, je vous ai expliqué l'illégalité de ce que vous me demandez. Mais il y a pire : je ne me sens ni la vocation d'un délateur ni l'envie de commettre une grave erreur... celle d'envoyer un innocent à la mort. Car c'est bien ce que vous réservez à votre traître, n'est-ce pas? Imaginez qu'un de ces hommes... totalement respectable, celui-là... soit victime d'une homonymie! Je vois là des noms aux consonances britanniques assez communes, ma foi! Des patronymes courants!

Yvonne savait qu'elle était en train de perdre du terrain. L'homme jouait sa carrière et sa conscience.

– Cependant, poursuivit le financier, il s'avère qu'une grande partie de ma famille a connu un sort tragique dans les camps de la mort nazis parce que des gens cupides les avaient dénoncés à la Gestapo. J'ai plus d'une raison de partager votre haine envers ce type d'individus. Que leur conduite soit dictée par la vengeance ou la jalousie, commandée par la mégalomanie ou l'appât du gain.

Quelque chose venait de se briser dans la tête et le cœur de celui qui se cachait derrière ses bouffées de cigare.

– Je vais réfléchir à votre demande. A la seule condition que ma coopération, si coopération il y avait, soit considérée comme indicative. Qu'elle soit en quelque sorte un début de piste. Pas plus. Avec ce que cela suppose comme erreurs possibles. Cela étant posé, pourquoi vous adressez-vous à Fred Zimmermann, madame Stein? J'ai besoin de savoir.

Ce n'était plus le moment de jouer. Il fallait qu'il sache la vérité.

– Cela remonte à bien longtemps. Vous avez probablement oublié une famille de juifs, les Goldsmith. Je les ai aidés à passer en Suisse. Moshe Goldsmith m'avait parlé de vous comme de son seul espoir de ne pas être refoulé hors de votre pays. Vous vous occupiez de fausses cartes de séjour, je crois. Je n'ai pas oublié.

– 1943, murmura Zimmermann. Est-ce parce que j'ai commis quelques entorses à la législation, que vous m'avez choisi?

– Pas du tout. J'ai pensé qu'un homme, capable de faire ce que vous avez fait pour ces pauvres gens, pouvait comprendre que nous parlions encore le même langage.

– A quel hôtel êtes-vous descendue?

– A l'hôtel du Rhône.

– Excellent choix. Mais trop de gens m'y connaissent. Puis-je me permettre de vous inviter à dîner à ma résidence personnelle?

Il lui tendit sa carte de visite.

– Disons... vingt heures.

– Avec plaisir.

Zimmermann la raccompagna.

– Comment saviez-vous où me retrouver?

– Les hommes de votre qualité ne quittent jamais leurs banques. Ils y grimpent jusqu'aux sommets. Il y a quelque temps, j'ai lu vos déclarations sur les dépôts iraniens. Je savais qu'il n'y avait aucun risque d'homonymie, en ce qui vous concerne.

– Je vois... Sachez combien je suis sensible à la marque de confiance que vous me faites en me soumettant cette liste.

– Vous oubliez l'autre risque que je prends.

– Lequel?

– Que vous ne portiez aucune croix devant le nom de ce traître.

Le Suisse sourit en l'arrêtant devant le Canaletto.

– Je vous donne ma parole que je ferai mon possible pour vous aider. Si l'un de ces hommes dispose d'un compte à l'UBS, vous le saurez. Mais nous sommes bien d'accord, n'est-ce pas? Cela ne voudra pas dire pour autant qu'il s'agisse du traître!

– Évidemment. Ce ne sera qu'un début de piste.

– Vous me faites jouer avec le feu, chère madame. La sécurité et le secret de nos établissements jouissent d'une réputation mondialement assise. L'accès à nos fichiers informatiques est contrôlé. Mais vous m'avez donné l'envie de lutter contre des moulins à vent et, confidence pour confidence, vous me rappelez beaucoup une personne que j'ai perdue dans de tragiques circonstances... Ce qui m'a m'avait décidé à trafiquer les cartes de séjour. Je vous prierai de ne pas en dire un mot à ma femme, qui serait capable de faire le rapprochement... ou de me considérer comme un héros.

Le banquier se reprit.

– Que pensez-vous de cette toile, madame Stein?

– Remarquable!

– Elle réintègre le patrimoine de ma famille après un long et pénible voyage, qui l'a conduite à travers toute l'Europe depuis 1750... au gré des guerres et des pillages, j'y tiens beaucoup... A ce soir, donc.

Yvonne lui serra la main, avant de franchir la porte capitonnée. Fred Zimmermann aurait pu vérifier la liste en quelques minutes. Yvonne savait pourquoi il lui imposait un délai. Malgré les explications concernant la famille Goldsmith, il devait, préalablement à toute action illégale de ce genre, s'assurer qu'elle appartenait bien à l'état-major rhodésien et non au contre-espionnage de la mission soviétique.

Il lui offrait un beau cadeau. Car il allait probablement perdre un client. Un de ceux qui ne touchent à leurs placements qu'une fois par décennie.

Le dîner était excellent et la demeure des Zimmermann merveilleusement bien située dans le quartier résidentiel de Bellevue. En bordure du Léman.

– Vous devez habiter un bien beau pays, fit Fred Zimmermann.

– Hélas, pas aussi calme que la Suisse! On l'a longtemps comparé au vôtre, à cause de ses hauts reliefs et de sa quiétude. Les choses ont bien changé.

– Votre époux travaille dans la même branche que vous?

Juliet Zimmermann croyait recevoir une femme d'affaires. Yvonne s'aperçut que son alliance faisait illusion. Un lien avec le passé qui avait étonné Timothée.

– Mon mari et moi possédions un élevage de bétail, dans le nord de la Rhodésie. Il est mort... accidentellement. Voilà plusieurs mois.

– Veuillez pardonner mon indiscrétion.

– Vous ne pouviez pas savoir. Cet anneau ne m'a jamais quittée. Je crois qu'il me manquerait, si je l'ôtais.

– Je comprends, dit Mme Zimmermann en rosissant de confusion. Si vous voulez bien m'excuser. Je dois m'occuper du café. Fred tient à ce que je le prépare moi-même.

La Suissesse s'éclipsa pour permettre à la Rhodésienne d'aborder des problèmes plus terre à terre avec le banquier. Fred Zimmermann sortit la liste de la poche de son veston sombre et la plaça près de la main de son invitée. Leur regard fut un échange mutuel de confiance, où elle put deviner qu'il tenait son engagement. Yvonne sut contenir son empressement. Elle fourra le papier dans son sac.

Le banquier l'observait. Il savait qu'elle brûlait d'envie

d'ouvrir la feuille pliée en quatre. Il admira en connaisseur la retenue et la classe de cette étrangère. Puis il tira un nouveau cigare de son étui de cuir et lui adressa un imperceptible hochement de tête.

– Le vieux Moshe Goldsmith est mort, il y a maintenant deux ans. Je reçois toujours les vœux de son fils. De bien braves gens! Passons au salon. Nous y serons plus à l'aise.

Comme il retirait la chaise de son invitée pour lui permettre de quitter la table, il se pencha en avant et lui glissa à l'oreille :

– Versements mensuels en francs. J'ai vérifié l'origine : une société fictive qui ne tient que grâce aux largesses du consulat soviétique à Genève...

Comme s'il n'avait rien dit, il la guida vers le salon.

Yvonne se retint pour ne pas l'embrasser. Une privauté que la froide Juliet Zimmermann n'eût peut-être pas appréciée à sa juste valeur.

Parvenue dans sa chambre d'hôtel, Yvonne déposa son sac à main sur le lit et fit jouer le fermoir chromé. Elle vit que ses doigts tremblaient au contact de la feuille. Pressentant le bouleversement qu'allait occasionner la lecture de la liste, elle déplia le papier en conservant les yeux clos, puis les rouvrit d'un coup.

Un seul nom était coché : celui de Stanley Trevor Oatley...

Elle dut s'asseoir pour accuser le coup.

Comme elle s'y attendait, « ZEBRA » était situé en haut de l'organigramme. A un poste intouchable. Un des deux aides de camp de Peter Walls. Toutes les décisions, tous les dossiers du commandant en chef de l'armée rhodésienne transitaient par lui. Il accédait aux secrets les mieux protégés comme ceux du « coefficient d'équilibre » que Peter ne transmettait qu'au ministre de la Défense et à Ian Smith.

Yvonne Stein le connaissait. Un homme sympathique et prévenant, sans histoire, dont elle avait personnellement épluché le dossier. A part sa passion pour les voitures de collection, on ne lui connaissait aucune faiblesse. Un père de famille qui adorait ses deux garçons. La dernière fois qu'elle l'avait vu...

L'idée se matérialisa. Oatley avait un cran extraordinaire. C'est lui qui avait retardé leur départ de Mount Darwin en apportant un dossier in extremis. Sans lequel ils eussent échappé à l'explosion. Il s'était exposé à l'attentat, présentant son dos à la fenêtre, parce qu'il voulait se compter au nombre des blessés. Il savait que la charge ne lui serait pas fatale. « ZEBRA » avait couru ce risque, parce que la bombe tardait à sauter.

Oatley et « ZEBRA » ne faisaient qu'un. Yvonne Stein devait le prouver. Remonter la piste. Étayer les révélations officieuses de Fred Zimmermann. Il lui fallait apprendre depuis combien de temps il les trahissait. Connaître son moyen de liaison avec la ZANLA... Savoir pourquoi il avait risqué un coup de trop en envoyant les RLI contre les Selous Scouts, dans Hippo Creek. La Française pouvait le deviner : « ZEBRA-Oatley » accédait à des informations qui lui permettaient de savoir que quelques coups de pouce pouvaient faire basculer la guerre. Il connaissait le déroulement des pourparlers secrets que Smith venait d'engager avec l'opposition noire modérée...

Encore fallait-il le prouver!

Yvonne Stein conserva la liste entre deux doigts, craqua une allumette de la pochette offerte par l'hôtel du Rhône, et y mit le feu. Elle attendit que le papier se fût consumé dans le cendrier, puis écrasa les cendres. Fred Zimmermann pourrait dormir tranquille. Comme le héros discret qu'il dissimulait à sa femme.

La directrice du CIO s'allongea sur le lit et pensa très fort à Tim. Que faisait-il à minuit? Avait-il assouvi sa vengeance? Pensait-il à elle?

Elle décrocha le combiné.

– Je voudrais un numéro en Rhodésie... Oui, en Afrique : Salisbury. Le 45.312...

Elle eut subitement peur de ne pas le trouver chez elle et changea d'avis :

– Non, annulez cet appel. Donnez-moi Londres...

Il y avait au moins quelqu'un au Cirque qui saurait oublier le gel des relations anglo-rhodésiennes. Un ami qui restait son premier grand amour. Quelqu'un qui n'hésiterait pas à lui donner la deuxième pièce du puzzle et adorait jadis qu'elle le réveille au beau milieu de la nuit.

Du haut de son mirador, le soldat blanc surveillait les alentours du « PV » de Victoria Falls. Assis sur la plateforme, à dix mètres du sol, le Rhodésien se retournait parfois pour s'assurer que le Village protégé ne souffrait d'aucune agitation particulière. Rassuré sur les deux objectifs de sa vigilance, il s'adossa à la balustrade, épongeant les flots de sueur qui inondaient son front. Sous l'unique tôle du toit, la fournaise n'était pas supportable. Même pour un homme habitué au climat africain.

Veronica reposa le bidon d'eau qu'elle ramenait de l'abreuvoir et saisit l'anse tranchante de l'autre main. Comment avait-elle abouti dans cet enfer? Quel péché lui reprochait-on, pour la parquer ainsi dans un camp, à cinq cents kilomètres de chez elle?

Elle observa la haute barrière de grillage, couronnée de barbelés et se sentit gagnée par le désespoir. L'enclos rassemblait des centaines de Noirs, sans distinction d'ethnie ou d'origine géographique. Lorsque les lumières s'éteignaient, le couvre-feu durait jusqu'au lendemain midi. Il était alors impossible de ressortir du « PV ». L'après-midi, c'était pire. Chacun devait se soumettre à une fouille méticuleuse, supporter les interminables palpements qui s'intensifiaient encore sur le corps des jeunes Noires. Souffrir les mains moites le long de ses seins et entre ses cuisses... Comme si elle aurait pu y dissimuler quelque armement pour les vakomanas!

Les moindres allées et venues étaient contrôlées. Il lui fallait présenter sa carte pour obtenir de la nourriture, montrer son laissez-passer aux assistants noirs du bloc des entrées, attendre le bon vouloir des District Security Assistants pour pouvoir effectuer une promenade à l'extérieur.

Et lorsqu'on s'était soumis à ces vexations, la liberté ne valait pas mieux. Les « protégés » n'avaient guère le temps que de déambuler dans la longue avenue de la ville blanche, en direction des chutes du Zambèze, devant présenter leurs papiers à chaque contrôle et baisser le regard à l'approche des patrouilles. Qui Ian Smith croyait-il convaincre, avec ces pratiques d'exil et d'incarcération? Chacun savait, au camp Victoria, que les « PV » visaient bien moins la protection des indigènes que leur interdiction de passer à la rébellion.

Veronica avait pensé fuir. Mais dans quelle direction? Les chutes du Zambèze présentaient une frontière infranchissable. De même que l'unique moyen de quitter le camp : il fallait demander un permis spécial pour pouvoir prendre le train ou le bus. Alors, comme ses camarades, elle s'était progressivement résignée à subir les vexations et les décisions de Salisbury.

Traînant son lourd bidon, elle pensa à sa vie jusqu'à son départ d'Argyle Street. Un bon travail à la fabrique de tabac, ces longues mais délicieuses heures d'attente du retour de Tim, leurs folles nuits d'amour. Son rêve s'était déchiré sur quelques mots malheureux parce que le Grand Seigneur blanc ne voulait pas admettre l'évidence. Était-ce lui, qui lui valait ce purgatoire? Comment avait-il pu faire une chose pareille? La punir aussi sévèrement, alors qu'il l'aimait tant! C'était impossible. Il devait y avoir une autre explication, mais laquelle?

Elle atteignit enfin l'alignement de blocs de béton recouverts de tôles qui abritaient une population déracinée. Elle vivait là avec une famille Ndebele de Lupane et dormait sur un des matelas de l'armée, en rêvant aux caresses de Timothée Carpenter.

– Merci, dit la paysanne en la délestant de son seau. Tu connais Chikwanha?

Un petit Noir qui se tenait accroupi dans un coin de l'unique pièce vint à sa rencontre, avec un sourire affable.

– Nous ne nous sommes pas encore rencontrés.

– Chikwanha t'a remarquée, dit la villageoise.

Veronica crut d'abord que ce Noir sans charme voulait la courtiser, mais il la détrompa.

– Bonjour, Veronica, lui dit-il en lui tendant la main. Je voudrais que nous parlions.

– Si tu veux. Mais de quoi? Des grillages, des chiens qui patrouillent au-dehors, ou bien de leur dernier mirador?

Cette jeune femme sur la défensive lui plut.

– Je t'ai observée. Tu ne cesses de regarder les barrières. Tu ne baisses pas les yeux, comme la plupart des autres.

Elle détailla les traits simiesques du petit homme, sentant l'ardeur de son regard comme une lueur d'espoir.

– Où veux-tu en venir?

– Tu n'as pas envie de passer de l'autre côté?

– De quel côté veux-tu parler?

– En Zambie, par exemple.

La stupéfaction dut se peindre sur le visage de Veronica, car Chikwanha poursuivit :

– Pourquoi? Tu penses que c'est impossible?

– Je ne sais pas. Ça ne doit pas être très facile, en tout cas!

– Non, c'est vrai. C'est même difficile, mais on peut le faire. Je vais t'expliquer : je cherche quelques personnes décidées pour partir en Zambie. Là-bas, nous serons libres. Libres de nous battre contre les Blancs.

Veronica n'avait jamais pensé combattre. Elle observait une sorte de neutralité qui, malgré les engagements de sa famille, versait plutôt dans le camp des Rhodésiens. L'homme qu'elle aimait toujours se battait pour les idées de Smith. Mais que pensait-elle depuis leur séparation? Une idée la traversa : fuir. Le plus loin possible du « PV » de Victoria. Effacer le camp de sa mémoire.

– Tu n'as jamais combattu les Blancs?

– Non, jamais.

– Ah! Et ta famille?

– Mon père est mort pour la ZANLA, dans la région de Tete, au début de la guerre. Mon frère était à Chimio.

Une secrète satisfaction filtra dans le regard du Noir. La candidate possédait de solides origines.

– Tu crois au communisme?
– Je ne crois plus en rien.
– Nous aurons le temps, pour t'apprendre, lorsque nous serons de nouveau libres. En Zambie.
– Je n'ai pas d'ailes. Le Zambèze s'étend sur un kilomètre, à cet endroit. Son courant est terrible. Personne ne peut nager dans une rivière de cette force. Après, ce sont les chutes et les rapides. Inutile d'y penser.
– Tu sembles oublier le pont, suggéra Chikwanha.
– Le pont de fer en direction de Livingstone? Tu es fou! Les soldats gardent jour et nuit la voie ferroviaire et la route.
– Il existe un moyen de le franchir avec un minimum de risque de nous faire prendre.

Le visage hautain de Josiah Tongogara parut se décomposer sous l'incroyable nouvelle. Mugabe le plaçait en fâcheuse posture.
– Il faudra t'y faire, Josiah! Nkomo ne m'a pas menti : les Soviétiques lui ont livré des missiles sol-air SAM. Ils trahissent dès que nous leur en donnons l'occasion. Silkin s'est peut-être joué de toi, mais je commence à me poser de sérieuses questions à ton sujet : es-tu sous mes ordres, ou bien à son service?
Le général de la ZANLA se sentait trop anéanti pour protester. Il préféra escorter en silence Robert Mugabe sur le tarmac de l'aéroport de Maputo. Sa transpiration abondante n'avait plus rien à voir avec le vent chaud qui soufflait depuis le canal du Mozambique.
– Il doit y avoir une explication.
Mugabe lui confia sa mallette comme à un valet.
– Je l'espère pour toi. En tout cas, je voudrais savoir où tu te trouvais, le 15 mars 1975.
– Le 15 mars? C'est bien loin! Pourquoi?
– Je suis étonné que tu ne t'en souviennes pas : il s'agit du jour où les meurtriers d'Herbert Chitepo ont signé son arrêt de mort à Lusaka.
C'était clair. Mugabe voulait sa peau. Il risquait de

découvrir pourquoi Silkin avait négocié le dossier d'enquête avec le président Kaunda. De démontrer le noyautage de la ZANLA par le KGB. Voilà pourquoi Rex Nhongo ne quittait plus l'état-major arrière : Mugabe le pressentait comme son successeur à la tête des vakomanas.

– Tu ne crois pas à ces ragots? Je n'ai rien à voir dans l'attentat contre Chitepo. J'ai éliminé son adjoint Thomas Nhari sur les ordres du conseil de guerre chimurenga. C'est tout!

– Sa mort t'a profité. Un chef de guerre doit se contenter de gagner des batailles, pas d'intriguer dans la coulisse. Si j'obtiens la preuve de ta complicité dans l'affaire Chitepo, tu sais ce qui t'attend!

– Tu ne trouveras pas, se força à sourire Josiah Tongogara, car je ne suis pour rien dans ce complot.

– Nous verrons.

Le général Tongogara savait que Mugabe ne pourrait rien prouver. Le dossier dormait dans un coffre de l'ambassade soviétique. Jamais Oleg Silkin ne le lui donnerait. Le résident du KGB le plaçait en délicate position. Il jouait sur deux tableaux. Ses fournitures d'armes à la ZIPRA prouvaient qu'il voulait berner Mugabe, mais que personne ne pouvait plus se fier à lui... même pour laisser dormir un rapport au fond d'une pièce blindée. Il devait intimider Oleg pour l'obliger de tenir la seconde partie de ses engagements. Le temps pressait, mais Tongogara s'inquiétait plus de la soudaine entrée en grâce de Rex Nhongo. Si Mugabe prévoyait déjà la succession, il devait posséder un plan pour démasquer les conjurés du 15 mars.

– Je vais demander des comptes sur les armes à Silkin.

Robert Mugabe s'appliqua à lui dissimuler sa satisfaction : Tongogara tombait tête baissée dans le piège.

A travers la large devanture du Wimpy, Yvonne Stein le vit arriver. Elle était sûre de le reconnaître. Trente-cinq ans n'avaient rien changé dans son air de tomber de la lune, ni même réussi à effacer les traits de son incroyable visage allongé. Quelques cheveux blancs, peut-être, mais une allure d'étudiant famélique qui le rajeunissait. Fidèle à sa coupe de cheveux en brosse, avec ses oreilles dégagées, qui accusait l'allongement de son crâne.

Elle l'observa, alors qu'il attendait l'interruption de la circulation, au carrefour de Piccadilly. Son premier amour. Il parlait à son parapluie et lui recommandait de prendre patience, plongeant son nez dans un bouquet de fleurs. Jamais elle n'avait pu oublier les mimiques de ce clown tombé du ciel, une nuit sans lune de janvier 1943, pour leur demander s'il avait bien été parachuté en France... En quelques jours, il avait remonté le moral du réseau, par des pitreries qui leur faisaient oublier la guerre.

Qu'avait-elle aimé, chez cet homme? Son parfait mépris de la peur? Ses maladresses amoureuses? Ou bien la présence d'un grand dadais qui trouvait un mot drôle, avec un français de débutant, dans les pires circonstances!

L'homme du Cirque colla son nez contre le vitrage et lui adressa la plus grotesque des grimaces; comme s'ils s'étaient quittés la veille. Puis il se rua dans le fast-food empli de clients et commença à embrasser les inconnues, leur remémorant au passage des souvenirs dont elles ne trouvaient aucune trace, distribuant des anémones à toutes les femmes qu'il rencontrait.

Yvonne sentit son cœur battre. C'était le plus génial bouffon qu'il lui ait été donné de rencontrer. Cet homme que n'importe quel citoyen britannique aurait voué à un internement psychiatrique immédiat, était également l'éminence grise du M 16. Son équipe avait travaillé sur les fuites des célèbres Burgess et Mac Lean. Pour aboutir après des mois d'un travail de fourmis au démantèlement du réseau, en 1963.

Clem Robertson atteignit la table occupée par Yvonne. Il marqua un temps d'arrêt, rectifia son nœud papillon, épousseta le revers de son veston de tweed, puis avança son parapluie.

– *Look what we have here!* Je savais bien que nous la retrouverions! Umbrella, je te présente ma première fiancée française : Yvonne Stein.

Dieu merci, le tendre souvenir qu'elle conservait de son premier grand amour n'était pas trahi! Il ressemblait de plus en plus à Peter O'Toole. Lui non plus ne pouvait avoir oublié leur aventure dans le réseau « Anémone ». Il avait tenu à le lui prouver par ses fleurs.

Répondant au jeu de Robertson, Yvonne serra le manche de bambou.

– Enchantée, Umbrella...

Il déposa son parapluie sur le dossier d'une chaise, lui recommanda de l'index de se tenir tranquille, puis feignit des retrouvailles fortuites.

– Hello... Quelle surprise! Yvonne, mais c'est à peine croyable. Nous retrouver ainsi par hasard dans le grand Londres. Mais c'est un miracle! Seul l'amour peut provoquer des rencontres pareilles.

Il lui baisa la main, puis prit un air de reproche, fixant l'anneau d'or sur le doigt offert.

– Ma mère m'avait bien prévenu. Les Françaises ne peuvent pas attendre. Quelques années d'abstinence, et elles oublient jusqu'à leurs promesses de fidélité! Le sexe, toujours le sexe, hurla-t-il à tue-tête dans le restaurant. Il a fallu qu'elle se marie. Son nom, Yvonne. Je veux savoir le nom de ce traître.

– Norman... Norman Mendelbaum.

– Mendelbaum! Je savais qu'il fallait me méfier de ces gars-là! Ils vous piquent votre nénette dès que vous avez le dos tourné.

Il commanda un hamburger avec autant d'application qu'il l'aurait fait pour un homard thermidor, exigea que sa cuisson fût *medium-rare,* puis reprit les mains de son amie, adoptant le ton de la confidence.

– Lorsqu'on fait l'amour comme toi, on ne peut haïr le genre humain au point de ne se marier qu'avec un seul homme. C'est du gaspillage.

Elle se retint de lui dire que Norman était mort. Clem attrapa la manche du garçon qui lui apportait son hamburger et lui demanda en aparté :

– Vous avez des chambres? Madame et moi voudrions... vous comprenez... avoir un petit *fast-fuck.*

Yvonne ne put s'empêcher de rougir. Elle le connaissait bien. C'était le plus pittoresque des hommes. Comment parvenait-il à diriger son équipe, à en faire une des plus efficaces du contre-espionnage mondial?

– Alors, Yvonne, tu reviens à tes premières amours?

– En quelque sorte. Je regrette que nous ayons attendu tout ce temps pour nous revoir.

– Je ne t'apprendrai rien en te disant que moi aussi je t'ai un peu trompée, depuis trente-cinq ans! Il faudra que tu te fasses à cette idée : je ne suis jamais parvenu à faire entendre raison à ce cochon qui sommeille en moi.

Il renversa avec application une bouteille entière de sauce tomate sur son hamburger, puis plaça l'assiette devant son parapluie.

– Elle ne supporte pas que je mange toutes les frites. Il existe une constante entre nous deux, Yvonne. Chaque fois que nous nous voyons, nous mangeons de la merde et ça me paraît délicieux. Tu voulais me voir? A une seule condition : faisons l'amour ensemble... Je t'ai menti. Je n'ai plus touché une femme depuis 1943, rit-il.

Elle baissa pudiquement les yeux.

– Clem... J'ai besoin de tes lumières... Celles de la section 5, des grandes lumières du Cirque.

Il fit mine de ne pas comprendre l'image allégorique.

– Tout à toi, ma chérie. Je t'offre celle de ma flamme.

– Je suis venue pour le dossier d'un dénommé Stanley Trevor Oatley. Tu en as entendu parler?

– Oatley? Comme Oatley. Tu entends, Umbrella! Nous croyons lui avoir laissé un inoubliable souvenir sexuel, et elle est revenue mariée avec un Mendelbaum, nous parler d'un Oatley!

Clem Robertson se dressa d'un coup, attrapa le coude de son amie et l'entraîna au-dehors. Elle dut forcer le pas pour le suivre. Clem lança quelques billets sur le comptoir et cria à la cantonade :

– Non, Yvonne. Je ne veux pas être aimé pour mes seules performances sexuelles. Cela me navre que tu me traites en simple reproducteur! J'ai également un cœur, tu sais!

Puis ils marchèrent sur le trottoir et Clem Robertson se mit à cloche-pied dans le caniveau, traînant son parapluie dans le filet d'eau.

– Oatley. Il a émigré en Rhodésie en 60. État-major rhodésien... précisa le chef du MI 6 en simulant une forte claudication. Nous l'avions à Farnborough. Puis à Londres. Brillant officier.

Au passage, il salua une jolie femme de son chapeau melon, puis entoura le cou de la Française, d'un bras amical.

– C'est un type qu'ils t'ont chargée de surveiller au CIO, ou bien tu veux seulement savoir s'il est marié avant de te l'envoyer?

Ainsi, il savait. Cet Anglais clownesque et truculent possédait la plus fabuleuse mémoire. Il pouvait apprendre par cœur des pages de codes. Sa force tenait à son gigantesque pouvoir de mémorisation sous ses airs idiots. Yvonne Stein lui colla un furtif baiser sur la joue. Elle en avait envie depuis le premier instant où elle l'avait revu. Rien n'était changé entre eux. Leur tendresse restait intacte. Ils marchaient en plein cœur de Londres, au lieu de préparer des sabotages dans les massifs enneigés de l'Isère.

– C'est un accident de parcours.

– Nous sommes deux accidents, commenta mélancoliquement l'Anglais en hélant un taxi.

Ils grimpèrent dans le cab, et Clem se pencha vers le chauffeur.

– Roulez, mon ami... Ne vous arrêtez pas. Nous sommes suivis.

Le conducteur jeta un œil inquiet dans le rétroviseur, devina le sourire qu'Yvonne masquait derrière sa main, puis démarra, presque rassuré.

– C'est le double decker bus rouge derrière nous, précisa Clem.

Il y en avait des dizaines qui se pressaient autour du square.

Il lui murmura :

– J'ai eu son dossier, dans le temps. Nous le suspections

de s'être acoquiné avec les émules de cette équipe de commies de Cambridge; celle qui nous a tant donné de fil à retordre. Il disait s'être égaré parmi les sympathisants de la « ligue humaniste ». Je crois même qu'une filature semblait établir un contact occasionnel en 56 avec un membre de l'ambassade soviétique. Cela n'a rien donné. N'ayant aucune charge précise contre lui, nous l'avons blanchi. Dès lors qu'il quittait l'Angleterre, ce n'était plus notre problème... Affaire classée...

Le cœur d'Yvonne Stein se mit à battre plus vite. Clem lui donnait en quelques minutes ce qu'elle cherchait depuis des semaines. La Française adressa un regard reconnaissant à son ami.

Elle le laissa remonter une main de collégien le long de sa cuisse gauche. L'Anglais feignait un intense désir. Les halètements de Robertson s'accélérèrent. Il dénoua son nœud papillon, épiant l'inquiétude qui se peignait dans les yeux du chauffeur, collés au rétroviseur. Ces deux-là n'allaient tout de même pas se livrer à leurs cochonneries dans son taxi!

Clem ne le fit pas attendre. Il se jeta sur sa compagne et la dévora de baisers, fouillant son chemisier, relevant la jupe stricte et la dénudant jusqu'à la ceinture. Puis il embrassa la gorge complice et entreprit de lui ôter sa veste.

La voiture ralentit.

– J'espère que tu prends la pilule, dit Clem Robertson à voix haute. Tu ne vas pas me refaire le coup de la surprise!

Yvonne ne pouvait plus retenir son rire. A présent, elle était dénudée jusqu'à ses dessous. Le chauffeur arrêta son véhicule au bord du trottoir.

– Je crois qu'il va vous falloir continuer ça ailleurs.

Résigné, Clem lui tendit quelques billets. Ses cheveux étaient en grand désordre et il paraissait au paroxysme du désir. Il laissa le temps à Yvonne de rectifier sa tenue et l'entraîna hors du véhicule, la jupe troussée jusqu'aux jarretelles.

– Allons faire l'amour dans le premier hôtel venu... Je

vais t'aimer durant des heures, te briser de plaisir, te faire des quintuplés.

La Française le laissa peloter outrageusement ses fesses en pleine rue.

Ils trouvèrent un petit hôtel dans Marwin Street et se précipitèrent dans les escaliers comme des adolescents.

Lorsqu'il eut refermé la porte, Yvonne Stein vit que Clem le clown pleurait. Elle savait mieux que quiconque que ce qu'avaient fait les Allemands à cet homme lui interdisait depuis des décennies ce genre d'impétuosité, dont il se faisait si volontiers le chantre.

Émue, elle se laissa caresser par celui qu'elle avait tant aimé, puis passa ses doigts dans ses cheveux en brosse.

– Clem... parle-moi de Stanley Trevor Oatley.

8

L'aéroport de Salisbury était désert. Comme le VC 10 emprunté par Yvonne Stein pour regagner son pays à partir de Pretoria. Elle fut surprise d'y trouver Timothée Carpenter, et impatiente de le tenir dans ses bras. Brooks, qui n'ignorait plus rien de leurs relations, avait eu le tact de ne pas envoyer un chauffeur militaire, malgré son désir de connaître les résultats de la lointaine quête.

Lorsqu'elle eut satisfait aux exigences de la fouille, comme une citoyenne ordinaire, elle se jeta contre lui et le laissa l'embrasser furtivement. Yvonne était émue de le retrouver changé en si peu de temps. Sa chemisette de fil gris et son short d'adolescent le rajeunissaient. Seuls, le bandage jusqu'au genou et les cernes sous ses yeux rappelaient sa terrible aventure : depuis son départ, Tim n'avait pas dû dormir beaucoup. Elle s'obligea à ne pas lui demander s'il l'aimait encore. Elle découvrit un panache de fumée en sortant de l'aérogare.

– Les Terrs ont fait sauter le dépôt d'essence de Salisbury, lui apprit Timothée. Il brûle depuis cinq jours. *Bastards!*

Lorsqu'ils furent dans la Land-Rover, Yvonne se pencha vers le jeune homme et l'embrassa à la commissure des lèvres. Tremblante de savoir s'il la repousserait. Tim la laissa faire. Comme il démarrait, tous deux se surprirent à dire au même moment :

– *I missed you...*

Ils sourirent d'avoir tant craint pour leur amour.

– J'ai reçu ton télégramme de condoléances, lui dit Tim. Ça m'a touché... L'enterrement a été une épreuve pénible.

– Je m'en doute. Tu as pu tenir le coup? Je te trouve fatigué.

– Il ne doit plus rester une goutte d'alcool chez toi.

Elle s'interdit de le réprimander et se contenta d'apprendre qu'il s'était installé chez elle, au lieu de se réfugier dans son appartement d'Argyle Street. Ainsi, il restait à elle.

– Comment s'est passé ton voyage?

– Mieux que je ne pouvais l'espérer. Parle-moi de Sherwood.

– J'y suis retourné. C'était assez difficile, mais il le fallait. Je sais maintenant pourquoi mes parents sont morts. Ils n'ont pas pu déclencher l'Agricalert. On avait volé les batteries.

– Je suis désolée, Tim. Tu sais qui a fait ça?

Son visage reprit la dureté qui la fascinait, devenant un masque de méchanceté.

– Je vais les venger. Ce ne sera plus long, maintenant. Ils pourront reposer en paix. Et moi essayer de retrouver le sommeil.

La directrice du CIO évita de demander comment il avait réussi à démasquer celui qui avait trahi les fermiers, ni ce qu'il lui réservait.

– Qui s'occupera de Sherwood?

– Les Walky ont connu le même sort. Les *Black-Feet* ont retrouvé leurs corps sous un tas de fumier. J'ai dû confier le ranch aux domestiques. Enfin, ce qu'il en reste. J'essaierai de m'en occuper seul, lorsque j'irai un peu mieux. J'ai un travail à terminer. Pour l'instant, cela m'empêche d'y voir clair.

La lueur qui brillait dans le regard de Timothée Carpenter en dit long à Yvonne. Le jeune Rhodésien vivait un cauchemar. Il devenait une vraie machine à tuer. Il n'avait plus rien à perdre. Yvonne n'aurait pu canaliser cette vague de folie meurtrière. Du moins resterait-il debout dans la tempête, tant que sa vengeance le motiverait. Mais ensuite...

Ils s'engageaient dans Enterprise Road, lorsque le Selous Scout quitta la route des yeux et la fixa.

– Tu es différente. Quelque chose a changé en toi... Il y a eu un homme, n'est-ce pas?

Elle répondit à son interrogation par un petit sourire.

– Non... Personne. J'aurais peut-être bien voulu, mais je n'ai retrouvé que le passé. Un passé composé de souvenirs heureux et malheureux à la fois.

Yvonne fut secrètement heureuse de ce premier signe de jalousie. La différence d'âge pouvait expliquer cet étrange sentiment qu'elle avait oublié. Il changera, pensa-t-elle. En même temps qu'elle réalisait combien cet homme était devenu indispensable à sa vie, elle mûrissait déjà des projets d'avenir. Yvonne Stein comprit qu'elle ne devait pas imaginer de lendemains avec cet homme. Ils étaient réunis par la solitude, soudés par un malheur identique. Mais leur destin devenait secondaire. Ils étaient engagés dans un cyclone qui emporterait tout sur son passage. Qui ne laisserait rien d'eux. Tant qu'elle ne lui aurait pas appris la vérité, il resterait un obstacle infranchissable. D'une impulsion, elle décida de le faire tomber, quitte à perdre Timothée pour toujours.

– As-tu revu Veronica?

– Non... Aucun signe.

– Tim, je dois te dire. Lorsque nous t'avons cru mort, j'ai fait déplacer Veronica. Un peu pour respecter ma parole... et beaucoup parce que je voulais l'éloigner de toi, si tu revenais.

Il accusa le coup et ne trouva aucune réponse. Puis il crispa ses doigts sur le volant.

– Où est-elle?

Avant qu'Yvonne ait pu le lui apprendre, il se reprit :

– De toute manière, je ne veux pas savoir. Cela n'a plus d'importance, je serais incapable de la revoir. Après ce que les Noirs ont fait à mes parents. Pourquoi?

– Je crois que je tiens à toi, Tim. Ce n'est pas une excuse, mais en ce moment, j'ai trop de problèmes avec mon travail pour que la lutte ait été égale.

– Je comprends. Je ne t'en veux pas. C'est une page tournée. Ta confiance me touche. Parle-moi de ton affaire. Qui est cet homme?

– Probablement un officier de l'état-major. Comme je l'ai toujours pensé. Un des bras droits de Peter Walls. Mais je n'en ai pas la preuve. Je ne ramène qu'un faisceau d'indices. Accablants, certes, mais qui ne suffisent pas. Veux-tu m'aider?

– Lorsque j'aurai terminé mon travail, j'aurai tout le temps. Que puis-je faire?

– Je voudrais que tu fouilles chez lui. Partout, mais sans laisser de traces. Il me faut cette preuve. Je dois trouver par quel moyen il renseigne Maputo. Comment te sens-tu pour cela?

– En forme, mentit Timothée. Mais pourquoi ne pas mettre tes services sur le coup?

Yvonne hésita.

– J'ai beaucoup réfléchi au problème posé par l'heure des émissions de « ZEBRA »... C'est le nom de code que nous donnons à ce type. Cela ne colle pas avec son emploi du temps. Il se pourrait bien qu'il y ait non pas un, mais deux traîtres, chez nous. Qu'ils s'arrangent pour conforter leurs alibis. Cela contrarie ma théorie, mais c'est la seule explication plausible. Dans ce cas, je ne peux me fier à personne, au sein de l'état-major ou du CIO. Aussi, je voudrais que tu m'aides à établir sa culpabilité.

– Je me chargerai de ce type. Du début jusqu'à la fin.

Elle posa une main douce sur sa cuisse, caressant le bandage qui l'emprisonnait.

– Tim, si c'est bien notre « zèbre », il relève des tribunaux militaires. De la justice collective, pas de la vengeance d'un seul homme. Il faut que nous le fassions parler. Que nous connaissions tout de ses activités.

– Comme tu voudras, se força à dire le Selous Scout.

La Française savait d'instinct qu'il feignait de se ranger à ses vues. En fait, dès qu'il en aurait trouvé la preuve, Tim le liquiderait à sa manière. Elle devait se méfier de ses réactions, mais elle n'avait guère le choix; seul Timothée Carpenter pouvait le démasquer. Elle le lancerait sur le gibier comme un chien de chasse, mais comment réussirait-elle à l'empêcher de dévorer sa proie?

– OK, *it's a deal.* Je dois retrouver les assassins de mes parents. C'est devenu vital pour moi. Tu conduiras ta chasse à ta guise.

Il lisait dans ses pensées.

– Merci, Tim.

Il déplia une paire de Ray-ban sur son nez, puis sortit un petit paquet dissimulé sous son siège.

– Tiens, dit-il simplement en le lui tendant. C'est pour toi.

Yvonne Stein fut surprise par l'attention. Elle défit le papier à fleurs et découvrit un joli bracelet d'ivoire qu'elle passa à son poignet. Le premier cadeau que lui offrait un homme depuis des années. Elle retint ses larmes et mobilisa ce qui lui restait de courage et de détermination pour s'interdire de l'embrasser.

– Je suis touchée, Tim. Je ne m'en séparerai jamais. Il ne fallait pas...

– Non. Il ne fallait pas que je te rencontre... C'est Nshaba qui l'a sculpté.

Yvonne Stein continua de fixer le bijou. Ils étaient entourés de fantômes. Elle choisit alors d'en chasser un, et fit ce qu'elle s'était interdit : elle commença à faire glisser l'alliance de son annulaire.

Mosi oa tunya – la fumée qui tonne! Les guides qui avaient accompagné les premiers explorateurs blancs n'auraient pu donner une meilleure description de ce lieu perdu au milieu de la grande forêt africaine. Le nuage de vapeur d'eau se voyait à des kilomètres. Un paquet d'ouate grise posé sur la forêt vierge. Le *spray,* comme l'appelaient moins romantiquement les *murungus,* s'élevait en volutes mouvantes jusqu'à cinq cents mètres.

Ils descendirent l'unique rue de Victoria Falls, comme

d'innocents promeneurs. Pour la première fois, Veronica découvrait l'alignement de flamboyants qui dévalaient en pente douce jusqu'aux chutes. La ville de pionniers ne devait pas avoir beaucoup évolué, depuis la pénétration européenne de missions ethnographiques au nord du Limpopo et l'avancée des pionniers de la British South Africa Company. Les longs chariots tirés par des attelages de bœufs avaient imprimé à la cité ses voies larges. Depuis un siècle, le chemin de fer que les Britanniques voulaient utiliser pour relier Le Cap au Caire n'avait assuré qu'un modeste développement de la bourgade. Hormis l'imposant hôtel des Chutes Victoria, rien n'avait changé dans la disposition de ces villas espacées, enserrées de tulipiers et de manguiers.

Avec Chickwanha, la Shona admira la gare de style colonial qui représentait le terminus pour les locomotives à vapeur des Rhodesian Railways. Le rêve de Cecil Rhodes s'arrêtait là, depuis que les Zambiens avaient décidé de fermer leurs frontières. Des dizaines de Noirs, couchés sur les bancs ou assis sur le ballast, attendaient le départ d'un prochain convoi pour Bulawayo.

Sous l'écrasante chaleur, Veronica se répétait qu'elle se lançait dans une aventure. Ils n'atteindraient jamais leur but et seraient probablement tués par une patrouille ou jetés en prison comme de vulgaires déserteurs. Personne au camp n'avait voulu partager les projets du petit Noir, se méfiant autant de son allure insignifiante que de ses idées révolutionnaires. Veronica préférait la mort aux clôtures de barbelés.

– Nous n'y arriverons pas.

– Aie confiance. Nous avons de bonnes chances de réussir. Une fois de l'autre côté, ce sera la belle vie.

Veronica savait qu'il mentait. Timothée lui avait parlé des camps de réfugiés zambiens. Il n'y aurait plus de chiens de garde dressés à tuer, ni de miradors occupés par des Blancs, mais elle trouverait une autre misère. Le rationnement et les discours des envoyés de la ZIPRA ne l'effrayaient plus. Rien ne l'obligerait à adhérer aux idées des nationalistes. Tout, plutôt que de retourner au « PV ».

Épuisés par leur longue marche, ils atteignirent enfin le portail d'accès aux chutes. Chickwanha lui prit la main, composant un regard amoureux, lorsqu'ils croisèrent un couple de policiers. Jusque-là, ils n'étaient pas en infraction. Le dimanche, tout le monde pouvait visiter l'endroit le plus réputé de Rhodésie. Les gardes ne prêtèrent pas attention à eux, tirant sur leurs pailles plongées dans des bouteilles de Coca-Cola. Il l'entraîna devant un plan des chutes et, lorsqu'il se fut assuré qu'ils étaient seuls sous la paillote, plaça son doigt sur la vitre du panneau indicateur.

– Nous allons suivre le bord des chutes, expliqua-t-il à voix basse... Jusqu'au bout. Là, c'est un cul-de-sac. Le parc se rétrécit en pointe. D'un côté, la falaise... De l'autre, la clôture du camp.

– Par où veux-tu nous faire passer?

– L'endroit n'est pas gardé, durant la nuit. Il suffira de nous cacher. Tu vois, la ligne de chemin de fer s'avance le long de la grille, parallèlement aux chutes. Le poste frontière est situé cinq cents mètres avant le pont. Plus qu'il n'en faut pour passer. Lorsque nous serons sur la voie, il ne restera qu'un obstacle : le campement avancé de l'armée, à quelque distance des piles.

– Encore faut-il y arriver! Tu as vu la clôture : quatre mètres de grillage tendu sur des tubes métalliques!

– J'ai ce qu'il faut, dit Chickwanha en tapotant la poche de sa veste crasseuse.

Il l'entraîna sur le parcours touristique désert. Les étrangers ne se bousculaient pas dans un pays dévoré par la guerre civile. A mesure qu'ils progressaient vers le gouffre, le grondement grandissait : le tonnerre décrit par les anciens. Un fracas de centaines de millions de litres d'eau à la minute. En suivant le sentier, ils parvinrent devant la statue de bronze de David Livingstone, figé dans une allure conquérante qui ne devait pas être la sienne, lorsqu'il était arrivé jusque là, terrassé par la fatigue du voyage et les fièvres. Ils la contemplèrent un long moment, puis découvrirent les chutes. Veronica eut le souffle coupé par le spectacle. Sur deux kilomètres, le Zambèze tombait à pic dans une faille rectiligne, d'un seul tenant, taillée dans le basalte. Un envol de cent mètres. L'océan bleu du fleuve géant se déversait dans le gouffre, échappant aux îles boisées de son lit pour exploser en multitude d'arcs-en-ciel.

– La police...

Le communiste la tira de sa contemplation.

Il lui prit la main et s'accouda à la balustrade de branchages, semblant s'intéresser à la cataracte. Durant quelques minutes, le cœur de Veronica battit la chamade, puis elle se retourna et vit que les Blancs se contentaient de poser tour à tour aux pieds de Livingstone immortalisé par un sculpteur romantique.

– Filons!

– Calme-toi... Nous n'enfreignons aucune loi, jusqu'ici...

Ils attendirent que les deux Blancs se fussent éclipsés, puis continuèrent leur promenade.

A mesure qu'ils progressaient le long de la faille, sur la berge parallèle aux chutes, le spectacle leur parut encore plus fantastique. La masse d'eau paraissait s'envoler dans le vide et se pulvériser sur le basalte noir. Le flot incessant créait d'abord une légère bruine, puis une violente pluie. Une pancarte leur indiqua qu'ils traversaient Rain Forest. Sans cesse arrosée, la nature souriait de mille fleurs. Des orchidées sauvages dévalaient des troncs des palmiers. Sous la voûte verdoyante, ils crurent que la nuit venait de tomber.

Chickwanha n'était pas tranquille. Il se retourna pour voir si les policiers les suivaient et chuta brusquement sur le sentier. Le Noir n'avait pas vu l'arbre en travers du chemin et l'avait heurté de la tête. Veronica l'aida à se relever en riant. C'était cela, le vaillant combattant communiste? L'homme qui voulait lui faire franchir un pont gardé nuit et jour se cognait la tête au moindre obstacle.

Chickwanha se massa le front.

– Je ne pouvais pas le voir, dans cette obscurité! En plus, il est recouvert de mousse.

– Encore heureux pour ta tête!

– Continuons. Il faut trouver une cachette.

Il leur fallut un quart d'heure pour atteindre la fin du sentier. Le voile d'eau paraissait compact. Ils s'arrêtèrent sur le promontoire rocheux. Devant eux : le vide.

– Là, de l'autre côté : la Zambie.

La liberté n'était qu'à trois cents mètres. Deux falaises les en séparaient. Veronica fut prise de vertige, lorsqu'elle se pencha sur la gorge au fond de laquelle le Zambèze reprenait son cours, furieux de s'être laissé briser par l'immence accident de terrain.

– Impressionnant! Je ne franchirai jamais ça!

– Attends, avant de renoncer.

Il lui indiqua sur la droite le pont de fer qui enjambait le précipice. L'arche métallique franchissait le torrent d'une envolée.

– Regarde bien, sous le pont...

La belle Shona ne remarqua rien. Il dut lui expliquer :

– Tout au long de la voûte, sous la route et les rails, il y a une passerelle. Tu la vois?

– Oui. Mais elle me paraît bien étroite!

– Évidemment, c'est un escalier d'entretien. Il n'a pas de garde-fou, mais en quelques minutes, nous serons sur l'autre rive. Suis-moi.

Ils s'enfoncèrent dans un endroit déboisé où la savane s'étendait sur une centaine de mètres. A leur approche, un groupe d'antilopes se dispersa. Les oribis s'éloignèrent en quelques bonds, puis sans crainte les regardèrent s'enfoncer dans le bush. Chickwanha les conduisit vers un bouquet de palmiers nains. Ils se glissèrent parmi les feuillages piquants et restèrent ainsi accroupis, guettant les alentours.

– Ça ira, dit le Noir. Dans quelques heures, il va faire nuit. Nous ne sommes qu'à cent mètres du grillage.

Il sortit une grosse pince coupante de sa poche et en fit jouer les mâchoires :

– Un tout petit trou. Ils ne verront rien!

Il ne restait qu'à attendre.

Après d'interminables heures, les fugitifs virent les lanternes s'éclairer le long de la clôture. Veronica tremblait de froid et de peur, sa blouse grise collée à la peau par l'eau vaporisée. Lorsque la nuit s'installa, elle comprit que leur équipée serait sans retour.

– Le couvre-feu. Ils vont nous rechercher.

– Heureusement que nous sommes deux. Un homme et une femme. Ils croiront que nous avons été retardés dans un fourré. Ce qui est le cas.

– Chickwanha, pourquoi es-tu communiste?

Il parut interloqué par la question, chercha une explication compréhensible pour une jeune femme qui n'entendait rien à la politique.

– Je ne suis pas né communiste! Comme d'autres naissent lépreux! Dès que j'ai été en âge de comprendre, j'ai demandé pourquoi il y avait des Noirs et des Blancs. Pourquoi les Blancs commandaient les Noirs. On m'a dit que c'était ainsi, que ça durait depuis des années et que les Blancs étaient les maîtres, parce qu'ils étaient blancs. L'explication m'a suffi. Un postulat ne se démontre pas. Jusqu'à ce que mes yeux s'ouvrent un peu plus. J'ai demandé pourquoi cette poignée de Blancs possédaient la moitié des terres. Les bonnes! On m'a encore répondu qu'il était naturel que trois pour cent de la population travaille cinquante-trois pour cent du pays. Les meilleurs, puisque les Blancs faisaient les lois et qu'ils avaient voté le Land Apportionment Act. Lorsque j'ai objecté que nous pourrions également voter et changer cette loi de partage des terres, puisque nous étions plus nombreux, on m'a conseillé de me taire : « Méfie-toi, Chickwanha! Tu parles comme les communistes! Un de ces jours, tu vas attirer le malheur sur notre kraal. Ils te pendront. » Je crois que je suis devenu communiste ce jour-là.

– Tous les Blancs ne sont pas mauvais.

– Je sais. Notre sort ici est probablement plus enviable que celui des Noirs en Afrique du Sud. Ils ne nous battent plus comme faisaient leurs ancêtres. Depuis 1961, nous pouvons fréquenter les jardins publics, aller au cinéma et manger dans les mêmes restaurants. Cela ne change rien.

Ils ont amené le progrès en Rhodésie, mais nous y étions avant eux. J'ai compris qu'ils voulaient tout pour eux, devenir riches sur notre dos, ne rien partager... Je ne veux plus qu'on me dise que je suis un « sale Nègre », qu'on brûle mon village et qu'on décide pour moi de l'endroit où je devrai vivre. Je refuse qu'on me fasse monter dans un camion, poussé par des chiens qui mordent et encouragé par des coups de badine. Il y a des gens qui luttent contre cela avec des Kalashnikov. Il n'est pas nécessaire d'être grand et fort pour tenir une arme. J'ai décidé d'essayer. De ne plus me demander pourquoi les gentils Blancs, après un siècle chez nous, font planter les dents de leurs chiens dans nos mollets, au lieu de nous traiter comme des êtres humains. C'est peut-être pour cela que ton père et ton frère sont morts, et aussi à cause de cela que tu as été placée dans un « PV ».

Les explications du Noir ébranlèrent Veronica. Pourtant, des gens comme Chickwanha tueraient un jour des hommes comme Timothée!

– Il va falloir y aller. Je suis impatient de savoir comment on tue un soldat blanc, mais encore plus de couper leurs clôtures.

Ils rampèrent à travers les herbes en direction de l'enceinte. A chaque mètre, la jeune femme se reprochait de commettre une telle désertion. Pourtant, elle avançait. Son avenir n'était pas dans le camp de Victoria Falls. Partout, mais pas là.

Parvenus devant le haut grillage, ils se tapirent sur le sol. Chickwanha choisit un emplacement où les herbes sertissaient le bas de la clôture, puis entreprit de cisailler les mailles, pesant de toutes ses forces pour trancher l'acier. Chaque claquement des mâchoires de l'outil leur parut un bruit plus effrayant que celui des trombes d'eau de la chute toute proche.

Ils écartèrent les bandes de grillage ainsi découpées, puis Veronica se sentit poussée en avant.

– Toi d'abord...

Elle se faufila entre les pointes acérées et se retrouva sur le macadam. Chickwanha se précipita à travers l'ouverture et prit soin de la refermer, relevant une touffe d'herbe qu'ils venaient d'écraser. Sous la lumière blafarde des projecteurs, ils hésitèrent, puis traversèrent la route. A quelques mètres, hors du halo blanchâtre, la voie de chemin de fer leur parut un abri. Ils avancèrent dans la nuit, prenant garde de ne marcher que sur les traverses. Ils pouvaient voir deux tentes éclairées par des lampes-tempête. A quelques mètres du pont, les militaires discutaient, fumant des cigarettes pour combattre la fraîcheur qui remontait du fleuve.

Lentement, prenant garde de ne pas trébucher sur les cailloux du remblai, ils longèrent le poste avancé des Rhodésiens, passant près d'eux, dans l'obscurité totale. Comme ils devinaient la lourde rampe rivetée, Chickwanha tira Veronica par la manche, la forçant à quitter les rails. La jeune femme se laissa faire, terrorisée par le groupe d'hommes qui ne pouvaient les apercevoir.

Tous deux s'insérèrent sous le tablier du pont, sur une pente glissante. A présent, l'obscurité complice les desservait. Ils ne voyaient pas où ils posaient leurs pieds et se laissaient troubler par le terrifiant grondement qui montait du fond de la gorge. Chaque pas pouvait les faire basculer dans l'horrible précipice. Accrochés aux pierres et aux buissons, ils redoutaient de ne pouvoir freiner la moindre chute. Pourtant, ils continuèrent de dévaler le talus.

– Chickwanha... Par ici...

Le communiste avança les bras dans les ténèbres et rencontra ceux de sa recrue. Elle le força à se baisser pour toucher le socle de béton. Tâtonnant la pile du bout du pied, Veronica le guida jusqu'à la poutrelle d'acier, puis s'y accrocha. Les deux aveugles se tenaient sur la minuscule plate-forme, devinant le vide à quelques centimètres d'eux.

– Il y a un portail, fit-elle en nouant ses doigts entre les mailles de fer. Il est fermé.

C'était trop bête. Comment avaient-ils pu penser que ce serait aussi facile?

Il essaya de sectionner les tiges de fer, mais son outil refusa de leur ouvrir cette dernière porte.

– Ça ne marche pas. Le grillage résiste.

Un vent glacial les balaya, montant des profondeurs infernales du gouffre. Ils restèrent quelques minutes, à réfléchir sur ce problème imprévu. Le petit Noir suivit de la main les contours du cadre métallique. Il sentit les piques qui hérissaient le versant orienté vers le vide. Au-dessus du solide châssis, une tôle était solidement boulonnée aux poutrelles du pont.

– Nous ne passerons pas.

Veronica venait de faire la reconnaissance manuelle de l'obstacle.

– Il le faut. Nous ne pouvons plus reculer. Je vais grimper le premier... Puis je te guiderai.

Il la poussa contre le mur de béton et prit sa place devant l'abîme. Il repéra quelques tiges de ferraille pointue, y posa d'abord un pied, puis s'y agrippa des deux mains. Enfin, il avança son corps en déséquilibre au-dessus du Zambèze déchaîné.

Veronica attendit quelques secondes.

– Chickwanha?

Elle répéta plusieurs fois sa question, mais n'obtint aucune réponse. Son guide avait disparu, avalé par le vide. A cette distance, elle n'avait même pas entendu son cri, couvert par le vacarme du fleuve, lorsqu'il avait basculé dans l'abysse. Ses jambes commencèrent à trembler. Elle restait seule devant un obstacle infranchissable. Seule dans une position où la retraite signifierait la mort. Le communiste l'avait dit : il ne restait qu'une possibilité.

Veronica emprunta le même chemin que celui qui venait de disparaître broyé dans les flots impétueux, écrasé par les rapides. Elle escalada les défenses acérées et se cramponna de toutes ses forces aux objets métalliques qu'elle rencontrait. Ses pieds glissèrent sur l'acier rond. Elle buta contre un mur de fils de fer barbelés. Chickwanha n'avait pas pu les franchir. Ne trouvant aucune prise, incapable de lâcher une main, la Shona sentit qu'elle allait basculer. D'une ruade désespérée, elle lança son visage dans le rideau de barbes de fer et referma sa bouche sur le fil hérissé de pointes. Une cuisante douleur traversa sa tête. Instinctivement, elle dégagea son bras gauche, le ficha dans cet invisible haie d'épines, puis tira son corps en avant. Grâce à sa bouche, elle bénéficiait de trois prises. Chaque effort pour avancer d'un centimètre emportait des lambeaux de sa blouse, lacéraient sa peau. A demi inconsciente, elle parvint à franchir le mètre de barbelés qui la séparait des poutrelles d'acier, mordant à pleines dents dans le fer qui lui déchiquetait le visage. Elle tira une ultime fois sur sa cuisse emprisonnée dans la nuée d'aiguilles, et se laissa retomber sur le plot de béton. De l'autre côté du portail, cette fois.

Ses mâchoires se mirent à claquer. Un flot de sang descendit dans sa gorge. Elle avait réussi. Veronica se remit en marche, gravissant marche après marche l'escalier qui courait le long de l'arche. Elle se maintenait contre les gigantesques pièces d'acier, titubant de douleur, avalant son propre sang.

Brusquement, l'escalier étroit se déroba. Elle comprit qu'elle venait d'atteindre le milieu de l'arche et s'arrêta pour souffler. Cent mètres au-dessous d'elle, les vagues du fleuve s'entrechoquaient, butaient contre les parois verticales de la gorge et roulaient avec une plainte sourde. Elle porta sa main vers son visage, pour en essuyer la sueur. Sa paume rencontra un flot de sang. Les doigts continuèrent vers la bouche et s'arrêtèrent. Elle ne reconnut pas ses traits. Sa bouche n'était plus la même. Elle devina les cicatrices. Ses commissures avaient éclaté. Le fer avait déchiré ses joues sur plusieurs centimètres. A travers les plaies, elle pouvait toucher ses dents. La main plaquée contre le bas de son visage, Veronica poursuivit son avance vers la Zambie. Encore quelques marches, et elle serait libre.

Défigurée pour toujours, mais libre.

Conservant ses paupières closes, Yvonne laissa son amant se glisser hors du lit sans trahir son éveil. Il voulait sans doute la quitter sans explications.

Timothée avait changé. Son amour, ses étreintes viriles, s'étaient transformés en violence déchaînée qu'il contrôlait mal. Son tourment le submergeait. Le Selous Scout l'avait étonnée par des assauts sexuels où sa cruauté le poussait à vouloir briser sa partenaire. Yvonne l'avait laissé s'épancher en elle, recevant ses coups de reins comme l'injuste punition d'un psychopathe. A présent, la Française ne parvenait plus à chasser de son esprit la mâchoire crispée, les dents serrées et le regard de cet homme mobilisé par son instinct meurtrier.

Elle attendit qu'il se fût approché de la porte de la chambre.

– Tim... Tu ne m'embrasses pas, avant de partir?

Il se retourna lentement, puis revint vers le lit.

– Je voulais te laisser dormir.

– Où vas-tu?

– Tu le sais. Je dois terminer ce contrat signé avec moi-même. Je vais récupérer quelques affaires à la caserne de Bindura, avant de me lancer à la poursuite de mon gibier.

Elle embrassa sa bouche froide, constatant qu'il prononçait le mot « gibier » comme les grands chasseurs blancs de Rhodésie. Le *game* risquait de devenir un jeu de fou! Yvonne Stein se sentit incapable de le dissuader.

– Quand penses-tu être de retour?

– *A couple of days...*

– Bien. J'attendrai ton retour.

– Que vas-tu faire, pendant ce temps?

– Brooks doit commencer à se demander si je n'ai pas décidé de quitter le CIO. Je vais essayer de donner le change à mes collaborateurs en leur expliquant que je n'ai pas réussi à retrouver le moindre indice. Il me faut apaiser « ZEBRA », vérifier son emploi du temps en cachette. Nous le prendrons par le collet lorsque j'aurai compris le but final de sa mission. Pas avant. Essaie de ne pas te faire tuer bêtement.

– Je ne connais pas un seul homme qui soit mort intelligemment. Mais sois sans crainte, je reviendrai pour t'aider.

– Ce n'est pas seulement pour cela, idiot! Je tiens à toi. Je ne veux pas qu'il t'arrive malheur.

– Tu parles comme Veronica.

Elle évita de lui donner la satisfaction d'un regard de jalousie.

– Ta jambe pourra tenir?

– Ma jambe? Même si j'étais cul-de-jatte, je trouverais encore assez de forces pour traquer cette sorte de gibier.

Le pied-bot n'aurait pu suivre le commando terroriste. Même avec la meilleure volonté. Ce n'était pas l'envie qui lui manquait de se réfugier au Mozambique, mais la ZANLA ne s'encombrait jamais d'éléments inutiles. Les Terrs protégeraient leur complice, le cacheraient en Rhodésie, mais ne le rapatrieraient pas vers leurs bases arrière surpeuplées.

Timothée connaissait Eddison depuis une dizaine d'années. Il se traînait avec difficulté dans la demeure de Sherwood où il rendait de menus services. Jamais il n'aurait pu suivre les gooks dans un repli rapide dont dépendait la survie des vakomanas. Le Selous Scout en déduisit que le Noir restait en arrière, sous la protection armée de ses complices. Ils n'avaient pas pour habitude de sacrifier leurs informateurs. Mais l'aveuglement dans lequel la douleur comme la vengeance de Timothée l'avaient plongé, l'empêchaient de raisonner juste. Un homme traqué par la police ne pouvait se réfugier dans un autre village, sans risquer d'être dénoncé. Les soldats de la ZANLA pouvaient enterrer leurs armes et leurs treillis, mais un Shona atteint d'une malformation aussi manifeste ne passait pas inaperçu. Son infirmité le condamnait à se terrer dans un trou, à l'écart des populations. Georges et ses pisteurs occasionnels avaient pensé à sa place. Ils avaient respecté le délai de leur maître.

L'éclaireur des Selous Scouts vérifia sa route sur la carte. Il se rapprochait de la croix rouge tracée par le contremaître karanga. A présent, le kraal des ouvriers agricoles pouvait dormir tranquille. Il décida de garer la Land-Rover à quelque distance et de franchir à pied les derniers kilomètres. Si le traître sortait de sa tanière pour se nourrir, il ne lui donnerait pas l'alerte par le bruit du moteur. Sans doute les hommes de la ZANLA lui avaient-ils laissé une arme, pour lui permettre de tenir, jusqu'à ce que l'agitation soit calmée dans la région. Ils reviendraient pour l'acheminer vers une « zone libérée », où l'armée rhodésienne pénétrait rarement, en convois blindés, faciles à repérer.

Le jeune homme se sentait mal à l'aise dans sa tenue de combat neuve. Le tissu rigide grattait la peau et entravait ses mouvements. Il orienta son plan, mémorisa l'emplacement de la cachette indiquée par le contremaître, puis abandonna la carte sur le siège. D'un geste de professionnel, il attacha un second chargeur contre le premier, à l'aide d'un gros ruban adhésif, et empoigna son FAL. Le pisteur s'enfonça dans les fourrés, évitant de forcer sur sa jambe affaiblie.

Après une demi-heure de progression, Tim repéra l'amas de blocs devant la falaise. L'endroit était aisément identifiable. Il ressemblait aux autres escarpements du pays, où les Bochimen avaient jadis élu domicile. Avant de se replier dans le désert du Botswana, poussés par l'invasion des Shona. Il avait déjà vu ces étranges petits hommes. Les Bochimen parlaient un curieux dialecte « à clics ». Ils consacraient le plus clair de leur temps à la cueillette et fabriquaient un étrange poison à l'aide de larves de scarabées, dont ils enduisaient leurs flèches. Leur migration forcée les avait conduits à modifier leur habitat traditionnel pour se conformer aux nouvelles morphologies du terrain. Ils vivaient sous des abris de branchages et devaient transmettre à leurs jeunes la nostalgie de la fraîcheur des grottes d'antan. Quelques siècles auparavant, ils se servaient d'un adossement à la montagne, pour se défendre contre les bêtes sauvages et y abriter leurs familles dans des cachettes sûres. Eddison devait habiter une de leurs anciennes grottes.

La végétation devenait plus dense sur les hauteurs. Timothée dut ramper par endroits pour progresser en droite ligne. Cette région n'était pas fréquentée. Il observa un couple de barbets à crête. Nshaba s'amusait à les appeler les *alarm-clocks*. Les volatiles émettaient un bruit de crécelle : celui d'un réveil dépourvu de cloche. Nshaba aurait aimé être à ses côtés, dans cet Eden pour les oiseaux. Il disait que la Rhodésie comptait six cents espèces indigènes « plus une à barbe... les oiseaux-vakomanas, qui emmerdent les autres ». Pauvre Nshaba!

Un ruisseau serpentait entre les arbres. Le filet d'eau devait permettre au traître de se désaltérer. Tim redoubla de prudence. Georges l'avait mis en garde : Eddison habitait une grotte qui servait probablement de cache d'armes aux communistes. L'indicateur de la ZANLA n'était peut-être pas seul. Aussi le Selous Scout déploya-t-il des trésors d'ingéniosité pour remonter le torrent sans le moindre bruit. Il ne devait pas risquer de tomber dans un piège. Pas avant d'avoir fait payer l'estropié. Ensuite... Cela n'aurait plus grande importance.

L'image de sa mère suppliant Steve pour qu'il donne une chance à Eddison de faire ses preuves comme domestique revint à sa mémoire. Margaret s'était attachée à ce pauvre Noir, déjà accablé par la vie. Elle prenait sa défense pour cacher ses maladresses et lui éviter les colères de son mari. Faiblesse qui leur avait coûté la vie, à tous deux. Comment avait-il pu lui rendre de la haine, en retour de cette affection? Steve Carpenter lui répétait : « Les Noirs pensent que les estropiés de naissance sont des êtres méchants. Ils n'ont aucun autre but dans la vie que de faire payer leurs tares à ceux qui ont eu la chance de venir sur terre normaux. » Il s'était rangé à l'avis de sa femme pour lui plaire. Finalement, les Noirs avaient raison.

La soif de vengeance poussa Timothée en avant, malgré la douleur musculaire qui montait le long de sa cuisse droite. A travers les feuillages de gommiers, il aperçut la crevasse à flanc de falaise. Elle s'évasait en entonnoir vers le bas. Son accès était partiellement masqué par un bouquet de figuiers sauvages, où une famille de babouins se disputait. Il regarda les singes qui revenaient à leur épouillage. Adossé à un arbre, il évalua la meilleure façon d'atteindre le repaire sans perturber les activités des animaux. C'est alors qu'il vit le vakomana. L'homme, accroupi au sommet de la falaise, surveillait les environs. Sans doute s'attendait-il à recevoir de la visite. Si Tim n'avait pris la précaution d'effectuer les derniers kilomètres à pied et de quitter la route de terre, il se serait exposé à une embuscade ou aurait fait fuir Eddison. La ZANLA avait décidé de protéger sa recrue. Le Selous Scout connaissait suffisamment leur manière d'agir, pour deviner qu'un second guerrier échappait à ses investigations. Ils surveillaient toujours leurs caches d'armes par paires. L'autre ne devait pas être loin. Il fallait le localiser.

Il se rapprocha, rampant jusqu'à deviner les traits du guetteur. Le Terr ne devait pas avoir plus de dix-huit ans. Son visage d'adolescent semblait participer à un jeu de cache-cache. Il faisait probablement partie de la bande qui s'était acharnée sur les parents de Timothée.

Le bruissement des feuillages l'avertit d'une présence. Au froissement, le Selous Scout devina deux personnes. Il avança d'un mètre et fit glisser son fusil automatique sous lui. Il pouvait les voir : deux femmes avançaient vers la cachette, portant de lourdes charges sur leurs têtes. La première maintenait un carton en équilibre et trimbalait son enfant sur le dos, enveloppé dans un pan de tissu bariolé. L'autre, plus jeune, peinait sous une bassine d'émail blanc. Leurs cous tendus montraient l'énormité du poids. Elles se retournaient sans cesse, craignant d'avoir été suivies. Timothée s'écrasa contre le sol, fixant les pieds nus qui passaient à quelques mètres de sa tête. Les chimbwidow apportaient clandestinement le ravitaillement aux rebelles. Des centaines d'innocentes villageoises pourvoyaient ainsi à l'approvisionnement des vakomanas, à travers le pays, couvrant d'énormes distances pour appuyer les maquisards, privant leurs enfants de maïs pour soutenir la lutte. Leur rôle passif les mettait à l'abri des représailles. Par contre, elles représentaient le maillon indispensable à la poursuite du terrorisme. Un chaînon que Tim eut détruit, s'il n'avait eu une autre mission.

L'autre guerrier, celui qu'il cherchait, les arrêta dans un minuscule sentier. Il les aida à se décharger de leurs fardeaux, puis leur claqua la main droite en témoignage d'amitié. Voilà pourquoi ils avaient placé un guetteur. Ils voulaient s'assurer que l'intendance n'amenait pas une unité antiterroriste sur ses talons. Les trois complices échangèrent quelques mots. Les femmes rebroussèrent chemin presque immédiatement. Il leur fallait regagner leur village sans risquer d'attirer les soupçons par une absence trop prolongée.

Il attendit qu'elles aient disparu, puis se décida.

C'était le bon moment. Le guetteur allait redescendre par l'éboulis pour voir la nourriture. La curiosité autant que la faim accapareraient son esprit. Il ne serait plus sur ses gardes. Le Selous Scout se redressa avec précaution, laissant la grotte sur sa droite. Il vit les branches bouger à sa rencontre, au pied de l'éboulis. Tapi dans un fourré, il sortit son long couteau de chasse. L'homme approchait, confiant. En un bond, il fut sur le vakomana. L'homme avait pendu son Kalashnikov dans son dos pour dévaler plus facilement le raidillon. Il allait s'en emparer lorsque la large stature du Rhodésien traversa son champ de vision. Il n'eut même pas le temps de crier. La lourde lame l'égorgea d'une oreille à l'autre, d'un seul balayement du bras. Tim maîtrisa le corps foudroyé, l'accompagna à terre, et enfonça son talon dans la bouche grande ouverte, d'où refluait le sang. Il appuya de toutes ses forces sur le visage juvénile, martela le regard terrorisé, jusqu'à éteindre toute expression de vie. Il poursuivit sa progression jusqu'à la cache.

Le second rebelle avait commis l'imprudence de charger le lourd carton sur la bassine, afin de rapporter le ravitaillement en un voyage. Il n'entendit pas le Selous Scout approcher à toute vitesse, l'arme à bout de bras. L'éclair d'un instant, il vit la main ensanglantée du Rhodésien contourner sa gorge, passant devant son torse, avant de ressentir une cuisante douleur. Tim le tira en arrière, ressortit la lame de la trachée et l'enfonça dans l'œil droit du mourant, perforant le cerveau. Il ne prêta pas même attention aux paquets qui venaient de tomber avec le gook. La farine de maïs se répandit dans les cailloux, coulant sous la tête du Noir.

Le cerveau de Tim s'embruma. De douloureuses pulsations battaient à ses tempes. Au tour d'Eddison, à présent.

L'éclaireur arracha son couteau du visage du communiste. Ses deux mains et les avant-bras couverts de sang, il retourna sur ses pas pour récupérer son fusil, franchit en quelques bonds les vingt mètres qui le séparaient de la caverne.

Sur le figuier sauvage, les babouins se dispersèrent à son approche, en poussant des cris stridents. Cela n'avait plus d'importance : Eddison ne lui échapperait plus.

La cachette n'était pas profonde. Une dizaine de mètres tout au plus. Ses parois polies par l'eau de ruissellement grimpaient jusqu'au toit, fissuré sur sa longueur. Le rai de lumière qui en filtrait lui permit de distinguer quelques caisses, empilées au fond de l'excavation. L'arme en avant, le couteau engagé dans son ceinturon, le Selous Scout avança sur le sol sablonneux, craignant que sa proie n'ait pu prendre la fuite avant son attaque.

Des peintures rupestres décoraient la grotte, s'élevant sur plusieurs mètres, et recouvrant son pourtour d'une frise saisissante. Étonné par la vivacité des couleurs centenaires, il se dirigea vers les caisses et devina la forme humaine allongée sur la première rangée. L'homme dormait profondément, recouvert d'une bâche verte volée à l'armée rhodésienne. Le pied qui dépassait de la toile de camouflage ne laissait aucun doute : il avait retrouvé Eddison. Le canon de son FAL pointé vers la tête de l'ignoble serviteur, Timothée tenta de reprendre le contrôle de ses réactions. Il ne devait pas le tuer trop vite. Timothée observa l'endroit silencieux, notant au passage les caissettes frappées de sigles et de numéros russes. Il s'intéressa aux scènes de chasse croquées par les Bochimen, dix siècles plus tôt. Un troupeau de girafes couraient devant des chasseurs filiformes armés de longues sagaies. Au-dessus de la tête de sa proie, Tim détailla la reproduction fidèle d'un impala. Le style remarquable reproduisait le museau élancé et l'œil inquiet d'une bête aux abois.

Eddison bougea sous sa couverture. Timothée inspira une longue bouffée d'air pour se calmer. Il sortit son couteau et l'approcha du visage qui se déplaçait vers lui. Lorsqu'il planta son arme blanche dans la narine de son ancien serviteur, Tim cria :

– Debout, Eddison... Il faut payer, maintenant.

Le Noir se releva d'un bond et porta ses mains vers son nez mutilé. Elles s'emplirent de sang. Le Selous Scout l'observait, pointant le canon de son arme vers la tête. Il lui laissa le temps de reprendre ses esprits, de souffrir la douleur de sa blessure, de deviner les traits de master Tim sous le maquillage de combat.

– Master... balbutia enfin Eddison.

Il chercha des yeux les deux hommes de la ZANLA et parut terrorisé de ne pas les trouver à son chevet. Personne ne pouvait s'interposer entre le Rhodésien et lui.

– Je les ai égorgés... – Timothée montra ses bras recouverts de sang caillé –... tous les deux. Mais c'est trop doux pour toi. Debout!

Eddison obéit. Il dut lâcher son nez pour s'appuyer contre les caissettes de bois. Tim vit qu'il avait fait sauter une narine et défiguré l'estropié en défonçant le cartilage jusqu'à l'orbite.

Un lourd colt Smith et Wesson roula près de lui, que le traqueur reconnut : l'arme préférée de son père.

– Master, supplia le Noir. Ce n'est pas moi... Je n'ai rien fait à master Steve... J'aimais bien madame Margaret. Elle était très gentille pour moi.

L'évocation du nom de ses parents mit Tim en fureur. Il lâcha son fusil d'assaut, empoigna l'homme par la gorge et le souleva contre les peintures rupestres. Son visage se déforma.

– Tu as enlevé les batteries!

Il planta son poignard dans les testicules de l'estropié et pesa sur la garde pour le clouer au mur. Le Noir hurla de douleur. Mais la main prodigieusement forte de Tim empêcha le torse de basculer en avant. Il entama une lente rotation du poignet pour déchirer le bas-ventre d'Eddison.

– Raconte, maintenant, parce que tu n'en as plus pour très longtemps.

– Ils m'ont forcé, pleura le Shona, parvenu au paroxysme de la douleur.

– Quand?

– Ils m'ont contacté depuis des semaines. J'ai refusé...

– Pas longtemps, salopard!

– Je ne savais pas...

Le Selous Scout n'écoutait plus. Eddison était prêt à inventer n'importe quelle explication pour obtenir un répit. Jamais les hommes de la ZANLA ne l'auraient emmené avec eux, s'il n'avait pactisé avec l'ennemi. Son visage devenait de plus en plus tragique. Il n'y avait place que pour la mort. Lentement, il ressortit un peu la lame. Puis d'un mouvement sec, il la replanta plus haut et éventra le Noir jusqu'au sternum. La chaleur des boyaux qui échappaient à l'abdomen déchiré se communiqua jusqu'à son ventre, à travers la vareuse de brousse. Il lâcha alors l'homme qui venait de s'évanouir et observa les tripes qui jaillissaient sous les morceaux d'étoffe inondés de sang. Il ramassa son fusil et dut lutter contre un vertige en se tenant au mur.

Titubant, Timothée sortit de son cauchemar. Sans s'en rendre compte, il avait arraché la chaussure du pied estropié et noué autour de son cou les lacets de la bottine spécialement confectionnée pour le pied-bot; un cadeau de Margaret Carpenter. Il traîna le corps vers l'entrée de la grotte. Comme il se tortillait sur le sable, les tripes rougeâtres se répandirent hors du ventre. Eddison commença à se réveiller sous l'insoutenable douleur. Le Rhodésien ne prêtait plus attention à lui. Il lui restait un travail à accomplir. Il fit sauter les couvercles de plusieurs caisses, déplia le papier huilé qui protégeait l'armement et trouva ce qu'il cherchait. Quatre mines soviétiques luisantes de graisse maintenues dos à dos. Il porta son fusil à la bretelle et fit jouer la pastille cylindrique qui entourait le détonateur. A deux mains, il porta l'objet en forme de soucoupe vers le supplicié qui agonisait.

– On ne meurt pas tout de suite de ce genre de blessure. Ça peut prendre des heures. J'espère qu'elles seront longues et que tu souffriras plus que mes deux parents réunis.

Puis il fit volte-face et lança la mine contre les caisses, s'aplatissant pour ne pas être balayé par le souffle. Il y eut un éclair, puis un nuage de fumée et une série d'explosions. Enfin, tout sauta dans un bel ensemble, entraînant la chute de quelques blocs, en équilibre instable au bord de la crevasse du toit.

Timothée dégagea ses mains jointes sur sa nuque et se releva dans un flot de fumée noire. Il épousseta ses vêtements, sous les yeux du mourant, s'assura qu'il emportait son coutelas et son arme automatique, puis quitta Eddison sans se retourner. Quelque part en paradis, Steve Carpenter devait le regarder et tapoter l'épaule de sa femme : « Il aurait pu lui faire pire. C'est un brave garçon ! »

Comme il dévalait la ravine, Timothée comprit que sa vengeance ne desserrait que provisoirement l'étau qui emprisonnait sa tête. Steve, Margaret, Nshaba, Veronica... son univers ne renaîtrait plus jamais. Il ne lui restait qu'Yvonne Stein. Il devait se raccrocher à elle pour ne pas se laisser aller au désespoir. Le regard mort, il se mit à siffloter machinalement les premières mesures de *Baboon climb the hill* et dut attendre plusieurs kilomètres pour ressentir la douleur de sa jambe. Sa blessure s'était rouverte. L'autre, celle qui subsistait dans sa tête et son cœur, ne guérirait jamais.

« Le lot quotidien d'un agent du KGB », se dit Oleg Silkin en introduisant la clé dans la serrure de son appartement. « Il ne faut pas trop tabler sur la perfection : bien entendu, j'ai réussi à coincer Laursen, mais cette crapule de Tongogara commence à m'ennuyer sérieusement... »

Il pénétra dans son appartement situé dans un des seuls immeubles décents de la corniche de Maputo et ouvrit la climatisation. Le résident du KGB se dirigea vers la minuscule cuisine et sortit une bouteille de vodka du réfrigérateur. Il but une rasade au goulot, puis emplit un verre qu'il déposa sur la table basse du salon.

L'alcool glacé ne parvint pas à dissiper ses sujets de préoccupation ni à calmer son accès de paludisme, d'autant que Laursen ne jouait pas le jeu qu'il voulait lui assigner. Il n'avait pas demandé d'autorisation de voyage pour l'Afrique du Sud ni adressé le moindre message à ses correspondants de Pretoria pour les avertir qu'il détenait le nom du traître rhodésien. Flairait-il quelque piège? En tout cas, c'était un joli coup à lui faire jouer avant de le pincer. Une intoxication aux effets désastreux pour le CIO, que Silkin devait réussir sans éveiller les soupçons du contre-espionnage sud-africain. La logique de son rival lui échappait. A sa place, il eût pris le premier avion pour Pretoria. Pourquoi le pseudo-Danois prenait-il le risque de se faire épingler alors qu'il se savait traqué? Il ne pouvait avoir éventé la ruse sans une raison précise.

Oleg se déshabilla dans le salon, le visage tendu vers le climatiseur qui commençait de distiller un peu de fraîcheur. Il décrocha son baudrier, le déposa sur un fauteuil de skaï gris, puis défit ses chaussures en reprenant son idée. Par deux fois l'étranger était parvenu à tromper la surveillance des limiers du KGB. A la première occasion, il avait réussi à fausser compagnie à son suiveur de Pretoria. « Là, je sais pourquoi, réfléchit Silkin; il devait prendre contact avec le NIS. Cela n'a pas grande importance : Salgoa ne peut avoir menti, après les soins que nous lui avons prodigués. Même si les Afrikaners savent qu'une taupe travaille pour nous à Salisbury, ils ne disposent d'aucun moyen pour le découvrir. Pour eux, c'est une impasse qui explique le retour de leur agent à Maputo... » Mais l'espion avait semé son suiveur une seconde fois. Cette deuxième incartade l'ennuyait davantage. D'abord, Laursen, ou quel que fût son nom, n'était pas le genre à fêter ses succès commerciaux dans un lupanar. Un agent de cette force ne pouvait soigner ses stress entre les cuisses de ces salopes du port. Le portrait psychologique qu'il devinait chez son ennemi lui interdisait de penser que l'envoyé des Sud-Africains souffrît de quelque vice. Oleg le savait d'autant mieux qu'il vivait lui-même une existence monacale, d'où s'excluait le sexe en période de travail. L'enquête menée dans le bordel révélait qu'il n'avait pas consommé, seulement payé pour que la prostituée restât dans sa chambre, pendant qu'il prenait le large. La Noire n'avait élevé aucune objection. Et pour cause! Elle ne trouvait pas tous les jours un client généreux qui ne lui demandait que de dormir, en retour de sacs de maïs.

En déboutonnant sa chemise blanche, Oleg tenta de deviner pourquoi Laursen agissait ainsi. Le quartier du port n'était qu'un endroit mal famé où grenouillaient des marins soviétiques abrutis d'alcool. Il était exclu que le Danois ait eu un contact avec cette racaille. Pourtant, le résident du KGB aurait abandonné un mois de sa solde pour comprendre la signification de cet inexplicable écart. Ses vérifications prouvaient que l'agent ennemi ne pouvait disposer d'aucune complicité au Mozambique.

Nu devant le climatiseur, le Russe se dirigea vers le téléphone qui sonnait.

– Désolé de te déranger si tard, camarade Silkin. Nous avons une communication de Moscou pour toi.

– Moscou?

En élève docile d'une étrange école qui distribuait très rarement des bons points à ses premiers de classe, Silkin eut un pressentiment désagréable. D'ordinaire, le centre de Dzerjinsky n'appelait par satellite qu'en cas d'extrême urgence et pour les affaires de première gravité.

– Nous établissons le brouillage. Patiente une minute.

Oleg s'assit dans le fauteuil sur lequel il venait de jeter ses vêtements et s'octroya une rasade de vodka. Il frissonnait toujours. Maudit paludisme.

– Salut, camarade Silkin, clama une voix que le Soviétique connaissait bien. Tu nous fais travailler tard!

– En effet, camarade Lebedev. La direction des Affaires africaines souffre d'insomnie?

– A cause de toi. Mais je dois te communiquer d'importantes nouvelles.

– On me rappelle au Centre?

– Détrompe-toi, rit le directeur du troisième étage. Tu fais un excellent travail au Mozambique. Nous tenons à ce que tu termines les plans que nous échafaudons pour nos amis africains. Je viens de recevoir une synthèse sur la Stizlleg.

Le cœur d'Oleg se mit à battre plus vite. Il dut boire une nouvelle gorgée d'alcool.

– Positif?

– Pas vraiment. Cette société est un chef-d'œuvre de façade. Nos investigations ne nous ont rien apporté de déterminant. La Stizlleg travaille dans le monde entier à ses confitures. C'est une excellente entreprise, gérée par des hommes capables et qui réalise de confortables bénéfices. Il se peut que des agents y soient planqués, mais tous les ingénieurs qui émargent à cette entreprise sont compétents...

Silkin connaissait Lebedev : son patron adorait ménager ses effets de surprise. Un préambule aussi terne ne manquerait pas de déboucher sur un matériau explosif.

– Négatif, donc?

– Pas vraiment. Laisse-moi le temps de t'expliquer. La section Europe a fouillé dans la carrière de Laursen. Ils ont suivi sa trace : Varsovie, Bucarest, Prague... Ce type est effectivement ce que tu pensais. Un détail me chagrine : il ne relève ni de la CIA, ni du NIS. Ses différents postes directionnels correspondent à des fuites chez nous. A chaque fois, Laursen a effectué des voyages au Proche-Orient lorsqu'il terminait son travail pour la Stizlleg.

– Dans quelles villes du Moyen-Orient?

– Une seule, précisa Lebedev en éclatant d'un rire franc : Tel-Aviv!

– Laursen travaille pour le MOSSAD?

Il le supputait depuis toujours.

– C'est ce que nous pensons. Les Israéliens sont des gens

très adroits. Ils n'ont laissé aucune trace de leurs liens avec leur compagnie danoise. En tout cas, notre agent chez eux est formel : la filiale de la Stizlleg est une des couvertures du MOSSAD.

– Formidable! Les Israéliens font du crossing avec Pretoria!

– Tout juste.

– Quel est son nom réel?

– Aaron Goldsmith.

– Que sais-tu de plus sur ce Goldsmith?

– Garçon brillant qui ne lâche jamais une mission sans en remplir les exigences. Un espion de première force. Tu vas pouvoir le mettre sur ton tableau de chasse!

– Pas encore. J'ai de grands projets. J'ai pensé qu'il serait judicieux de m'en servir pour embrouiller les cartes en Rhodésie.

– Explique-moi ça.

– Une combinaison. Il va transmettre au NIS le nom de la directrice du CIO. C'est ce que j'espère.

– Pas mal pensé. Comment ça marche?

– Pas de réaction de sa part, pour l'instant. Il mordra à l'hameçon. S'il aime le travail bien fait, il ne résistera pas à l'envie d'avertir Pretoria.

Lebedev observa quelques secondes de silence.

– Tu vas le laisser filer? Un chasseur de ta trempe!

– Tu m'en vois désolé. Mais rassure-toi. J'ai pensé que ce type ne serait pas assez stupide pour filer comme un vulgaire amateur. Il sait que nous n'apprécierions pas cela. Goldsmith reviendra. Il doit rentrer chez nous pour ne pas risquer d'entamer la crédibilité de la Stizlleg. Si cette société est un repaire d'espions pour le MOSSAD, il ne voudra pas attirer nos soupçons sur elle. Même après un voyage en Afrique du Sud. Il retournera à Maputo et s'inventera une maladie diplomatique pour se faire remplacer par un véritable ingénieur. J'en profiterai pour lui régler son compte.

– Voilà qui te ressemble plus. Des nouvelles de notre homme à Salisbury?

– Rien pour l'instant. Il a fait un travail remarquable. J'espère que ses récentes exigences ne t'ont pas posé trop de problèmes de trésorerie?

– Nous trouverons toujours des devises pour un informateur de cette qualité. Ce n'est pas le moment de nous montrer avares. Camarade Silkin, je te souhaite une bonne chasse. A un de ces jours.

Oleg Silkin raccrocha. Son adversaire possédait un nom et des employeurs identifiés. Il lui tardait de mettre hors combat cet agent du MOSSAD, car sa carrière ne lui avait pas encore offert ce luxe. Les services secrets de Tel-Aviv forçaient l'admiration. Aaron Goldsmith serait un trophée de choix pour sa collection africaine.

Oubliant son accès de paludisme, il quitta son fauteuil et se dirigea vers la salle de bains. Il commença par se raser, chantonnant « Aaron Goldsmith » comme une mélopée, puis fit couler la douche. Finalement, les journées d'un officier du KGB n'étaient pas si moroses.

Il pénétra sous le jet d'eau et déplia le long rideau de la baignoire pour ne pas éclabousser le carrelage.

A peine commençait-il à se savonner, qu'il perçut un tintement caractéristique, parmi l'éclatement des gouttes d'eau. Le Soviétique interrompit son shampooing et s'immobilisa. Il ne rêvait pas.

– A la tienne, Oleg Silkin! dit une voix, de l'autre côté du rideau opaque.

Sans se soucier de sa nudité, Silkin écarta l'écran de plastique et parut stupéfait de reconnaître Aaron Goldsmith, à son aise dans un complet beige. L'agent du MOSSAD, assis en travers du bidet, buvait tranquillement un verre de vodka. Il lui indiqua du doigt un second verre, déposé sur la tablette devant laquelle le Russe venait de se raser. L'espion semblait sûr de lui. Oleg Silkin comprit mieux cette assurance, lorsqu'il aperçut son propre Tokarev M-33 posé sur les jambes de son ennemi. Il l'observa durant d'interminables secondes, incapable de prendre une décision. A cette distance, un geste désespéré pour tenter de le maîtriser ne pouvait réussir.

– Bois ta vodka, camarade, elle va se réchauffer. Je te conseille de terminer ta toilette. Notre entretien peut attendre quelques minutes de plus.

Rassemblant ce qui lui restait de sérénité, Silkin s'empara du verre qu'il vida d'un trait, puis entreprit de se rincer. L'agent israélien risquait un mouvement qui ne figurait pas, en théorie, sur son échiquier. Lorsqu'il eut effacé les traces de savon, Silkin coupa l'eau et reçut une serviette-éponge par-dessus la tringle à rideau.

– Essaie de reprendre ta dignité, Silkin... Un homme à poil ne m'intéresse pas particulièrement.

L'homme du MOSSAD avait écouté sa conversation avec Lebedev. Il savait beaucoup de choses. Le brouillage électronique ne fonctionnait qu'à partir du centre des transmissions. Il n'avait pas perdu un mot.

Lorsque le Soviétique quitta la salle de bains, drapé dans la serviette qu'il venait de nouer autour de sa taille, il découvrit son ennemi vautré dans un fauteuil, sirotant son verre de vodka. Cette fois, il tenait le pistolet dans sa main droite et pouvait tirer sans avoir à se déplacer.

– Assieds-toi, ordonna Goldsmith sans le regarder. Je crois qu'il est inutile de t'annoncer l'objet de ma visite, puisque tes amis de Moscou se sont chargés des présentations. Je ne te félicite pas : non seulement tes compatriotes de la mission commerciale donnent ton adresse privée à tous ceux qui parlent correctement le russe, mais on entre dans ta maison comme dans un moulin! Et, en plus, on y trouve des armes. Je ne crois pas que tes supérieurs te complimenteront. Tu as vécu trop longtemps chez les Noirs. Le relâchement n'est pas le meilleur atout que t'ait apporté l'Afrique.

Le responsable du KGB savait ce que l'Israélien venait chercher.

– Puisque tu adores les jeux, je vais distribuer les cartes.

Le visage neutre d'Oleg devint creux.

Il examina son rival. Ses cheveux plaqués lui donnaient un air sérieux. Ses petits yeux bleus pétillaient d'intelligence derrière ses lunettes rondes. Il admira cet as qui brûlait les étapes pour gagner la partie.

– J'appellerais ton attitude un « mouvement suicidaire », réfléchit Silkin à voix haute. Jusqu'à présent, tu n'avais commis aucune faute. Jamais un agent normal ne prendrait un tel risque...

– C'est logique.

– Un peu trop, alors?

– Il te manque des détails. Je vais commencer par t'en donner.

L'Israélien quitta son siège pour verser un nouveau verre d'alcool à son ennemi. En se penchant vers lui, il prit garde de braquer le gros Tokarev vers sa tête. Ils levèrent leurs nouvelles doses de vodka sur un toast qui annonçait la joute.

– Les risques minimum, dans notre métier, sont ceux qui nous permettent de vivre longtemps. Je possède dans cette affaire un intérêt direct... personnel.

Le Russe croyait qu'il bluffait.

– Lorsque tu m'as fait jouer la sérénade de l'inauguration, tu ne pouvais imaginer que je connaissais déjà Yvonne Stein. Durant la guerre, c'est elle qui a permis à ma famille d'échapper aux nazis. Elle est la seule femme pour qui je ferais des folies... Pour qui je fais des folies. Il ne me restait plus qu'à attendre que tu baisses ta garde, que tu relâches ta surveillance pour me permettre de passer en Afrique du Sud.

– Comment comptes-tu te sortir du Mozambique?

– Rassure-toi, je tiens à la vie.

– Si tu tires, tu es mort. L'immeuble est plein de compatriotes.

– Je sais lire sur les portes. Je mourrai peut-être, mais toi, tu recevras une balle en pleine tête. Je sais tenir un Tokarev.

– J'attends ta question.

– Quel est le nom de votre agent à Salisbury?

Oleg Silkin éclata de rire.

– J'aimerais bien le connaître. Hélas, le cloisonnement

administratif du KGB a ses exigences. Je n'en sais rien. Tu t'es mis en frais inutilement.

Aaron comprit qu'Oleg ne mentait pas. Seule la certitude de ne pas parler, parce qu'il n'avait rien à avouer, pouvait lui donner ce détachement.

– Je vais t'apprendre ce que je sais, parce que tu ne pourras pas sortir de ce pays... C'est un Britannique que nos agents ont recruté en Grande-Bretagne au sein d'un mouvement sympathisant. Je crois qu'il venait aux réunions de ce groupe pour nous proposer ses services. Ce type trahit pour de l'argent... uniquement pour de l'argent. Il travaille à l'état-major rhodésien, à un poste de haut niveau. Ses informations le montrent.

– Tu communiques avec lui?

– Pas vraiment. C'est lui qui communique avec moi. Je ne lui ai pas adressé le moindre message depuis mon arrivée au Mozambique.

Ce fut au tour d'Aaron Goldsmith de trahir sa stupéfaction.

– *One way?*

– Exact. Tu vois, j'en sais autant que toi. C'est du moins ce que m'a confié... en aparté... le colonel Salgoa.

– Vous l'avez tué?

– Cela aurait peut-être mieux valu pour lui.

– Comment l'avez-vous découvert?

– Ses amis l'ont probablement donné. Notre informateur de Salisbury m'a permis de le démasquer. J'avais déjà quelques soupçons depuis votre rencontre. Mes agents ont trouvé curieux qu'un colonel du FRELIMO ait lu La Fontaine... Ingénieux, votre truc. Les fables peuvent s'adapter à toutes sortes de situations!

L'Israélien commençait à perdre son sang-froid. Si sa prochaine question restait sans réponse, il aurait couru inutilement à la mort.

– Quels sont vos projets pour ce traître?

– Aucune idée, mentit cette fois Silkin. Probablement le rapatrier chez nous, lorsque le régime de Ian Smith se sera effondré. Après tout, même si nous le payons, cela vaut bien une médaille!

– Première entorse à mes règles du jeu. Je vais être obligé de tricher.

D'un geste brusque, il arracha un coussin au dossier de son fauteuil et abrita le pistolet derrière le skaï gris.

– Veux-tu que je répète ma question, ou bien que j'y réponde?

– Le faire passer en Afrique du Sud. Lui laisser le temps de grimper des échelons dans le NIS.

– Voilà qui correspond mieux avec ce que je pensais. Ensuite?

– Il n'y a pas d' « ensuite ».

L'agent du MOSSAD releva le chien du pistolet vers l'arrière.

– Encore une tricherie. Tu me déçois. Puisque tu es si sûr que je ne pourrai pas fausser compagnie à tes amis du FRELIMO, réponds à cette question.

Oleg termina son verre, puis riva ses yeux dans ceux de l'Israélien. Lui non plus ne voulait pas mourir. Pas avant la capitulation de Pretoria sous les coups de l'ANC.

– Un projet... Mais de taille : nous permettre de battre les Sud-Africains sur leur propre terrain.

– Je m'en doutais. Je veux savoir comment.

La climatisation ne parvint pas à empêcher quelques gouttes de sueur de perler sur le front de l'officier du KGB.

La fièvre autant que la peur.

– Balayer le NIS, lâcha finalement Oleg.

Aaron Goldsmith n'était pas venu pour rien. Les révélations du Russe prenaient une dimension en rapport avec la taille des services secrets de Pretoria. L'Afrique du Sud ne tenait que grâce à la poigne de fer d'hommes de la trempe du général Bishop et à la redoutable efficacité de ses services. En faisant exploser leur centre, le bastion blanc s'effondrerait. Un pays agité par les soubresauts de la subversion ne tiendrait pas un mois, sans ses services secrets. Incapable de prévoir les mouvements de l'ANC, d'attaquer le terrorisme dans ses ramifications, l'Afrique du Sud serait gagnée par l'incendie terroriste. Il faut des années pour organiser un réseau complet de renseignements à l'étranger, comme à l'intérieur.

– Vous avez quelquefois de bons projets. Quant à moi, je mérite la solde qu'on m'accorde.

– Tu n'en profiteras pas!

Comme il venait de terminer sa phrase, Aaron Goldsmith appuya sur la détente. Assourdi par le coussin et le ronronnement du climatiseur, le coup de feu ne produisit qu'un claquement sourd. Le responsable du KGB se plia sur son siège et porta ses mains vers son genou droit. Il ne put contenir une grimace de douleur.

– Désolé, camarade, mais tu sais que je ne peux faire autrement. Je te laisse la vie, parce que moi aussi, j'aime le sport... même et surtout si mon chasseur est blessé.

La serviette-éponge se teinta de sang. Aaron lui lança sa cravate, le tenant toujours en joue.

– Confectionne-toi un garrot avec ça. J'espère que tu ne souffriras pas trop avant que tes collègues s'inquiètent de ton absence.

Il le laissa nouer le ruban de tissu au bas de sa cuisse, puis se leva et arracha le fil du téléphone d'un coup sec.

– Les mains dans le dos!

Il le força à s'allonger ventre contre terre, enfonça un genou dans ses reins, puis ficela ses poignets. Avec le même fil, il lia les chevilles entre elles, évitant de maltraiter la jambe blessée.

Il compléta son travail en bâillonnant le Russe à l'aide d'un torchon de cuisine.

– Merci de me laisser un peu d'avance, camarade Silkin, mais le jeu me paraît plus équilibré ainsi.

Il dissimula le pistolet sous son complet beige, flatta l'épaule de son rival d'une main presque amicale et quitta l'appartement. Le couloir était désert. Personne n'avait entendu la déflagration. Il lui restait à profiter de son avantage. Bien sûr, il aurait pu abattre Oleg Silkin, mais il ne pouvait se résoudre à tuer froidement un homme avec lequel il partageait tant de points communs. Le *Verragio* appareillait dans quelques heures. Il lui suffisait de ramener son information à Cape Town et d'avoir mis un terme à la carrière jusqu'alors irréprochable du « chasseur de scalps ». Dans quelques jours, Yvonne Stein saurait que les Goldsmith paient toujours leurs dettes. Il ne lui donnerait pas le nom de la taupe soviétique, mais lui offrirait un témoignage de reconnaissance : le complot des Russes contre le NIS.

– Arrête! cria Timothée en luttant contre l'évanouissement.

– C'est terminé. Ta blessure s'est rouverte sur toute sa longueur. J'ai dû la désinfecter, mais il serait plus prudent de te conduire à l'hôpital militaire.

Elle plaqua une large compresse de gaze sur la plaie et commença à enrouler la cuisse avec la grande bande de tissu, serrant aussi fort qu'elle pouvait.

– Pas besoin de médecin.

– Comme tu voudras...

Elle termina son pansement, puis lui passa une bouteille de whisky pour l'aider à se remettre de la brûlure de l'alcool à 90°. Tim ressemblait à un zombie, tant son visage livide accusait la douleur.

– Je suis passé par Sherwood.

Yvonne Stein rassembla sa trousse chirurgicale sur le tapis du salon. Elle se méprit sur son allusion.

– Tim, autant que tu le saches, nos affaires vont très mal en ce moment. Des négociations sont en cours.

Il se raidit d'un bloc.

– Des négociations? Avec qui?

– Des modérés. Les discussions sont sur le point d'aboutir. Nous devrons partager le pouvoir avec les Noirs. C'est inévitable.

– Es-tu en train de me dire que Ian Smith a décidé de nous vendre aux gooks?

– Pas aux gooks! Le Premier ministre fait ce qu'il peut. Il a entamé des pourparlers avec l'évêque Abel Muzorewa. Nous pourrions peut-être l'emporter sur le terrain, car Peter Walls connaît son affaire. Malgré les fuites, c'est encore possible... Hélas, au niveau politique et économique, nous sommes au bord de l'asphyxie.

– Ils ne toucheront pas à ce qui reste de Sherwood. Je ne leur laisserai pas une seule tête de bétail!

– Là n'est pas le problème, mon chéri. Je voudrais seulement te faire comprendre que le Sherwood d'avant la guerre ne sera plus le même après l'adoption du *Majority Rule*.

– Nous allons faire voter les Noirs?

– Je crois que ce sera l'unique solution.

– Cela ne changera rien chez moi.

Ce qu'elle redoutait risquait d'arriver. Timothée Carpenter s'était trop violemment battu pour la Rhodésie blanche. Il ne plierait pas. Comme des milliers de Rhodésiens, il n'accepterait aucun compromis.

Lorsqu'elle eut achevé de ranger la pharmacie, Yvonne revint dans le salon et constata que son amant entreprenait de se saouler. Elle s'agenouilla auprès de lui.

– Te sens-tu capable de m'aider à démasquer « ZEBRA », ou préfères-tu y renoncer?

Il sourit avec amertume.

– Depuis combien de temps sais-tu que nous allons baisser culotte?

– Quelques semaines.

– Cela ne te pousse pas à tout laisser tomber?

– Je dois aller jusqu'au bout.

– Nous parlons le même langage. Il y a des nettoyages à effectuer avant les changements de locataires. Je ne leur abandonnerai ni les meubles ni les clés. Ils ont pris Sherwood à leur manière. Mais ils n'auront pas le reste. Arrête de me regarder ainsi. Tu me rappelles le jour où nous nous sommes rencontrés. Tu me reprochais de trop boire. J'ai mes raisons pour attraper ce salopard. Elles s'appellent Nshaba, Margaret et Steve. Je ferai ce que tu me demandes.

– Merci.

Elle posa sa tête contre son torse et le serra contre elle.

– Comment va ta ferme?

– Les ouvriers agricoles font leur travail. Le contremaître m'a fait un rapport détaillé de l'état des cultures. Quant au troupeau, les Terrs ont cessé de s'acharner contre les reproducteurs.

– Ah.

Il y avait autre chose. Yvonne Stein sentait qu'il désirait lui parler, mais qu'il s'y refusait. Elle le laissa boire une autre rasade de whisky et releva son visage pour l'embrasser. Elle vit qu'il pleurait. Elle se garda de lui poser des questions, lui laissant le temps de lui confier son secret.

– J'ai tué Eddison. Justice est faite.

– C'est ce que tu voulais?

– Oui. Je devais le faire... pour eux... pour moi.

Elle essuya ses larmes du bout de ses doigts et caressa sa tête. Elle le cajola comme elle l'aurait fait avec un enfant souffrant d'un gros chagrin. Il se détendit imperceptiblement, puis lâcha entre deux sanglots :

– Yvonne... je deviens fou.

– Nous le sommes tous un peu, dans une guerre comme celle-ci.

Il hocha la tête, puis poursuivit, en prenant son visage entre ses mains :

– Je voulais faire un exemple avec Eddison. J'ai ramené sa chaussure d'infirme au village de nos ouvriers... Je l'ai accrochée à un piquet, au milieu des cases...

Elle comprenait ce qu'il ressentait de perdre ainsi la notion de bien et de mal, de ne plus penser qu'avec ses tripes, pour l'avoir vécu des années auparavant. Elle l'embrassa longuement.

– C'est fini, à présent. Nous allons sortir de ce cauchemar. D'une manière ou d'une autre, cela doit s'arrêter.

Il l'écarta à bout de bras, la maintint ainsi entre ses mains crispées.

– Tu me fais mal, chéri! Tu serres trop fort...

Il secoua sa tête pour en effacer le regard avec lequel il la fixait, puis relâcha la pression sur ses épaules.

– Excuse-moi. Je ne vais pas très bien.

– Oublie cette histoire de soulier. Cela n'est pas si grave, après tout.

Timothée se remit à pleurer, puis lui confia son secret :

– Je me suis aperçu seulement en attachant la chaussure qu'elle contenait le pied d'Eddison... Tu comprends?... Je le lui ai découpé au poignard, alors qu'il était toujours vivant... Et je ne m'en étais pas rendu compte.

Yvonne comprit alors pourquoi Tim estimait qu'il devenait fou. L'horreur qu'il venait de commettre ne pouvait relever d'une autre explication.

9

Les mains sur ses hanches, le menton relevé et la visière de sa casquette enfoncée jusqu'aux yeux, le barbu hurla à pleins poumons :

– A trois mètres d'intervalle. Arme à l'épaule. Garde à vous!

Les dix recrues exécutèrent l'ordre et claquèrent du talon dans la poussière du terrain d'exercice. Immobiles sous le soleil qui commençait à pointer, les combattants de la ZIPRA firent l'admiration d'une centaine d'enfants, alignés devant une barrière de bois. Les jeunes Noirs observaient un silence impressionnant, jetant des yeux envieux vers leurs aînés et les Kalashnikov flambant neuf qu'ils exhibaient. Dans quelques années, ce serait à leur tour d'apprendre le maniement des armes et de tuer les *murungus*. Ils espéraient que la lutte contre « le régime illégal de Rhodésie » durerait suffisamment longtemps pour leur permettre de porter avec fierté une arme comme celle-là. Le fusil de la liberté. Ne comprenant pas ce que signifiait chaque jour de guerre, pour un peuple qui comptait déjà trente mille morts.

– Repos! cria l'instructeur. Nous allons revoir les techniques de combat rapproché. Arme à la hanche.

Dans le groupe, on pouvait à peine distinguer une femme, à la légère renflure sur la tunique du treillis. Sa haute taille, l'uniforme de combat, les cheveux coupés court sous la casquette de brousse, tout contribuait à la banaliser parmi ses camarades masculins. Pourtant, les enfants connaissaient bien « Sourire ». Ils l'avaient adoptée pour sa gentillesse, autant que pour l'attraction que produisait sur eux les signes visibles d'une guerrière accomplie.

Était-ce la même femme qui maniait les armes dans un camp de la ZIPRA ? Veronica, fière de porter l'uniforme des nationalistes, s'appliquait à prouver qu'elle était aussi capable de se battre que les hommes qui l'encadraient. Elle suivait les ordres à la perfection, lançant son Kalashnikov en tous sens, parant des coups imaginaires, piquant de sa baïonnette, s'agenouillant pour réarmer, s'allongeant brusquement à terre pour tuer.

La jolie Shona avait changé, son visage gracieux aux pommettes saillantes déformé par un terrible rictus qui lui valait l'admiration béate des enfants du camp. La guerre y laissait son horrible trace. Les points de suture posés par le médecin de campagne formaient deux énormes cicatrices, de part et d'autre de la bouche. La blessure rosée, boursouflée comme des lèvres closes, barrait son visage d'une oreille à l'autre. Veronica évitait de se regarder dans un miroir, tant le dégoût qu'elle ressentait d'elle-même lui était insupportable. La balafre était définitive. A cet endroit souple, chaque mouvement du visage d'ébène parsemé des griffures blanches de l'acier, ou chaque mastication d'aliments, contribuait à distendre les chairs. Le médecin qui avait refermé les joues déchiquetées n'en était pas vraiment un. Ses deux années d'études lui permettaient tout juste de prodiguer les premiers soins aux blessés. Il avait fait de son mieux, recousant à vif, et posant quelques points de suture supplémentaires aux commissures des lèvres, encadrées par deux turgescences. Il l'avait d'abord rassurée, tentant de lui expliquer qu'il ne possédait pas les compétences d'un chirurgien esthétique, puis s'était résigné à lui apprendre la vérité : seuls les grands visagistes européens ou américains pourraient effacer les terribles ravages du barbelé. Durant la guerre, il ne fallait pas y penser. Mais peut-être un jour feraient-ils des miracles sur son visage ! Pour l'instant, cela n'avait guère d'importance : une combattante ne devait pas se soucier de son charme. Pour tuer l'ennemi, l'arme seule comptait... Aussi Veronica s'acharnait-elle à l'entraînement, pour éviter de penser au reflet du sa figure.

D'un bond, elle se remit sur ses pieds et rencontra le regard satisfait du Ndebele.

– Bon travail, camarade Veronica... J'aimerais que ces incapables soient aussi doués que toi. Remuez-vous, les autres! On ne va pas y passer la journée.

Veronica reposa son arme au pied et pensa au chemin parcouru. Elle se trouvait en Zambie, dans une base communiste composée de Ndebele. L'endoctrinement révolutionnaire, les lectures marxistes et les récitations de la doctrine nationaliste l'emplissaient d'un savoir nouveau. Que restait-il d'elle, de la Veronica qui travaillait dans un bureau de la fabrique de tabac... de la Rhodésie? Elle put répondre : son seul lien avec le passé était Timothée Carpenter, l'homme de ses plaisirs et son unique amour. Pourtant, le jeune Rhodésien devenait une abstraction. Elle perdait chaque jour les traits de son visage. Ils s'étaient enfuis avec le sien, sur le pont de Victoria Falls. Il ne lui restait que le souvenir de leur passion, les gestes tendres qui l'enlaçaient, leur symbiose physique dans des positions amoureuses dont Tim raffolait. Mais l'homme dont elle recherchait la sensation sur sa peau et dans son sexe ne possédait plus de visage. La barbe taillée court, le regard bleuté dans lequel elle se noyait, les longs cheveux blonds qui tombaient en mèches sur ses oreilles... Durant les nuits d'infirmerie, elle s'était accrochée à ce souvenir comme à une bouée de sauvetage, revivant leur intimité, récitant ses mots d'amour et ses promesses pour oublier sa douleur. Où était-il? Pourquoi l'avait-il abandonnée? Pensait-il encore à elle? Pourquoi l'avait-il envoyée dans un village protégé? Elle ne pouvait apporter aucune réponse. La vie de Veronica se raccrochait à deux certitudes : elle voulait se battre contre les Blancs pour leur faire payer leur monstruosité et, paradoxalement, elle aimait encore Tim. Malgré le mal qu'il lui avait fait, elle se sentait incapable de trancher le dernier lien qu'elle savait vivant en elle.

Le commissaire politique du camp arriva sur le terrain d'exercices. Un Noir altier qui parlait comme un livre et dont les efforts pour légitimer leur lutte dans un langage simple lui rappelaient celui de Chickwanha. Sans le savoir, ce communiste lui donnait une raison supplémentaire de combattre. Elle se rappelait la réponse à sa question :

« Camarade, que deviendront les Blancs, lorsque nous aurons vaincu, quand nous aurons fait flotter le drapeau du Zimbabwe sur Salisbury?

– Salisbury s'appellera Harare. Nous donnerons à notre capitale le nom du plus grand faubourg noir de la ville. Les Blancs choisiront leur destin : ils pourront partir, ou bien construire la Révolution avec nous. Un État révolutionnaire ne se bâtit pas sur la haine et le racisme.

– Tu veux dire que nous ne les chasserons pas?

– Il y aura de la place pour tous ceux qui veulent travailler. Ils détiennent les richesses du pays; ils savent faire fonctionner l'économie. Nous ferons en sorte de leur montrer que les vainqueurs sont magnanimes. Nous redistribuerons au peuple les terres qui lui appartiennent mais si les *murungus* acceptent le Zimbabwe, ils bénéficieront des mêmes droits que nous... »

Depuis cette discussion, Veronica vivait dans un rêve. Un jour, elle retrouverait Timothée. Ils vivraient dans un pays libre, sans haine raciale ni guerre civile. Ils pourraient se marier, avoir des enfants et se promener ensemble dans Harare, sans craindre les regards réprobateurs des Blancs. Ils ne devraient plus cacher leur amour dans Argyle Street et Veronica saurait lui donner tout le bonheur de la terre. Son imagination ne butait que sur une inconnue : la réaction de Tim. Elle le connaissait bien. Le Rhodésien n'était pas raciste. Il l'avait prouvé en aimant une Noire et en devenant l'ami de Nshaba. Mais sa fierté plierait-elle devant la victoire de ceux qu'il considérait comme des terroristes? Elle savait que cette réserve lui servait à en dissimuler une autre : l'aimerait-il, malgré son épouvantable cicatrice? Pourrait-il jouir en regardant un visage aussi disgracieux? S'il le voulait, Timothée l'aiderait à retrouver ses traits. Il était riche. Ils partiraient pour l'Europe, en voyage d'amour. Il lui offrirait le miracle du meilleur spécialiste de la chirurgie esthétique, de Londres ou de Paris. Avec un peu d'argent et beaucoup d'affection, il effacerait les séquelles de la guerre. En retour, Veronica lui ferait oublier son amertume de vaincu : elle saurait en faire l'homme le plus heureux de la terre.

Les dix combattants restaient au repos, devant le commissaire politique qui se raclait la gorge avant de prononcer son allocution.

– Camarades, vous voilà capables de vous battre. La victoire est proche. Chaque homme, chaque femme, doit compter dans le combat final. Le fusil que vous portez sera l'arme de la libération de notre peuple. Il est important, mais vous ne devez pas gaspiller les munitions avant le contact avec l'ennemi. Ne vous en servez pas contre les masses. Bien sûr, nos frères sont parfois des « vendus ». Mais ils collaborent avec notre ennemi par ignorance. Il faut leur enseigner notre lutte, leur faire comprendre qu'ils doivent être de notre côté. La propagande de Smith leur fait croire que vous êtes des étrangers qui veulent envahir leur pays. Que vous voulez voler leurs troupeaux, incendier leurs cases et tuer leurs enfants. Nos frères se laissent abuser parce qu'ils ont peur. Il faut dire au peuple pourquoi vous vous battez. N'oubliez pas : avec les masses, la politique passe avant le fusil.

L'homme chercha ses mots, puis ajouta comme à regret :

– Évidemment, si la politique n'est pas entendue, il faut tuer.

Il reprit son souffle avant de poursuivre :

– Nous avons reçu des armes modernes de nos alliés communistes, et des ordres de notre chef, le camarade Joshua Nkomo. Il est temps de porter un grand coup. La mission qui vous est assignée montrera à l'ennemi que nous pouvons frapper n'importe où, des coups terribles qui briseront le moral des Blancs et les contraindront à capituler. Vous avez vu les deux lance-missiles que Moscou nous envoie. Nous vous avons appris à vous en servir. C'est maintenant à vous d'abattre les avions de l'ennemi. Je considère que nous sommes égaux. La présence de la camarade Veronica parmi nous le montre : les femmes se battent comme les hommes, pour la Révolution. J'ai pris la décision de lui confier un des lance-missiles.

Veronica sentit l'admiration de ses compagnons et la fierté qui l'inondait.

– Elle sera un exemple pour les femmes du Zimbabwe libre. Bonne chance à tous, et vive la ZIPRA...

A l'unisson, ils entamèrent le chant des patriotes. Les enfants se dressèrent pour entonner le refrain :

Only the gun, comrades
Will liberate Zimbabwe
Will liberate our land
Our land of Zimbabwe...

Les combattants se dispersèrent, levant leurs armes au-dessus de leurs têtes pour saluer les civils du camp. Le commissaire politique accrocha Veronica.

– Tu t'en sens capable?

– Merci pour ta confiance, camarade. J'espère que j'en serai digne. Je connais les performances et le prix des missiles SAM!

– Il te suffira de le mettre à feu. La fusée fera le reste.

Elle fit quelques pas à côté du responsable du camp, puis sentit qu'il attendait sa question.

– Tu ne nous as pas indiqué l'objectif.

– C'est exact. Allons sous ma tente.

Veronica le suivit, caressant au passage les têtes crépues des enfants qui encourageaient les vakomanas. L'homme la précéda sous la toile et s'assit devant une petite table à tréteaux, sur laquelle il avait punaisé une carte. Il déposa son revolver au milieu du relevé topographique. La jeune Shona reconnut immédiatement le cours bleuté du fleuve Zambèze et la retenue dentelée du lac Kariba.

Le commissaire politique ôta sa casquette, prit un crayon et suivit de la mine un tracé qui reliait Salisbury à l'aéroport de Kariba.

– Chaque matin, un Viscount décolle de la capitale pour suivre la ligne régulière Kariba-Wankie-Victoria Falls et Bulawayo...

Il lui laissa le temps de réaliser que l'objectif serait un avion civil, épiant ses réactions.

La pointe du crayon entama un cercle sur le lac, puis simula une approche plus lente de la base aérienne.

– Il vire au-dessus de l'eau, puis se présente en alignement de la piste. A basse altitude et à vitesse réduite, c'est une cible vulnérable. Vous vous cacherez par ici, à quelques kilomètres au nord-est. Tu tireras dès que le Viscount survolera votre position.

Veronica passa une main hésitante dans ses cheveux courts, balayant sa casquette vers l'arrière.

– L'avion risque de contenir des civils. Beaucoup d'innocents et peu de soldats.

– C'est exact : nous savons qu'il transporte en moyenne un tiers de militaires mais notre objectif n'est pas de détruire leur armée, seulement de saper leur moral. Tu comprends ?

– Parfaitement... Seulement, nous risquons de tuer des femmes, des enfants.

– Peut-être. Mais certainement pas des Noirs. Ceux qui prennent l'avion sont des Blancs. J'ai donné des instructions au commandant de votre groupe : il ne doit y avoir aucun survivant.

Les yeux de la jeune femme s'écarquillèrent.

– Tu veux dire que...

– Si l'avion n'explose pas et réussit à se poser, votre commando devra achever les blessés. Ce sont les ordres de Nkomo. Un grand coup psychologique doit être frappé. Des négociations sont en cours. Des tractations politiques qui ne nous concernent ni toi ni moi... C'est l'unique explication que je te donnerai.

Il l'avait observée et étudié ses traits de caractère. Sa docilité à accepter les enseignements de théorie politique et son acharnement à combattre aux côtés de communistes n'en faisaient pas pour autant une marxiste convaincue.

Quelque chose subsistait en elle : une résistance plus forte que son engagement.

– Tu es un soldat. Tu dois exécuter les ordres. Sinon...

– Sinon?

Il empoigna son pistolet et le pointa en direction de la tête de Veronica.

– C'est un refus d'obéissance, sourit-il. Nous les punissons de mort.

Malgré son visage avenant, l'homme ne plaisantait pas. Veronica pensa à Chickwanha. Lui seul avait gagné un paradis. Elle se trouvait prise entre deux feux. L'homme reposa son arme sur la carte et rangea son crayon. Il ne lui laissa pas le choix :

– Rejoins les autres. Vous devez vous préparer. Les camions attendent. Ils vous déposeront à proximité de la frontière rhodésienne, à Changa.

Il se leva et lui tendit la main.

Éberluée de s'être laissé piéger dans un univers aussi carcéral que celui du « PV », Veronica quitta son siège et fixa la main offerte. Elle salua en claquant des talons et refusa de la serrer.

En sortant de la tente, la combattante tenta de se rassurer : Timothée ne serait pas à bord du Viscount. Il prenait parfois l'hélicoptère, mais avait en horreur les vols sur les lignes régulières. Pourtant, la peur de lui faire du mal commença à croître en elle.

Ian Smith ne parviendrait pas à abuser ses intimes. Dans le salon privé de la Rhodesian Broadcasting Corporation, il prenait des attitudes dont ses proches devinaient la fausseté. Le Premier ministre avait vieilli. Yvonne Stein ne put s'empêcher de penser que les « étrangleurs occidentaux » l'avaient « eu à l'usure ». Son long visage creusé, les innombrables stries rouges dans les yeux, ses cheveux clairsemés; tout concourait à trahir la résignation amère qu'il tentait de dissimuler sous un sourire crispé. Celui qui jurait, hier encore, que les Noirs ne dirigeraient jamais la Rhodésie, « même dans mille ans », s'apprêtait à leur passer la main.

A ses côtés, Van der Byl conservait le silence, à l'abri de ses lunettes noires, plus « oiseau de mauvais augure » que jamais; un comble pour un ministre de l'Information. Le champion de l'anticommunisme, de la lutte contre l'impérialisme soviétique et le défenseur de la civilisation occidentale venait de lâcher sa lance et sa masse d'arme. Il ne lui restait plus que le heaume du chevalier prêt à faire allégeance. La directrice du CIO savait le tort que ses déclarations venaient de produire sur la conférence de Genève. Smith aurait dû se méfier des excès de ce bulldozer d'origine sud-africaine.

– Je les tiens, Peter... Croyez-moi, c'est un faux marché que je leur propose. Abel Muzorewa, Ndabaningi Sithole, James Chikerema et le chef Jeremiah Chirau sont entre nos mains... L'accord interne avec les modérés nous permet d'exclure les extrémistes de la ZANU et de la ZAPU...

– C'est peut-être la seule solution, mais ce n'est en tout cas pas la meilleure.

– Américains et Anglais accepteront la dragée, sans comprendre que nous la tenons haute pour les Noirs. Nous leur donnerons le *Majority Rule*, voterons une nouvelle Constitution, mais chaque portefeuille sera tenu conjointement par un Blanc et un Noir. Ils avaliseront notre politique, au lieu de la décider... Et puis nous conserverons un garde-fou : les députés blancs disposeront d'un droit de veto.

Le général Walls tourna une moue dubitative vers Yvonne Stein, revenue à son tailleur de deuil.

– Qu'en pensez-vous, Yvonne?

– L'accord est signé... Nous conservons une importante marge de manœuvre. En tenant la police et l'armée en dehors de toute interférence politique, nous pouvons décréter le cessez-le-feu en accord avec les modérés et continuer la guerre contre les extrémistes...

Ian Smith la remercia pour son soutien en lui adressant un regard amical. Peter Walls et Van der Byl s'enfermaient dans leur bouderie.

Le Premier ministre voulut enlever l'adhésion de son commandant militaire.

– J'ai pris la mesure de monseigneur Abel Muzorewa. C'est un modéré qui jouit d'une bonne assise populaire. Un faible, un petit politicien. Quant à vous, Peter, renforcez la sécurité, démontrez notre détermination en multipliant coups de force et attaques contre la guérilla. Vous commandez à présent l'« armée du peuple »... La même qu'hier, mais qui bénéficiera de la caution du pays tout entier.

– J'espère que les Rhodésiens comprendront! murmura Yvonne Stein.

– C'est ce que je me propose de leur expliquer ce soir, dit Ian Smith. Comment se présente la situation, pour le CIO?

Yvonne savait qu'il voulait qu'elle lui parle de « ZEBRA ». Elle dut s'interdire de lui apprendre qu'elle était sur le point de s'attaquer au traître. Smith eût apprécié une bonne nouvelle de ce genre, dans un moment aussi crucial de son combat politique. Mais c'était trop tôt.

– Nos renseignements prouvent un certain « tassement » de l'adhésion populaire aux organisations terroristes. Les gooks ont commis bien des erreurs. Les massacres de fermiers ont été exploités au mieux par les communiqués des « Com' Ops » et les informations. Les Noirs suivront Muzorewa. Ils sont trop contents d'échapper aux communistes. Quant aux prévisions d'opérations ennemies, elles n'indiquent rien d'alarmant. Nkomo et Mugabe sont trop occupés à se manger le nez pour joindre leurs efforts.

Le Premier ministre parut agacé par cette réponse en dehors de sa question. Il joignit ses mains émaciées sur sa chemise blanche.

– J'ai reçu un rapport de votre adjoint Brooks, durant votre absence. Il semble plus convaincu que jamais d'une possibilité de « fuite »...

– Brooks vire au vent... Un excellent collaborateur.

Le politicien parut incapable de cacher son agacement.

– Comment appelez-vous ce type, dans votre service?

– « ZEBRA ».

– Ah oui... « ZEBRA ». Ce serait un Blanc, n'est-ce pas?

– Je le pense.

– Je vous laisse tranquille. Puis-je savoir si vous pensez nettoyer la place?

Le visage fermé d'Yvonne Stein s'éclaira. Elle admirait le leader rhodésien pour son contrôle sur lui-même. Il aurait pu lui ordonner de révéler ses informations sur « ZEBRA », mais se résignait à lui laisser ses secrets.

– Le ménage sera fait. Je vous en donne ma parole.

– Cette réponse me suffit. Peter, avez-vous fait part de mes inquiétudes à Mme Stein?

Walls se tourna vers Yvonne.

– Le Premier ministre estime qu'il serait imprudent que nous conservions des documents compromettants dans nos archives. Pour notre sécurité, comme pour celle de vos informateurs, il serait souhaitable que nous éliminions le matériel qui n'est plus indispensable à la poursuite des affaires en cours. Brûlez-le.

– J'y veillerai.

Smith pensait à tout.

Van der Byl commença à démontrer qu'il n'était pas un mannequin de cire. Il serra son nœud de cravate, puis tourna son visage et ses verres fumés vers Ian Smith.

– Monsieur le Premier ministre, il faut vous préparer, à présent.

Ils quittèrent leurs fauteuils. Le ministre de l'Information aida le politicien à enfiler son veston.

– Il faudrait vous recoiffer, conseilla-t-il.

– Oui, bien entendu... Heureusement que vous êtes là, Van der Byl... Nos compatriotes ne doivent pas voir un homme qui aurait l'air d'avoir les communistes à ses trousses.

– Je crois qu'un peu de maquillage...

– Va pour le maquillage.

Smith acceptait rarement de se prêter à cette sorte de mascarade. Il avait su se regarder dans un miroir et déceler les traits de fatigue.

– Nous devons vous quitter. Madame Stein, je vous souhaite bonne chance. Quant à vous Peter, restez solide à mes côtés; j'en ai grand besoin.

Le général Walls parut ému par ce rare signe de faiblesse chez un homme si peu habitué à la composition.

– Comptez sur moi, monsieur le Premier ministre.

Les deux hommes quittèrent la pièce et laissèrent Yvonne Stein en face de Peter Walls. Le commandant en chef de l'armée rhodésienne riva ses yeux dans ceux de son amie. Elle comprit instantanément le reproche muet qu'il lui adressait.

– Je sais, Peter... Vous aimez tout contrôler et tout diriger. Vous admettez difficilement que je puisse vous cacher les progressions de mon enquête... A vous qui m'avez portée à la tête du CIO. N'y voyez pas de l'ingratitude, mais plutôt la preuve que je suis digne de votre confiance.

Peter Walls vit qu'elle soutenait son regard. Les cheveux bruns légèrement ondulés, le visage encore attrayant d'une poupée qui ne voulait pas vieillir. Comment trouvait-elle encore autant de force pour tenir seule?

– Pourquoi?

– Si mon travail me conduit dans la bonne direction, il est nécessaire que nous ne donnions aucun motif d'inquiétude à « ZEBRA ». Si je vous apprenais ce que je sais, vous prendriez certainement quelques mesures de sécurité... Je vous connais, vous êtes un homme entier. Vous ne pourriez vous empêcher de regarder différemment cet homme qui vous trahit.

– Vous me prenez pour un imbécile?

– Pas du tout, Peter. Je vous aime tel que vous êtes : solide, monolithique et pugnace. Mais « ZEBRA » est tout en haut de la pyramide. Vous vous laisseriez emporter à lui casser la figure, si je vous dévoilais ce secret.

Elle lui prit le bras et lui adressa un sourire désolé.

– Vous avez raison, admit Walls. C'est vraisemblablement pourquoi je vous ai choisie : pour éloigner les mauvais génies et me protéger de mes excès.

– Je vous aime bien, Peter... Je remplirai mon contrat envers vous.

Elle se dressa sur la pointe des pieds pour l'embrasser sur la joue.

Cela suffit pour le faire fondre complètement.

– A quand notre dîner, alors?

– J'espère vous apporter la tête de « ZEBRA » dans une semaine, tout au plus. Alors, j'accepterai volontiers votre invitation.

Elle prit son sac à main. Avant de lui ouvrir la porte, le général se tourna vers elle.

– Yvonne, j'ai reçu une communication téléphonique du Military Intelligence. Ils m'ont parlé d'un pied que votre cow-boy a eu la malencontreuse idée de ramener à son ranch de Sherwood. Un pied d'homme.

– Je suis au courant.

– Méfiez-vous, Yvonne. Carpenter est en train de craquer. J'ai mené bien des soldats, mais il appartient à une catégorie à part : celle des combattants que j'appelle les « chasseurs aux dents serrées »... Ils sont à peu près indestructibles et ne sombrent que de l'intérieur. Lorsque cette race d'hommes commence à verser dans la folie, rien ne peut les arrêter.

Il avait raison. Timothée Carpenter échappait à tout contrôle. Yvonne devrait le surveiller de près pour lui éviter de ramener Stanley Trevor Oatley découpé en petits morceaux. Elle ne comprenait plus pourquoi elle continuait d'aimer un tel homme, mais devait-elle trouver des raisons logiques? Elle l'aimait et l'aimerait en dépit de son glissement dans le monde de la folie.

– N'ayez aucune crainte : Tim Carpenter est un garçon sensible et intelligent. Il a reçu de terribles coups, ces dernières semaines. Je crois qu'il se rétablira. En tout cas, je ferai tout pour l'aider à s'en sortir.

Ils se quittèrent dans le couloir. La directrice du CIO pensa à Ian Smith qui affrontait les caméras de la RBC et s'exposait au jugement de l'Histoire. Dans quelques minutes, une page serait tournée; un nouveau chapitre transformerait la Rhodésie en « Zimbabwe-Rhodésie » Yvonne savait que ce ne serait pas le dernier. Bientôt, ils accepteraient le « Zimbabwe » tout court. Une progression inéluctable.

Elle oublia le Premier ministre poudré sous un masque qui n'abuserait personne et se concentra sur son problème. Diana Oatley quittait Paxholme pour quarante-huit heures. Elle emmenait ses enfants chez leurs amis de Marondera. Les écoutes téléphoniques posées par le CIO fonctionnaient.

Timothée Carpenter allait pouvoir fouiller le cottage. Si la preuve de la culpabilité de Stanley Trevor Oatley existait, il la lui rapporterait... Yvonne espérait qu'elle ne se trompait pas. A l'heure des messages lancés par « ZEBRA », Stanley comme Diana Oatley disposaient d'un alibi parfait. Tim restait son unique espoir de résoudre l'énigme.

Yvonne Stein alluma une Rothmans. En quittant le bâtiment cubique de la télévision rhodésienne, elle se rappela les dernières paroles de Clem Robertson : « Si Stanley Trevor Oatley est ton zèbre, il est l'un des espions les plus rusés de ce siècle. Il ne m'a jamais laissé attraper l'ombre d'une preuve. »

« Paxholme » indiquait l'écriteau vert frappé de lettres cuivrées, au-dessus de la boîte aux lettres. Timothée ralentit en dépassant le portail de la propriété encadré par une haie dense de lauriers-roses. Le toit du cottage des Oatley émergeait de la bordure d'arbustes inondée de fleurs.

Par précaution, le Selous Scout fit le tour du quartier où les villas ornées de somptueux parcs semblaient inoccupées. Il rangea la Land-Rover plus loin, sur un bas-côté merveilleusement entretenu, afin de ne pas risquer d'être repéré.

Il revint sur ses pas. L'officier ne rentrerait pas avant le soir. Cela lui laissait suffisamment de marge pour opérer sans risque d'être surpris. Le CIO ne faisait rien à la légère : Yvonne lui avait confié un trousseau complet des clés de la maison. La visite serait facile. Il suivit la haie qui longeait la rue calme, s'assura qu'aucun véhicule ne s'engageait dans les parages, puis ouvrit le portail laqué de vert. « Un cottage de Walt Disney », avait dit Yvonne Stein. Elle ne se trompait pas. Sous les deux imposants flamboyants, la maisonnette aux petites fenêtres correspondait au dossier que la Française avait rassemblé sur Stanley Trevor Oatley : délicate, soignée et stylée.

Parvenu devant la porte d'entrée, le jeune Rhodésien ôta ses chaussures de tennis et choisit la plus petite clé. Pour la première fois de sa vie, il pénétrait chez un traître.

Il déposa ses chaussures dans le vestibule et se dirigea dans le living-room, pieds nus, attentif au moindre bruit. Tim commença par regarder une série de photos encadrées qui présentaient l'officier durant les principales étapes de sa carrière : Cambridge, Farnborough, Londres. Suivaient trois autres clichés en couleur, plus récents : Oatley en civil, posant en famille devant les chutes Victoria ou pique-niquant dans le bush rhodésien. Cet homme adorait les siens. Comment un père aussi attentif, un mari aussi exemplaire, un militaire aussi irréprochable pouvait-il trahir son pays ?

Timothée s'étonna de ne pas trouver de photographies de voitures dans la demeure d'un collectionneur amoureux des belles machines. Il observa la pièce. Le travail serait facile. Le carrelage au sol et le papier peint aux murs limitaient les investigations. Inutile de sonder le bâtiment. Avant de se lancer à la recherche d'un appareil de transmission, Timothée se rappela les consignes : « Tu dois faire comme un éclaireur sur le terrain : regarder la position de chaque objet, puis les examiner avant de les remettre à leur place. Un homme comme « ZEBRA » possède un sens de l'observation hors du commun : c'est ce qui explique la qualité des informations qu'il transmet comme son adresse à ne jamais laisser aucune preuve. »

La fouille méticuleuse de Paxholme ne lui avait pris que quatre heures. Timothée avait ouvert chaque placard, examiné la literie, trituré le linge de corps, passé les éléments de cuisine au peigne fin, vérifié les trappes de visite de la plomberie, parcouru le grenier et sondé jusqu'au réservoir d'eau des toilettes. Il n'avait rien trouvé. Il revint lentement dans chacune des pièces, se jeta sur une voiture à pédales qui lui avait échappé, dans la salle de jeu des enfants, puis déçu, la remit en place. Stanley Trevor Oatley était un as, ou bien il n'était pas « ZEBRA ».

Le jeune homme s'assit dans le hall et pensa aux trouvailles insolites qui pouvaient compléter sa connaissance du vrai Oatley. Quelques ouvrages pornographiques dissimulés sous une pile de draps prouvaient que l'anglican n'était pas si austère qu'il voulait bien le paraître. La collection de pièces anciennes montrait qu'il appréciait les belles choses mais qu'il craignait de se le voir reprocher. Sinon, comment expliquer qu'il ait caché son goût de numismate sous la dernière étagère de son placard? Quant à Diana Oatley, l'étude de quelques lettres « oubliées » dans une vieille valise du grenier, la plaçait au-dessus de tout soupçon : à quarante ans, elle correspondait avec des amies dans un style qui montrait son infantilisme. Le couple ne cachait pas plus de détails qu'un ménage ordinaire sur une vie sans surprise.

L'éclaireur quitta la maisonnette, enfila ses baskets et contourna le bâtiment, en prenant soin de ne pas fouler les touffes d'herbe entre les dalles de pierre. Il pénétra dans le garage. Diana avait pris la vieille Jaguar et l'officier rejoignait quotidiennement le ministère de la Défense dans sa Morgan. Tim se contenta de fureter dans les bidons d'huile, de palper les pneus sur des jantes inutilisées et d'ouvrir quelques bidons de peinture. Cela ne l'avança pas plus.

A bout d'espoir, il contempla l'immense pelouse où le traître aurait pu creuser une cachette pour y enfouir le matériel de transmission. Mais cela ne lui ressemblait pas beaucoup. Un type de cette méticulosité maladive ne prendrait pas le risque d'exposer son précieux instrument aux pluies torrentielles des fins de journée.

Il allait renoncer, lorsqu'un détail le frappa. Les Oatley n'avaient pas de personnel de service. D'ordinaire, chaque famille rhodésienne employait au moins une cuisinière et un jardinier. Avec ses revenus, l'officier aurait pu alléger le travail de son épouse. S'il refusait d'avoir des domestiques noirs, cela pouvait signifier qu'il comptait parmi les plus racistes... Mais cela pouvait revêtir une autre signification;

il ne voulait pas qu'un étranger vienne fouiller dans sa vie privée. Sans doute s'astreignait-il, comme Yvonne Stein, à cette règle de sécurité primordiale, mais pour des motifs différents.

En revenant devant la façade, le Selous Scout n'arrivait pas à établir une logique. Brusquement, il eut une inspiration en apercevant le petit pigeonnier. Il n'avait pas découvert de matériel de transmission, parce que « ZEBRA » n'en possédait pas... La logique qui s'établissait dans son cerveau se mettait en place... Un complice expédiait les messages que l'officier de l'état-major lui adressait grâce à ses pigeons voyageurs! Sa femme peut-être!

Comment n'y avait-il pas pensé plus tôt?

Timothée fila vers la minuscule tour, à quelques mètres de la maison. Il se colla contre le grillage et aperçut une vingtaine de volatiles perchés sur les rebords de leurs niches de pierre. Il eut un sourire victorieux en faisant jouer le loquet, puis s'inséra dans le pigeonnier.

Un gros oiseau se laissa tomber d'une alcôve et commença à tourner autour de ses pieds. L'éclaireur ramassa l'animal, vérifia qu'il n'était pas bagué, puis sortit de la construction de pierres apparentes.

Dans une seconde, il aurait la confirmation de son doute. Il prit à deux mains l'oiseau qui commençait à s'inquiéter et tentait de lui échapper. D'un mouvement, il expédia le pigeon vers le ciel. Le gros Jimmy tendit sa collerette noire, déplia ses ailes et monta vers l'azur. Mais au lieu de se diriger vers une destination inconnue, il se percha sur une des plus hautes branches du flamboyant et reprit ses roucoulements.

Le jeune homme en aurait pleuré. L'animal n'était pas un voyageur, mais un sédentaire. Timothée Carpenter ne s'attarda même pas à tenter de rattraper l'oiseau. Lui qui n'avait jamais commis la moindre faute de pisteur laissa le pigeon hors de sa cage. Pas une seconde, il ne pensa qu'Oatley trouverait étrange que le gros Jimmy soit passé à travers un grillage aussi fin.

Il lui restait à apprendre à Yvonne Stein que Stanley

Trevor Oatley n'était pas son client. En regagnant sa voiture, le Rhodésien fut surpris d'observer les tremblements de ses mains. Cela ne pouvait pas répondre à la peur d'être surpris, puisqu'il n'avait pas ressenti cet étrange picotement dans le dos. La fatigue! Mais en grimpant au volant du tout-terrain, Tim dut se rendre à l'évidence : ses nerfs craquaient. Il ne se sentait plus capable d'accomplir un simple travail de repérage!... Et puis il y avait cette obsession qui revenait dans sa tête. Qu'était-ce?... Un voile gris? Mais derrière le voile? Les tremblements reprirent : Timothée Carpenter comprit qu'il avait besoin de tuer des hommes pour continuer à se prouver qu'il existait encore.

– Ça suffira comme ça, lança Oleg Silkin au médecin du KGB. Combien de temps le calmant fera-t-il effet?

Le Russe hésita avant de répondre. Ses aptitudes médicales ne pesaient pas lourd, face à la colère de Silkin.

– Cinq ou six heures, durant lesquelles tu ne sentiras absolument rien. Mais tu ne peux pas marcher pour autant.

– Je dois pouvoir réfléchir, au lieu de me concentrer sur ma douleur. Ce salopard savait où il tirait. Dimitri...

L'adjoint de Silkin fit irruption dans la chambre, au moment où le médecin la quittait.

– Arrête de nous emmerder avec tes empreintes! Nous connaissons le type. Il ne nous reste plus qu'à le pincer. Tu as la voiture roulante?

– Elle attend devant la porte de l'appartement. Mais nous pouvons déclencher la battue sans toi... suggéra le jeune homme du KGB en observant les bandages et les attelles posées sur le genou droit de son patron.

– C'est moi qui décide. Que je sache, on m'a tiré une balle dans la jambe, pas dans le cerveau. Je suis capable de conduire une opération.

Il s'accrocha à son collaborateur pour quitter le lit.

– Il aurait pu te tuer.

– Tu n'arriveras jamais à la cheville d'Aaron Goldsmith. C'est un as... Il savait qu'il lui suffirait d'arrêter ma carrière, que ça me ferait plus de mal que de cesser de vivre. Tu as fait bloquer les passages vers la frontière sud-africaine?

– Même une puce ne pourrait passer.

– Le signalement est diffusé?

– Partout. Milices, armée, police, gardes-frontière. Que comptes-tu faire?

– Tu vas d'abord m'aider à m'habiller. Ensuite, nous irons au port. Nous le retrouverons par là.

– S'il est vraiment fort, il ne...

– Ferme ta gueule, je ne m'entends plus penser... Je te dis que c'est un as... Mais même les meilleurs doivent parfois emprunter des portes étroites. Tu as prévenu les « mouvements »?

– Aucun navire n'a quitté Maputo, cette nuit.

– Combien doivent appareiller?

– Trois. Un soviétique, un cubain et un italien.

– Ça m'étonnerait que Goldsmith veuille se réfugier à La Havane ou chez nous... Fais bloquer l'italien. Comment s'appelle-t-il?

– Le *Verragio*.

– Tu ne pouvais pas le dire plus tôt!... et ça ne te rappelle rien! C'est le nom du bateau sur lequel notre homme est arrivé. Il a dû trouver une combine pour le faire attendre. Empêche-le de quitter le port.

Dimitri hésita, ne sachant s'il devait d'abord l'aider à enfiler sa chemise ou se servir du téléphone que les spécialistes venaient de réparer.

– Le téléphone d'abord, hurla Silkin. Je peux aller au port même à poil, mais cela ne servirait à rien que je m'habille, si le bateau a déjà appareillé. Remue-toi, incapable!

Le responsable du KGB se sentait d'une humeur de chien. Sa blessure ne lui faisait aucun mal, mais il souffrait dans son amour-propre de s'être laissé posséder par son rival du MOSSAD. Le rappel de Moscou ne tarderait pas. Le général Lebedev se montrerait moins aimable. Dimitri n'omettrait aucun détail. Mais avant d'entrer en purgatoire dans un modeste poste de la Baltique, il capturerait Aaron Goldsmith.

Il entendit la discussion orageuse qui opposait Dimitri aux autorités portuaires. Oleg enfila seul sa chemise, puis s'appuya contre le mur de la chambre pour gagner le salon. Trois agents de la sécurité se mirent au garde-à-vous.

– Le fauteuil roulant!

Ils hésitèrent, en l'apercevant en slip.

– Remuez-vous, bande de crétins! Nous n'allons pas au bal... Toi, prends une couverture.

Un militaire approcha le véhicule d'infirme. Oleg Silkin s'y laissa tomber, puis disposa lui-même le plaid sur ses cuisses nues. Dimitri raccrocha le combiné et suivit l'escorte du blessé dans le couloir. Tous les dix mètres, un Russe en tenue de combat surveillait l'approche du chef de l'espionnage.

– Que tous ces pantins aillent au port! Nous quadrillerons chaque quartier, nous mettrons ce bateau italien en pièces détachées, s'il le faut.

La jambe tendue en avant sur l'étrier d'acier, Silkin commença à dresser son plan. Aaron Goldsmith ne disposait que de quelques heures d'avance. Il ne pouvait pas imaginer que, malgré sa douloureuse blessure, son ennemi pourrait se traîner jusqu'à la porte, mâchonner le torchon et crier... Il ne devait pas non plus savoir que le chauffeur de taxi dont il avait acheté l'entremise et le silence avait confié l'escapade « sentimentale » au KGB. Il ne restait que deux solutions : aller le prendre à bord du *Verragio,* ou bien le traquer dans les vieux quartiers, s'il n'avait pas encore embarqué.

– Dimitri... fais passer la consigne. J'étranglerai de mes mains l'abruti qui le tuera. Il est armé, neuf balles... Il me le faut vivant. Il est à moi.

– Je m'en occupe.

Dimitri partit au pas de course pour lancer ses ordres au commandant de groupe de combat dont les camions cernaient l'immeuble.

– Plus vite, ordonna Silkin au soldat qui poussait la voiture.

Il se fit déposer dans sa Lada de service. Dimitri venait de prendre le volant. Il démarra en trombe.

– Tu as une arme?

– Mon pistolet.

– Passe-le-moi, je veux bien affronter Goldsmith à poil et avec une jambe raide, mais pas les mains nues.

Dimitri lui tendit son lourd Strechkin par-dessus la banquette. Pendant que son chef vérifiait le chargeur, il donna quelques coups d'accélérateur pour dépasser un véhicule qui se traînait sur le macadam.

– Tu n'es pas en état de te battre, camarade Silkin.

– Je l'aurai!

Le Soviétique fit claquer le chargeur dans la crosse.

– Josiah Tongogara a appelé plusieurs fois le Centre. Il voulait te parler.

– Je l'avais oublié, celui-là!

– Il m'a paru très nerveux. Il paraît que tu n'aurais pas respecté un marché passé avec lui. Il te reproche d'avoir fait livrer des armes à Nkomo! Mugabe veut sa peau.

– Je m'en doute... Accélère!

– Que décides-tu de faire pour l'aider?

– Rien, Dimitri, absolument rien. Il faut savoir quitter le mauvais cheval au milieu d'une course. Tu sais où se trouve le dossier sur le règlement de compte dans lequel il était impliqué?

– Bien entendu. Je l'ai obtenu du président Kaunda!

– Alors, expédie-le à Mugabe avec nos compliments.

Dimitri observa Oleg dans le rétroviseur. Incrédule.

– Mais c'est condamner Tongogara à mort!...

– C'est une excellente opportunité de nous concilier les bonnes grâces de Robert Mugabe.

Tout en conduisant, Dimitri décrocha l'appareil téléphonique qui équipait la Lada et pianota le numéro de l'ambassade soviétique. Jamais il n'aurait cru Oleg Silkin capable d'un machiavélisme aussi froid. Comme il s'apprêtait à transmettre les ordres du résident, il entendit Silkin conseiller dans son dos :

– Tu ne devrais pas oublier le principal! Lorsqu'on saborde une barque, on doit s'assurer qu'elle coulera. Nous joindrons quelques indices au dossier, prouvant que Josiah

Tongogara s'est permis de nous court-circuiter en demandant le matériel à Fidel Castro.

– Mobile?

– Imbécile! Quelle raison aurait un Noir pour trahir un autre Noir? Sinon lui souffler le pouvoir après l'avoir discrédité!

– Mugabe ne mordra pas...

– Qu'importe. Il sera trop content que nous lui donnions un prétexte de se débarrasser d'un partenaire qui commence à prendre trop d'importance dans la ZANLA. C'est la reprise en main de ses troupes, que je lui offre là. J'espère qu'il saura s'en souvenir, lorsqu'il aura pris le pouvoir!

En s'appliquant à transmettre les directives de Silkin, le jeune officier du KGB commençait à regretter la disgrâce dans laquelle tomberait son supérieur. Quelques années aux côtés d'un tel stratège valaient mieux que tous les stages à l'école spéciale de Moscou! Dommage que Lebedev ne pardonnât pas la moindre erreur à ses responsables régionaux.

Comme s'il lisait dans ses pensées, Oleg Silkin ricana sur la banquette arrière :

– Eh oui, Dimitri, dommage que tu sois forcé d'expédier ce télex sur mes ennuis avec Aaron Goldsmith. Parce que si je parviens à le coincer, Lebedev me pardonnera peut-être une bévue. Mais il n'oubliera sûrement jamais qu'il a été forcé d'écourter la carrière d'un agent qui lui ouvrait les portes de Pretoria, sur le simple rapport d'un subalterne idiot. Accélère, Dimitri...

. L'agent des écoutes de Messina glissa une pièce dans la main du Noir qui venait de ranger ses emplettes dans le pick-up Toyota. Il quitta le parking de l'unique supermarché de la bourgade.

Parvenu au carrefour, il lança le volant vers la droite, comme il le faisait pour se rendre au bureau. Au diable le départ dans la fraîcheur nocturne, les sandwiches au poulet et le lac Sand. Il ferait son devoir, quelle que soit la crise de nerfs que son retard ne manquerait pas de déclencher sur le tempérament irascible d'Elizabeth. En prenant cette décision, il se sentit partagé entre sa figure de martyr fataliste et ses rêves de héros vainqueur de sa pusillanimité.

Le bâtiment des écoutes du NIS n'était pas loin. Un petit immeuble de trois étages, planté au milieu d'un carré de gazon miné, et entouré par une haute clôture électrifiée. Lorsqu'il se présenta au portail, le gardien en uniforme gris le salua, puis se pencha à la portière.

– Oublié quelque chose, monsieur Mathew? Vous n'êtes pas sur ma liste de permanence pour cette nuit!

– Juste une consigne à glisser à Ben, expliqua le fonctionnaire. Je ne compte pas rester ici. Ma famille m'attend. Nous partons trois jours à Sand Lake, expliqua-t-il en désignant les paquets dans la benne.

Il franchit la barrière, gara son véhicule sur l'emplacement réservé et pénétra dans le bâtiment climatisé. De nuit, le building était lugubre. Il frissonna sous la fraîcheur et s'aperçut qu'il ne portait qu'une chemisette et un short écossais. Mathew poussa la double porte du terminal.

– Hello, Ben, que font nos amis rhodésiens, ce soir?

– Salut, répondit l'homme de permanence en ôtant son casque d'écoutes. Rien de folichon. Nos voisins jouent à la guerre, comme d'habitude. Ils s'énervent un peu dans la région d'Inyanga. Le dimanche est un jour de prédilection pour les soldats de Walls. Ils profitent que les « Afs » prononcent leurs discours pour leur foutre sur la gueule. Depuis ton départ, ça n'a pas arrêté. Je te croyais déjà à la pêche! Le bureau te manquait?

– Une vérification me tracasse.

Il s'assit devant le pupitre voisin de celui de l'homme qui venait de relever une jambe en travers de l'accoudoir et retrouva la bande dans le classement. Lorsque l'enregistrement se fut automatiquement positionné sur la troisième piste, à la cote 276, l'agent de permanence se connecta en tandem sur la voie des écoutes de son collègue. Par curiosité.

... « Éliminez le colonel Salgoa de toute urgence... »

Les deux agents se dévisagèrent.

– Encore ton fameux « curio »!

– Tu as entendu?

– Oui, ma foi, c'est clair...

– Non. Pas la phrase. Avant...

Il effectua une nouvelle manipulation pour revenir au point de départ, puis désigna du doigt la lampe qui commençait à s'allumer. Avant le premier mot. En temps réel, trois secondes au moins s'écoulaient entre le clignotement du témoin et le début du message.

– Tu as bien entendu?

– Le type a pris un peu de temps avant de parler, admit l'agent du NIS. Il y a un « blanc »?

– Exactement. Mais trois secondes, c'est un peu long pour un agent qui émet en tir rapide, tu ne trouves pas? Trois secondes sur un message de quatorze en temps réel, c'est beaucoup, non?

– Un peu, oui. Mais cela ne permet pas à un radiogoniomètre de trouver les angles et les chutes! Ça le ramène à 3 ou 4, en « shot »!

– J'ai trouvé une autre explication, poursuivit Mathew. En fait, je ne pense qu'à ça nuit et jour. Voilà pourquoi j'ai voulu repasser par le centre, ce soir. Cela collerait parfaitement avec la qualité médiocre de son émission. Il se pourrait que les messages du « 97 » soient pré-enregistrés et qu'il les fasse tirer en automatique!...

L'homme sur le visage duquel brillaient les reflets de dizaines d'ampoules, parut intrigué.

– Possible. Mais dans quel but?

– Imagine que ce type soit pressé de parler avec les Rouges. Il peut combiner rapidité d'exécution et sécurité. S'il expédie ses messages en automatique, cela lui permettrait de se fabriquer une couverture parfaite, lors de chaque message. A nos horaires d'écoutes, il papote dans un bureau avec deux ou trois collègues qui jureront de bonne foi l'avoir vu dans le créneau indiqué. Tu saisis?

– Pas mal, comme idée. Tu me parais mûr pour le métier d'espion. Mais encore faut-il le prouver...

– Ça, ce n'est plus mon problème. Il y a des tas de gens

pour cela, à Pretoria. Au début, j'ai cru qu'un expert comme le général Bishop aurait relevé ce détail. Mais vois-tu, ces types planent trop haut pour penser à des trucs comme celui-ci. En tout cas, si mon idée est juste, elle peut intéresser Bishop et le faire redescendre sur terre.

– Tu veux déranger Bishop pour ça? Et un dimanche soir, en plus!...

– Bishop a dû laisser son numéro personnel à Pretoria. C'est le genre d'officier supérieur que l'on doit pouvoir joindre à n'importe quelle heure. Je parie qu'il doit disposer d'une batterie de téléphones aussi impressionnante que ses médailles.

– Je ne manquerai pas ça, murmura Ben en quittant son fauteuil.

Alan Mathew décrocha son appareil d'urgence, puis composa le numéro du siège du NIS. Après quelques minutes de palabres et confirmation de son identification, il obtint celui du général Bishop. Ben dut revenir à regret vers son siège pour déclencher la course d'une nouvelle bobine. Les opérations rhodésiennes reprenaient du mouvement.

– Je voudrais parler au général Bishop, s'il vous plaît, commença Mathew. Veuillez m'excuser, mais c'est urgent... Je vous appelle de Messina... Oui, au nord... Impossible? Mais je me fous qu'il prenne un bain! Moi, je devrais être parti au bord de l'eau avec ma famille... Sortez-le de sa baignoire!...

Alan eut des suées devant sa propre audace. Pour se donner un peu plus de hardiesse, il frappa sur deux touches d'un clavier rapproché et connecta le casque de son collègue. L'autre l'assura sur ses oreilles.

– Ça va chauffer bien plus qu'en Rhodésie, expliqua Mathew en couvrant le micro de sa main... Dites-lui Alan Mathew...

Au bout de quelques secondes, un grondement de tonnerre emplit l'écouteur.

– Général Frederick Bishop. Qui me demande de Messina?

– Je... je suis... désolé de vous déranger à cette heure, mon... mon général... Mais je viens de trouver quelque chose...

Il l'imaginait campé dans sa sortie de bain, prêt à casser l'appareil.

– Ça ne pouvait pas attendre demain?

– Pas si j'ai pris l'initiative de vous joindre, général... En fait, je ne suis pas de permanence, ce soir... Ma femme et moi devrions être en train de pique-niquer au bord du lac Sand, et...

– Abrégez, voulez-vous. Vous n'allez tout de même pas m'énoncer tous les prénoms de votre femme et détailler le menu du jour.

– C'est au sujet de cette « curiosité » qui émet de Salisbury. Pour laquelle vous vous êtes déplacé en personne jusqu'à Messina...

– Vous avez intercepté du nouveau?

– Non, général, mais je crois avoir trouvé son truc... qui a pu vous échapper.

Il lui expliqua sa théorie aussi clairement et lentement que possible, essayant de trouver le soutien nécessaire dans le regard fixe de son voisin, puis attendit la décision du chef du NIS.

– Je ne comprends pas grand-chose à vos explications, mon ami...

Il réfléchit un long moment en silence, puis s'écria :

– Vous êtes en train de me dire que le tir rapide est lancé en automatique. Que ce type peut expédier ses messages sans manipuler son bastringue...

– Ce n'est qu'une théorie, pour le moment, général, mais je crois que c'est la bonne. J'ai pensé que vous seriez...

– Bien entendu, que je le suis... C'est à peine croyable qu'aucun de nous n'y ait pensé... super-astucieux, tout de même!... Comment vous appelez-vous, l'homme de Messina?

– Mathew, mon général... Alan Mathew.

– Bien. Alan, vous êtes un type efficace. J'ai besoin de personnes de votre trempe à Pretoria. Oubliez le lac Sand.

Présentez-vous demain à la première heure à la Centrale. Nous saurons y utiliser vos compétences comme elles le méritent. Encore bravo et merci, Alan...

Mathew reposa le combiné. Le général l'appelait par son prénom!

Oleg Silkin, son genou droit emprisonné dans un volumineux bandage, était assis dans la voiture d'infirme escortée par trois malabars aux carrures dissuasives.

Les quais de Maputo n'étaient fréquentés que par des marins titubants qui erraient pour retrouver leur embarcation parmi les nombreux cargos accostés aux docks.

– A 7... Nous y sommes. Le *Verragio* devrait être ce tas de rouille, là-bas.

Silkin pouvait deviner le nom du bateau, faiblement éclairé par les rares lampadaires du port.

Ils entendirent au loin le grincement des freins des transports de troupes, le martèlement des brodequins sur les pavés luisants. Si Aaron Goldsmith choisissait cette porte de sortie, il tomberait dans un piège infranchissable. Chaque Blanc serait mis en joue, puis descendu sans sommation à la moindre tentative de fuite. Les Forces spéciales soviétiques savaient qu'elles ne devaient viser qu'aux jambes. L'agent du MOSSAD devrait se rendre tôt ou tard.

– Dimitri, tu montes sur le cargo italien avec un homme pour signifier notre requête de fouille au commandant du bâtiment. Je ne veux déclencher aucune complication diplomatique. Un homme reste avec moi près de la passerelle... L'autre ira chercher des renforts pour participer aux recherches sur ce tas de rouille.

Comme l'escorte se séparait, le résident du KGB assura le gros Strechkin dans son poing, sous le plaid rugueux. En chasseur d'élite, il devinait l'impasse dans laquelle il plaçait son adversaire et bouillait de capturer sa proie. Il espérait qu'Aaron Goldsmith ne tomberait pas trop facilement dans les mailles du dispositif de traque. Il regarda son garde du corps, impressionnant de force avec son Kalashnikov et sa gueule d'abruti. Des types comme celui-là étaient incapables de comprendre le respect qu'il éprouvait pour son rival. Ils ne pouvaient apprécier l'attente d'un dernier mouvement sur l'échiquier, ni admirer le courage de cet agent seul, opposé à une force considérablement supérieure, qui jouait sa vie avec autant de classe. Derrière les bâtiments des douanes, plusieurs coups de sifflet déchirèrent la nuit. La garde prétorienne de l'ambassade commençait à ratisser le quartier, opérant systématiquement, maison par maison. Aaron serait rabattu vers le dock où l'attendait le grand chef d'orchestre de la subversion en Afrique australe. Avec l'information qu'il détenait, Oleg ne pouvait lui accorder le moindre sursis. Il le tuerait proprement, au lieu de le confier vivant aux tortionnaires du KGB. Ce serait son cadeau d'adieu et son témoignage d'admiration : des sentiments que de jeunes blancs-becs comme Dimitri ne pouvaient partager.

Aaron Goldsmith tournait depuis des heures dans le quartier, à la recherche d'un marin saoul. Guido pouvait s'être écroulé n'importe où, dans une ruelle parsemée d'immondices ou dans les bras d'une putain affamée. Il ne l'avait trouvé ni au *Sarah*, ni à bord du *Verragio*. L'Italien ne manquerait pas le départ, trop heureux de mettre un terme à son escale prolongée.

Lorsqu'il entendit les premiers coups de sifflet, l'agent du MOSSAD comprit que sa situation empirerait au fil des prochaines minutes. Le Soviétique ne se laissait pas distancer. Il allait fuir devant l'avance de la troupe, lorsqu'il aperçut deux hommes enlacés contre un mur. Les Italiens faisaient une halte sur le chemin du retour et confiaient leurs forces vacillantes à un appui providentiel. Guido était l'un d'entre eux.

Il courut vers les fêtards et attrapa son ami par les épaules. Le regard vitreux de l'homme lui glaça le sang. Son état était pire que tout. Comprendrait-il le message qu'il voulait lui confier?

– Guido, tu me reconnais?

– Monsieur Laursen, s'écria joyeusement le marin entre

deux borborygmes. Je croyais que vous ne viendriez plus. Où est votre ami?

Il se souvenait de leur discussion. C'était inespéré.

L'espion du MOSSAD l'arracha aux bras de son collègue qui s'écroula le long du mur, puis le secoua.

– Je suis seul. Il y a des complications...

– Ah...

– Es-tu capable de comprendre ce que je te dis?

Le navigateur éprouvait de plus en plus de difficultés à maintenir sa tête droite. A ses pieds, l'autre soûlard commença à ronfler, sans se soucier de leur discussion. Aaron assena une série de claques à l'Italien qui se laissa faire sans réagir. Lorsqu'il arrêta la volée, Guido rouvrit les yeux.

– Merci, monsieur Laursen... Je vous entends mieux, comme ça!

– Écoute, Guido, je ne peux pas partir avec toi...

– J'avais pourtant préparé la cachette pour deux personnes, assura l'homme.

– Je te remercie, mais c'est impossible... Je vais te charger d'un message. Je veux ta parole d'honneur que tu le transmettras... C'est très important...

– Oui... très important, je comprends... C'est juré.

Il cracha par terre, sans voir qu'il le faisait sur son compagnon endormi.

– Tu contacteras une femme à Salisbury.

– En Rhodésie?

– Oui, tu téléphoneras depuis Cape Town. Demande le Quartier général rhodésien. Mme Yvonne Stein.

– Yvonne Stein, répéta consciencieusement l'Italien, toujours secoué par les épaules. C'est ta gonzesse?

– Oui, si tu veux! Yvonne Stein et personne d'autre. Tu l'appelleras d'une cabine publique.

– D'accord. Et je lui dirai quoi?

– C'est simple : sa taupe veut détruire le NIS. Répète!

Il réfléchit un long moment.

– Je dirai : sa taupe veut détruire le NIS.

– Bien. Tu te souviendras?

– N'aie crainte. Je me souviendrai de tout. Je lui dirai que c'est M. Laursen qui...

– Non. Tu lui diras que tu as reçu le message d'Aaron Goldsmith.

Il fronça les sourcils, ne comprenant pas pourquoi son ami possédait deux noms aux consonances aussi différentes, puis répéta :

– Aaron Goldsmith... Aaron Goldsmith... Aaron Goldsmith.

– Parfait. Récite le tout, à présent.

Guido sortit une langue chargée pour humecter ses lèvres, se cramponna aux bras de son ami, puis balbutia :

– ... Cape Town... Cabine téléphonique... Salisbury en Rhodésie... Ta fiancée Yvonne Stein du Quartier général. Je lui dirai que sa taupe veut détruire le NIS... signé Aaron Goldsmith... ça va?

– Parfait comme ça. Tu n'oublieras pas?

– Je le jure, mon ami.

– Ne transmets le message à personne d'autre que Yvonne Stein. Et n'oublie rien, surtout!

– C'est gravé dans mon cœur. Tu veux que je jure encore?

– Non, ça ira... Maintenant, ramasse ton ami et regagnez le *Verragio.*

Guido s'exécuta, puis se retourna vers l'agent israélien :

– Tu ne viens pas avec nous?

– Non, la prochaine fois peut-être.

Il eut un sourire triste.

L'Italien supporta son compagnon ivre mort, puis embrassa son ami. Aaron le laissa faire et profita de sa démonstration pour lui glisser un lourd rouleau de dollars dans la poche de son pantalon. Là où il allait, il risquait de ne plus en avoir besoin.

– Au revoir, mon ami, fit Guido en essuyant une larme.

– Tu feras ma commission?

– Je te jure. Dès que nous débarquerons à Cape Town.

– Alors adieu, Guido.

Les deux épaves s'éloignèrent dans la venelle. Après quelques mètres, il les entendit vociférer *O bella ciao, ciao, ciao... bella ciao...*

Aaron Goldsmith resta sur place. Il lui coûtait de confier une telle information à un homme dans cet état, mais il n'avait pas le choix. Il fallait prier pour que Guido arrivât à bon port et retrouvât des idées claires dans le canal du Mozambique. La liasse de billets l'aiderait à déclencher le processus de mémorisation. L'agent secret se rendit compte que la vie de centaines d'hommes du NIS et que celle de l'Afrique du Sud tout entière tenaient à quelques bières.

Il s'enfonça dans la ruelle, puis s'engagea dans un passage sur la gauche, afin de s'écarter du port. Il pensait s'être éloigné des mailles du filet, lorsqu'il perçut le claquement de pas caractéristique d'une autre escouade. Oleg Silkin ne laissait rien au hasard.

Il pensa au porteur de message qui se dirigeait vers la liberté, puis eut un étrange sourire. Pour rien au monde, il n'aurait confié sa découverte à ceux du NIS. Le général Bishop s'était conduit comme une crapule. Lui seul pouvait avoir dénoncé le colonel Salgoa et sacrifié Aaron. Yvonne Stein le comprendrait. Elle saurait monnayer un renseignement vital pour Pretoria à son juste prix. Il venait de payer une dette vieille de trente-cinq ans, en jouant la chance jusqu'au bout. Mais à présent, il ne lui restait qu'une solution : tomber fièrement dans un combat disproportionné, ou se laisser traquer comme un animal. A la réflexion, il trouva une troisième solution.

Il vit une patrouille de Soviétiques apparaître au loin, à la lueur glauque d'un réverbère.

– Halte, cria un homme en portugais.

Aaron Goldsmith détala au pas de course, comme les premiers projectiles fusaient sur les pavés. Il sortit son pistolet de sa ceinture et fila vers le port. Oleg Silkin avait laissé des consignes : il le voulait vivant pour accrocher lui-même son scalp à sa panoplie de chasseur d'espions... Ses hommes visaient bas.

A bout de souffle, Aaron Goldsmith pénétra dans un immense hangar qui abritait les marchandises sous douane. Depuis plus d'une heure, il tentait d'échapper à la traque des forces spéciales, mais n'avait pas réussi à percer leur système de battue. D'ailleurs, il n'y avait plus de salut en arrière. Les ambassades occidentales devaient être sévèrement gardées. Aucun diplomate n'aurait accordé l'asile politique à un délinquant de droit commun qui venait de blesser un « confrère » soviétique.

Il se repéra dans l'immense entrepôt où d'innombrables caisses s'empilaient. De l'autre côté du bâtiment, il ressortirait sur le dock, à découvert, attendu par Silkin.

L'homme du MOSSAD hésita une seconde devant l'autre porte de tôle, puis se décida à en finir. Il l'ouvrit à la volée et se retrouva sous une immense grue. Devant lui, des dizaines de Soviétiques lui coupaient le flanc gauche. Il marcha calmement vers la droite et aperçut un autre cordon de sécurité. A quelques mètres, le *Verragio* s'écartait du quai, tracté vers le large par un remorqueur. La chasse touchait à sa fin. La double ceinture de soldats s'immobilisa enfin, Kalashnikov levé, à trente mètres de l'Israélien.

– Ne tirez pas, cria une voix en russe.

Aaron le reconnut. Près d'une grosse bitte d'amarrage; son ennemi le regardait approcher, tassé sur un fauteuil d'infirme, la jambe ridiculeusement relevée vers l'avant.

L'agent secret rectifia sa tenue, sachant qu'il ne restait plus que sa dignité à sauver. Il fit quelques pas, regardant s'éloigner le cargo italien et l'information vitale enfouie dans le cerveau embrumé d'un brave type. Peut-être Guido, intrigué par le déploiement de forces et le bruit de la fusillade, l'observait-il depuis le pont. C'était le moment. Le visage calme d'Oleg le fixait étrangement, satisfait de l'efficacité de son plan.

Après tout, une vie pour un pays, l'échange semblait équitable.

Aaron releva le pistolet qui pendait au bout de son bras. Avant qu'il n'ait eu le temps de tirer, Silkin lâcha deux coups de feu qui le frappèrent en pleine poitrine. L'Israélien tomba à genoux, ses lunettes brisées à terre. Silkin approchait, entraînant lui-même les roues de sa voiture d'infirme. Le Russe se pencha sur l'accoudoir et agrippa le col de son ennemi qu'il releva contre le marchepied. Il paraissait désolé d'avoir dû respecter leur code moral.

– Tu veux une cigarette?

– Merci, tovaritch.

L'agent secret éprouvait de plus en plus de difficulté à respirer.

Oleg Silkin le maintint contre lui et lui alluma une cigarette, puis la ficha entre ses lèvres.

– Foutez le camp, hurla le maître du KGB... disparaissez...

Aussitôt, les gardes de l'ambassade se dispersèrent pour regagner les camions. La curée était terminée.

Aaron Goldsmith contint une violente douleur, puis renversa sa tête en arrière. Il reçut le sourire de son rival à travers sa vision qui vacillait, puis reprit en russe :

– Je vais te raconter une jolie histoire, Oleg... Ça se passait il y a bien longtemps dans une petite école d'Haïfa. Nous avions un excellent professeur de géographie, un Lituanien, qui offrait des atlas en couleur aux premiers de classe... sur son argent personnel.

Il toussota et essuya un caillot de sang qui l'empêchait de poursuivre.

– ... J'ai toujours rêvé du Mozambique...

Oleg le laissa poursuivre, contenant avec difficulté le nœud qui commençait à se serrer dans sa gorge.

– C'était un joli rêve, dit le responsable du KGB.

Yvonne Stein avait déjà assisté à la débâcle, mais dans un camp adverse. Elle se rappelait l'agitation fébrile qui gagnait les mairies et les *Kommandantur*, à l'approche des libérateurs. Les Allemands et leurs alliés fascistes détruisaient des tonnes de documents, incendiaient des monceaux de rapports établis par les « collabos ». Les parties perdues se terminaient toujours ainsi.

A présent, la directrice du CIO devait opérer le même nettoyage : protéger des centaines d'informateurs noirs qui risquaient d'être exposés à la vengeance des nationalistes, si les « sommiers » de la centrale de renseignements tombaient entre leurs mains. Il ne fallait pas attendre le dernier moment. La transition assumée par monseigneur Muzorewa lui permettait d'opérer le balayage à temps.

Brooks lui tendait des piles de dossiers qu'elle glissait dans le grand incinérateur du CIO. Elle n'aurait laissé à personne le soin de détruire des mois de travail, ni de regarder tant d'acharnement s'envoler en fumée.

– Ça va, madame Stein? demanda Brooks, les traits tendus.

– Combien en reste-t-il?

– Une dizaine de classeurs, tout au plus...

– Parfait.

Les gardes de sécurité emportaient les armoires métalliques vidées.

Elle s'appliqua à enfourner les derniers dossiers dans la bouche béante du foyer basculant, puis verrouilla le tiroir.

– Splendide, Brooks, ils n'ont plus rien à se mettre sous la dent.

L'adjoint remit son veston et s'effaça pour la laisser sortir du local blindé. Lorsqu'ils furent dans le couloir, ils rencontrèrent quelques employés du CIO. Tous baissèrent les yeux en les croisant.

– Que faisons-nous?

– Nous continuons, Brooks. La guerre n'est pas terminée. Nous tâcherons de conserver le meilleur pour nos cerveaux. Quant aux secrétaires, elles peuvent commencer à se passer du vernis à ongles.

Comme ils atteignaient l'ascenseur, un employé du « chiffre » salua Yvonne et lui rendit un pli scellé.

– Ça vient de tomber à l'instant, expliqua le décodeur... J'ai pensé que cela vous intéresserait.

La Française laissa Brooks refermer l'ascenseur, déchira l'enveloppe et parcourut le message. Lorsqu'elle eut terminé sa lecture, Yvonne bloqua la cabine entre deux étages et tendit sans un mot le feuillet à son collaborateur. Pendant qu'il lisait à son tour la communication du NIS, elle fixa la porte de fer.

Voilà pourquoi elle butait depuis de longues semaines sur les emplois du temps de « ZEBRA ». Au lieu de l'aider à éclaircir l'énigme, les horaires n'avaient fait que l'embrouiller. Elle se concentra sur la nouvelle donne du problème.

– Joli travail, commenta Brooks... Mais il se peut que « ZEBRA » ait détruit l'appareil de tir!

– En effet, c'est possible...

Elle reprit le télex et remit l'ascenseur en marche. Yvonne Stein ne pensait pas un mot de sa réponse. Si le but de cet homme était de passer en Afrique du Sud, il aurait besoin de son appareillage électronique pour informer ses employeurs. C'était l'unique moyen dont il disposait pour faire approvisionner son compte bancaire à l'UBS.

Lorsqu'ils quittèrent la cabine, elle laissa Brooks et s'enferma dans son bureau. Elle composa le numéro de téléphone de sa villa.

– Timothée? Je crois que tu devrais visiter nos locaux. Oui, tout de suite, si tu veux bien, mon chéri.

– D'accord, admit Tim. L'appareil existe! Et après? J'ai cherché partout. Il n'a rien chez lui.

Elle l'observa, réprimant une irrépressible envie de lui faire l'amour dans son bureau. Mais au CIO, elle redevenait une femme responsable, qui ne réalise pas ses fantasmes. Le Selous Scout était plus séduisant que jamais. Il avait enfilé une veste de toile et un pantalon à pinces qui lui allaient à la perfection. Yvonne cligna des yeux dans la fumée d'une cigarette, puis quitta son siège directorial et se mit à arpenter la pièce.

– Tu es sûr de n'avoir rien remarqué de bizarre? Un détail qui nous mettrait sur la piste!

– J'ai tout inspecté. A part les livres pornographiques et la collection de pièces, je n'ai rien trouvé.

– Pourtant, il doit exister un fil conducteur...

Il la rejoignit devant la fenêtre et contempla avec elle les véhicules qui continuaient de s'écouler lentement dans les rues de Salisbury. Il s'apprêtait à l'embrasser dans le cou, lorsqu'une idée germa dans sa tête.

– La voiture... balbutia Tim. J'ai tout inspecté, sauf sa voiture. Elle n'était pas là...

Yvonne Stein sursauta.

– Pourquoi penses-tu à sa voiture?

– Rien de ce que j'ai trouvé ne m'a particulièrement frappé... C'est plutôt ce que j'ai pas vu à Paxholme, qui m'a surpris. Oatley garde des tas de photographies qui retracent sa carrière et sa vie privée. Il n'y avait aucune image de voiture.

La logique prenait soudain corps.

– Dans le dossier que tu m'as fait lire sur lui, Oatley était possédé depuis longtemps par deux hobbies : les pigeons et les voitures anciennes. De telles passions ne sont pas apparues à son arrivée en Rhodésie... Ou alors...

– Ce sont de fausses occupations.

– J'ai d'abord cru que ses pigeons lui servaient de moyens de communication. Puis j'ai renoncé : les oiseaux n'étaient pas dressés. En fait, il se pourrait que son pigeonnier ne soit qu'un leurre, destiné à orienter les soupçons d'un fouineur dans une direction différente de celle où repose le point sensible. Ce garage se trouve de l'autre côté du cottage.

– Tu penses que ses passions dissimulent toutes deux une fonction utilitaire.

– Pourquoi pas! La belle Morgan est un trompe-l'œil. Elle lui sert à autre chose qu'à satisfaire l'amour d'un collectionneur. Sous les chromes, il doit planquer son engin!

Cette fois, ils brûlaient. Elle le sentait.

– Deux leurres, alors, observa Yvonne.

– Ça mérite en tout cas une vérification.

– D'accord. Pendant que tu iras examiner la Morgan, je le fixerai chez Peter Walls. Je trouverai des informations nouvelles à leur transmettre.

Elle revint vers le bureau et composa un nouveau numéro.

– Le général Walls, s'il vous plaît. C'est urgent. Yvonne Stein... Peter. Bonjour. Je voudrais vous rencontrer tout de suite, avec les membres de l'état-major. Bien entendu, c'est urgent. Merci, Peter... désolée de perturber votre emploi du temps.

Elle appela un autre numéro.

– Je veux un passe capable d'ouvrir toutes les portières de voiture. Vous devez avoir ça, chez vous? Évidemment, tout de suite. Non, rassurez-vous, j'ai ce qu'il faut dans mon garage.

Timothée Carpenter tournait en rond comme un fauve. Peut-être avait-elle tort d'insister auprès du colonel Ron Reid Daly pour l'aider à reprendre du service actif dans les Selous Scouts, après ce qui lui était arrivé. Mais c'était la seule manière de le garder en vie : l'empêcher de penser en le ramenant au combat.

Yvonne apprenait à se méfier de lui lorsqu'il commençait à avoir ce regard fixe et à serrer ses mâchoires. Il fallait le tenir éloigné de Stanley Trevor Oatley. Ne les confronter sous aucun prétexte. Lorsqu'il aurait la preuve de l'identité de « ZEBRA », Timothée tenterait de le tuer.

Elle eut une idée.

– Je vais le maintenir chez Peter Walls durant deux heures. Cela suffira?

– Parfait, dit le Selous Scout, l'esprit ailleurs.

– Rejoignons-nous à midi à *La Pizza*. Tu connais?

– J'y serai.

Elle lui colla un baiser tendre sur la bouche, puis l'entraîna dans le couloir.

– Allons prendre le passe au rez-de-chaussée. Détends-toi, Timothée... Tu sais que nous ferons l'amour quand même, quel que soit le résultat de tes recherches!

Il retombait de nouveau dans cette curieuse phase d'apathie maniaco-dépressive. Yvonne Stein se rassura comme elle put. Lorsqu'elle aurait terminé ce travail, elle l'emmènerait en Europe, le plus loin possible. Ils étaient suffisamment riches pour profiter de leur argent. Elle ferait découvrir à Timothée des mondes d'où la guerre était exclue depuis longtemps.

Lorsqu'ils pénétrèrent dans l'ascenseur, elle serra sa main de toutes ses forces.

– J'ai confiance, chéri, ça va marcher...

Comme la cabine redescendait, Yvonne pensa à Clem, puis à Norman. Elle les perdait tous. Elle leur portait malheur. Tim serait-il le prochain? Ils partiraient dès qu'elle aurait fait arrêter Oatley.

Elle le laissa quitter l'élévateur en premier et observa sa démarche. Tim n'était plus le jeune homme intelligent qui venait de lui ouvrir l'énigme sur laquelle elle butait depuis des semaines, mais un robot de mort dont elle venait de remonter le mécanisme une nouvelle fois. Pour la Rhodésie.

Le parking du Milton's Building s'étendait sur six hectares. Timothée survola du regard les centaines de véhicules à l'arrêt, puis avança dans une travée. Il dut secouer la tête plusieurs fois pour chasser cette étrange sensation qui reprenait possession de lui. Ne pas se laisser aller à ça... pas maintenant. Il pouvait interpréter les regards d'Yvonne. Elle aussi, savait... Ne pas décevoir Yvonne.

Il continua sa promenade. L'organisation militaire poussait le vice jusqu'à peindre les trois premières lettres des noms de chaque officier sur le bitume. C'était d'une simplicité ridicule : on offrait l'organigramme complet de l'armée rhodésienne à l'ennemi. Personne ne s'en était aperçu! La logique du parking existait également : le haut état-major bénéficiait des meilleures places, près de l'entrée réservée au service. Il suffisait de contourner le bâtiment.

Le Selous Scout se retourna plusieurs fois, pour s'assurer que le gardien du terrain ne l'observait pas. Il se sentait aussi mal à l'aise en ville qu'il éprouvait de plaisir à respirer dans le bush, avec Nshaba, libres de vivre ou de mourir dans leur battle-dress crasseux.

Il l'aperçut enfin. Une Morgan des premières séries. Un modèle magnifiquement entretenu, avec deux sangles de cuir en travers du capot aubergine. Oatley avait du goût : jantes à rayons rutilantes, garde-boue peints en noir. Un bijou de voiture.

Timothée Carpenter n'avait jamais volé de voiture de sa

vie, à part celle qu'il avait dû emprunter de retour de Massangena, pour atteindre Gwelo. Celle-là avait les clés sur le tableau de bord et répondait à un cas de force majeure.

Il enfonça le rossignol dans la serrure et fourragea pour trouver le cran. La serrure céda. Il pénétra dans la Morgan, s'assit dans le fauteuil bas de chevreau patiné, et cala ses mains sur le volant d'acajou. Une magnifique machine d'une finition d'artisan. Le tableau de bord, passé à la peau de chamois, brillait comme un miroir. Quant au tapis de sol flambant neuf, on s'y enfonçait comme dans une moquette. Stanley Trevor Oatley, le méticuleux, chérissait sa pièce de musée... et pour cause!

Le jeune Rhodésien fouilla sous les sièges, regarda derrière les dossiers, mais n'y trouva rien. Pas même le plus minuscule gravier. Il s'apprêtait à ressortir pour examiner le moteur de bolide sous le double capot allongé, lorsque son regard tomba sur le lecteur de cassettes : un appareil ancien. Des mains amoureuses l'avaient encastré à la perfection dans le panneau d'acajou massif. Il ne comportait pas d'appareil de radio. Curieux pour un homme comme Oatley! Il disposait d'un impressionnant matériel Hi-Fi à Paxholme, mais Tim ne se rappelait pas avoir vu de cassettes. Il se pencha sous le tableau de bord et ne put apercevoir l'instrument. La moquette noire remontait jusqu'aux indicateurs et dissimulait le réseau électrique.

Le Rhodésien se força à poursuivre son investigation. Yvonne lui garantissait deux heures de tranquillité : il en profiterait jusqu'au bout. Il sortit un jeu de tournevis de la poche de sa veste souple et choisit un instrument cruciforme. Il entreprit de desserrer les six écrous qui maintenaient le panneau d'acajou. Lorsqu'il eut terminé, il ôta les vis, les disposa soigneusement sur le tapis de sol, puis tira lentement sur la plaque. La moitié droite surplombant le volant resta en place, mais la planche de gauche vint à lui. Il ne put la déplacer plus avant, car une pièce de métal interdisait son détachement complet.

Par les vingt centimètres supérieurs, Tim aperçut l'appareil de lecture de cassettes. Il en possédait plusieurs et ne fut pas long à comprendre que ce modèle-là ne se trouvait pas dans le commerce. La partie antérieure de l'appareil s'allongeait curieusement, détonnant avec la petite taille de sa partie visible. Près de l'instrument de musique, Tim découvrit un système archaïque d'horlogerie qui ressemblait à ceux que les gooks utilisaient parfois pour déclencher leurs bombes à retardement. Le mouvement devait avoir vingt ans, mais restait fiable. On lui avait enseigné comment désamorcer ce type de mouvement en bloquant le rouage à l'aide d'une épingle à cheveux. Il laissa courir son tournevis le long du fil vert. Alors, Timothée comprit le secret d'Oatley. Il ne démontait pas chaque fois son tableau de bord pour expédier un message. Il se contentait d'afficher un chiffre sur le relevé du compteur kilométrique journalier... Il lui suffisait ensuite d'enclencher une cassette, de couper le contact, et de laisser opérer le retardement de l'appareil de tir rapide. Bien pensé!...

Le Selous Scout remonta le panneau, puis fit jouer le bouton de mise à zéro. La seule particularité de la manette était de pouvoir faire avancer le compteur. Ainsi, Stanley Trevor Oatley programmait l'heure de son message qui défilait pendant qu'il construisait son alibi, bien en évidence dans le Milton's Building. Il lui suffisait ensuite de commander l'effacement de la cassette. Voilà pourquoi l'appareil comportait deux boutons de commande : le premier pour l'enregistrement à vitesse normale, probablement connecté sur un micro dissimulé dans l'acajou; le second pour l'avance rapide. Prudemment, il afficha l'ancien numéro.

Yvonne tenait son client! Timothée vérifia qu'il n'oubliait rien dans la Morgan, passa une main sur le tapis pour effacer les traces de pieds, et essuya ses empreintes sur les cadrans. Puis il referma le beau véhicule et délia les lanières du capot. Il s'attendait à trouver les deux batteries au lieu d'une seule. Aussi le referma-t-il, et boucla-t-il les sangles en un tournemain. A présent, Yvonne Stein détenait plus qu'une preuve...

Le Rhodésien s'éloigna du véhicule de sport. Un autre homme en lui commandait d'aller chercher son FAL dans la

Land-Rover et de liquider cet abominable salopard qui avait entraîné la mort de tant d'hommes.

Il s'assit à la table occupée par Yvonne Stein et parut chercher sa main comme une bouée de sauvetage.

– Je ne l'ai pas fait, Yvonne, murmura Tim, le regard fou. Pourtant, j'ai trouvé ce que je cherchais...

– C'est bien. Tu guéris.

Elle savait qu'il connaissait ses doutes sur ses obsessions, mais elle évita de lui dire que deux hommes de main du CIO s'apprêtaient à l'intercepter devant le parking, s'il ressortait de la Land-Rover avec son arme de guerre.

– Exactement ce que je pensais. Je ne le tuerai pas.

– Je savais que nous y arriverions. Je n'ai rien dit à Walls avant ta confirmation : nous arrêterons Stanley Trevor Oatley cet après-midi, à sa sortie du ministère de la Défense... Afin de ne pas créer trop de remous dans l'état-major.

Un serveur s'approcha de leur table.

– Téléphone pour vous, madame Stein.

Elle s'absenta quelques minutes. Lorsqu'elle revint vers la table, Tim crut qu'elle allait s'évanouir, tant elle tremblait. Yvonne but un grand verre d'eau, puis expliqua son anéantissement :

– Les Sud-Africains ne m'avaient pas tout dit. Ils ont envoyé à la mort un très ancien ami à moi. Un type qui voulait m'offrir un cadeau et qui s'est laissé piéger sans savoir que nous touchions au but.

– Tu le connaissais bien ?

– Je l'ai porté dans mes bras à travers les lignes allemandes, expliqua Yvonne avec un sourire attendri. Il y a longtemps. Pourtant c'était hier. Il m'a donné la dernière pièce du puzzle. L'explication du travail entrepris par « ZEBRA »... Il est grand temps que nous arrêtions ce jeu de massacre...

– Pourquoi est-il mort ?

– Je ne sais pas si tu peux comprendre. Son père disait : « Les Goldsmith paient toujours leurs dettes, un jour ou l'autre... C'est le corollaire positif de la règle du talion. » Une vieille histoire qui se termine bien mal, à dix mille kilomètres de l'endroit où nous nous sommes rencontrés.

– Pourquoi le NIS a-t-il fait ça?

– Tim... Finissons-en et quittons la Rhodésie. Je crois que je porte malheur à tous les hommes que j'approche.

– S'il en est ainsi, le destin nous suivra. Mais nous ferons comme tu l'entends, parce que moi aussi, j'ai un mauvais pressentiment : Koulou-koulou!

Elle ne comprit pas son allusion, mais réalisa que chacun d'eux s'enfermait dans son passé et ne croyait pas en un avenir qui leur serait commun.

10

Un plaisir de seigneur que de se jouer aussi facilement de tout ce beau monde! Le général Walls mordait à tous les hameçons. Quant aux Russes, ils n'avaient aucune barre sur lui, que la fortune qu'ils lui offraient pour qu'il poursuive son travail.

Oatley avait su tenir la dragée haute à l'officier recruteur du KGB, lui fixer ses conditions. En fait, c'était lui qui avait engagé les Soviétiques en 1956. Aucune autorité des communistes. Pas de contact. Du travail *free lance* avec la certitude d'une identité protégée au plus haut niveau de la place Dzerjinsky. « Je n'accepterai aucun ordre. Je me noierai dans le tissu conjonctif de l'armée rhodésienne et ne vous fournirai informations et appui que lorsque je le jugerai utile. Vous ne me donnerez mon argent qu'au coup par coup, d'après mes résultats. Je ne vous demande rien durant la période qui me servira à grimper les échelons. Et si je ne réussis pas, vous n'aurez qu'à m'oublier. C'est à prendre ou à laisser. » L'officier des renseignements russes avait accepté un plan qui ne lui coûtait pas grand-chose, un investissement gratuit qui paierait à long terme. Le Britannique lui avait mis l'eau à la bouche :

« En Rhodésie, les nationalistes commencent à se dresser. Suivant vos vues, c'est une fatalité de l'histoire, un schéma de libération anti-impérialiste sans possibilité de retour en arrière. Lorsque le moment sera venu, je serai l'homme idoine pour faire basculer les événements... dans votre camp. J'aiderai les nationalistes à parer les coups les plus durs et je ferai en sorte de limiter les victoires rhodésiennes.

– Comment comptez-vous vous y prendre pour garder le contact avec nos agents?

– J'ai pensé à une ruse : fournissez-moi un appareil de tir rapide, calé sur une fréquence définitive et équipé d'un système de déclenchement à retardement, l'un de ces autoradios trafiqués par vos spécialistes. Ma voiture me suivra en Afrique avec mon déménagement. Je le transférerai sur un autre véhicule.

– Soit. Je prends le risque. Mais mes supérieurs m'ont demandé de vous assigner une mission finale. Si vous acceptez de nous rendre également ce service, votre fortune sera immense... »

L'Anglais avait laissé l'agent parler, lui expliquer comment il deviendrait l'espion le mieux rémunéré du bureau Afrique.

Des consignes vieilles de vingt ans revenaient par bribes : lorsque le moment serait venu pour les Blancs de se replier, il profiterait de ses accointances avec les Afrikaners pour se noyer dans le NIS. Il attendrait quelques mois pour que la défaite blanche en Rhodésie se digère. Qu'on oublie jusqu'à ses origines. Il déploierait son charme pour gagner la confiance de ses supérieurs, comme il s'y était appliqué avec le général Walls. Attente et prudence...

La situation avait évolué. Il ne pouvait plus se permettre de trop longues précautions. L'étau se resserrait progressivement. Le gros Jimmy hors de sa cage constituait le premier signal. C'était une tentation trop forte pour un agent du contre-espionnage que d'essayer les performances d'un pigeon... qui ne voyageait que dans son esprit... *Vanitas!* Quant au problème de sa défection, elle risquait d'attirer les soupçons sur lui. Yvonne Stein n'attendait que cela. Le temps pressait. Il devait opérer son dernier coup, profiter de la mission de liaison confiée par Walls. Jamais les Sud-Africains ne mordraient à sa « clause de conscience », s'il l'exploitait trop tôt. Ils n'accepteraient que du bout des lèvres sa prétendue réticence à ne pas vouloir servir un gouvernement composé de Noirs.

Diana et les enfants constituaient son meilleur atout. En les laissant en arrière, il ferait croire aux Rhodésiens son intention de revenir. Logiquement, un homme n'abandonnait pas les siens. Ils attendraient son retour pour le coincer... Mais il ne regagnerait jamais la Rhodésie. Il n'avait jamais aimé ni Diana ni ses enfants. Il avait provoqué une scène de ménage pour décider Mrs. Oatley à lui laisser le champ libre, à partir chez leurs amis pour quelques jours. Diana n'était qu'un boulet. Une femme-enfant idiote et frigide qui s'endormait en suçant son pouce et ne se satisfaisait qu'en état de perpétuelle grossesse. Elle lui servirait à franchir la dernière étape, comme elle lui avait été utile à composer son portrait type d'officier modèle, de mari exemplaire et de père affectueux.

Il déplia une paire de lunettes de soleil et accéléra sur le ruban de la route qui reliait Bulawayo au poste frontière de Beit Bridge. La vieille Morgan tournait comme une horloge.

Contrairement au programme établi des années auparavant avec ce sinistre imbécile de Londres, il ne préviendrait pas Maputo et n'attendrait pas les explosifs de l'ANC. Il n'en avait pas besoin... Sa position au sein de l'état-major lui permettait de visiter les mines d'or de Kwe-Kwe lorsqu'il le voulait. Il ne s'en était pas privé... La Morgan était bourrée de dynamite. Le prétexte de contrôler les stocks – de crainte d'un vol des terroristes – marchait à tous les coups. La Morgan devenait une gigantesque bombe. D'ailleurs, il s'en moquait autant que de sa femme. Il avait toujours eu en horreur les voitures... Ça sentait horriblement mauvais et le moteur vous couvrait les mains de son huile poisseuse.

Un léger réglage des amortisseurs, et les quatre cents kilos d'explosifs répartis dans la carrosserie n'alourdissaient plus l'élégant cabriolet.

Stanley Trevor Oatley : un homme qu'on ne fouillait pas à un poste frontière, parce qu'on ne se permettait pas de retourner les poches des saints, de crainte de déplaire au Bon Dieu, Peter Walls.

Ce coup-là, il le réussirait seul, parce que c'était un coup de maître qui valait des millions de dollars. Il lui rapporterait de quoi tenir le reste de sa vie sans se soucier des lendemains. De quoi terminer son installation à Stone Fish. Il connaissait son programme par cœur. Il garerait son auto dans le parking sous-terrain du NIS. Au plus haut niveau. Sous les pieds de cette ruche d'espions. Suffisamment au centre pour souffler l'immeuble de sept étages. Il ne serait pas à l'intérieur de la tombe d'acier et de verre. Il suffirait qu'on le croie mort dans le carnage, qu'on le porte disparu en service commandé : une occasion comme une autre de dédommager Diana, pour ses innocents camouflages, d'une pension à vie.

Un plan d'évaporation comme le sien ne souffrait d'aucune faille. Un très joli coup : Oatley, volatilisé, balayé par l'explosion provoquée par ces « Noirs sanguinaires ». Disparu, parmi les débris de chair humaine non identifiables. Il laisserait juste un objet personnel sur le bureau d'un secrétaire du général Bishop : son porte-cigarettes en argent : « A mon grand amour Stanley Trevor, sa femme qui l'aime, Diana Oatley. »

Les nazis qui avaient profité de la débâcle pour tenter de refaire leur vie dans une pseudo-république sud-américaine commettaient tous la même erreur. Ils réapparaissaient au bout de quelques années, titulaires de fortunes qui excitaient les envies et les curiosités. Mais lui ne s'exposerait pas à cette faute, parce qu'il s'y préparait depuis vingt ans.

Lorsqu'il quitterait le centre du NIS, juste avant l'attentat, il détruirait son uniforme et ses papiers : prendrait l'identité du riche rentier anglais qui figurait sur le passeport contenu dans sa mallette. Les Russes identifieraient d'eux-mêmes l'auteur de l'acte de destruction, puisqu'ils n'auraient pas armé le bras de l'ANC pour l'accomplir. Pendant que les journaux établiraient la liste des victimes dans une édition spéciale, où il figurerait parmi les disparus – son nom n'échapperait pas au KGB – il achèterait un billet simple pour Sydney. Des vols quotidiens de Quantas quittaient Johannesburg pour la métropole australienne. Il possédait assez d'argent pour cela. Pas besoin de chirurgie esthétique, puisque là où il allait, personne ne le reconnaîtrait!

Stanley Trevor Oatley se sentait très fort. Non seulement il laissait sa famille en otage aux Rhodésiens, mais il n'avait pas vidé son compte bancaire. Un type qui fuit ne laisse pas d'argent en arrière... Il retirait depuis des mois une cinquantaine de dollars de l'argent des courses et les transformait immédiatement en devises américaines. Ce qu'il perdait n'était rien, en comparaison avec la fortune amassée sur son compte à l'UBS. Et ses retraits lui suffisaient pour terminer son plan de fuite.

Arrivé à Sydney, il prendrait une correspondance pour Nouméa, achèterait quelques affaires, puis s'embarquerait de nouveau pour sa destination finale : Stone Fish... Un minuscule îlot, perdu parmi des milliers de récifs de l'archipel des Nouvelles-Hébrides, à quelques heures de bateau d'Anatom et à quelques encablures des Fidji. Maré n'était pas loin. Il pensait déjà au sable fin du récif corallien, à la cocoteraie plantée au bord du lagon. Stone Fish n'était qu'une poussière du Pacifique : une retraite équipée de tout le nécessaire de survie, avec son bungalow confortable, son wharf praticable par tous les temps et sa source d'eau potable. Un paradis qui n'attendait plus que lui. Il s'y adonnerait à plein temps à la pêche et au farniente, payant quelques domestiques indigènes pour le servir et pensant volontiers à tous ces imbéciles qui continuaient de faire la guerre, un peu partout sur le globe.

Il donna quelques coups de klaxon pour disperser une famille de singes qui jouaient sur la route. Les babouins filèrent se réfugier dans les arbres voisins.

Depuis vingt ans, il rêvait à son paradis terrestre. Un Sud-Africain le lui avait offert sans s'en douter, lui parlant du petit îlot idyllique qui attendait un acquéreur, sous le soleil du Pacifique, bercé par les alizés. L'homme avait accepté d'effectuer la transaction à sa place. C'était le seul qu'Oatley avait personnellement tué : parce qu'il en savait trop long sur son secret et lui réclamait une commission d'usurier... Ses os devaient blanchir au fond d'un puits désaffecté des mines d'or des Midlands.

Il lui avait fallu vingt ans pour échafauder son personnage : deux cent quarante mois de sa vie, à vivre en parallèle avec lui-même, ne pouvant jamais se fier à personne, ni jouir d'une seconde de relâchement. Cela n'avait pas de prix : ni pour lui ni pour les Soviétiques. Il avait compris quel serait son étrange destin, lorsque ses compagnons du cercle « humaniste » l'avaient approché pour le convaincre d'adhérer. De sombres illuminés qui s'étaient fait pincer et terminaient leurs jours dans une geôle britannique. Qui n'avaient pas la classe d'espions de haut vol comme Burgess, Mac Lean et Philby. Mais lui se sentait encore plus talentueux que les as de l'« école de Cambridge ». Rien ne le contraindrait à se réfugier en Union soviétique. Il n'était l'adepte d'aucune cause. La cause! mais quelle cause? Les dictatures se ressemblaient toutes. L'argent seul faisait les différences. Il avait choisi de devenir un bradeur de pays parce que des clients existaient pour cette sorte de transaction. Et à présent, il touchait au but : Stone Fish Island.

Il observa son visage dans le rétroviseur. Bien sûr, à quarante-quatre ans, il n'était pas un Adonis. Mais les femmes le trouveraient plus séduisant avec son inépuisable compte en banque. Du coup, elles jugeraient parfait son visage terne et allongé de croque-mort. Elles adoreraient ses petits yeux inexpressifs, lorsqu'il les emmènerait sur son yacht jusqu'aux Fidji. Sans doute mettraient-elles plus d'ardeur que cette glaciale Diana qui ne savait que répondre : « Stanley, tu n'y penses pas, les enfants dorment », lorsqu'il cherchait à la toucher.

Les Soviétiques paieraient sans regarder à la dépense, parce qu'il leur offrait l'Afrique du Sud sur un plateau. Un pays sans services secrets ne survit pas longtemps : il est aveugle et sourd dans la tourmente, incapable de prévoir, donc de présider à ses destinées.

Il doubla un convoi escorté par deux automitrailleuses, puis ralentit en devinant le poste frontière. Il arrêta la

Morgan à la guérite et attendit qu'un soldat vienne lui demander ses papiers.

L'homme salua en apercevant les galons et les décorations sur la tunique.

– État-major du général Walls... Mission spéciale à Pretoria.

Le militaire examina la carte plastifiée qu'il lui tendait, salua de nouveau.

– Bonne route... et excellent séjour.

Stanley Trevor Oatley redémarra, un sourire aux lèvres : il était trop facile de passer quatre cents kilos d'explosifs dans une carrosserie! Cela le dégoûtait presque d'anéantir le NIS sans la moindre anicroche.

Sa seule pensée, au moment de quitter la Rhodésie, fut pour le gros Jimmy : il devait la vie et son paradis de Stone Fish Island à ce stupide oiseau qui choisissait pour lui le jour de la mise à mort de centaines d'hommes, confortablement au travail dans les somptueux locaux du NIS.

Les bureaux du ministère de la Défense commençaient à se vider. Yvonne Stein traversa le terre-plein de gazon qui la séparait du Milton's Building et adressa une œillade au colonel Ron Reid Daly. Aussitôt, le commandant des Selous Scouts dépêcha les hommes de son groupe dans les positions qui leur étaient assignées, devant chaque issue du bâtiment, et accompagna la directrice du CIO dans le hall d'entrée. Il rafla au passage deux gardes de sécurité.

– Suivez-nous. Armes chargées?

– Oui, colonel, répondit l'un des hommes, sur un air interrogateur.

– Nous allons arrêter l'aide de camp du général Walls. Je ne veux aucun coup de feu inutile. Contentez-vous de maîtriser l'individu, c'est tout. Mes hommes feront le reste.

Yvonne admira le respect du protocole. L'honneur de l'état-major était sauf, dans la mesure où l'affaire se réglait suivant un rituel interne. Elle vit le colonel décapuchonner l'étui de son revolver et vérifier le cran de sûreté de son arme.

– Je n'éprouve aucun plaisir à vous escorter, Yvonne, que la joie malsaine de déclencher une crise d'estomac à ce bon vieux Peter. Vous auriez pu le prévenir!

– Certainement pas! Je connais des personnes impulsives qu'il vaut mieux défendre contre elles-mêmes de leurs envies meurtrières. La règle doit être observée. Les maris trompés doivent être les derniers informés.

Ils s'engagèrent dans l'ascenseur.

Lorsque la porte se rouvrit, le colonel Daly prit la tête de l'équipée et pénétra en force dans le bureau du commandant en chef de l'armée rhodésienne.

– Hello, Ron... lança Peter Walls en relevant le nez de ses cartes. Vous vous ennuyez chez vous?

Puis il parut inquiet, à la vue du pistolet que le chef des Selous Scouts extrayait de son étui. Le visage d'Yvonne Stein ne lui donna aucune précision sur le geste de son collaborateur. Ce ne fut que lorsque les deux gardes suivirent, fusil-mitrailleur braqué en avant, qu'il comprit que ses amis ne s'invitaient pas pour une tasse de thé.

– Peter, nous venons arrêter Stanley Trevor Oatley. Où est-il?

– Stanley? Mais qu'est-ce que c'est que cette dinguerie?

– Où est-il? répéta Yvonne.

– Il est parti ce matin pour Pretoria! Que lui voulez-vous?

Le visage de dogue de Peter Walls aurait intéressé Yvonne en d'autres circonstances. Elle se contenta de taper contre le battant de la porte, avec ses poings fermés. Elle resta ainsi, prostrée, comme le général s'approchait d'eux.

– C'est vraiment trop bête! Qu'il nous file entre les doigts, justement aujourd'hui!

– Que lui reprochez-vous?

Elle se retourna d'un bond.

– Oatley est « ZEBRA ». C'est lui qui nous trahit!

Elle n'aurait pas pu lui faire plus de mal, si elle venait de lui apprendre qu'elle venait l'arrêter lui-même. Ron Reid Daly rangea son arme et congédia les gardes qui rataient une excellente occasion de raconter des souvenirs qui sortaient de l'ordinaire.

– Oatley? Vous êtes sûre?

– Que fait-il à Pretoria?

– Je l'ai envoyé accompagner nos rapports mensuels au NIS. C'était prévu depuis des semaines!

– En êtes-vous sûr?

– Mais que me demandez-vous, exactement?

– Êtes-vous certain que c'est vous qui avez décidé de lui confier cette mission, ou bien s'est-il arrangé pour l'effectuer?

Walls s'accorda un long moment de réflexion.

– Je ne sais plus. En fait, je crois qu'il m'a dit que la balade ennuierait Servan... que cela ne lui posait pas de problèmes, dans la mesure où sa femme était partie quelques jours avec ses enfants, ou un truc comme ça.

– C'est vraiment trop bête. En fait, tout est de ma faute : j'ai la preuve de sa culpabilité depuis midi. J'ai voulu attendre ce soir, afin de ne pas faire de vagues dans vos services.

Le général se laissa tomber dans un fauteuil, les jambes coupées.

– Oatley est « ZEBRA ». A peine croyable. Si vous commenciez par me raconter comment vous en avez acquis la certitude!

En quelques phrases, Yvonne lui relata son entretien avec un banquier helvétique qu'elle se garda de nommer, rapporta les paroles de Clem Robertson, puis raconta la découverte de l'émetteur par Timothée Carpenter. A mesure qu'elle parlait, Walls se tassait dans son siège.

– Mais Oatley se trouvait avec nous, lors de l'attentat contre le JOC!

Yvonne n'eut pas à lui expliquer l'astuce du traître. Le général comprit les mots étranges qu'elle avait prononcés sur la civière.

– Nous n'avons pas encore perdu. Oatley reviendra : sa femme et ses enfants sont en Rhodésie. Je vais m'en assurer.

Il empoigna un appareil parmi la batterie de téléphones alignés sur son bureau.

– Passez-moi Beit Bridge... Le poste frontière.

Il attendit quelques secondes, laissant la directrice du CIO allumer une Rothmans. Ses doigts qui tremblaient devinrent une fixation pour ses yeux bleus perdus dans le vide.

– Ici Peter Walls. Je veux savoir si un homme de mon état-major est passé. Oui! Était-il seul? Bien. C'est tout, merci.

Il raccrocha.

– Vous voyez! Il est allé seul à Pretoria. Il reviendra... Nous le coincerons à son retour.

Yvonne comprit qu'il venait d'appeler un poste routier.

– Vous avez dit Beit Bridge? Oatley est passé en Afrique du Sud avec sa voiture personnelle?

– Oui, c'est ce qu'il voulait, je crois!

– Pourquoi n'a-t-il pas pris l'avion?

– Un truc à vérifier sur sa Morgan. Ce type est un fanatique des voitures. Il adore rouler.

Yvonne écrasa sa cigarette et regarda tour à tour le général Peter Walls et le colonel Ron Reid Daly.

– Messieurs, je suis au regret de vous informer que cet homme ne reviendra pas en Rhodésie... qu'il ne remettra jamais les pieds ici...

Les deux hommes parurent sceptiques.

– « ZEBRA » est un agent qui s'est forgé une cotte de maille indestructible. Sa femme, ses enfants, ses pigeons, sa Morgan, ne sont que des objets destinés à une fonction particulière. Il les a utilisés pour accomplir sa mission et se placer au-dessus de tout soupçon. Un seul but compte pour lui... remplir son contrat pour obtenir le maximum d'argent des Soviétiques.

– Mais vous en parlez comme d'un malade mental! s'étonna Walls.

– Pas du tout, plutôt comme d'un super-génie! Il a fait tomber la Rhodésie. C'est lui qui a fait tourner le vent, au moment le plus opportun. Il va essayer de désorganiser les défenses de l'Afrique du Sud.

– A lui tout seul?... Mais comment pouvez-vous en déduire un pareil projet?

– Un homme est mort à Maputo pour payer une très ancienne dette de famille. J'aurais dû interpréter son message différemment. Donner au mot « détruire » sa signification littérale, au lieu de le traduire par « saper ». Je me doutais que « ZEBRA » voulait passer chez les Afrikaners pour les espionner, mais jamais je n'aurais pensé que sa cible serait si énorme. Comment vous y prendriez-vous, Peter, si vous vouliez désorganiser l'Afrique du Sud?

– Je ne sais pas. Je commencerais par les Renseignements. Le NIS, balbutia-t-il.

– Et comment balaieriez-vous le NIS?

– Une bombe! Tout casser d'un seul coup...

C'était à peine croyable : un homme aussi doux et aimable que son adjoint!

– C'est la réponse à laquelle je suis parvenue. Je crois comprendre pourquoi il tenait à se rendre à Pretoria en Morgan. Stanley Trevor Oatley va dynamiter lui-même le NIS... avec sa voiture.

Peter Walls se précipita vers le téléphone.

– Nous allons les avertir, cria-t-il. Ils le coinceront là-bas!

Elle arrêta sa main sur le cadran.

– Peter, s'il vous plaît, j'ai un compte personnel à régler avec ce brave homme de général Bishop... j'aimerais le mettre en garde moi-même, si vous n'y voyez pas d'inconvénient.

Elle reprenait tout son sens du calcul froid.

– Comme vous voulez, Yvonne. Parlez-lui.

– Je vous remercie, Peter, sourit-elle en composant le numéro du standard... Parce que, voyez-vous, ce n'est pas seulement notre souper qui est en jeu, à présent... ni le sort des Sud-Africains. Un type qui s'appelait Aaron Goldsmith a payé un renseignement de sa vie. Il serait bon que notre ami Frederick Bishop apprenne qu'il doit la sienne à un homme qu'il a sacrifié comme l'immonde salopard qu'il est.

Le colonel Daly comprit que ses oreilles ne devaient pas enregistrer les paroles d'une bouche d'ordinaire si chaste. Aussi quitta-t-il le bureau pour rappeler ses hommes.

– Nous l'avons découvert trop tard. J'aurais dû te laisser faire.

Timothée présentait les symptômes d'un grand abattement. Il tournait en rond dans le salon, fixant ses pieds en les posant l'un devant l'autre.

– Tu m'entends, Tim?

– Oui, j'aurais dû le tuer. Mais tu ne le voulais pas, n'est-ce pas?

Elle se dirigea vers lui et le prit dans ses bras. Elle ne pouvait accepter le mal qui le rongeait.

– Tim... Je deviens trop vieille pour ce genre de travail. Juste le temps de filer à Pretoria, et je démissionne. Brooks fera l'affaire. Tu me rejoindras en Afrique du Sud. Nous voyagerons et nous tâcherons d'oublier tout ça, tu veux?

Il la regardait comme une étrangère. Comprenait-il ce qu'elle lui disait?

– Tu viendras à Pretoria, dis?

– Bien sûr... à Pretoria...

– J'ai parlé avec Ron Reid Daly. Il pense que tu as assez fait de travail comme cela. Je t'attendrai à l'Holiday Inn. Pourquoi ne veux-tu pas partir avec moi?

Timothée Carpenter l'embrassa de toutes ses forces, comme pour se donner le courage de résister à son invite, puis lui adressa une grimace fataliste :

– Mon père disait qu'il ne faut rien laisser aux gooks... Car ce sont bien eux qui viendront derrière Muzorewa, n'est-ce pas?... Je dois respecter ses volontés. Tu sais que je ne pourrais pas rester ici, non plus... Il n'y a plus de place pour nous, dans ce pays.

Comme des milliers de Blancs, dépités et aigris, il pratiquerait la politique de la terre brûlée. Ce serait un geste de désespoir, bien plus que de vengeance. Mais c'était peut-être la seule manière d'oublier son pays.

– Yvonne, je voudrais que tu règles son compte à « ZEBRA ». Ne le laisse plus se jouer de nous.

– Je vais essayer. En tout cas, il a fini d'abîmer la Rhodésie.

Elle ramassa sa veste et l'embrassa une dernière fois. A présent, elle le sentait presque aussi âgé qu'elle-même. Sous ses épaules larges d'adolescent fier, c'était un vieillard qui s'éteignait.

– Dans deux jours, Timothée... Nous nous retrouverons.

Yvonne Stein courut vers la porte afin de ne pas lui montrer ses larmes. Le Selous Scout ne répondit pas. D'instinct, de cet étrange pouvoir de prémonition qui se réveillait en lui, il savait qu'il ne la reverrait plus. Il la laissa aller avec la force de parachever son travail et la suivit du regard du balcon. Lorsque le véhicule eut démarré pour la base aérienne de Sarum, le Rhodésien releva les yeux vers les étoiles et sentit la vague de chaleur qui inondait son large torse. Puis il fit mine d'en cueillir une, du bout des doigts, et comprit que bientôt il rejoindrait Nshaba. Lorsque son Koulou-koulou à lui en aurait décidé ainsi.

Il comprenait pourquoi le pisteur ndebele avait hésité devant l'arbre foudroyé. Jusqu'alors, la certitude de son invincibilité l'avait protégé. Mais lorsqu'un homme ressentait ce signe-là, c'est qu'il venait de décider de ne plus vivre.

Veronica ne savait plus très bien si elle désirait enfin entendre le ronronnement des moteurs du Viscount, ou bien si elle redoutait son arrivée. Depuis quelques minutes, son attention la trahissait, au point d'emplir sa tête d'un bourdonnement imaginaire. Elle fixa les quelques nuages immobilisés au-dessus d'elle. Le lourd missile soviétique dissimulé sous son enveloppe d'acier foncerait vers l'azur et les percerait sans se soucier d'eux. Sa tête de guidage à la chaleur ne raterait pas un des moteurs et pulvériserait l'une des ailes.

– Il ne tardera plus, dit le commandant du groupe. Dès que tu l'auras à portée, tire le SAM. Mbuya restera avec toi. Nous allons un peu plus loin pour nous placer sur sa trajectoire. S'il n'explose pas en vol, le pilote tentera de le poser à proximité du terrain d'aviation. Ne le rate pas.

Les huit guérilleros disparurent entre les raisiniers.

Malgré l'heure matinale, de grosses gouttes de sueur commencèrent à perler sur le front de Veronica. Le combattant qui restait à ses côtés effaça soudain la grimace que lui inspirait l'horrible cicatrice, lorsque la jeune femme s'adressa enfin à lui.

– Combien reste-t-il?

L'homme posa son Kalashnikov sur ses genoux et regarda sa montre.

– Encore cinq minutes. Mettons-nous en position...

Il l'aida à épauler le long cylindre bleuté. Puis Veronica enclencha le détecteur et déverrouilla la gâchette du SAM 7 « Grail », comme on le lui avait enseigné – un jeu d'enfant.

– Tu trembles, lui dit le camarade Mbuya, à peine plus âgé qu'elle. Tu as peur?

– Un peu. Et toi?

Elle maîtrisait parfaitement l'engin de neuf kilos.

– Moi aussi. Je ne voudrais pas être à la place de ces gens, assis dans leurs sièges, en train de siroter des jus d'orange!

Au loin, le ronronnement des moteurs de l'appareil commercial se manifesta.

– C'est lui, dit Mbuya.

Ils cherchèrent le minuscule point sur lequel brillait un rayon de soleil. Le reflet argenté cessa, lorsque le Viscount commença à virer sur l'aile, amorçant sa descente vers Kariba.

L'œil collé au système de visée, Veronica se commanda d'attendre encore. A cette distance, le missile pouvait rater sa cible. Le « Grail » ne frappait à cent pour cent qu'au-dessous de quatre mille mètres. La tête vide, elle vit grossir le bimoteur dans sa lunette, jusqu'à deviner les renflements sur ses ailes. Le Viscount descendait toujours. En perte de vitesse au terme de son long virage, le pilote abaissa les volets pour entamer son approche finale. Elle pouvait imaginer l'homme, tendu à ses commandes, en train d'annoncer son atterrissage à la tour de contrôle. Le fuselage de l'appareil se précisa encore. A présent, Veronica pouvait voir l'alignement des hublots. Le missile était pointé dans la trajectoire de l'oiseau métallisé.

Lorsque la lumière du détecteur s'alluma elle appuya, d'un coup sec sur la détente et sentit un frémissement sur son épaule. Puis elle ne vit qu'une légère traînée de fumée, comme l'engin de mort courait vers sa destination. Ils attendirent quelques secondes, puis crurent que leur arme s'était perdue dans le ciel. Au moment où elle posait le tube lance-missiles pour guetter le Viscount, il y eut un éclair sur l'avion, puis un bruit sec leur parvint.

– Tu l'as eu, cria Mbuya.

Brusquement, le bruit des moteurs se transforma en sifflement et l'avion commença à piquer vers le sol. Le pilote essayait de se poser malgré une aile endommagée. Il luttait pour le maintenir dans la direction de Kariba; exactement comme le chef du groupe l'avait prévu.

– Ramasse ton Kalashnikov, cria le soldat de la ZIPRA. Filons vers le nord, comme convenu... Félicitations, camarade Veronica.

La jeune Shona accepta la poignée de main sur son inséparable sourire. Elle évita de penser au sort qui attendait les survivants et regretta que l'aéroplane ne se soit pas brisé en vol. Comme ils abandonnaient le poste de tir, ils entendirent la fin du sifflement, puis un énorme fracas dans le bush, à quelques kilomètres de leur position. En deux ou trois minutes, le commando serait sur le point d'impact.

Les deux compagnons de la liberté se mirent à courir. Veronica se sentit alors gagnée par un étrange malaise. Elle venait de tuer des dizaines d'innocents, pour une cause étrangère. A présent, il lui restait à assumer son geste de mort et à devenir l'héroïne de la légende zimbabwéenne que Joshua Nkomo voulait donner en exemple à ses troupes. Sans doute ne leur dirait-il pas que la force d'un enfant de dix ans aurait suffi à la mise à feu de cet engin sophistiqué dont elle venait d'utiliser le premier exemplaire dans la lutte pour la libération. Elle se força à croire que tous ces pauvres gens lui étaient inconnus. Timothée Carpenter ne se trouvait pas à bord. Il abhorrait le sentiment de claustrophobie que lui infligeait la carlingue. Cette consolation ne l'empêcha pas de penser à ce qui se passait. Parmi les débris d'acier et dans l'avion éventré, les vakomanas achevaient les blessés sanglés sur leurs sièges.

Plusieurs milliers de bêtes avaient été rassemblées par les ouvriers agricoles. La fortune de Sherwood, parquée dans trois immenses enclos, devant les cattle-dips, meuglait à fendre l'âme.

Timothée contempla le bétail, juché sur une barrière de bois. Ses longs cheveux sales pendaient sur sa nuque. Derrière lui, une trentaine d'ouvriers agricoles palabraient sur les étranges lubies du maître. Ils avaient vu les caisses de munitions entassées dans la Land-Rover et deviné l'énorme mitrailleuse sous l'emballage imperméable.

Georges se détacha du groupe et vint s'accouder à la rambarde.

– Un joli troupeau, master Tim, remarqua le contremaître. L'année a été bonne! Les camions de la boucherie vont venir?

– Pas cette année, Georges, ni les suivantes.

Ainsi, les hommes avaient deviné juste. Timothée Carpenter était devenu fou.

– Ce troupeau est à moi... Là où je pars, je ne pourrai l'emporter.

– Oui, master Tim, se contenta de répondre le contremaître.

– Choisis une vingtaine de vaches pour le village. Je ne veux pas que vous manquiez de viande, après mon départ.

Georges vit que son patron refusait de le regarder. Il le laissa fasciné par le parterre mouvant des bovins, serrés dans les enclos.

– Merci, master Tim.

Il donna quelques ordres aux hommes, et dut crier pour les forcer à bouger. Peut-être parviendrait-on à raisonner le maître? Il devait exister un moyen d'éviter ce gaspillage... Le Selous Scout comprit les remarques en shona. Pour ces hommes simples, qui n'avaient jamais possédé plus de quelques bêtes faméliques depuis des siècles, un tel sacrifice était incompréhensible. Il les laissa pénétrer dans l'enclos de gauche. Pendant qu'ils choisissaient les meilleures vaches, le Rhodésien pensa à l'homme qui lui avait vendu les munitions et la lourde MAG belge. Les trafiquants d'armes ne manquaient pas, en cette période de débâcle. Les guerres étaient propices à ce commerce. « Vous avez là de quoi abattre un troupeau d'éléphants! » Sa curiosité avait été satisfaite : « Je veux seulement exterminer mon cheptel. – Je sais. Les Blancs font tous pareil! »

Lorsque les Noirs eurent terminé leur tri, ils poussèrent les vaches à l'écart et revinrent se ranger derrière la Land-Rover.

– Descendez les munitions et installez la mitrailleuse sur le talus près de la fosse de décontamination n° 3.

Il dut répéter son ordre en shona pour décider ses employés. Pendant qu'ils soulevaient les lourdes caisses, il poursuivit son discours.

– Rassurez-vous. Je vous laisserai également assez de maïs pour manger une année. Et vous aurez votre paie.

Il sortit une liasse de billets de la poche intérieure de sa veste de chasse et les tendit au contremaître.

– Tu feras la distribution, comme d'habitude.

Les doigts tremblants de Georges acceptèrent l'argent.

– Il ne faut pas faire ça, master Tim... Tant de travail pour rien!

– C'est moi qui décide.

Comme Georges s'éloignait, Timothée le rappela :

– Tu feras décrocher la chaussure d'Eddison, en rentrant au village. Cela n'a plus aucune importance, à présent. Je m'en vais.

Le Noir hésita, puis voulut encore le dissuader.

– On dit que lorsqu'il sera au pouvoir, Mugabe protégera les droits des Blancs. Il ne faut pas partir, master Tim. La guerre a été terrible, mais nous reconstruirons tous ensemble. Il faudra oublier. On dit qu'il n'y aura pas d'actes de vengeance.

Georges conservait la tête baissée.

– On dit beaucoup de choses. Mais tu connais les Terrs... Mugabe et Nkomo ont appris à leurs hommes qu'il fallait tuer les Blancs. Tu sais aussi bien que moi ce qui se passera : ils tenteront de nous impressionner lorsque nous serons désarmés, puis les Terrs feront des exemples. Ils tueront jusqu'à ce que nous soyons tous partis. Moi, je n'attendrai pas qu'on me chasse de mon pays.

Il sauta de la barrière de bois et rejoignit le groupe d'hommes occupés à éventrer les caisses. Ils s'écartèrent pour lui laisser la place sur le promontoire.

Timothée engagea sa première cartouchière, fit claquer la culasse vers l'arrière.

– Georges... Tu me passeras les bandes.

– Non, master Tim. Je ne veux pas.

– Georges. C'est un ordre.

Tim lui lança un regard glacial.

Il noua ses mains sur les poignées et commença à tirer.

Les Noirs regardaient les bêtes abattues sur place, foudroyées par les lourds projectiles. Celles qui tentaient de fuir étaient entravées par les barrières robustes. Le staccato assourdissant les força à se boucher les oreilles. Les meuglements devinrent insupportables. Tim continuait de tirer, crispé sur sa machine, balayant le troupeau en tous sens et massacrant ses vaches. Il tira durant un long quart d'heure, n'observant de pause que pour attendre les nouvelles cartouchières présentées par le contremaître, puis se releva. Sur plusieurs centaines de mètres, les bêtes couchées étaient inondées de sang. Il revint vers la MAG pour achever quelques animaux qui tentaient de se relever, puis quitta la mitrailleuse.

Timothée passa devant les hommes. Lorsque ses oreilles cessèrent enfin de bourdonner, il fut surpris par le silence de mort. Plusieurs bovins meuglèrent encore.

– Vous deux... prenez les armes sur la banquette avant. Achevez les vaches pour leur éviter de souffrir. Les autres, sortez le tracteur du hangar. J'espère que nous aurons assez de chaux vive pour enrayer la putréfaction. Allez... remuez-vous!

Les Noirs se sauvèrent.

– En route, Georges. Nous n'en avons pas terminé. Je passerai reprendre les armes ensuite.

L'odeur de la poudre lui fit du bien. Il se plaça derrière le volant de sa voiture et laissa Georges grimper à côté de lui.

Timothée Carpenter démarra en direction de la ferme brûlée.

– Le maïs est haut, n'est-ce pas?

– Oui, master. Les champs sont magnifiques. Les épis se forment déjà.

– Ils n'arriveront jamais à maturité. Pas sans eau... J'ai acheté des explosifs. Nous allons les placer près des puits et des forages. Nous détruirons les canaux d'irrigation, les citernes, les éoliennes. Je ne veux rien laisser aux gooks...

– Nous ferons comme tu décideras... Mais c'est dommage.

Il lui tapota l'épaule.

– Allons, Georges. Remets-toi! C'est moi qui devrais pleurer!

La dernière charge d'explosifs venait de sauter, tordant l'éolienne sur son pylône déchiqueté, lorsque le Selous Scout entendit le bourdonnement. Il plaça sa main au-dessus de ses yeux pour repérer l'hélicoptère. L'appareil descendait vers eux. Sans doute la police venait-elle l'empêcher de saboter Sherwood? Ils arrivaient trop tard. Il ne restait rien de l'exploitation agricole modèle, que des champs de maïs et de blé à perte de vue, voués à griller sur pied, dans l'étouffante chaleur africaine. Même s'il pleuvait un peu, la saison sèche empêcherait les cultures d'arriver à moisson.

L'Alouette se posa à quelque distance. Timothée attendit que le sifflement du rotor se soit tu, puis s'approcha de l'appareil. Il fut surpris de voir le colonel Ron Reid Daly sortir de la cabine, en battle-dress, portant un FAL comme un homme de troupe. Le commandant des Selous Scouts se courba pour échapper aux pales de l'hélicoptère et lui tendit la main.

– Bonjour, Carpenter... Vous vous préparez pour le départ?

– C'est un peu ça...

– Je suis passé par Sherwood. Vos ouvriers sont malades de dégoût. J'ai également vu les animaux massacrés : c'est un effrayant gaspillage que vous avez fait là...

– Ils n'auront rien de moi. Ils m'ont assez pris comme cela!

Le colonel l'entraîna à l'écart de Georges qui ramassait le matériel de mise à feu. Il se gratta la tête, à la limite du béret de parachutiste.

– C'est votre affaire après tout... Il y a du grabuge dans le nord...

Ce devait être grave, pour que le colonel en personne vînt le chercher jusque chez lui.

– Dans quel coin?

– Kariba... Les Terrs ont descendu un de nos appareils.

– Militaire?

– Non. Un Viscount des lignes régulières. Je viens d'apprendre qu'il n'y avait que trois survivants.

– Comment ont-ils fait?

– Un missile soviétique. Les hommes de Nkomo ont fait le coup.

– Combien de morts?

– Une soixantaine, d'après les premières informations. Ils ont massacré les survivants sur leurs sièges. Il paraît qu'ils ont violé les femmes blessées.

– Pourquoi venez-vous me chercher?

– Il n'y avait pratiquement que des enfants, à bord... Nkomo a choisi les vacances scolaires. Nos Forces de sécurité ont fermé la frontière zambienne. Ces salopards sont toujours en Rhodésie. Il me les faut... Pouvez-vous m'aider?

Timothée lui laissa le temps de comprendre qu'il n'était plus en état de combattre. Il ne répondit pas.

– Je sais, Tim... Yvonne m'a dit que vous n'étiez pas très en forme, ces dernières semaines. Mais je manque de pisteurs. Tous mes hommes sont engagés sur des opérations. Je suis venu vous chercher, parce que nous avons besoin de vous. Il faut des spécialistes pour les localiser et conduire la traque des PATU.

Le lieutenant n'eut pas même la force de répondre, tant il se sentait incapable de se lancer seul dans un pistage aussi dangereux.

– Évaluation des forces?

– Une dizaine de terroristes, selon les récits des survivants qui ont eu le temps de quitter l'appareil. Ils vont tenter de s'infiltrer au Mozambique, s'ils ne parviennent pas à retourner en Zambie.

– J'ai donné ce que j'avais dans le ventre. Vous arrivez trop tard, colonel... Je suis tout juste bon à tirer sur de pauvres vaches sans défense!

Ron Reid Daly tapa du pied.

– Remue-toi, Carpenter. *For God's sake!*... C'est un ordre. Je veux exterminer cette vermine et tu es le meilleur de mes hommes. Il me les faut, tu comprends?

Le Selous Scout dut accepter l'ordre de son supérieur avec la même joie que le contremaître venait d'avaler les siens.

– Georges. Tu finiras sans moi. Ramasse les armes et amène-les au poste de police de Béatrice... Tu peux garder la Land-Rover. Je n'en ai plus besoin.

Le Noir se précipita vers lui pour le remercier.

– Je te regretterai, master Tim. Je veillerai à défendre la propriété durant ton absence... Lorsque tu reviendras, je serai là...

Timothée évita de répondre que le colonel venait de lui assigner un rendez-vous dont il ne reviendrait pas. Cette bouffée de chaleur l'emplit de nouveau.

Il se déshabilla derrière l'appareil, enfila la tenue de combat que le colonel avait prévue pour lui et retrouva son fusil d'assaut.

Pendant qu'il se préparait, le colonel Daly observa sa

transformation. La mécanique bien huilée d'un tueur se réveillait sous le bouchon à noircir. Timothée releva ses longs cheveux sous la casquette de brousse et grimpa dans l'hélicoptère. A bord, il compléta son équipement, accrocha deux grenades à son ceinturon et plaça deux chargeurs dans les poches cousues le long de ses cuisses. Le commandant du régiment d'élite ne put s'empêcher d'admirer le meilleur de ses hommes. Si les terroristes se trouvaient encore en Rhodésie, comme le pensait le responsable des PATU, Timothée Carpenter les débusquerait.

– La jambe? demanda Daly en refermant la portière vitrée sur eux.

– Toute neuve. Quels sont les ordres?

– Nous vous déposerons dans le secteur, là où se perdent leurs traces. Trouvez-les, fixez-les... Les Forces de sécurité feront le reste.

– Non, colonel... Si je les trouve... ils sont à moi.

– OK... *It's a deal...* Voulez-vous quelques équipiers?... Le centre de formation de Kariba n'est pas loin. Nous pouvons vous donner quelques recrues, pas tout à fait mûres pour ce genre de mission, mais qui vous épauleront efficacement.

– Pas la peine. Je ne travaillais qu'avec Nshaba. A présent, je pisterai seul.

– Décollons, ordonna le colonel.

Le pilote accéléra la rotation des pales et fit grimper l'Alouette comme s'il les tirait d'un piège ennemi. A travers la verrière, Timothée ne put s'empêcher de jeter un dernier regard sur ce qui restait de Sherwood. Comme l'appareil filait vers le nord, il comprit que le soulagement qu'il espérait du sabotage de sa ferme ne viendrait jamais. Le cœur gros comme un enfant qui vient d'abîmer son plus beau jouet, Tim crispa ses mains sur son arme. Il les exterminerait tous.

Lorsqu'elle pénétra dans le bureau directorial laqué de blanc, du NIS, aussi froid que le froid calculateur auquel elle rendait visite, Yvonne Stein se força à être au diapason. Le général l'attendait.

Semblant oublier les invectives téléphoniques, le chef du NIS se porta à sa rencontre.

– Nous vous devons une fière chandelle, dit-il en guise d'accueil, pour détourner la colère de sa visiteuse. Ma chère consœur, sans vous, ce fou nous eût tous expédiés au paradis!

– Ou en enfer.

– Nous l'avons coincé quelques heures avant son départ. Curieux personnage...

Il revint vers son bureau et y trouva le passeport que Stanley Trevor Oatley venait de lui « confier ».

– Sa voiture de sport était bourrée d'explosifs. Grâce à votre appel, nos spécialistes l'ont chargée sur une remorque, puis ont désamorcé le système de mise à feu. Les artificiers estiment que la puissance de cette bombe aurait entièrement dévasté notre bâtiment tout neuf!

– Je me demande encore si j'ai bien fait!

Frederick Bishop fit mine de ne pas avoir entendu. Il lui tendit le lecteur de cassette :

– Simple, ancien, mais efficace...

La directrice du CIO examina attentivement l'appareil à tir rapide. Elle le regardait reprendre de sa superbe.

– Où est-il?

– Entre les mains de la Kruger Police... Nos hommes en ont fini avec lui. Ce type est froid comme de l'acier. Je l'ai vu. Il conserve un aplomb extraordinaire, malgré la position dans laquelle il s'est fourré.

– Pourrais-je le voir?

– Mais certainement... Cela pourra s'arranger. D'ailleurs, compte tenu de l'immense service que vous venez de nous rendre, je ne vois pas ce que je pourrais vous refuser, chère madame Stein.

Son ton mielleux lui donna envie de vomir. Étant donné sa position en Rhodésie, elle décida de ne pas le gifler.

– Bien entendu, reprit le général Bishop qui développait son étonnante carrure de rugbyman, avant ce contact nous aurons le déplaisir de vous soumettre à une petite fouille... tout à fait réglementaire, rassurez-vous!

– Comme je vous comprends! grinça-t-elle en pensant au Colt Cobra qui attendait dans son sac à main. J'ai également une faveur à vous demander, général.

– Dites...

– Expliquez-moi pourquoi vous avez décidé de sacrifier Aaron Goldsmith, alors que vous connaissiez nos liens très anciens...

L'officier sembla se recueillir, puis prit une large inspiration.

– Difficile décision collective, je dois l'admettre. Mais elle s'imposait. Cet agent était de toute première force. Nous avons estimé qu'il pourrait s'en sortir!

– Vous connaissiez son profil psychologique, mon cher Bishop. Vous saviez que l'adresse ne suffit pas dans le métier d'espion! Il vous en fallait un qui possède une motivation personnelle pour vous ramener votre os! Votre logique était excellente.

– Désolé, mais vous comprenez qu'un homme ne peut être mis en balance contre un pays tout entier.

– Que risque Oatley?

– Chez nous, dix à quinze ans pour atteinte à la sûreté de l'État et complot contre un organisme de sécurité nationale. Nous ne pouvons le renvoyer en Rhodésie! A supposer qu'un de vos collaborateurs ne réussisse pas à le tuer, vos prisons ne sont plus sûres... Il serait libéré dans quelques mois par les marxistes qui le transformeraient en héros national.

– Ne le faites plonger que dix ans, commanda Yvonne Stein.

– De la clémence, ou bien...?

– N'y comptez pas. Je voudrais être là, lorsque vous le relâcherez. Et encore assez jeune pour l'abattre.

La Française ne plaisantait pas.

– Comme vous voudrez. Je vous l'ai dit : je n'ai rien à vous refuser.

– Merci, dit-elle en quittant son siège. A présent, j'aimerais voir « ZEBRA ».

Le général allait l'inviter à quitter son bureau.

– Ah, au fait, cher général Bishop... Je ne sais pas quelle version vous avez choisie pour vos alliés israéliens, mais je dois vous informer que j'ai jugé utile de leur donner quelques explications au sujet de la mort d'Aaron Goldsmith.

Le chef du NIS resta figé.

– Vous connaissez les Juifs, général... des gens très fidèles en amitié et en inimitiés. Je crois que ses employeurs de Tel-Aviv ne laisseront pas son sacrifice impuni. Ils ont une mémoire d'éléphant, en Israël! Surtout au MOSSAD. Ils recherchent des criminels nazis encore aujourd'hui!... Aussi, je vous conseille de faire très attention, lorsque vous traverserez en ville. On dit que les agents du MOSSAD sont de très mauvais conducteurs. Mais vous savez comme moi que vous ne leur échapperez pas. C'est une simple question de temps.

L'homme parut se dégonfler. Jamais il ne parviendrait à leur échapper. Un jour prochain ou éloigné, un de leurs tueurs parviendrait à percer les meilleures défenses, à le traquer jusqu'au bout de la terre. L'allié d'hier tiendrait sa vengeance.

– Maintenant, si vous voulez bien, allons saluer « ZEBRA »...

Elle quitta la pièce, la tête haute.

Elle observa Stanley Trevor Oatley à travers le judas, puis s'écarta pour laisser le gardien lui ouvrir la cellule. L'espion sifflotait tranquillement sur sa paillasse. Il ne broncha pas, lorsqu'elle pénétra dans le cachot de haute sécurité réservé aux plus dangereux terroristes.

– Bonjour, Oatley.

Elle s'assit sur le tabouret, le laissant sur son lit, et le dévisagea. Ses traits ne s'étaient pas transformés. Il restait le petit homme galant et précieux qui hantait le Milton's Building. Un monument de calme sous lequel elle pouvait flairer les lézardes. « ZEBRA » avait échoué très près du but : un coup de maître qui ne se jouait qu'une seule fois. Sans revanche.

– Bonjour, madame Stein.

Elle alluma une cigarette.
– Vous fumez?
– Non, merci... C'est un vice que je n'ai pas.
– Le seul, alors! Je suis venu vous rendre cette visite, que vous jugerez sans doute déplacée, car j'ai un marché à vous proposer : une réduction de peine de cinq ans. Si vous acceptez, vous ne passerez que dix ans dans un pénitencier sud-africain. Ils vous libéreront à cinquante-quatre ans au lieu de cinquante-neuf.

C'était tentant pour un homme qui disposait d'un magot à l'étranger. Il devait posséder suffisamment d'argent pour profiter de ses dernières bonnes années. A son âge, cela ne se refusait pas.
– Quel marché?...
– Vous souvenez-vous de Clem Robertson?
– L'Anglais du M16!... Nous avons eu des mots dans le temps...
– C'est un homme à qui je dois beaucoup. Je suis prête à vous obtenir une certaine clémence des tribunaux d'exception sud-africains, si vous me permettez de lui offrir un petit cadeau. Vous êtes probablement le seul comparse de Philby qu'il n'a pas pu mettre à l'ombre! Quels rapports aviez-vous avec les autres du réseau rouge?

Son visage rayonna.
– Je n'ai jamais frayé avec ces gens-là! Des imbéciles qui pensaient pouvoir promouvoir l'avènement du communisme! Transformer l'homme. Je n'ai travaillé que pour de l'argent. Pour moi seul.
– Je sais.
– Vous me prenez donc pour un idiot?
– Pas du tout, Oatley. Vous avez voulu pousser le bouchon trop loin, mais n'êtes certainement pas n'importe quel salaud. Vous vous souvenez du nom de celui qui était votre contact à Londres?
– Contre une remise de cinq ans?
– Vous avez ma parole.
– Soit. Mais sachez que je n'ai fréquenté le « cercle humanisme » que pour me faire remarquer des recruteurs

russes et leur proposer mes services. J'ai planifié mon départ en Rhodésie. L'agent des Soviétiques s'appelait Lebedev.

Elle s'efforça de conserver son flegme. Stanley Trevor Oatley ne pouvait pas deviner qu'il venait de lui donner la très précieuse information que Clem Robertson recherchait depuis si longtemps... Ainsi, Lebedev avait gravi tous les échelons, jusqu'à la direction Afrique du KGB! Simplement parce que le Directorat estimait qu'il lui avait procuré une clé!... Les communistes étaient d'incorrigibles bornés . suivant le plan de Lénine, ils s'acharnaient à détruire l'Europe en gagnant l'Afrique. A présent, Yvonne savait sur quelle partie du globe les Soviétiques feraient porter leurs efforts. Comme beaucoup de spécialistes le pensaient, le coup d'État de Lisbonne en 1974 visait bien moins à la conquête d'une démocratie par les marxistes, qu'à faire abandonner leurs colonies aux Portugais. Washington opposait son veto au coup de Spinola, mais appuyait l'émancipation africaine. Le prochain coup des Russes serait pour l'Afrique australe; tout le reste ne serait que diversion. Clem Robertson saurait passer le mot. Et elle pourrait rassurer l'adorable « clown du Cirque » : il n'avait pas réussi à piéger Oatley, parce que le traître n'en était pas encore un, à l'époque.

– Je vous remercie, Oatley.

Elle lui laissa son paquet de cigarettes.

– Pour le cas où vous changeriez de vices durant les dix prochaines années. Encore bravo pour vos exploits, « ZEBRA ». Vous m'avez bien fait courir. Je vous enverrai un petit mot, un de ces jours. Les journées paraissent longues en prison. A moins qu'elles ne vous semblent soudain trop courtes.

« *Nice spoors* », aurait dit Nshaba devant pareilles traces. L'éclaireur des Selous Scouts se pencha sur les empreintes de pieds. C'était le moment de se rappeler les leçons du Ndebele. Celles « qui ne s'apprennent jamais ». Il étudia les traînées de semelles dans la poussière, distinguant les légers dénivelés laissés sur le sol, comparant les tailles des chaussures et l'écartement des pas. Il devait vérifier les renseignements donnés par les survivants. Un homme de plus ou de moins faisait une sacrée différence, surtout lorsqu'il épaulait un Kalashnikov. Sept, peut-être huit!

Timothée revint mentalement à la carlingue sillonnée d'impacts de balles. Il pensa aux sièges recouverts de sang caillé et aux corps allongés sous les draps blancs. Grâce à l'insistance du colonel Ron Reid Daly, l'éclaireur avait pu approcher les débris du fuselage et respirer l'odeur de mort dont s'était imprégnée chaque parcelle de métal tordu. Le responsable de la BSAP avait dû se faire tirer l'oreille pour accepter cette intrusion dans son enquête, mais le chef des Selous Scouts possédait des arguments convaincants : on ne lance pas un chien de chasse après le gibier sans lui avoir laissé flairer son plumage. Tim se rappela les trois témoignages. La jeune fille ne se souvenait plus de grand-chose : son état de choc en faisait un témoin peu fiable. Quant aux deux garçons, le récit du plus jeune paraissait plus vraisemblable que celui du blondinet : « Huit hommes. Ils sont arrivés sur l'avion par la gauche et se sont mis à tirer. J'étais sur la partie droite, hors de mon siège. je me massais le coude... J'ai filé dès les premiers coups de feu. L'avion brûlait encore, lorsque le plus grand, un barbu, a pénétré dans la carlingue sectionnée en deux. » Cet enfant-là possédait un excellent sens de l'observation. Un talent que Timothée appréciait aux détails macabres que l'enfant avait tenu à ajouter. Les Terrs étaient donc huit. Pourtant, estima le pisteur en se relevant, un détail a échappé à la police : il est impossible que ceux qui ont tiré le missile SAM aient pu suivre l'avion blessé jusqu'à son point d'impact : cela leur aurait pris trop de temps. Il se remit donc en route. Parfois, les traces de pas se perdaient, mais il retrouvait toujours la piste des tueurs, quelques mètres plus loin. Ceux-là n'avaient pas pris la précaution d'effacer les signes de leur passage. Sans doute aurait-il plus de difficultés en chemin, lorsque l'endroit serait un peu moins sablonneux. Il pouvait imaginer ces hommes, jubilant de leur succès et se félicitant d'avoir violé puis égorgé des femmes à demi mortes.

Même contre des hommes de son ethnie, Nshaba aurait filé comme le vent, sur des indications pareilles, mais le Rhodésien ne se pressa pas. Il voulait savourer chaque minute qui le conduirait sur les talons des tueurs de Nkomo. Il se retourna à deux reprises et constata que les vakomanas s'orientaient dans une direction déterminée. En s'écartant légèrement du piétinement un peu trop visible, il découvrit une seconde piste. Celle-là se dirigeait vers l'avion. Les empreintes parlaient d'elles-mêmes : semelles mieux marquées, talons plus enfoncés, file indienne étroite : les hommes de la ZIPRA étaient passés par là pour s'approcher du crash. Il décida de remonter le second sentier naturel à travers la végétation clairsemée, ne perdant pas de vue l'orientation prise par les fugitifs. Il escalada un tumulus de rocaille, se guidant à l'intuition, puis perdit la trace. Il erra un long moment parmi les épineux avant de la retrouver. Étrange : les vakomanas n'agissaient pas en experts. Ils prenaient parfois la précaution de dissimuler leur passage en balayant le sol, puis laissaient soudain des évidences grossières. Parvenu devant un bosquet, Tim y plongea la main gauche et en sortit une branche plus poussiéreuse que les autres. La section nette prouvait qu'on l'avait tranchée au couteau pour s'en servir de « gomme ». Il eut un sourire, le travail serait facile. Ces salauds-là n'étaient que des amateurs, trop pressés de remplir leur mission, puis de prendre la fuite. Leur chef se laissait déborder, ce qui expliquait ces « pointillés ». Deux atouts qui passèrent du baume sur le cœur du Selous Scout.

En redescendant la légère bosse, Timothée se sentit mieux. Tant que son esprit suivait la logique de la traque, il ne vagabondait pas ailleurs. Mais s'il ressentait de nouveau cette brûlure dans sa poitrine, il devrait s'arrêter et rebrousser chemin. Ce serait son signal d'alarme.

Il écarta les piquants d'un arbre à violettes et découvrit le pas de tir. Le tube de lancement du missile « Grail » restait sur le sol. Il se garda d'approcher de trop près l'engin bleuté, et le contourna lentement, prenant soin de ne pas fouler les empreintes. Deux servants seulement pour le

SAM. Les petits pieds pouvaient être ceux d'un adolescent. Il revint vers le lieu de lancement et se coucha contre terre, son fusil d'assaut près de lui. « Ce n'est pas difficile de repérer les femmes... à condition qu'elles se soient accroupies. Tu vois, lorsqu'elles sont dans cette position, l'écartement entre les deux pieds devient plus grand que celui d'un homme dont les talons sont presque joints, parce qu'elles agissent par réflexe... Les femmes font toujours ainsi, lorsqu'elles s'arrêtent pour pisser! » Tim voyait. A présent, le groupe devait être au complet : dix terroristes. Pas d'armement lourd. Deux groupes distincts. Il pouvait évaluer ses chances. A dix contre un, elles ne pesaient pas lourd. Mais il possédait trois avantages, en plus de sa science du combat : un chef qui tenait mal ses hommes, une troupe inexpérimentée et une femme. Aussi décida-t-il de poursuivre d'abord les deux servants du missile.

Il marcha ainsi durant deux bonnes heures, ne s'arrêtant même pas pour boire, ni essuyer sa sueur. A part deux éléphants sur la gauche, il ne rencontra âme qui vive. Timothée allait s'abreuver à sa gourde, lorsqu'il entendit la chute d'un caillou. Il se jeta à terre, pointa son fusil. Puis il roula sur le côté pour se protéger derrière un rocher. La salve ne vint pas. Il réfléchit, sentant passer un picotement dans son dos. A leur place, il aurait déjà atteint la frontière mozambicaine, puisqu'ils s'étaient sans doute rendu compte que les hélicoptères acheminaient des renforts d'urgence pour boucler l'accès au Zambèze et leur interdire le repli en Zambie!... Il avança sur les coudes et vit les cinq Noirs. Ainsi groupés, ils constituaient une cible idéale. Il comprit en une seconde : l'homme qui massait sa cheville, le grand barbu qui organisait le repli... Il venait de tomber par hasard sur le gros de la troupe. Les trois autres étaient partis en pointe pour demander au couple de ralentir. Le Selous Scout ne pouvait attendre plus longtemps, sans risquer que le chef de la section terroriste ne décide de placer des sentinelles. Il se leva d'un bond, fit quelques pas vers eux, arme à la hanche. De toutes ses forces, il leur cria « Skuz'apo! » et tira dans leur direction.

Les vakomanas n'eurent pas le temps de pointer leurs Kalashnikov. Ils virent la mort déferler sur eux. Les quatre hommes dressés furent balayés d'une seule rafale. Le terroriste à la cheville blessée tenta de saisir son fusil. Timothée n'eut qu'à abaisser son canon pour le fusiller à bout portant.

Lorsqu'il s'approcha de ses proies, le Selous Scout avait repris son visage de marbre. Ses yeux bleus virèrent à la couleur du métal. Il donna quelques coups de pied dans les corps criblés de projectiles, puis dégaina son poignard. Posément, il entreprit d'émasculer chacun des gooks pour les punir d'avoir violé des femmes et tué des enfants. Puis il essuya ses mains ensanglantées sur la vareuse du chef et reprit son arme. Les tremblements s'espacèrent, et cessèrent d'un coup. Il pouvait continuer.

Sans doute le groupe avancé avait-il entendu les déflagrations. Il devait accélérer pour rejoindre le couple de tête. Timothée enclencha un nouveau chargeur de vingt cartouches et se mit à courir, afin de ne pas leur laisser de chance de se cacher. A un contre trois, le jeu devenait plus égal. Les soldats de la ZIPRA, sans leur chef, devraient se concerter. Cela les ralentirait encore. Le Selous Scout vit des branchages bouger au loin. Il se repéra et choisit de leur tomber sur le flanc gauche. Pendant qu'ils s'enfonceraient dans le vallon, il grimperait sur les hauteurs. D'une main, il s'agrippa aux cailloux et monta droit dans la colline. Sa cicatrice tirait un peu, mais ce n'était plus le moment de s'en soucier. « Nshaba, que faisons-nous, à présent? » Il n'obtint aucune réponse de son compagnon d'arme, mais aperçut les trois casquettes qui couraient au-dessous de lui. A une centaine de mètres, les terroristes appliquaient les consignes de repli. Un homme en couverture, et les autres en progression, puis alternant le mouvement. Mais ils l'accomplissaient mal, décrochant trop souvent. Ils prenaient trop de temps pour fuir, alors qu'ils auraient dû se séparer, détaler comme des antilopes, en tous sens, pour accroître leurs chances face à un ennemi dont ils ne connaissaient ni la force ni la position.

Agenouillé, Tim épaula. Deux cartouches : le dernier homme tomba, frappé en pleine tête par le projectile de 7,62. Lorsque ses deux compagnons aperçurent le Selous Scout sur l'escarpement, il était déjà trop tard. Tim lâcha une courte rafale qui les balaya. Il dut encore tirer sur l'homme qui se traînait pour se dissimuler derrière un arbre. Il redescendit, fixant prudemment ses ennemis. L'un d'entre eux bougeait toujours, trop faiblement pour représenter un danger. Le lieutenant Carpenter s'approcha et tira son couteau de chasse pour leur infliger la même sanction qu'à leurs collègues. Celui qui n'était que blessé émit une sourde plainte, lorsque la lourde lame lui trancha le membre et les testicules, puis il retomba sur le ventre.

Les deux derniers n'étaient probablement plus loin. Il reprit son FAL, après s'être essuyé les mains dans la poussière, et repartit au pas de course. Il avait perdu la notion de temps, mais pas celle d'espace. La frontière mozambicaine ne devait plus être très loin. Peut-être l'avait-il déjà franchie sans s'en rendre compte. Il devait terminer sa mission et tuer le couple. Ensuite, il regagnerait le PC établi par le colonel Ron Reid Daly, et...

Il sentit une présence. Rien n'avait bougé. Aucun bruit, non plus, mais la sensation confuse d'être épié. Il se jeta à terre, comme une volée de projectiles fusaient dans sa direction. L'un des deux attendait, embusqué entre deux rochers, hors d'atteinte. Celui-là appliquait la technique de repli. Il permettait à l'autre de prendre du champ. Il pouvait tenir en respect leur suiveur durant des heures, le fixer sur place tant qu'il lui resterait des munitions.

A découvert, Tim ne pouvait rien faire. Dans les secondes qui allaient suivre, le Terr jetterait un œil hors de sa cachette pour observer le résultat de son tir. Lorsqu'il apercevrait l'éclaireur, il ne le manquerait pas. Tim arracha une grenade à la boucle de sa ceinture, la dégoupilla entre ses dents et la lança au-dessus des rochers. Il avait lâché la cuiller une fraction de seconde avant d'expédier la grenade quadrillée dans l'air. Une sourde explosion balaya les rocs gris. Alors Timothée se releva, visant les rochers avec attention, s'approchant pas à pas du nuage de poussière.

Lorsqu'il parvint devant les blocs, il se jeta en avant. Celui-ci n'avait pas besoin de punition. Les éclats lui avaient déchiré l'abdomen et emporté une partie de la tête. Le Rhodésien contempla sa macabre découverte. L'homme n'était plus qu'une masse sanguinolente.

« Il me reste la femme, pensa Timothée.. Ça va être facile. »

C'est alors que l'étrange phénomène se reproduisit. Comme il reprenait son fusil d'assaut, une vague de chaleur commença à envahir sa poitrine, il se sentit glisser dans une phase d'abattement, vidé de tout instinct guerrier. La folie meurtrière qui le commandait lui faisait perdre ses moyens.

– Continuer, murmura-t-il entre ses dents serrées. En finir avec ces salauds.

Il parut chanceler parmi les arbres de plus en plus distants, et dut s'accrocher à l'un d'eux pour ne pas chuter. Sa vision devint trouble. Il pensa qu'il se sentirait mieux avec un peu d'eau. Il dégrafa sa gourde et s'en aspergea le visage, avant de boire un long trait d'eau tiède.

Il ébaucha quelques pas et aperçut une forme devant lui. Un ennemi vaporeux, aux contours indistincts, qui souriait d'une énorme bouche. Le Selous Scout eut un sursaut pour relever son fusil, mais ne put terminer son geste. Il ressentit deux impacts dans son ventre et se sentit glisser à terre.

Veronica, acculée au Zambèze, ne pouvait plus fuir. Elle revint vers l'homme qu'elle venait de tuer et observa la rive déserte, derrière lui. Le Rhodésien était seul. Il bougeait encore et murmurait un nom familier.

– Nshaba...

La rebelle s'agenouilla contre l'inconnu et le retourna sur le dos. Alors seulement, elle le reconnut. La casquette de brousse glissa à terre, délivrant ses longs cheveux blonds. C'était impossible! De ses doigts tremblants, elle parcourut le beau visage recouvert de teinture noire. La tache rougeâtre commençait à s'élargir sur sa veste de combat.

Sous la caresse, Timothée rouvrit les yeux et vit le visage penché sur lui. Curieusement, le moment tant redouté ne lui faisait plus peur. Pourquoi cette salope le berçait-elle ainsi?

Veronica reçut le regard bleuté en plein cœur. Ses yeux s'emplirent de larmes.

– Timothée... Timothée... pardon, je ne pouvais pas savoir.

Le front du mourant se plissa. Il fouillait parmi ses souvenirs confus, essayant de replacer la voix familière. Avec ses cheveux courts et son horrible balafre, cette femme lui était inconnue. Pourtant, la voix, ses doigts légers sur son visage, son odeur. La vision fugitive de sa maîtresse arriva soudain.

– Veronica, comprit-il enfin, comme s'il parvenait dans un délicieux refuge. Veronica, pourquoi es-tu partie?

Les larmes commencèrent à couler le long du visage, roulèrent sur les cicatrices rosées.

– Pourquoi, m'as-tu laissé? Il est arrivé tant de mauvaises choses, depuis ton départ.

Elle lui prit la tête entre ses mains et la remonta contre ses genoux.

– Je croyais que tu ne reviendrais pas... que tu voulais me quitter.

Tim sourit en portant ses mains à son ventre.

– Je suis revenu... Tu étais introuvable. Je t'ai tant aimée.

La panique gagnait la jeune Shona. Elle embrassa son amant sur les lèvres.

– Je vais te ramener en arrière. Ta blessure n'est pas grave. Ils te soigneront.

– Pas la peine, balbutia le Selous Scout. Tu l'avais senti depuis bien longtemps... et moi, je savais que ce serait aujourd'hui.

– Pourquoi n'as-tu pas tiré, Tim?

– C'était un mauvais jour pour se battre... Tu avais raison... Les lions ne mangent pas les jeunes filles noires. Je sais pourquoi, à présent! Ils les trouvent trop jolies.

– Timothée, je t'aime. Il ne faut pas me quitter...

La vie s'échappait du corps de Tim. Il n'y avait plus rien à faire pour lui interdire de l'abandonner, cette fois.

– Tu vois, aujourd'hui, il n'y a pas de différence, nous sommes noirs tous les deux, dit-il en portant sa main vers son maquillage de combat.

Timothée eut un raidissement, puis s'accrocha à elle. Il ne paraissait pas voir l'horrible caricature qu'était devenu le beau visage de la jeune fille.

– Koulou-koulou m'attend... c'est un « ramassage » que je ne dois pas louper. Il ne faut jamais faire attendre le pilote, tu sais?

Elle le serra contre elle.

– Je m'excuse, Veronica... J'aurais tant voulu faire de nouveau l'amour avec toi... C'était si merveilleux... Mais je ne crois pas que j'en aurai la force, aujourd'hui...

– Nous attendrons que tu ailles mieux, murmura Veronica en le sentant glisser sur ses cuisses.

Les yeux du jeune Rhodésien se voilèrent, comme la pression de ses doigts sur les bras de Veronica s'affaiblissait.

– J'avais encore tant de choses à te raconter, mon chéri, mais tu es toujours parti!... Tu n'as jamais cessé de me procurer souci et joie... Tu es toute ma vie...

Elle resta longtemps ainsi, les yeux perdus sur le cours tumultueux du Zambèze, se refusant de lâcher celui qui n'avait fait que lui échapper.

Josiah Tongogara pilotait lui-même la jeep découverte, prenant grand plaisir à terroriser de vitesse le soldat assis près de lui. Maintenant fermement les à-coups du large volant, il tournait parfois un regard dédaigneux vers son garde du corps aux narines pincées de peur. Mâchonnant l'extrémité de son cigare luisant de salive, il ne put manquer de s'interroger sur celui des deux qui protégerait l'autre, en cas de coup dur. Il donna quelques secousses à la direction, contournant des ornières imaginaires sur la piste chaotique, évitant les arbres du bas-côté. L'autre se commanda de fermer les yeux pour ne pas tomber dans l'hystérie.

La pédale enfoncée au plancher, le haut dignitaire de la ZANLA savourait non seulement le martyre qu'il infligeait à son passager, mais se délectait d'une liberté retrouvée. Dans quelques heures, Oleg Silkin partirait vers Moscou. Il ne ferait plus peser sur son dos la lourde hypothèque du meurtre de Chitepo. Finies les insomnies. Désormais, il ne devrait plus plier, ni baisser les yeux devant personne. Il jouirait d'un prestige sans tache. Les arcanes des luttes au couteau pour la conquête du pouvoir au sein de la ZANLA s'envoleraient avec le résident du KGB.

Le chef incontesté de l'armée de libération zimbabwéenne pouvait être doublement fier de ses succès. Il triomphait non seulement à la direction des vakomanas mais pouvait tabler sur une proche défaite du gouvernement de Muzorewa, que Ian Smith manœuvrait en sous-main. Ce serait bientôt la victoire, qui le transformerait en dignitaire du régime. Un héros de la Révolution, sur lequel Robert Mugabe pourrait compter, mais également avec qui il devrait composer. Auréolé de fierté, archétype du combattant africain au faîte de sa gloire, Josiah Tongogara devinait déjà sa descente d'avion, aux côtés de Mugabe. Sur l'aéroport de Salisbury, ils seraient des centaines de milliers à scander son nom, à le porter en triomphe, lui, le libérateur. Et non celui de Rex Nhongo.

Les yeux rivés sur la piste rectiligne, il éprouvait une sensation de stratège à ordonner ses idées :

« Les pantins noirs de Salisbury ne sont plus au pouvoir pour bien longtemps. Il suffira d'une chiquenaude pour les évincer. Abel Muzorewa ne peut rien. Smith se joue de lui et va laisser s'essouffler la tendance modérée. Finalement, l'idéologie maoïste fonctionne parfaitement en Afrique. Les campagnes nous appartiennent et le peuple nous suit ou nous craint. La capitale tombera comme un fruit mûr... Je montrerai aux Blancs ce dont je suis capable. Ils nous prennent pour des bandes désorganisées, sans discipline ! Je ne leur ferai pas ce plaisir. Il n'y aura aucun relâchement. Les vols, les pillages et les assassinats de Blancs seront punis de mort. Les sentences capitales contre leurs auteurs seront immédiatement appliquées... Non, il faudra tout de même en laisser perpétrer quelques-uns pour que les Rhodésiens se tiennent tranquilles de peur, comme cet idiot près de moi! Je serai le pilier du Zimbabwe. Même Mugabe ne pourra plus rien contre moi : ni prouver ma participation à l'assassinat de Chitepo ni porter ombrage à mon ascension. Sans moi, c'est un homme perdu. Le général Tongogara est le meilleur chef pour mener les vakomanas à la victoire finale. Mon autorité lui est indispensable pour tenir nos hommes. Une fois au pays... Je trouverai bien le moyen de le supplanter!... »

Il relâcha un peu la pression sur la pédale d'accélération. Ce n'était pas le moment de risquer un accident de circulation. Même pour le plaisir de terroriser cet imbécile!

Brusquement, la jeep fit une embardée et dérapa sur la piste. Josiah Tongogara conserva son calme pour maîtriser le véhicule qui glissait en travers de la route. Il la ramena sur une trajectoire correcte, mais dut faire face à un autre écart. Il roulait beaucoup trop vite pour se risquer à freiner. Le chef de la ZANLA enfonça ses dents dans le cigare, donna un autre coup de volant. Sans doute le garde du corps croyait-il qu'il voulait l'impressionner... mais quelque chose ne fonctionnait plus dans le système de direction. Tongogara tenta une nouvelle fois de rattraper la jeep qui se plaça en travers de la piste. L'horizon bascula tout d'un coup et le combattant dut lâcher le volant.

La jeep fit un premier tonneau, puis un second, et termina sa course dans les arbres, ses quatre roues dressées vers le ciel. Lorsque la poussière se dissipa, Josiah Tongogara voulut échapper au piège de fer qui le maintenait sur le dos. Il ne put ni se redresser ni crier sa douleur. La carrosserie s'était abattue sur lui et l'écrasait. C'était vraiment trop idiot! réfléchit-il! A quelques mois de la victoire! Puis il sombra dans l'inconscient.

Deux hommes sortirent des fourrés, quelques centaines de mètres en arrière, et avancèrent sur la route. Les Noirs, en uniforme de la ZANLA, observèrent l'accident avec calme. L'un d'eux engagea une nouvelle balle dans le canon de son fusil de « sniper », équipé d'une lunette télescopique.

– Joli coup! admira l'autre. A cette vitesse, il nous a facilité la tâche!

– Tu crois qu'il est mort?

– S'il ne l'est pas encore, il n'ira pas bien loin!

Ils approchèrent de la voiture, renversée sur le bas-côté, et la contournèrent pour rechercher Josiah Tongogara. Le tireur d'élite ne prit pas même la peine de se pencher pour vérifier si le commandant en chef avait expiré. Les ordres seraient suivis à la lettre. Il posa le canon de sa longue carabine contre l'oreille du blessé et appuya sur la détente. La lourde tête du barbu se souleva sous l'impact du projectile, puis retomba dans la poussière.

– Et l'autre?

– Écrabouillé... constata le soldat en sortant un petit appareil photographique de la poche de son treillis.

Il régla l'ouverture et la vitesse, effectua une série de photos de la tête de Tongogara, essayant de se rapprocher de la blessure occasionnée par le projectile, puis rempocha son instrument.

– Tu as terminé?

– Je crois qu'elles seront réussies...

Le tireur d'élite déposa son arme sur la route, puis revint vers la jeep. Il sortit le jerrycan d'essence de son logement, à l'arrière du tout-terrain et en aspergea le véhicule accidenté. Il arrosa le corps de Josiah Tongogara, puis déposa la nourrice vide dans son encoche, et craqua une allumette.

L'Iliouchine qui allait s'envoler pour Moscou paraissait irréel à Oleg Silkin. Il adressa un dernier au revoir à Dimitri et se dirigea vers l'appareil, la gorge serrée de quitter un pays dans lequel il venait de vivre quatre ans. Son travail en Afrique australe n'était pas terminé. Tant pis : un autre récolterait les lauriers. Ce qui l'attendait à la place Dzerjinsky le préoccupait plus que l'avenir de l'Afrique du Sud.

Oleg avança dans la nuit vers l'échelle de l'appareil. Comme il allait l'escalader, en compagnie des rares voyageurs de l'Aéroflot, il remarqua un Noir, en treillis, qui sortait de derrière la passerelle. L'homme salua et lui tendit une enveloppe.

– Camarade Silkin... De la part du camarade Robert Mugabe.

Il quitta l'avion et s'en retourna vers l'aérogare.

L'agent du KGB contempla le pli cacheté, l'empocha, et gravit les escaliers. Il se laissa guider par l'hôtesse vers les fauteuils des premières classes et s'assit, avant de décacheter le message. Oleg Silkin sortit une photographie de l'enveloppe et une feuille de papier. Il commença par examiner le cliché et reconnut le sujet : Josiah Tongogara, le visage basculé sur le côté et les yeux clos. L'impact d'une balle, dans le creux de l'oreille, était visible.

Alors, Silkin entreprit de lire l'épitaphe que lui adressait le leader de la ZANU : « Le camarade Robert Mugabe a le regret de t'informer du décès accidentel de Josiah Tongogara, général adulé de la ZANLA et chef de file dans la lutte de libération du peuple du Zimbabwe. Cette perte cruelle nous fera gravement défaut pour accomplir nos derniers pas vers la Liberté. Avec les compliments du président de la ZANU et ses meilleurs souhaits de retour au pays, berceau du socialisme révolutionnaire. »

Il se renversa sur son fauteuil en empochant le message et la photographie.

Le petit diable noir avait finalement compris l'ouverture. Oleg lui avait enseigné sa leçon, mais le professeur se montrait mauvais élève : il se méfierait des avances de Moscou. Il n'était pas si idiot que le Russe le pensait.

Comme le sifflement des réacteurs s'amplifiait sur l'arrière de l'Iliouchine, Oleg Silkin s'appliqua à jouir du soulagement qui germait en lui. Le KGB aurait quelques difficultés à lui trouver un successeur. Les Noirs savaient se montrer diaboliques... surtout lorsqu'on leur suggérait d'aussi bonnes idées.

« ZEBRA » avait son île...

Ce n'était pas précisément le genre de récif corallien dont il rêvait depuis vingt ans, mais c'était tout de même un rocher entouré d'eau. Les barreaux remplaçaient désagréablement les cocotiers et ses promenades imaginaires sur le sable doré se limitaient un lent défilé de prisonniers dans une cour lugubre surveillée par des matons en armes, mais à tout le moins, il s'y reposait.

En fait d'éternelles vacances dorées à Stone Fish Reef, les Sud-Africains lui accordaient un séjour de dix ans à Robben Island, au large de Cape Town. Le pénitencier jouissait d'une des plus sinistres réputations mondiales. Non seulement personne n'avait jamais pu s'en évader, mais rares étaient ceux qui y purgeaient intégralement leurs peines... parce que les détenus prenaient la curieuse habitude de mourir avant leur libération.

Stanley Trevor Oatley en réchapperait. Il possédait un but pour résister aux épouvantables conditions carcérales. Yvonne Stein lui avait obtenu une réduction de peine de cinq ans... Il ne lui restait plus que dix années de captivité à supporter, moins les trente-sept jours qui venaient de s'écouler... Trop lentement, à son goût!

A pas comptés, « ZEBRA » commença à tourner dans sa minuscule cellule. Il observa l'horizon bleuté de la mer, légèrement ouatée de son éternelle brume, puis quitta le vasistas. La lourde grille d'accès donnait sur le poste de guet. Toutes les cellules, orientées en cercle vers une tour centrale, avaient une vue imprenable sur la grosse mitrailleuse juchée en haut du mirador. Il revint vers son bat-flanc, essaya d'oublier son nouvel uniforme de coton gris, et se concentra sur son équation.

Oatley effectua un calcul rapide. Dans dix ans, il serait libre. A cinquante-quatre ans, il n'aurait pas le temps de gaspiller ses millions, mais pourrait tout de même en profiter. Lorsqu'il sortirait de Robben Island, il prendrait le premier vol pour Sydney. Ensuite... Oui, ensuite... Il ne serait plus qu'un vieillard rabougri, presque aussi frigide que Diana. Il lui restait le farniente à l'ombre des palmiers, la pêche dans le lagon, et le soleil... le chaud soleil qui lui manquait tant au fond de sa cellule!

Il fallait qu'il se raccroche à ces idées, s'il voulait avoir une chance de sortir vivant de l'île maudite.

Pour la première fois de sa vie, il commença à penser à

ses deux fils. Jusqu'à présent, il s'en était servi pour sa couverture, comme de Diana et de tout le reste. Ils ne lui avaient jamais manqué, parce qu'ils étaient restés en marge de sa vie. Mais il sentit germer en lui une sorte d'émotion qu'il s'était interdite depuis leur naissance. Que devenaient-ils? Diana ne lui avait pas encore écrit. Savait-elle seulement les raisons de sa disparition? Peter Walls l'avait-il informée de sa double identité?

– Oatley... Courrier, lança une voix derrière les barreaux.

Stanley Trevor Oatley se leva d'un bond de sa couche et attrapa la lettre que lui tendait le gardien, entre les barres de fer.

– Merci...

Il ne reconnut pas l'écriture de Diana et nota que la lettre avait été postée à Johannesburg, quatre jours auparavant. Sa première lettre. Il l'ouvrit avec soin de ses mains moites d'empressement et fit glisser le feuillet entre ses doigts. Il parcourut les quelques lignes, sentant à chaque mot que son rêve se déchirait; que ce qu'il lui en restait pour l'aider à survivre à l'enfer de Robben Island ne lui serait plus d'aucune utilité.

Elle lui avait fait un cadeau empoisonné, en lui obtenant dix années de pénitencier, au lieu de quinze. Il avait cru qu'elle respectait sa parole, en échange de la communication du nom de Lebedev, mais Yvonne Stein lui réservait un tour à sa façon.

– La garce.

« Cher " ZEBRA ". Prends bien soin de ta santé. On dit que les conditions de vie à Robben Island sont exécrables. Mais j'espère que tu y survivras... parce que lorsque tu sortiras, je serai là. Où que tu tentes de te cacher, je te retrouverai... et je ne voudrais laisser à personne le plaisir de te tuer. Timothée Carpenter est mort. La Rhodésie est sur le point de sombrer dans le destin que tu as forgé pour elle. Je n'ai plus rien à perdre. Je ne t'oublierai pas... Yvonne Stein. »

Stanley Trevor Oatley abandonna sa première et probablement dernière lettre, sur la couverture du lit, et se dressa pour contempler les jours cochés au feutre rouge, sur le calendrier mural. Il regarda l'almanach qui représentait une vue de Durban et comprit pourquoi la directrice du CIO lui avait dit que les journées lui paraîtraient soudain trop courtes. Avec une femme de la ténacité d'Yvonne Stein, « ZEBRA » n'aurait aucune chance de dépenser un seul franc suisse de son trésor de guerre, ni de connaître le doux soleil de Stone Fish Reef. Alors il se décida à allumer une des Rothmans offertes par la Française.

Cet ouvrage a été réalisé sur
Système Cameron
par la SOCIÉTÉ NOUVELLE FIRMIN-DIDOT
Mesnil-sur-l'Estrée
pour le compte des Éditions Stock
le 2 mai 1985

Imprimé en France
Dépôt légal : Mai 1985
N° d'édition : 4925 – N° d'impression : 2312
54-02-3433-01
ISBN 2-234-01793-9

54-3433-7